A New Translation with
Introduction
and Commentary

DEUTERONOMY

신명기 I

김영욱

신명기 주해
신명기 I

2016년 6월 25일 초판 1쇄 발행
2022년 2월 28일 초판 2쇄 발행
지은이 | 김영욱
펴낸이 | 박영호
펴낸곳 | 도서출판 솔로몬

주소 | 서울시 동작구 사당로 170
전화 | 599-1482
팩스 | 592-2104
직영서점 | 596-5225

등록일 | 1990년 7월 31일
등록번호 | 제 16-24호

ISBN 978-89-8255-548-3 03230

“본문으로 말하게 하라”

나는 이 주석을 쓰면서
항상 생각한 것이
“본문으로 말하게 하라”라는 명제이다.
주석자는 본문 아래에 서서
본문의 권위에 순종하며
그 의미를 잘 드러내야할 책임이 있을 뿐이지
본문 위에 서서
그 본문을 비평할 권한은 없는 것같다.

머리말

나의 스승인 코넬리우스 하우트만C. Houtman은 "주석을 쓰는 것은 끝이 없는 작업"이라고 말했다. 나는 이 주석을 통해 끝이 없는 작업을 향한 첫걸음을 내딛게 되었다.

이 주석은 설교를 위하여 성경을 심도 있게 연구하고 싶은 목회자를 염두에 두고 쓰였다. 많은 주석들이 서구적인 방법론에 사로잡혀 본문의 의미를 잘 드러내지 못하는 경향이 있다. 방법론적인 면에 치우쳐 본문의 깊은 신학적인 의미들을 간과하는 것이다. 그래서 학문적인 명성은 높은데 실제 목회적인 측면에서 도움이 되지 않는 주석들이 허다한 것이 신학계의 현실이다.

나는 이 주석을 쓰면서 항상 생각한 것이 "본문으로 말하게 하라"라는 명제이다. 주석자는 본문 아래에 서서 본문의 권위에 순종하며 그 의미를 잘 드러내야 할 책임이 있을 뿐이지 본문 위에 서서 그 본문을 비평할 권한은 없는 것 같다. 본문으로 말하게 하기 위해 먼저 나는 히브리어 본문을 직접 한국어로 번역했고 히브리어 본문과 다른 고대 역본들을 비교 검토했다. 이러한 작업을 근거로 본문의 신학적인 의미를 드러내기 위해 노력했다.

수천 년 전에 쓰인 본문은 해석적인 작업을 통해 역사적인 간격을 뛰

어넘어 현대의 독자에게 다가온다. 이 해석학적 작업에 성경을 읽는 모든 사람들이 동참할 수 있다. 평신도, 성경 교사, 목사, 신학자 모두가 성경을 해석하는 자들이다. 평신도들에 비해 목사와 신학자들이 좀 더 전문적으로 성경을 해석할 능력이 있다. 하지만 성경 본문을 좀 더 체계적으로 다룬다고 해서 그 해석이 다 옳은 것은 아니다. 언어학적, 신학적인 훈련을 통해 세련된 표현과 신학적인 주해를 해 낼 수 있는 능력이 있다 해도 본문의 깊이 있는 의미를 다 드러낼 수는 없는 것 같다. 전문적인 훈련을 받은 신학자 보다 단순하게 성경을 읽고 그 의미를 묵상하는 사람들이 때때로 더 깊은 성경의 의미들을 깨닫는 경우들도 허다하다. 이런 점에서 성경은 신비롭고 이해하기 힘든 책이다.

같은 본문을 수도 없이 읽고 또 읽었지만 전에는 깨닫지 못한 의미가 새롭게 다가오는 경우가 허다하다. 또한 문법적 해석, 역사적인 상황과 정경적인 문맥을 고려한 해석도 그 본문을 읽는 독자의 삶의 정황에 따라 새로운 각도에서 적용되는 경우도 많다. 수천 년이라는 역사적인 간격에도 불구하고 과거에 쓰인 성경의 말씀은 신비하게 현대 독자의 삶의 정황을 조명하며 파고드는 것이다. 한마디로 수천 년 전에 쓰인 구약이 오늘날 우리에게 살아있는 말씀이 되는 것이다.

이 살아 있는 말씀을 다루며 주해를 하는 작업은 쉽지 않다. 언어적, 문법적, 신학적 훈련들이 한편으로 본문의 의미를 밝히는데 많은 도움을 주지만 다른 한편으로 도움이 되지 않을 때도 있다. 우리가 다루는 본문이 너무 오래전에 쓰였기 때문이다. 단어의 어원과 문법적인 해석과 신학적인 입장이 학자들마다 견해를 달리할 수 있기 때문에 해석학적 작업은 더 어려워질 수 있다. 이러할 때 필요한 것은 기도이며 성령님이 주시는 깨달음이다.

이 주석을 쓰면서 나는 하나님의 말씀이 오늘도 살아있어서 신비롭게 다가오며 말씀하시는 것을 많이 경험했다. 이러한 경험을 이 책을 읽는 독자들과 나누기 원하는 것이 필자의 바람이다.

심혈을 기울여서 썼지만 좀 더 시간이 허락했다면 '더 깊이 연구해 볼 것을' 하는 아쉬움도 남는다. 부족하지만 이 책이 하나님의 말씀을 깊이 연구하기를 원하는 많은 사역자들에게 도움이 되기를 바라는 마음 간절하다.

이 신명기 주석을 쓰기 위해 나는 나의 삶의 다른 부분들을 희생해야 했다. 생활비를 줄여서 책을 사고, 자료를 모아야 했고, 가족들을 위해서 시간 내는 것도 절제해야만 했다. 가족들의 많은 희생과 인내가 이 책을 만드는데 동조한 것이다. 특히 주석을 쓰는 동안 삶의 어려움을 잘 참아주며 초고를 읽고 문장을 다듬어 주며 신학적 조언을 해 준 아내 한상애에게 감사드린다.

2003년 8월 6일

1판이 지난 이후 약 13년이 지나서 개정판이 나왔다. 1판과 비교해서 약간의 내용을 추가했고 특히 마소라 사본과 쿰란 사본과의 본문 비교를 더 자세하게 했다.

신명기 주석 1권을 개정하고 신명기 주석 2권을 준비하면서, 나를 신학자의 길로 인도해 주신, 지금은 작고作故하신 총신 대학교 신학대학원 정훈택 교수님을 추모하면서 이 책을 헌정한다. 정훈택 교수님이 나를 캄펜 신학대학교에서 공부할 수 있도록 인도해 주었기 때문에 이 주석을 쓸 수 있었다.

이 책이 나오도록 수고해 주신 솔로몬 출판사의 박영호 사장님과 편집부에 감사를 드린다.

2016년 5월 25일

정언正言 김영욱

차례

머리말 4
약어표 10

서론

1. 명칭 19
2. 신명기의 히브리어 본문 22
3. 신명기의 문학적 형식과 구조 25
4. 신명기의 정경적 위치 30
5. 신명기와 고대 근동의 종주 조약 31
6. 언약의 갱신: 시내 산 언약과 모압 언약과의 관계 38
7. 십계명과 신명기 53
8. 역사적 현재화 57
9. 오늘 63
10. 땅 68
11. 유일신론 75
12. 이스라엘, 하나님의 선택된 백성 79

1장

1. 서론 - 모세 설교의 시간과 장소(1:1-5) 89
2. 가나안 땅을 점령하라는 명령(1:6-8) 101
3. 이스라엘의 사법과 군사 제도 정비(1:9-18) 109
4. 이스라엘의 첫 가나안 정복 실패(1:19-46) 122

2장

1. 이스라엘의 세일 산 방랑(2:1-8) 169
2. 이스라엘의 모압 지경의 방랑(2:9-18) 179
3. 이스라엘의 암몬 지경의 방랑(2:19-23) 186
4. 헤스본의 왕 시혼의 점령(2:24-37) 191

3장

1. 바산 왕 옥을 정복함(3:1-11) 220
2. 땅의 분배(3:12-17) 228
3. 요단 동편의 지파들에 대한 모세의 명령(3:18-22) 233
4. 모세의 기도(3:23-29) 239

4장

1. 들으라 이스라엘아(4:1-4) 257
2. 지혜로운 백성(4:5-8) 267
3. 호렙 산 경험 회고(4:9-14) 274
4. 우상 숭배 금지(4:15-19) 286
5. 가나안 땅 입성 예고(4:20-22) 291
6. 우상 숭배에 질투하시는 하나님(4:23-24) 294
7. 이스라엘의 멸망과 포수(4:25-28) 297
8. 이스라엘의 회개(4:29-31) 302
9. 하나님의 큰 일: 출애굽과 시내 산 사건(4:32-35) 307
10. 하나님의 큰 일에 대한 이스라엘의 책임(4:36-40) 313
11. 요단 동편의 도피성(4:41-43) 321
12. 서론: 모세 설교의 시간과 장소(4:44-49) 324

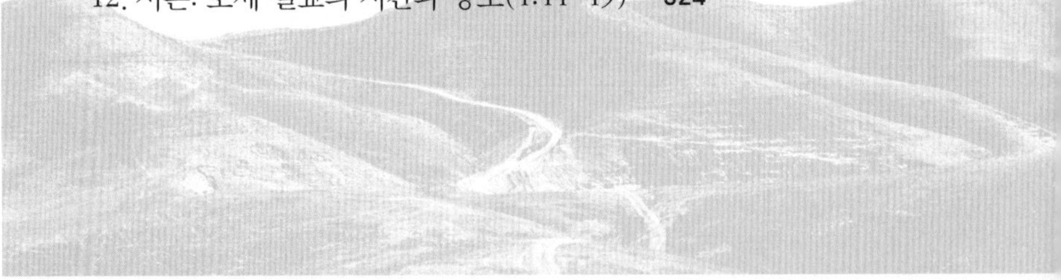

5장

1. 호렙 산의 광경(5:1-5) 336
2. 십계명(5:6-21) 343
3. 호렙 산에서의 모세의 중보 사역(5:22-33) 379

6장

1. 모세에 의해 전달되는 하나님의 명령(6:1-3) 400
2. 아도나이를 사랑하라(6:4-9) 406
3. 배부를 때 조심하라(6:10-15) 415
4. 아도나이를 시험하지 말고 그의 명령을 지켜라(6:16-19) 422
5. 하나님의 명령의 의미(6:20-25) 427

7장

1. 가나안 민족들과 그들의 종교를 제거하라(7:1-5) 440
2. 하나님의 선택된 백성 이스라엘(7:6-11) 450
3. 법령과 복(7:12-15) 459
4. 가나안 정복을 도우시는 하나님(7:16-26) 463

8장

1. 광야와 가나안 땅(8:1-10) 486
2. 아도나이를 잊어버리지 말라(8:11-20) 497

약어표

AB	The Anchor Bible
ABD	The Anchor Bible Dictionary
ACEBT	Amsterdamse Cahiers voor Exegese en Bijbelse Theologie
Aharoni	Y. Aharoni, *The Land of the Bible*, London, 1962.
AnBib	Analecta Biblica Investigationes Scientificae in Res Biblicas
ANET	Ancient Near Eastern Texts relating to the Old Testament
ASV	American Standard Version
ATD	Das Alte Testament Deutsch
BA	Biblical Archaeologist
BAR	Biblical Archaeology Review
BASOR	Bulletin of the American Schools of Oriental Research
BDB	F. Brown S. R. Driver C. A. Briggs, A Hebrew and English Lexicon of the Old Testament, Oxford, 1953
Bertholet	A. Bertholet, *Deuteronomium*, KHC, Leipzig, 1899.
BET	Beiträge zur biblischen Exegese und Theologie
Bib	Biblica
BibBh	Bible Bhashyam
BKAT	Biblischer Kommentar Altes Testament
BHQ	Biblia Hebraica Quinta
BHS	Biblia Hebraica Stuttgartensia
BHT	Beiträge zur historischen Theologie
BN	Biblische Notizen
BSac	Bibliotheca Sacra
BSt	Biblische Studien
Buber	M. Buber-F. Rosenzweig, *Das Fünf Büher der Weisung*, Darmstadt, 1984.

BZ	Biblische Zeitschrift
BZAW	Beihefte zur Zeitschrift für die alttestamentliche Wissenschaft
Calvin	J. Calvin, *Commentaries on the Four Last Books of Moses. Harmony of Exod., Lev., Deut., Nume.*, I, II, III, IV, Grand Rapids.
CB OTS	Coniectanea Biblica Old Testament Series
CBQ	Catholic Biblical Quarterly
COT	Commentaar op het Oude Testament
CQR	Church Quarterly Review
Christensen	D. L. Christensen, *Deuteronomy 1-11*, WBC, Texas, 1991, *Deuteronomy 1:1-21:9*, WBC, Nashville, 2001.
Craigie	P. C. Craigie, *The Book of Deuteronomy*, NICOT, Grand Rapids, 1976.
de Vaux	R. de Vaux, *Ancient Israel. Its Life and Institutions*, London,1962.
Driver	S. R. Driver, *A Critical and Exegetical Commentary on Deuteronomy*, ICC, Edinburgh, 1978.
EHAT	Exegetisches Handbuch zum Alten Testament
Ehrlich	A. B. Ehrlich, *Randglossen zur Hebräischen Bibel Textkritisches, Sprachliches und Sachliches II. Deuteronomium*, Hildesheim, 1968.
EIN	Einheitsüersetzung
ELB	Revidierte Elberfelder
ELO	Unrevidierte Elberfelder
ET	Expository Times
ETL	Ephemerides Theologicae Lovanienses
EvT	Evangelische Theologie
FARG	Forschungen zur Anthropologie und Religionsgeschichte
FBJ	French Bible Jerusalem
Fox	E. Fox, *The Five Books of Moses*, London, 1995.
FRLANT	Forschungen zur Religion und Literatur des Alten und Neuen Testaments

FS	Festschrift
Ges-B	W. Gesenius - F. Buhl, *Hebräisches und aramäisches Handwörterbuch ber das Alte Testament*, Leipzig, 1921[17]
Ges-K	W. Gesenius - E. Kautzsch, *Hebräische Grammatik*, Leipzig, 1909[28]
GTJ	Grace Theological Journal
HAL	W. Baumgartner et. al., *Hebräisches und aramäisches Lexikon zum Alten Testament*, Leiden, 1967-1996
HAT	Handbuch zum Alten Testament
HBT	Horizons in Biblical Theology
HCOT	Historical Commentary on the Old Testament
HK	Handkommentar zum Alten Testament
Hoffmann	D. Hoffmann, *Das Buch Deuteronomium*, Berlin, 1913.
Holwerda	B. Holwerda, *Exegese Oude Testament, Deuteronomium* I, II, Kampen, 1957, 1958.
HS	Hebrew Studies
HSAT	Die Heilige Schrift den Alten Testament
HSM	Harvard Semitic Monographs
HTR	Harvard Theological Studies
HUCA	Hebrew Union College Annual
IBS	Irish Biblical Studies
ICC	The International Critical Commentary
IDB	The Interpreter's Dictionary of the Bible
IDBSup	The Interpreter's Dictionary of the Bible Supplementary Volume
IEJ	Israel Exploration Journal
Int	Interpretation
IOS	Israel Oriental Studies
JBL	Journal of Biblical Literature
JJS	Journal of Jewish Studies
JNES	Journal of Near Eastern Studies

JNSL	Journal of Northwest Semitic Languages
Joüon-M	P. Joüon - T. Muraoka, A Grammar of Biblical Hebrew, Roma, 1991.
Josephus	H. St. J. Thackeray - R. Marcus - L. H. Feldman, Josephus with an English Translation, London/Cambridge Mass. 1926-1965; Ant. = Antiquitates Judaicae
JQR	Jewish Quarterly Review
JSOT	Journal for the Study of the Old Testament
JSOTS	Journal for the Study of the Old Testament Supplement Series
JSS	Journal of Semitic Studies
JTS	Journal of Theological Studies
Junker	H. Junker, *Das Buch Deuteronomium*, Bonn, 1933.
KAT	Kommentar zum Alten Testament
KEH	Kurzgefasstes exegetisches Handbuch zum Alten Testament
Keil-Delitzsch	C. F. Keil-F. Delitzsch, *The Pentateuch* III, Grand Rapids, 1983.
KHC	Küzer Hand-Commentar zum Alten Testament
KJV	King James Version
KV	Korte Verklaring
Labuschagne	C. J. Labuschagne, *Deuteronomium* I^A, I^B, II, III, POT, Nijkerk, 1987, 1987, 1990, 1997.
LUO	Luther Bibel
LUT	Revidierte Lutherbibel
Luther	Luther's Works, vol. 9, *Lectures on Deuteronomy*, J. Pelikan, ed., Saint Louis, 1960.
NAB	The New American Bible
NAS	New American Standard Bible
NBG	Nederlands Bijbelgenootschap
NEB	New English Bible
NIB	New International Version (BR)
Nielsen	E. Nielsen, *Deuteronomium*, HAT, Tübingen, 1995.
NIV	New International Version (1984 US)

NJB	The New Jerusalem Bible
NJPS	New Jewish Publication Society of America
NKJ	New King James Version
NKZ	Neue kirchliche Zeitschrift
NICOT	The New International Commentary on the Old Testament
NovT	Novum Testamentum
NRS	New Revised Standard Bible
NTT	Nederlands Theologisch Tijdschrift
OBO	Orbis biblicus et Orientalis
OTL	Old Testament Library
PAAJR	Proceedings of the American Academy of Jewish Research
PEQ	Palestine Exploration Quarterly
Perlitt	L. Perlitt, *Derteronomium*, BKAT V1, V2, V3, Neukirchen-Vluyn, 1990, 1991, 1994.
Phillips	A. Phillips, *Deuteronomy*, Cambridge, 1973.
Philo	F. H. Colson G. H. Whitaker, Philo with an English translation, London/Cambridge Mass. 1929-1962
POT	De Prediking van het Oude Testament
11Qtemple	The Temple Scroll. A Critical Edition with Extensive Reconstructions, edited by Elisha Qimron, Jerusalem, 1996
RB	Revue Biblique
RevQ	Revue de Qumran
RGG	Religion in Geschichte und Gegenwart, third edition
Ridderbos	J. Ridderbos, *Deuteronomium* I, II, KV, Kampen, 1950, 1951.
RIMA	The Royal Inscriptions of Mesopotamia Assyrian Periods
RIMB	The Royal Inscriptions of Mesopotamia Babylonian Periods
RSV	Revised Standard Version
SBAB	Stuttgarter Biblische Aufsatzbände Altes Testament
SBLDS	Society of Biblical Literature Dissertation Series
SBLMS	Society of Biblical Literature Monograph Series
SBS	Stuttgarter Bibel Studien

SCH	German Schlachter Version
Schneider	D. Schneider, *Das fünfte Buch Mose*, Wuppertal, 1986.
Staerk	W. Staerk, *Das Deuteronomium*, Leipzig, 1894.
Steuernagel	C. Steuernagel, *Deuteronomium, Josua, Einleitung zum Hexateuch*, HK, Göttingen, 1900.
SVT	Supplements to Vetus Testamentum
SVV	Statenvertaling
THAT	Theologisches Handwörterbuch zum Alten Testament
ThB	Theologische Bücherei
THGD	J. W. Wevers, *Text History of the Greek Deuteronomy*, Göttingen, 1978.
ThLZ	Theologische Literaturzeitung
Thompson	J. A. Thompson, *Deuteronomy*, Leicester, 1974.
ThZ	Theologische Zeitschrift
Tigay	J. H. Tigay, *The JPS Torah Commentary Deuteronomy*, Philadelphia, 1996.
TOB	French Traduction Oecumenique de la Bible
TRE	Theologische Realenzyklopädie
TUAT	Texte aus der Umwelt des Alten Testaments
TWAT	Theologisches Wörterbuch zum Alten Testament
TWNT	Theologisches Wörterbuch zum Neuen Testament
TynB	Tyndale Bulletin
UF	Ugarit - Forschungen
von Rad	G. von Rad, Das fünfte Buch Mose Deuteronomium, ATD, Göttingen, 1968.
VT	Vetus Testamentum
Waltke-O	B. K. Waltke and M. O'Connor, *An Introduction to Biblical Hebrew Syntax*, Indiana, 1990.
WBC	Word Biblical Commentary
Weinfeld	M. Weinfeld, *Deuteronomy 1-11*, AB, New York, 1991.
Wevers	J. W. Wevers, *Notes on the Greek Text of Deuteronomy*, Atlanta,

	1995.
WMANT	Wissenschaftliche Monographien zum Alten und Neuen Testament
WuD	Wort und Dienst
YLT	Young's Literal Translation
ZAW	Zeitschrift für die alttestamentliche Wissenschaft
ZDPV	Zeitschrift des deutschen Palästina-Vereins
ZKTh	Zeitschrift für Katholische Theologie
ZThK	Zeitschrift für Theologie und Kirch

일러두기

- 이 책에서 사용된 신명기 본문은 필자가 히브리어를 직접 한글로 번역한 것이다.
- 한글 개역 성경은 이스라엘의 고유한 하나님의 이름인 4자음 문자 '아도나이'(יהוה)를 '여호와'로 음역했는데 이것은 바른 음역이 아니다. 또한 최근에 많은 학자들이 이 이름의 모음을 추측하여 '야웨' 혹은 '야훼'로 읽는데 이것 역시 확인된 것은 아니다. 따라서 이 책에서는 유대인들이 읽었던 전통을 따라 '아도나이'로 음역했다.
- 학자들의 견해를 참고했을 경우 이름을 밝혔다. 자주 사용된 이름은 이 책의 앞에 있는 약어표에 있는 신명기 주석의 해당 장 절이나 관련된 책을 의미한다. 또한 약어표에 나오지 않는 학자들의 이름은 각 항목마다 뒤에 수록한 참고 문헌에 있는 책이나 논문을 말한다.

서론

A New Translation with
Introduction
and Commentary

DEUTERONOMY

D E U T E R O N O M Y

서 론

Introduction

1. 명칭

모세의 다섯 번째 책인 신명기中命記라는 이름은 헬라어 번역 성경인 70인경LXX의 신명기 17:18의 번역 '토 더이터로노미온 투토'(τὸ δευτερονόμιον τοῦτο)에서 나왔다. 헬라어 '더이터로노미온'은 두 단어 '두 번째'(δευτερο)와 '법'(νομιον)이 합성된 것으로 '두 번째 법' 또는 '법의 반복'이라는 의미를 갖는다. 여기서 라틴어Deuteronomium와 영어 명칭Deuteronomy이 기원하게 되었고 기독교 내에서 이 명칭이 널리 사용되게 되었다.

사실 헬라어 명칭 '토 더이터로노미온 투토'는 히브리어 신명기 17:18의 '미시네 하토라 하조트'(משנה התורה הזאת) '이 법의 복사'인데, 70인경 번역자가 '두 번째 법' 또는 '법의 반복'으로 잘못 번역한 것에서 유래했다.

이 명칭이 나오게 된 본문 신명기 17:14-20은 이스라엘 왕이 지켜야 할 행동 규칙과 왕의 임무 그리고 왕이 될 수 있는 조건을 기록하고 있다. 이스라엘의 왕이 되는 자는 왕위에 등극할 때 자신을 위해서 "이 법을 복사 한 두루마리 위에" 기록해야 한다. 레위 제사장들이 보관하고 있던 하나님의 법의 복사본을 두루마리 위에 쓰면서 연구를 하는 것이다. 여기서 법의 복사본은 신명기를 의미한다. 이것은 왕이 하나님의 법의 권위 아래에 있으면서 그 법에 순종해야 한다는 것을 가리키는 것이다. 히브리어 문맥에서 이 표현은 단순히 법의 복사본을 의미하는데 70인경의 번역자는 신명기를 두 번째 법으로 이해한 것이다. 이것은 문자적인 번역이 아니라 신학적인 번역이다.

신명기의 명칭이 비록 문자적 오역에서 왔지만 아이러니하게도 이 명칭은 널리 받아들여졌다. 왜냐하면 이 명칭이 신명기의 성격을 잘 표현하고 있기 때문이다.

신명기는 모세가 요단 동편에서 이스라엘의 신세대에게 하나님의 법을 자세하게 풀어서 설명한 것이다(신 1:1-5). 하나님은 출애굽한 이스라엘의 옛 세대에게 시내 산에서 강림하셔서 십계명을 직접 선포하셨다. 그리고 모세를 통하여 여러 가지 법들을 이스라엘에게 전해 주셨다. 따라서 이스라엘의 법은 하나님이 직접 선포한 십계명과 시내 산에서 계시된 다양한 법들에 근거하고 있다. 이것을 첫 번째 법이라고 말할 수 있다.

출애굽 세대는 가나안 땅을 점령하라는 하나님의 명령에 불순종함으로 심판을 받아 광야에서 죽었다. 이제 새로운 세대가 주역이 되어 요단강을 건너 가나안 땅을 점령하려고 한다. 하지만 모세는 가나안 땅에 들어갈 수 없다. 이러한 상황에서 모세는 이 법을 이스라엘의 신세대에게 다시 설명한다. 신세대는 가나안 땅 안에서 하나님의 법을 따라 살아가야 한다. 가나안 땅 안에서 지켜야 할 자세한 법규들이 신명기이다. 따라서 신명기는 두 번째 법 혹은 반복된 법의 성격을 갖는다.

유대인들은 신명기를 '엘레 하데바림'(אלה הדברים)으로 부른다. 이 이름은 신명기 1:1에 처음 나오는 단어들로 지시 대명사 복수 '이것들'

(אלה)과 명사 복수 '말씀들'(הדברים)이다. 여기에 동사가 없기 때문에 동사 '~이다'be를 넣어서 "이것들은 말씀들이다"로 번역할 수 있다. 이 명칭을 줄여서 '말씀들'(דברים) 또는 '말씀들의 책'(ספר דברים)으로 부르기도 한다.

유대인 랍비 문헌에서 신명기는 '법의 복사'(משנה תורה)로 불리기도 했다. 필로는 신명기를 요약의 형태로 된 '부록'('Επινομιδα)으로 이해한다(Philo, *The Special Laws* IV, 160).

2. 신명기의 히브리어 본문

이 신명기 주석은 레닌그라덴시스 B19A 사본Codex Leningradensis을 본문으로 사용하여 히브리어를 우리말로 번역하였다. 이 사본은 마소라 학파의 아론 벤 모세 벤 아세르Aaron ben Moshe ben Asher에 의해 A.D. 1008년에 만들어졌고 현재 많이 사용되는 히브리어 성경 Biblia Hebraica Stuttgartensia BHS로 출판되었다. 또한 최근 Biblia Hebraica Quinta BHQ로도 출판되었다. BHS에는 소마소라Mp가 있으나 대마소라Mm는 별권으로 출판했다(Massorah Gedolah). 그러나 BHQ는 대마소라을 함께 표기했다.

위에서 언급했듯이 이 주석은 마소라 사본을 본문으로 사용했다. 그러나 마소라 사본 외에도 다른 히브리어 사본들이 존재하기 때문에 본문의 비교 연구는 필수적이다. 마소라 사본과 다른 사본들과의 차이점은 본문 비교에서 다루어졌다. 히브리어 사본들 간의 차이점은 마소라 사본보다 더 오래된 쿰란 사본들Discoveries in the Judaean Desert = DJD과 사마리아 오경(A. F. von Gall 편집)이 중요하게 다루어졌다. 물론 그 외 다른 히브리어 사본들과의 차이점도 지적하였다.

히브리어 사본 외에도 헬라어 번역 성경은 아주 중요하다. 구약 성경의 헬라어 번역본인 70인경LXX은 기독교 역사에서 중요한 역할을 했을 뿐만 아니라 신약 성경에도 인용된 성경이기 때문에 마소라 사본과 70인경과의 차이점을 심도 있게 비교하였다. 70인경의 사본은 다양하고 많기 때문에 70인경 사본들 간의 차이점을 밝히는 것도 필요하다. 70인경은 베버가 편집한 70인경을 본문으로 사용했으며(J. W. Wevers 편집) 70인경 본문 비교를 위해서 랄프의 편집 역시 때때로 비교했다(A. Rahlfs 편집). 70인경 외에 다른 고대 헬라어 역본들인 아퀼라Aquila, 심마쿠스Symmachus, 테오도치온Theodotion을 서로 비교하였다. 이 비교는 오리겐이 쓴 헥사플라Hexapla를 근거로 이루어졌다(F. Field 편집).

마소라 사본과 아람어 성서들 사이의 차이점을 비교하기 위하여 아람어로 번역된 성서들 탈굼 옹켈로스(A. Sperber 편집), 탈굼 네오피티(A. Diez Macho 편집) 그리고 탈굼 프쉬도 요나단(M. Ginsburger 편집)을 다루었다. 탈굼 옹켈로스는 히브리어와 비교할 때 번역이 비교적 문자적이며 탈굼 네오피티는 옹켈로스보다는 첨가된 부분이 많은 번역이다. 그리고 탈굼 프쉬도 요나단은 네오피티보다 한층 더 자유롭다. 번역자의 많은 의역과 자유로운 설명이 첨가되어 있다. 탈굼 네오피티와 프쉬도 요나단의 번역과 첨가된 설명에서 고대 번역자들이 어떻게 히브리어 본문을 이해하고 해석했는가를 엿볼 수 있다.

그 외에 고대 역본들로 시리아 역과 벌게이트도 비교되었지만 이 역본들은 필요할 때 위의 각 히브리어 사본들, 70인경과 헬라어 역본들, 아람어 성서들보다는 덜 비중 있게 다루었다.

참고 문헌

Aejmelaeus, A., "Die Septuaginta des Deuteronomiums," in T. Veijola, ed., *Das Deuteronomiu und seine Querbeziehungen*, Güttingen, 1996, 1-22.

Aly, Z., *Three Rolls of the Early Septuagint: Genesis and Deuteronomy*, Papyrologische Texte und Abhandlungen 27, Bonn, 1980.

Corss, F. M. and Talmon, S., *Qumran and the History of the Biblical Text*, Cambridge, 1975.

Diez Macho, A., *Neophyti 1 Targum Palestinese MS de la Bibliotheca Vaticana*, Matriti, 1968-78

Field, F., *Origenis Hexapla*, Hildesheim, 1964.

Gall, A. F. von, *Der Hebräische Pentateuch der Samaritaner*, Giessen,

1918.
Ginsburger, M., *Pseudo-Jonathan (Thargum Jonathan ben Usiel zum Pentateuch)*, Berlin, 1903.
McCathy, C., *Deuteronomy*, BHQ5, Stuttgart, 2007.
Hempel, J., "Zur Septuaginta-Vorlage im Deuteronomium," *ZAW* 73 (1961), 87-96.
Rahlfs, A., *Septuaginta. Id est Vetus Testamentum graece iuxta LXX interpretes*, Stuttgart, 1935.
Sperber, A., *The Bible in Aramaic*, Leiden, 1959-68.
Tov, E., *The Text-Critical Use of the Septuagint in Biblical Research*, Jerusalem Biblical Studies 3, Jerusalem, 1981.
Waltke, B. K., "The Samaritan Pentateuch and the Text of the Old Testament," in *New Perspectives of the Old Testament*, ed., J. B. Payne, Waco, 1970, 212-239.
Weil, G. E., Massorah Gedolah, vol 1, Rome, 1971.
Wevers, J. W., *Septuaginta Vetus Testamentum Graecum. Deuteronomium*, Göttingen, 1977.
——, "The LXX Translator of Deuteronomy," in *LXX*, ed., B. A. Taylor, Cambridge, 1995, 57-89.
——, "Yahweh and Its Appositives in LXX Deuteronomium," in *Studies in Deuteronomy*, 269-280.
White, S. A., "Three Deuteronomy Manuscripts from Cave 4, Qumran," *JBL* 112(1993), 23-42.
Wit-Tak, T. M. de, *De Oorsprong van de Griekse Bijbel. De brief van Aristeas over het ontstaan van de Septuagint*, Kampen, 1995.
Würthwein, E., *Der Text des Altten Testaments*, Stuttgart, 1952.
Ziegler, J., "Zur Septuaginta-Vorlage im Deuteronomium," *ZAW* 72 (1960), 237-262.

3. 신명기의 문학적 형식과 구조

신명기의 명칭이 밝혀주듯이 기독교 역사 속에서 신명기는 두 번째 법으로 널리 인식되었다. 하지만 법이라고 해서 신명기 모두가 딱딱한 법전 형식으로 기록되어 있는 것은 아니다.

신명기의 다양한 법들은 역사적인 서술들(1:9-18,19-46; 2:1-23), 땅 점령과 땅 분배(2:24-3:22), 모세의 개인적인 기도(3:23-28), 이스라엘의 미래 역사 조망(4:25-31), 노래(32장), 모세의 죽음(34장) 등과 함께 기록되었다. 이렇게 다양한 문학적 형식으로 구성된 신명기는 죽음을 눈앞에 둔 이스라엘의 지도자 모세의 유언 설교 형식으로 기록되어 있다.

히브리어 '토라'(תורה)는 일반적으로 '법' 또는 '율법'으로 번역되었다. 동시에 토라는 '교훈' 또는 '가르침'으로도 번역될 수 있다. '토라'를 '교훈' 또는 '가르침'으로 번역할 때 신명기는 자연스럽게 이스라엘의 신세대를 향한 모세의 가르침과 교훈이 된다.

신명기 1:5은 모세가 신명기의 말씀을 어떻게 이스라엘에게 전했는가를 설명한다. 5절에 따르면 "요단 건너편 모압 땅에서 모세가 이 법(교훈) 설명하기를 시작하였다." 여기서 '설명하는 것'은 청중들이 알아듣기 쉽게 자세히 풀어서 말하는 것을 의미한다. 즉 모세는 이스라엘 신세대에게 하나님의 '법' 또는 '교훈'을 알기 쉽게 설교한 것이다. 모세의 설교는 신명기의 문학적인 형식으로 나타난다.

신명기는 모세가 요단 동편에서 요단강을 건너 가나안 땅을 향해 진격하려는 이스라엘 신세대에게 설교한 말씀들이다. 이스라엘은 모세의 지도하에 요단 동편의 땅을 점령한 후 르우벤과 갓 그리고 므낫세 반지파에게 그 땅을 기업으로 나누어 주었다. 요단 동편의 땅 점령과 분배 후에 모세는 이스라엘의 신세대에게 장차 들어갈 가나안 땅에서 어떻게 살아야 할 것인가를 설교한다. 약속의 땅 안에서 지켜야 할 법들이 모세의 설교를 통해서 주어진 것이다. 설교를 마친 후에 모세는 모압 평지의 비스가 산에서 요단 건너 약속의 땅을 바라본 후에 하나님의 말씀대로 죽는다. 따라서 신명기는 모세의 유언 형식을 띤 법에 관한 강해 설교의 성격을 갖는다. 법에 관한 설교 모음집인 것이다.

모세의 설교 형식으로 된 신명기는 총 34장으로 구성되었다. 분량이 많기 때문에 전체 내용을 한눈에 파악하기가 쉽지 않다. 신명기의 내용에 대한 다음 두 학자의 구조 분석은 독자들에게 신명기의 내용을 한눈에 볼 수 있도록 해준다.

- **크리스텐센**(D. L. Christensen)**의 구조 분석**

A 밖에 있는 뼈대 : 회고(1-3장)
  B 안에 있는 뼈대 : 연설(4-11장)
    C 중앙에 있는 핵심 : 언약 규정(12-26장)
  B′ 안에 있는 뼈대 : 언약 체결 의식(27-30장)
A′ 밖에 있는 뼈대 : 전망(31-34장)

- **라부샤흐네**(C. J. Labuschagne)**의 7가지 촛대 구조**(menorahpattern) **분석**

A 여는 이야기 : 모세의 과거 회고(1-3장)
  B 여는 예언적 설교(4장)
    C 호렙 산 언약(5-11장)
      X 법전 : 법규들과 법령들(12-26장)
    C′ 모압 언약(27-29장)
  B′ 닫는 예언적 설교(30장)
A′ 닫는 이야기 : 모세의 미래 조망(31-34장)

크리스텐센은 그의 첫 신명기 주석 서론(Christensen, 1991, xli)에서 위의 분석을 제시했으나 후에 두 번째 책에서 그의 견해를 수정하면서 라부샤흐네Labuschagne의 분석을 수용하고 있다(Christensen, 2001, xciii).

위의 두 분석을 비교해 보면 라부샤흐네의 분석이 좀 더 자세하며 신명기의 내용에 따라서 문학적인 구조를 찾아낸 것을 볼 수 있다. 위 학자들의 분석이 신명기의 내용을 파악하는 데 도움을 주는 것은 사실이지만 내용을 분석하는 또 다른 방법은 신명기 자체에 나타나는 표제를 따르는 것이다. 흥미롭게도 신명기는 6개의 표제를 제시하고 있다.

1:1 "이것들은 말씀들이다" אלה הדברים אשר

4:44 "이것은 법이다" זאת התורה אשר

6:1 "이것은 명령, 법규들과 법령들이다"
זאת המצוה החקים והמשפטים אשר

12:1 "이것들은 법규들과 법령들이다" אלה החקים והמשפטים אשר

29:1 "이것들은 언약의 말씀들이다" אלה דברי הברית אשר

33:1 "이것은 축복이다" זאת הברכה אשר

위의 표제들은 지시 형용사 복수 "이것들"(אלה)과 단수 "이것"(זאת)으로 시작하며 관계 대명사 '아쉐르'(אשר)를 갖고 있는 것이 특징이다. 1:1은 모세가 모든 이스라엘에게 말했던 '말씀들'이며, 4:44은 모세가 이스라엘 아들들 앞에 놓아 두었던 '법'이다. 6:1은 아도나이께서 모세에게 이스라엘을 가르치라고 명령하신 '명령, 법규들과 법령들'이며, 12:1은 이스라엘이 약속의 땅 안에서 지켜야 할 '법규들과 법령들'이다. 29:1[히브리어 28:69]은 아도나이께서 모세에게 명령하셨던 '언약의 말씀들'이며 33:1은 하나님의 사람 모세가 죽기 전에 이스라엘의 아들들을 축복했던 '축복'이다.

위의 6:1과 12:1의 '법규들과 법령들'은 4:44의 법에 포함시킬 수 있을 것이다. 이 6개의 표제어에 따라서 신명기의 구조를 분석해 보면 다음과 같다.

Ⅰ 모세의 첫 번째 설교: 역사적 회고와 경고(1:1-4:43)

Ⅱ 모세의 두 번째 설교: 법의 선포(4:44-28:68)

Ⅲ 모세의 세 번째 설교: 언약에 근거한 미래 조망(29:1-32:52)

Ⅳ 모세의 네 번째 설교: 모세의 축복과 죽음(33:1-34:12)

참고 문헌

Alt, A., "Die Heimat des Deuteronomiums," in *Kleine Schriften zur Geschichte des Volkes Israel* II, München, 1953, 250-275.

——, "Die Ursprünge des Israelitischen Rechts," in *Kleine Schriften zur Geschichte des Volkes Israel* I, München, 1953, 278-332.

Begg, C. T., "1994: A Significant Anniversary in the History of Deuteronomy Research," in F. G. Martinez, ed., *Studies in Deuteronomy*, Leiden, 1994, 1-12.

Blenkinsopp, J., "Deuteronomy and the Politics of Post-Mortem Existence," *VT* 45 (1995), 1-16.

Clements, R. E., *Deuteronomy*, Sheffield, 1989.

Lacomara, C. P. A., "Deuteronomy and the Farewell Discourse (Jn 13:31-16:33)," *CBQ* 36 (1974), 65-84.

Lohfink, N., "Deuteronomy," *IDBSup*, 229-232.

McBride, S. D., "Deuteronomium," *TRE* 8, 531-543.

O'Brien, M. A., "The Book of Deuteronomy," *CR:BS* 3 (1995), 95-128.

Robinson, A., "Process Analysis Applied to the Book of Deuteronomy," *ZAW* 96 (1984), 185-194.

Römer, T., "The Book of Deuteronomy," in S. L. Mckenzie and M. P. Graham, *The History of Israel's Traditions. The Heritage of Martin Noth*, JSOTS 182, Sheffield, 1994, 178-212.

Polzin, R., "Reporting Speech in the Book of Deuteronomy: Toward a Compositional Analysis of the Deuteronomic History," in *A Song of Power and the Power of Song*, Indiana, 1993, 355-374.

4. 신명기의 정경적 위치

신명기의 정경적 위치는 이스라엘 역사와 밀접한 관련이 있다. 이스라엘의 역사는 창세기부터 열왕기하에 잘 묘사되어 있다. 창세기는 이스라엘의 기원과 시작을 말하는 반면 열왕기는 이스라엘의 멸망을 설명한다. 모세 오경 - 창세기, 출애굽기, 레위기, 민수기, 신명기 - 은 이스라엘이 가나안 땅에 들어가기 전의 역사를 말한다면, 역사서(전 선지서) - 여호수아, 사사기, 룻기, 사무엘, 열왕기 - 는 이스라엘이 가나안 땅 안에서 살아가는 역사를 설명한다. 이러한 이스라엘의 역사 가운데서 신명기는 모세 오경의 마지막 책으로서 이스라엘의 광야 생활을 말함과 동시에 가나안 땅 안에서 이스라엘이 지켜야 할 법을 설명하고 있다.

이스라엘 역사를 해석하는 중요한 신학적 주제 가운데 하나는 '약속과 성취'이다. 하나님은 이스라엘 민족의 시조인 아브라함을 부르시고 그에게 가나안 땅을 주시겠다고 약속하신다. 이 약속은 창세기에서 주어졌다. 이스라엘은 이집트에서 출애굽을 한 후에 이 약속을 향해 가나안 땅으로 나아간다. 모세의 지도 하에 출애굽 후세대는 요단 동편의 땅을 점령하고 그 땅을 르우벤과 갓, 그리고 므낫세 반 지파에게 기업의 땅으로 나누어 주었다. 그리고 여호수아의 인도 하에 이스라엘은 가나안 땅을 점령하고 그 땅 안에서 정착하고 산다. 이스라엘의 역사는 하나님의 약속이 성취되어 가는 과정을 보여주고 있다.

이스라엘의 역사 구조인 '약속과 성취' 사이에 신명기가 놓여 있다. 신명기의 상황은 요단 동편의 땅을 이미 점령했고 아직 가나안 땅을 점령하지 못했다. 이러한 상황에서 모세는 이스라엘이 약속의 땅 안에서 어떻게 살아가야 하는가를 법으로 설명하고 있는 것이다. 신명기는 광야 생활의 과거를 회고하며 동시에 가나안 땅의 미래를 조망하고 있다.

5. 신명기와 고대 근동의 종주 조약

모세의 유언 설교 형식으로 기록된 신명기는 흥미롭게도 일정한 구조를 갖고 있다. 모세는 시내 산에서 하나님과 이스라엘 사이에 맺은 언약을 출애굽 후세대에게 다시 설교하는데 이 언약은 일정한 언약 구조를 반영한다. 이러한 사실은 신명기의 언약과 고대 근동 문헌들과의 비교 연구에서 드러나기 시작했다.

이스라엘 주변의 근동 지역에서 왕과 봉신 사이에 맺었던 고대 조약 문헌들이 발견되었다. 왕은 봉신들과 종주 조약을 맺고 토지를 하사한다. 여기서 왕은 봉신들에게 자신에게만 충성을 다할 것을 요구하며 봉신들이 행해야 할 의무를 규정으로 선언한다. 봉신이 이 의무와 규정을 잘 지킬 때 왕은 그에게 군사적인 보호와 상을 내리지만 지키지 않을 경우 군사적인 제재를 가한다. 그리고 이 왕과 봉신 사이의 관계를 문서들로 작성했는데 이것이 바로 왕과 봉신 사이에 맺은 국제 조약이다. 이 문서는 일반적으로 두 개이며, 한 개는 왕이 한 개는 봉신이 각기 자기가 섬기는 신들의 성소에 보관한다.

이러한 종주 조약은 구약 성경의 언약과 유사하다. 하나님은 이스라엘에게 땅을 주시기로 약속한다. 그리고 이스라엘에게 그들의 하나님 아도나이만을 섬길 것을 요구한다. 이러한 하나님의 뜻을 십계명에 기록한다. 흥미롭게도 십계명은 두 돌판에 기록되었고 언약 궤에 보관된다. 다시 이 언약 궤는 성막에 안치된다. 하나님은 이스라엘에게 그들이 하나님의 법을 잘 지킬 때 가나안 땅에서의 복을 약속하시지만 하나님의 법을 어길 때 저주와 멸망을 선언하신다.

고대 근동의 종주 조약과 구약 성경의 언약이 서로 유사하다는 것이 인식되면서 학자들은 고대 근동의 종주 조약 문헌들, 특히 히타이트 종주 조약The Hittite suzerainty treaties과 에살핫돈의 종주 조약The vassal treaties of Esarhaddon 그리고 신명기의 언약 구조가 유사하다는 것을 지적했다.

신명기와 히타이트 조약 사이의 비교 연구에 중요한 이슈를 제기한 학자는 멘덴홀Mendenhall이다. 그는 코로섹V. Korosec의 연구에 근거해서 히타이트 조약에서 6가지의 조약 형식을 발견하여 다음과 같이 제시하였다(Mendenhall, G., *Law and Covenant in Israel and the Ancient Near East*, Pittsburgh, 1955).

1) **전문**(Preamble) - 조약을 말하는 왕에 대한 소개이다.
2) **역사적 서언**(The historical prologue) - 조약의 두 당사자(왕과 봉신)의 역사적 이전 관계를 묘사한다. 히타이트 조약에서 강조점은 왕이 봉신에게 베풀었던 과거의 호의적인 행위들에 있다. 그리고 '나-너'(I-Thou)의 선언 형식이 특징을 이룬다.
3) **규정들**(The stipulations) - 봉신들에 의해 받아들여지고, 봉신들에게 부과된 규정들이다. 히타이트 제왕 외에 다른 외국 왕과의 관계 맺는 것을 금지하며 오직 계약을 맺은 왕에게만 충성을 요구한다.
4) **성소에 보관 / 주기적인 낭독**(The deposit and public reading) - 왕과 봉신 사이의 조약 문서는 두 개이며 각자 하나씩 보관한다. 조약은 신의 보호 아래 있기 때문에 이 조약 문서를 성소에 보관하며 정기적으로 이 문서를 낭독하였다.
5) **증인으로서 신들의 이름**(The list of witnesses) - 이 국제 조약에 신들의 이름이 나타나는데 이 신들은 이 조약의 증인으로 세워진다.
6) **복과 저주**(The blessings and curses) - 이 계약을 위반할 경우 왕은 군사적인 보복을 하지만 충성할 경우 군사적인 보호를 약속한다.

멘덴홀은 왕과 봉신 사이에 맺은 히타이트 조약에서 이러한 6가지 형식을 발견하고 이것을 구약의 십계명과 신명기와 비교했다. 그의 이론에 따르면 이러한 조약 패턴이 출애굽기의 십계명과 신명기에서도 비슷하게 발견된다는 것이다.

이러한 멘덴홀의 연구는 언약 신학 연구에 화두를 던졌다. 특히 언약 개념이 언제 형성되었는가 하는 토론에 중요한 영향을 끼쳤다. 문헌 비평 연구의 대가인 벨하우젠J. Wellhausen은 이스라엘의 종교 역사를 비평적으로 재구성하면서 언약은 하나님의 도덕적 의지를 표현하는 계약이라고 말했다. 그는 초기 이스라엘에서 이 언약 개념을 발견할 수 없으며 언약 개념은 B.C. 8세기경의 위대한 선지자들의 설교에 의해 생성, 발전되었다고 주장했다. 즉 언약 개념은 후대에 생긴 신학적인 사상이라는 것이다.

언약 사상이 후대에 발전되었다는 벨하우젠의 주장은 많은 학자들에게 영향을 끼쳤고 동의를 이끌어 내었다. 특히 펄리트L. Perlitt는 그의 책 『구약의 언약신학』에서 언약은 후대의 신명기 사가에 의해 생성된 신학적인 사상이라고 주장했다.

벨하우젠과 펄리트의 연구들은 주로 성경 본문에 비평적인 방법들을 사용해서 이끌어 낸 결론들이다. 이들의 연구는 성경 외적인 자료들을 고려하지 않았다. 여기에 반하여 멘덴홀은 구약의 본문과 고대 근동의 조약 문헌 사이를 비교 연구하였다. 멘덴홀의 연구 후에 많은 학자들 – 그 가운데 주요 학자들은 발처K. Baltzer, 클라인M. G. Kline, 맥카시D. J. Mc-Carthy, S. J. – 이 고대 근동의 조약 형태와 일부 구약 본문들이 갖는 언약 형식을 자세하게 비교 연구하였다.

클라인Kline은 신명기가 주전 이천년기의 히타이트 국제 조약과 유사한 구조를 갖고 있다고 주장했다(아래의 신명기 구조 분석 참고). 그의 주장에 따르면 신명기 언약 개념은 모세 시대로까지 나아갈 수 있다. 이러한 주장은 크레이기Craigie, 맥콘빌J. G. McConvill, 키친K. A. Kitcen에 의해 지지를 받았다. 하지만 바인필드M.Weinfeld는 클라인과는 다르게 신명기의 언약 구조는 주전 일천년기의 엣살핫돈 종주 조약의 구조를 따르고 있다고 주장했다. 그는 앗시리아의 저주 구조는 신명기 28장의 저주 구조와 아주 유사하다고 지적했다. 신명기의 언약이 앗시리아의 조약과 유사하다는 주장은 클레멘트에게서도 발견할 수 있다(R. E. Clements).

특히 맥카시D. J. McCarthy는 히타이트 조약과 이스라엘과 아도나이 사이에 맺어진 언약 사이의 밀접한 관련에 비평을 가한다. 그는 구약 본문 어느 곳에도 히타이트 조약 형식이 완전하게 나타나지 않고 다만 개개의 요소들이 일치할 뿐이라고 지적한다. 또한 메소포타미아Mesopotamia, 하이티Hatti, 시리아Syria 지역에 다양한 종류의 조약 형태가 있었다고 조약 형태의 유동성을 밝혀 주었다. 더 나아가 구약 내의 다양한 언약에도 주의를 기울여야 한다고 주장한다. 하지만 그는 언약 개념이 옛 개념이라는 것은 부인할 수 없는 사실이라고 말한다.

고대 근동의 조약 문헌 분석에 따른 연구들은, 비록 학자들마다 다른 연대를 제시하기도 하지만, 이스라엘의 언약 개념을 훨씬 이른 연대, 모세 시대에까지 거슬러 올라가게 만들었다. 즉 언약 사상은 후대에 생성된 개념이 아니라 아주 옛 시대의 개념이라는 것이다. 이러한 연구는 언약 사상이 후대 예언자들의 신학 산물이라는 주장에 반대되는 결론을 이끌어 내었다.

우리의 주제인 신명기에 초점을 맞추어 보면, 일부 학자들은 신명기의 구조에서 고대 근동의 조약 패턴을 찾아내고자 한다. 먼저 폰 라드는 신명기 안에서 다음과 같은 언약 체결의 과정을 발견했다(G. von Rad, *Das formgeschichtliche Problem des hexateuchs*, 24).

1. 시내 산 사건과 설교의 역사적 서술	1-11
2. 율법 강연	12:1-26:15
3. 언약 의무	26:16-19

4. 축복과 저주 27-30

클라인M. G. Kline은 신명기와 히타이트 조약의 비교 연구를 통해서 신명기는 모세 시대의 종주 조약 형식을 보여주는 언약 갱신 문헌이라고 주장했다. 그는 신명기를 다음과 같이 분석하고 있다(*Treaty of the Great King*, 48-49).

1. 서문 : 언약 중재자 1:1-5
2. 역사적 서언 : 언약 역사 1:6-4:49
3. 규정들 : 언약 생활 5-26
4. 저주와 축복 : 언약 비준 27-30
5. 계승 준비 : 언약의 연속성 31-34
   증인들의 호출 / 조약의 보관 / 공적 낭독

맥카시는 자료 비평에 근거해서 신명기 4:44-28:68을 신명기의 중심 부분으로 간주한다. 그리고 이 본문 안에서 조약 형식들, 역사적이고 설교적인 서론, 법들, 축복과 저주를 찾아낸다. 그의 분석을 살펴보자(*Treaty and Covenant*, 158-59, 186).

1. 주변 환경 : 일반적인 시작 4:44-49
2. 역사적 - 권고적 서언 5-11
3. 언약들 12:1-26:15[16]
4. 기원 : 선서 26:[16]17-19
5. 축복과 저주 28:1-46[69]

흥미롭게도 위에 제시된 세 학자들의 신명기 구조 분석은 통일성이 없다. 학자들마다 신명기 본문을 다루는 방법론이 다르기도 하지만 신명기 본문을 나누는 데 가장 큰 장애물은 본문 자체에 있다. 왜냐하면 신명기에 서론이 두 개가 나오기 때문이다(1:1-5과 4:44-49). 이 두 개의 서론이 학자들로 하여금 본문을 나누는 데 어려움을 주고 있다.

다른 하나는 신명기 전체 본문이 정확하게 고대 근동의 조약 형식과 일치하지 않고 조약 형식은 신명기의 본문 안에서 여기저기 흩어져서 나오고 있기 때문이다. 그 예로 출애굽기의 십계명을 들 수 있다. 많은 학자들이 십계명 안에서 축소된 조약 형태를 발견하는데 이 십계명은 신명기 5장의 약간의 수정을 제외하고 출애굽기의 십계명이 그대로 수록되어 있다. 하지만 위 학자들의 신명기 구조 분석은 5장을 따로 다루지 않는다. 여기에 덧붙여서 신명기 31-34장을 들 수 있다. 31-34장에서 여호수아가 새로운 지도자로 임명되며 이스라엘의 미래를 예고하는 모세의 노래와 모세의 12지파에 대한 축복과 모세의 죽음이 수록되었다. 이것들이 종주 조약 형식과 비교될 수 있는지 의심스럽기 때문이다.

고대 근동의 조약 형식과 신명기 언약 구조 사이의 비교 연구는 신명기와 언약 신학 연구에 새로운 빛을 비춰주었다. 비록 고대 근동의 종주 조약 형식이 신명기의 언약 구조에 그대로 나타나지는 않지만 많은 유사점들이 발견되는 것이 사실이다. 이러한 사실은 신명기의 언약 구조는 그 당시의 문화를 반영하고 있다는 것을 보여준다.

신명기는 모세의 유언 설교 형식으로 고대의 종주 조약 구조를 반영한다. 하나님과 이스라엘 사이에 맺은 언약은 완전한 일치는 아니지만 고대 근동의 종주 조약과 병행을 이룬다. 신명기는 모세의 유언 설교라는 큰 문학적 양식 안에 고대 근동의 국제 조약 형식을 포함시키고 있다.

참고 문헌

Baltzer, K., *Das Bundesformular*, WMANT 4, Neukirchen-Vluyn, 1960.

Clements, R. E., *Old Testament Guides*, Sheffield, 1989.

Craigie, P. C., "Deuteronomy and Ugaritic Studies," *TB* 28 (1977), 155-169.

Kline, M. G., *Treaty of the Great King*, Grand Rapids, 1963.

Korosec, V., *Hethitische Staatsverträge, Leipziger rechtswissenschaftliche Studien*, Leipzig, 1931.

McCarthy, D. J., *Treaty and Covenant*, AnBibl 21, Romae, 1978.

——, *Old Testament Covenant. A Survey of Current Opinions, Oxford*, 1973.

McConville, J. G., *Law and Theology in Deuteronomy*, Sheffield, 1984.

Mendenhall, G., *Law and Covenant in Israel and the Ancient Near East*, Pittsburgh, 1955.

——, "Covenant," *IDB* I, 714-23

Kitchen. K. A., "The Fall and Rise of Corement, Law and Treaty," *Tybul* 40, 1989, 118-35

——, *On the Reliability of the Old Testament*, Eerdmans, 2003.

Perlitt, L., *Bundestheologie im Alten Testament*, WMANT 36, Neukirchen-Vluyn, 1969.

Rad, G. von, *Das formgeschichtliche Problem des hexateuchs*, BWANT 4, F. 26, Stuttgart, 1938

Weinfeld, M., *Deuteronomy and the Deuteronomic School*, Oxford, 1972.

6. 언약의 갱신 : 시내 산 언약과 모압 언약의 관계

6.1. 언약의 개념

히브리어 '베리트'(ברית)는 구약에서 287회 - 창 27회, 출 13회, 레 10회, 민 5회, 신 27회, 수 22회, 삿 7회, 삼상 8회, 삼하 6회, 왕상 14회, 왕하 12회, 사 12회, 렘 24회, 겔 18회, 호 5회, 암 1회, 옵 1회, 슥 2회, 말 6회, 시 21회, 잠 1회, 단 7회, 스 1회, 느 4회, 대상 13회, 대하 17회 - 나타나며 일반적으로 우리말에서 '언약' 또는 '계약'으로 번역되었다. 언약은 언약의 파트너인 두 당사자들이 있어야 성립되는데 그 관계는 지위와 상관없이 즉, 쌍방이 동등하건 동등하지 않건 간에 이루어질 수 있다(H. D. Neef, 3-4).

언약의 근본적인 개념은 '의무'와 '책임'으로 말할 수 있다. 언약의 당사자들 간에 어느 한쪽이 일방적으로 제안과 약속을 해서 언약이 세워지는 경우에도(예: 노아 언약과 아브라함 언약) 언약을 제안한 당사자가 그 언약의 내용을 이행해야 할 의무와 책임이 있는 것이다. 또한 언약이 쌍방 간의 동의에 의해서 세워진 경우에는 그 언약의 내용을 두 당사자들이 져야 할 의무와 책임이 있다(예: 야곱과 라반이 맺은 언약. E. Kutsch, *THAT* I, 339-352; 동 저자 *Verheissung und Gesetz*, 66-67).

구약에서 언약의 동의어로 '맹세' 또는 '서약'이 사용되었다(창 21:31; 신 29:12, 14). 두 당사자 간에 세운 언약의 내용을 맹세함으로 또는 엄숙히 서약함으로 확증하는 것이다. 하나님과 사람 사이에 맺은 언약에서 하나님은 아브라함에게 맹세로써 언약을 세우시는 것을 볼 수 있다(N. Lohfink, 1967, 101; *TWAT* I, 781-808).

문체상으로 '언약을 맺다'라고 할 때 가장 많이 사용되는 동사는 히브리어 '카라트 + 베리트'(כרת ברית)이며 문자적인 뜻은 '언약을 자르다'

이다(창 15:18; 출 34:10, 27; 신 5:2, 3). 그 외 '쿰 + 베리트'(קום ברית) '언약을 세우다'(창 6:18; 9:9, 11), '나탄 + 베리트'(נתן ברית) '언약을 주다'(창 17:2; 민 25:12), '숨 + 베리트'(שום ברית) '언약을 두다'(삼하 23:5)가 나타난다. 전치사와 함께 사용된 동사로는 '아바르 + 베베리트'(עבר בברית) '언약 안으로 지나가다'(신 29:11), '보 + 베베리트'(בוא בברית) '언약 안으로 들어가다'(대하 15:12)가 있다.

6.2. 구약의 다양한 언약들

구약 성경에는 다양한 언약들이 나타난다. 언약은 두 부류로 분류될 수 있는데 사람과 사람 사이에 맺는 언약과, 사람과 하나님이 맺는 언약이 있다.

6.2.1. 사람들 사이에 맺은 언약

1) 먼저 사람들 사이에 맺는 언약을 살펴보면, 이스라엘의 조상인 아브람은 아모리 사람 마므레(창 14:13)와 블레셋 사람 아비멜렉(창 21:27)과 언약을 맺었다. 아브람과 마므레 사이의 언약은 언약을 통하여 서로 동맹 관계를 형성한 것이다. 아브람과 아비멜렉의 경우, 서로 언약을 맺는데 아브람이 우물을 판 증거로 새끼 암양 일곱 마리를 아비멜렉에게 주고 두 사람이 맹세(שׁבע)를 한다(창 21:31). 즉 맹세로써 아브람이 그 우물을 팠다는 사실에 자신들을 묶음으로 서로 조약 또는 협정을 맺은 것이다.

2) 이삭도 아비멜렉과 아훗삿과 비골과 더불어 언약을 맺는다. 이들도 서로 맹세(אלה)를 통해서 언약을 세운다(창 26:28). 서로 평화롭게(שׁלום) 살 것을 맹세하며(שׁבע) 언약의 식사를 같이 나눈다(창 26:29-31). 상호 평화 조약을 맺은 것이다.

3) 야곱은 외삼촌 라반과 언약을 세운다(창 31:44). 라반은 야곱의 아

내로 준 자기의 딸들을 박해하지 말 것과 서로 해하지 말 것을 제안한다. 그들은 서로 식사를 하며 증거(עֵד)로 돌 기둥을 세운다. 특이한 점은 하나님을 증인(עֵד)으로 내세운 것이다(창 31:50). 야곱의 경우에 언약은 서로에게 증거가 된다는 점이 강조되었다(위의 세 언약에 관해서는 D. J. McCarthy의 논문 "Three Covenants in Genesis"를 참고하라).

4) 이스라엘의 족장들은 이웃 나라 백성들과 자유롭게 언약을 맺었다. 하지만 이스라엘에게 가나안 민족들과 그들의 신과 언약을 세우지 말라는 명령이 주어진다(출 23:32; 34:12, 15; 신 7:2; 삿 2:2).

이스라엘이 가나안 땅을 정복할 때, 그 땅 주민들과 언약을 맺지 말라는 하나님의 명령을 어기고 이스라엘은 속아서 히위 사람인 기브온 주민들과 언약을 맺는다(수 9:3-27). 이스라엘은 기브온 백성의 요구대로 그들에게 평화(שָׁלוֹם) 조약을 세우며 그들을 살려줄 것을 맹세한다(שׁבע 9:15). 하지만 여호수아와 이스라엘이 히위 사람들에게 속아서 언약을 세웠다는 것을 알고 그들을 하나님의 집의 종들로 삼았다. 결과적으로 이스라엘은 언약을 통해서 기브온 거민들과 동맹 관계를 형성하게 되었다(수 10장).

5) 왕들 사이에도 언약을 맺었다. 이스라엘 왕 솔로몬과 두로 왕 히람 사이에 평화(שָׁלוֹם)가 있었고 서로 언약을 세운다[왕상 5:12(히 5:26)]. 이는 서로 언약을 통하여 동맹 관계를 형성하는 것이다.

이스라엘 왕 아합과 아람 왕 벤하닷은 서로 언약을 맺었다. 이 두 나라가 전쟁을 할 때에 이스라엘이 크게 승리하여 벤하닷을 사로잡았다. 벤하닷은 아합에게, 자기 아버지가 이스라엘에게서 빼앗은 성들을 돌려 주고 그로 다메섹에서 자기를 위하여 거리를 만들 수 있게 하겠다는 것을 조건으로 제시하였다. 그래서 서로 언약을 맺고 아합은 벤하닷을 살려 보낸다(왕상 20:34).

왕들 사이에 맺은 언약은 조건이 있었고 파기될 수도 있었다. 유다 왕 아사와 이스라엘 왕 바아사 사이에 전쟁이 있었다. 이때 유다 왕 아사는 은과 금을 아람 왕 벤하닷에게 보내어 그들 사이에 맺은 언약을 상기시키며 벤하닷과 이스라엘 왕 바아사 사이에 맺은 언약을 파기할 것을 요구한다. 벤하닷은 유다와 이스라엘 양쪽 모두와 언약을 맺고 있었는데 유다 왕 아사의 제안으로 이스라엘 왕 바아사와 맺은 언약을 파기한다(왕상 15:19).

6) 왕들 사이에 맺은 언약 외에도 왕과 신하 사이에 맺은 언약으로 유다 왕 다윗과 이스라엘의 군대 장관 아브넬의 예를 들 수 있다. 아브넬은 다윗이 이스라엘을 통치할 수 있도록 돕겠다고 제안한다. 이 제안에 대해 다윗은 이전의 자기 아내였던 미갈을 데려올 것을 조건으로 제시함으로 서로 언약을 세운다(삼하 3:12, 13, 21).

왕과 백성 사이에 맺은 언약도 있다. 유다 왕 시드기야와 백성들이 면제년의 법 – 같은 동족인 히브리인이 노예로 팔렸을 경우 칠 년에 자유를 선언하고 집으로 돌려보내는 법(출 21:1-7; 신 15장) – 을 따르기로 언약하였다. 그리하여 노예로 팔렸던 사람들에게 자유를 선언하고 해방시켜 주었다. 하지만 후에 백성들이 다시 풀어 주었던 동족들을 사로잡아 노예로 삼아 버렸다(렘 34장).

요시야 왕은 이스라엘 백성들과 하나님의 언약 책의 말씀을 잘 따르기로 언약을 맺는다. 그리고 그 언약의 말씀을 따라 종교 개혁을 단행하여 각종 우상들을 제거하여 버렸다(왕하 23장).

7) 이 외에도 친구 사이에 맺은 언약으로는 다윗과 요나단이 맺은 언약이 있으며(삼상 18:3; 20:8; 23:18), 결혼으로 서로 언약한 경우도 있다(말 2:14).

위의 경우들에서 우리는 구약에 나타난 사람과 사람 사이에 맺은 언약이 매우 다양하다는 것을 알 수 있다. 언약에서 중요한 요소는 두 당사자, 언약 내용과 조건, 증거와 의식이다. 언약과 유사한 용어로 '맹세'가 나타난다. 말로 약속을 함으로 서로가 그 언약 내용을 지킬 것을 맹세하는 것이다. 즉 맹세로써 서로가 그 언약한 내용에 연합되는 것이다.

6.2.2. 하나님과 사람 사이에 맺은 언약

사람들 사이에 맺은 언약 외에도 구약에는 하나님과 사람 사이에 맺은 언약이 있다. 이 언약이 신학적으로 중요하다. 하나님과 사람이 맺은 중요한 언약으로 노아 언약, 아브라함 언약, 시내 산 언약, 비느하스 언약, 다윗 언약, 예레미야의 새 언약을 들 수 있다.

1) 노아 언약은 구약에 나오는 하나님과 사람 사이에 맺은 첫 언약이다. 하나님이 홍수 심판 후에 이 언약을 세우셨다. 이 언약은 하나님이 다시는 물로 모든 생물을 심판하시지 않겠다는 의지를 표현한 것이다. 노아와 그의 후손들 그리고 모든 짐승들에게 주어졌기 때문에 이 언약은 보편적인 성격을 띤다. 그리고 하나님은 언약의 증거로 무지개를 주신다(창 9:8-17).

2) 아브라함 언약은 하나님이 이스라엘의 조상인 아브라함과 세우신 언약이다. 아브라함의 언약은 가나안 땅을 아브라함의 후손에게 주겠다는 것(창 15:18)과 후손을 많게 해 주시겠다는 것(창 17:1-27)과 아브라함의 씨로 말미암아 천하만민이 복을 받는 것이다(창 22:18). 그리고 언약의 표징으로 할례를 행하라고 하셨다. 하나님께서 아브라함에게 하신 약속은 이삭과 야곱에게도 반복되었다. 땅과 후손에 관한 약속은 창세기에서 시작하여 여호수아에 이르기까지 중요한 해석학적 주제가 되고 있다. 이스라엘의 역사의 흐름은 하나님의 약속이 어떻게 성취되는가를 보여주고 있다.

3) 시내 산 언약은 하나님과 이스라엘 백성 사이에 맺은 언약이다. 이 언약은 하나님이 한 개인과 맺은 언약이 아니라 이스라엘 온 백성들과 맺은 언약이다. 하나님은 언약을 맺기 전에 먼저 이스라엘에게 언약을 지킬 것을 제안하신다. 이스라엘이 하나님의 말씀을 잘 듣고 언약을 지키면 제사장 나라가 되며 거룩한 백성이 될 것이라고 약속하신다(출 19:5-6). 언약을 지킬 때 이스라엘이 하나님의 거룩한 백성이 되는 것이다. 이스라엘은 하나님의 말씀을 듣고 잘 지키겠다고 답변한다. 하나

님의 언약 제안에 동의한 것이다(출 19:8).

백성들의 동의가 있자 하나님은 시내 산에 강림하셔서 십계명을 직접 말씀하셨다. 그 후에 모세가 하나님의 대변자로서 나머지 언약의 책에 관한 말씀들을 이스라엘에게 전하여 주었다. 다시 한번 하나님의 말씀을 준수하겠다는 백성들의 동의가 있고 나서 하나님은 이스라엘과 언약을 맺는다. 언약 의식으로 열 두 기둥을 세우고 번제와 화목제가 드려진다. 언약서가 낭독되고 언약의 피가 반은 단에, 반은 백성에게 뿌려졌다. 그리고 이스라엘의 지도자들이 하나님 앞에서 언약의 식사를 하였다(출 24:1-11).

하나님은 언약의 말씀들인 십계명을 직접 돌판 위에 기록하셔서 모세에게 주셨고(출 24.12, 31.18, 32.15, 34.27-28) 안식일을 언약의 표징으로 삼았다(출 31:13-17). 십계명을 통하여 이스라엘을 향한 하나님의 뜻이 명문화된 것이다.

4) 비느하스 언약은 하나님이 아론의 손자 비느하스에게 제사장 직분을 주겠다고 하신 언약이다.

바알 브올의 사건 때에, 이스라엘 백성들이 모압 여인들과 음행하며 그들의 신들에게 제사를 드렸다. 이 일로 하나님의 심판이 시작되었다. 이때 시므온의 한 족장인 시므리가 미디안 여인을 데리고 이스라엘 진 안으로 들어왔다. 이것을 본 비느하스가 창을 들고 들어가서 그들을 찔러 죽였다. 이 일로 하나님의 심판인 염병이 그쳤다. 하나님은 비느하스에게 영원한 언약을 세우시는데 그의 후손들에게 제사장 직분을 주시겠다는 것이었다(민 25:1-15).

5) 다윗 언약은 하나님이 다윗 왕과 세우신 언약이다. 다윗이 하나님의 언약궤가 성막에 거하는 것을 보고 언약궤를 위하여 집을 지을 생각을 하였고 이것을 나단 선지자에게 상의하였다. 여기에 대해 하나님은 하나님의 집을 지을 사람은 다윗이 아니라 그 아들이라고 말씀하신다. 오히려 하나님이 다윗의 집을 즉, 다윗의 왕위와 왕권을 든든히 해 주

실 것을 다윗에게 약속하신다(삼하 7장; 시 89편). 다윗 언약을 통하여 이스라엘의 왕정 제도는 하나님의 인정을 받게 된다.

6) 새 언약은 실제적으로 맺어진 언약이 아니라 하나님이 예레미야를 통해 말씀하신 예언으로 미래에 세워질 언약이다. 이 새 언약은 출애굽 때에 세운 옛 언약과 같지 않다. 왜냐하면 이 언약의 법이 인간의 마음에 기록될 것이기 때문이다(렘 31:31-34). 이 새 언약은 신약을 바라보며 장차 올 메시야에 의해서 이루어질 것이다.

위에서 간략하게 살펴보았듯이 하나님과 사람 사이에 세운 언약들 역시 다양하다. 하나님의 언약의 상대자인 사람들, 그 언약의 내용, 언약의 의식들과 증거들도 서로 다르게 나타난다.

하나님께서 일방적으로 약속하여 세워진 언약이 있는가 하면 하나님의 언약 제안에 이스라엘이 동의함으로 세워진 언약도 있다. 하나님 자신이 일방적으로 약속해서 세운 언약은 하나님 편에서 지켜야 할 의무와 책임이 있고 이스라엘이 동의해서 맺은 언약은 이스라엘 편에서도 지켜야 할 의무와 책임이 있는 것이다. 하지만 이스라엘의 역사가 보여주는 것은 하나님은 이스라엘과 맺은 언약을 성실하게 지키셨지만 이스라엘은 하나님과 맺은 언약을 지키는 데 불성실했음을 증거하고 있다.

위의 언약들 모두 각기 나름대로 구속사에서 차지하는 위치와 역할이 있지만 시내 산 언약은 특히 중요하다. 다른 언약들은 하나님과 개개인이 맺은 언약인 데 반하여, 물론 그 언약의 적용이 이스라엘 백성을 포함하지만, 시내 산 언약은 하나님과 이스라엘 백성 사이에 맺은 언약이며 언약의 내용은 이스라엘 백성이 지켜야 할 법으로 선포되었기 때문이다. 비록 언약 신학의 다양성을 무시했다는 비판을 받긴 했지만 시내 산 언약이 구약 신학의 중심이라고 주장한 아이흐로트의 주장은 어느 정도 타당성이 있다(발터 아이히로트, 『구약 성서신학 I』, 박문제 역, 크리스찬 다이제스트, 1994). 또한 신약의 히브리서 기자는 새언약을 시내 산 언약과 비교한다(히 8-9장). 시내 산 언약이 구약의 대표적인 언약으로 옛언약을 뜻한다.

시내 산 언약은 하나님과 이스라엘 사이의 관계를 보여준다. 아도나이는 이스라엘의 하나님으로 그리고 이스라엘은 하나님의 선택된 백성으로 서로 언약을 맺었다.

6.3. 시내 산 언약과 금송아지

위에서 우리는 구약에 나타난 다양한 언약들을 살펴보았다. 이러한 언약의 다양성에 근거하여 우리의 주제인 시내 산 언약을 고찰해 보자.

시내 산 언약은 구약의 근간을 이루는 토라(법)와 동일시될 수 있으며 구약의 신앙과 신학을 형성하는 중요한 신학 사상 가운데 하나이다. 이 시내 산 언약은 출애굽기 19-24장에 자세하게 기록되어 있다.

시내 산 언약을 맺을 때 이스라엘은 하나님의 언약의 말씀들을 지키겠다고 세 번이나 동의하였다(출 19:8; 24:3, 7). 이스라엘의 하나님 아도나이와 이스라엘 사이에 언약이 세워지게 된다. 번세와 화목제가 드려지고 언약서가 낭독되고 언약의 피가 반은 단에 그리고 반은 백성에게 뿌려졌다(출 24:1-11).

언약을 체결한 후에 모세는 언약의 말씀인 십계명과 다른 말씀들을 받으려고 시내 산으로 올라간다. 시내 산에 올라간 모세가 늦게 내려오자 이스라엘 백성들은 술렁이기 시작한다. 백성들은 아론에게 와서 이스라엘을 인도할 신을 만들라고 주문한다. 이 요청에 따라 아론은 금송아지를 만들어 이스라엘을 애굽에서 인도해 낸 신이라고 공포한다. 이스라엘은 그들의 하나님을 금 송아지로 형상화하여 그 신 앞에서 단을 쌓고 번제와 화목제를 드리고 먹고 마시고 뛰놀았다(출 32:1-6). 이 사건은 십계명의 제1-2계명을 거역한 것이다.

금 송아지 숭배는 시내 산 언약 체결 의식과 유사하다. 출애굽기는 금 송아지 숭배 사건과 시내 산 언약의 체결 의식을 병행시킴으로 시내 산 언약이 깨어졌다는 것을 드러내고 있다.

모세 역시 이 시내 산 언약이 깨어졌다는 것을 즉시 알아차렸다. 아이러니하게도 모세가 시내 산 위에서 우상 숭배를 강하게 금지하고 있는 십계명의 말씀들이 새겨진 두 돌판을 받는 동안에 산 아래에서 이스라엘은 금 송아지 우상을 만들었던 것이다. 시내 산 언약의 근간인 십계명은 하나님께 전적인 순종과 충성을 요구하며 다른 신을 만들어 섬기지 말 것을 강하게 금지하고 있다. 하지만 이스라엘은 시내 산 언약을 맺자마자 금 송아지를 만들어 이 언약을 깨뜨려 버렸다. 이스라엘 백성들은 언약을 지켜야 할 의무와 책임을 져버린 것이다. 언약이 파기되었다는 것을 알게 된 모세는 화가 나서 그 언약의 돌판들을 깨뜨려 버리고 말았다(출 32:19; 신 9:9-17).

이스라엘의 범죄로 언약이 파기되자 모세는 이스라엘을 위해 기도한다. 하나님이 모세의 기도를 들으시고 다시 언약을 회복시키시기 위하여 모세에게 처음 두 돌판과 같은 두 돌판을 만들어 시내 산에 올라오라고 하신다. 모세가 시내 산에 올라가자 다시 하나님은 자신의 이름을 선언하시며 시내 산 언약을 세우신다. 이 언약에서는 백성들의 동의도, 어떠한 언약 체결 의식도 나오지 않는다. 단순히 하나님께서 모세에게 언약이 회복되었음을 알리신다. 하나님이 주도적으로 언약을 세우시며 우상 숭배를 강하게 금지하신다. 그리고 친히 십계명의 말씀들을 두 돌판 위에 기록해 주셨다. 그 외 다른 말씀들은 모세에게 기록할 것을 말씀하셨다(출 34:10-28; 신 10:1-5).

6.4. 시내 산 언약과 모압 언약 – 언약의 갱신

우리는 일반적으로 시내 산 언약이 하나인 것으로 인식하고 있는데 사실은 그렇지 않다. 아도나이와 백성들 간에 세워진 이 언약은 사실상 시내 산 언약과 모압 언약으로 나눌 수 있다. 시내 산 언약은 출애굽기에 수록되어 있는 반면 모압 언약은 신명기에 수록되어 있다.

우리는 위에서 언약이 다양하다는 것을 살펴보았다. 신명기에서도 다양한 언약이 언급되었다. 신명기에 '언약'(ברית)이라는 표현은 27회(주어로 12회, 목적어로 15회) 발견된다. 이 가운데서 하나님이 이스라엘 조상들과 세우신 언약과 관련된 것은 4:31, 7:12, 8:18에, 시내 산 언약과 관련된 것은 4:13, 23, 5:2, 3, 9:9, 11, 15에, 모압 언약과 관련된 것은 29:1, 9, 12, 14, 21, 25에, 이스라엘이 언약을 어기고 다른 신을 섬기는 것은 17:2, 31:16, 20에, 어떤 언약인지는 언급되지 않지만 하나님이 언약을 지키시는 분으로 나타나는 곳은 7:9에, 이스라엘은 가나안 백성들과 언약을 맺어서는 안 된다는 경고는 7:2에, 언약의 궤를 언급하는 곳은 10:8, 31:9, 25, 26에, 레위인들이 하나님의 언약을 지켰다는 것은 33:9에 나타난다.

위의 분석에서 다양한 언약이 나타나지만 신명기에서 중심적인 언약은 시내 산 언약과 모압 언약이다. 이 두 언약의 핵심 내용은 공통적으로 십계명이다(4:13, 9:9, 11, 15). 십계명이 두 언약의 공통 분모로 나타남으로 두 언약이 서로 연속성을 갖는다는 것을 보여준다. 십계명은 우상 숭배를 강하게 금지하고 있기 때문에 언약을 어기며 파기하는 행위를 우상 숭배로 규정하고 있다(4:23, 17:2, 29:25, 31:16, 20). 우상 숭배는 십계명의 2계명을 어기는 것이다.

시내 산 언약과 모압 언약 사이의 관계는 5:2-3에 나온다.

> 2 아도나이 우리의 하나님이 우리와 호렙에서 언약을 맺었다.
>
> 3 아도나이께서 우리의 조상들과 이 언약을 맺지 않았다,
>
> 그러나 우리와, 우리, 이들, 오늘날 여기에 살아 있는 우리 모두와.

여기서 흥미로운 것은 2절에서 호렙 산 언약을 "우리"와 맺었다는 것이다. 이것은 당연히 모세를 포함한 출애굽 후세대를 의미한다. 그리

고 3절에서 "우리의 조상들과 이 언약을 맺지 않았다"라고 말한다. "우리의 조상들"은 논란의 여지가 있지만 문맥상 출애굽 세대로 보는 것이 자연스럽다. 왜냐하면 "살아 있는 우리"가 출애굽 후세대를 말하기 때문에 광야에서 하나님의 심판으로 죽음을 맞은 "우리의 조상들"은 출애굽 세대를 암시하기 때문이다(더 자세한 것은 주석 참고). 호렙 산 언약이 출애굽 세대와 맺은 것이 아니라면 이것이 의미하는 것은 무엇인가?

신명기의 문맥에 따르면 모세는 지금 출애굽 후세대에게 그의 고별 설교로서 신명기를 설명하고 있는 것이다. 특히 신명기 5장에서는 호렙 산 언약을 뒤돌아보며 그 언약의 근간인 십계명을 다시 설교하고 있다. 그러면서 이 언약이 "오늘날 여기에 살아 있는" 출애굽 세대와 맺은 것이라고 주장한다. 즉 호렙 산 언약이 출애굽 후세대에게도 여전히 유효하며 적용될 수 있다는 것을 강조하는 것이다. 시내 산 언약이 출애굽 후세대에게 연속성을 갖는 것을 말한다.

시내 산 언약이 후세대에게 유효하다는 사실은 시내 산 언약의 핵심인 십계명이 신명기에 그대로 반복되었다는 사실에서 알 수 있다. 십계명(출 20장)은 약간의 수정 외에 그대로 신명기 5장에 반복, 수록되었다(자세한 설명은 주석 참고).

모세는 출애굽 후세대에게 시내 산 언약의 유효성을 주지시킨 뒤에, 5장부터 26장까지 신명기의 주요한 법들을 설명한다. 그리고 27-28장에서 이 언약의 말씀들에 순종하면 복이 있을 것이고 불순종하면 저주가 임할 것이라고 선포한다.

복과 저주를 선언한 후에 모세는 출애굽 후세대와 다시 언약을 세운다. 이 언약을 모압 언약이라고 부른다. 29:1(히브리어 본문은 28:69)을 살펴보자.

> 이것들은 아도나이께서 모세에게 모압 땅 안에서 이스라엘 아들들과 맺도록 명령하셨던 그 언약의 말씀들이다, 그가 그들과 호렙 안에서 맺었던 그 언약 외에.

여기서 두 개의 언약이 등장한다. 호렙에서 맺은 언약과 모압 땅에서 맺은 언약이다. 이것들은 시내 산 언약과 모압 언약으로 불린다. 호렙에서 세운 언약은 출애굽 세대와 맺은 것이며 모압 땅에서 세운 언약은 출애굽 후세대와 맺은 것이다. 신명기 5-26장의 말씀들은 모압 언약의 핵심을 차지하고 있다. 이 모압 언약은 완전히 새로운 언약이 아니지만 시내 산 언약의 연속성을 띠며 시내 산 언약을 갱신하고 있다.

모압 언약은 이스라엘의 모든 사람들과 심지어 이스라엘 내의 체류자와 종들까지도 포함시킨다(29:11). 그리고 이 언약은 출애굽 후세대뿐만 아니라 미래의 오는 모든 세대 사람들까지 포함한다(29:15). 모압 언약을 시내 산 언약과 비교해 볼 때, 시내 산에서 있었던 언약서의 낭독과 희생 제사와 함께 언약의 피를 뿌렸던 상엄한 의식과 하나님 앞에서 먹었던 언약 식사는 나타나지 않고 모세의 설교가 그 특징을 이루고 있다.

모압 언약은 시내 산 언약의 연속이지만 또 다른 측면에서 갱신이다. 그래서 시내 산 언약의 법들과 신명기의 법들에는 동일한 법들과 새로운 법들이 많이 있음을 발견할 수 있다. 다음은 폰 라드가 언약의 책(출 21-23장)과 신명기 사이의 공통적인 법들을 지적한 것이다(G. von Rad, *Das fünfte Buch Mose*, 8).

출애굽기		신명기
21:1-11	=	15:12-18
21:12-14	=	19:1-13
21:16	=	24:7
22:15-16	=	22:28-29
22:20-23	=	24:17-22
22:24	=	23:20-21
22:25-26	=	24:10-13

22:28-29	=	15:19-23
22:30	=	14:3-21
23:1	=	19:16-21
23:2-3, 6-8	=	16:18-20
23:4-5	=	22:1-4
23:9	=	24:17-18
23:10-11	=	15:1-11
23:12	=	5:13-15
23:13	=	6:13
23:14-17	=	16:1-17
23:19a	=	26:2-10
23:19b	=	14:21b

위의 사실에서 언약의 책과 신명기 사이에 많은 공통점이 있다는 사실을 알 수 있다. 그러나 언약의 책에 나오는 법들이 신명기에서 나오지 않는다는 사실 역시 지적되어야 한다. 그리고 신명기에는 새로운 법들이 - 예를 들면 중앙 성소의 법과 왕에 관한 법 - 많이 등장하는데 이러한 사실은 역사적인 상황이 다르기 때문이다. 신명기의 분위기는 이제 이스라엘이 요단 강을 건너 약속의 땅을 점령하려고 한다. 그래서 약속의 땅 안에서 지켜야 할 법들이 새롭게 수록되어 있다.

참고 문헌

Bright, J., *Covenant & Promise. The Future in the Preaching of the Pre-exilic Prophets*, London, 1977.

Frankena, R., "The Vassal-Treaties of Esarhaddon and the Dating of

Deuteronomy," *OTS* 14 (1965), 122-154.

Haran, M., "The Berit 'Covenant': Its Nature and Ceremonial Background," in M. Cogan, ed., *Tehillah le-Moshe*, FS. M. Greenberg, Indiana, 1997, pp. 203-219.

Kutsch, E., "ברית, Verpflichtung" *THAT* I, 339-352.

——, *Verheissung und Gesetz*, Berlin, 1973.

Lindars, B., "Torah in Deuteronomy," in *Words and Meanings*, FS. D. W. Thomas, Cambridge, 1968, 117-136.

Lohfink, N., *Die Landverheißung als Eid*, SBS 28, Stuttgart, 1967.

——, "Bundestheologie im Alten Testament," in *Studien zum Deuteronomium und zur deuteronomistischen Literatur* I, Stuttgart, 1990, 325-361.

——, "Bund als Vertrag im Deuteronomium," *ZAW* 107 (1995), 215-239.

McBride, S. D., "Polity of the Covenant People: The Book of Deuteronomy," in *A Song of Power and the Power of Song*, Indiana, 1993, 62-77.

McCarthy, D. J., "Notes on the Love of God in Deuteronomy and the Father-Son Relationship Between Yahweh and Israel," in *Institution and Narrative*, Rome, 1985, 301-304.

——, McCarthy, "Three Covenants in Genesis," *CBQ* 26 (1964), 179-189.

Moran, S. J. W. L., "The Ancient Near Eastern Background of the Love of God in Deuteronomy," *CBQ* 25 (1963), 77-87.

Neef, H. D., "Aspekte alttestamentlicher Bundertheologie," in F. Avemarie, ed., *Bund und Tora*, WUNT 92, Tübingen, 1996.

Nicholson, E. W., "Covenant in a Century of Study since Wellhausen," in *A Song of Power and the Power of Song*, Indiana, 1993, 78-93.

Oden, R. A., "The Place of Covenant in the Religion of Israel," in *Ancient Israelite Religion*, FS. F. M. Cross, Philadelphia, 1987, 429-

447.
Otto, E., "Vom Bundesbuch zum Deuteronomium," in *Biblische Theologie und Gesellschaftlicher Wandel*, FS. N. Lohfink, Freiburg, 1993, 260-265.
———, "Town and Rural Countryside in Ancient Israelite Law: Reception and Redaction in Cuneiform and Israelite Law," *JSOT* 57 (1993), 3-22.
———, "Von der Programmschrift einer Rechtsreform zum Verfassungsentwurf des Neuen Israel. Die Stellung des Deuteronomiums in der Rechtsgeschichte Israels," *Budesdokument und Gesetz*, 93-104.
———, "The Pre-exilic Deuteronomy as a Revision of the Covenant Code," in *Kontinuum und Proprium*, Wiesbaden, 1996, 112-122.
Patrick, D., "The Rhetoric of Collective Responsibility in Deuteronomic Law," in *Pomegranates Golden Bells*, Indiana, 1995, 421-436.
Schmid, H. H., "Ich will euer Gott sein, und ihr sollt mein Volk sein," in *Kirche*, FS. G. Bornkamm, Tübingen, 1980, 1-25.
Veijola, T., "Bundestheologische Redaktion im Deuteronomium," in *Das Deuteronomiu und seine Querbeziehungen*, 242-276.
Weisman, Z., "The Place of the People in the Making of Law and Judgment," in *Pomegranates Golden Bells*, Indiana, 1995, 407-420.
Wilson, R. R., "Enforcing the Covenant: The Mechanisms of Judicial Authority in Early Israel," in *The Quest for the Kingdom of God*, FS, G. E. Mendenhall, Indiana, 1983, 59-75.

7. 십계명과 신명기

칼빈의 주석을 살펴보면 상당히 흥미로운 점이 발견된다. 칼빈은 창세기를 제외한 네 책들, 출애굽기, 레위기, 민수기, 신명기를 주석하는 데 십계명을 중심 원리로 삼고 있다. 이 네 권의 책들은 역사적인 이야기들과 교리들로 구성되어 있다. 칼빈은 역사적 이야기들을 제외한 나머지 법들을, 십계명을 중심으로 각 계명에 해당되는 법들로 분류해서 각 계명을 보충하는 규례들로 이해하며 주해하고 있다. 그래서 그의 주석들은 각 권별로 주해되어 있지 않고 출애굽기, 레위기, 민수기, 신명기가 십계명의 각 계명을 따라 분류되어 설명되어 있다(칼빈은 모세의 네 권 주석 서문에 그가 왜 이러한 형태의 주석 방법론을 택했는지를 설명하고 있다. Calvin's Commen-taries. *Harmony of Exod., Lev., Deut., Numb.*, vol. I, xiv-xviii, W. de Greef, *Calvijn en het Oude Testament*, 25-26). 즉 칼빈은 십계명을 모세의 네 권의 책에 대한 해석 원리로 사용한 것이다.

칼빈은 십계명을 창세기를 제외한 네 권의 책을 해석하는 원리로 삼았지만 칼빈 외의 다른 학자들은 십계명과 신명기의 관계를 연구하면서 신명기의 법전은 십계명을 따라서 편집되었으며 십계명을 신명기의 해석 원리로 사용할 것을 주장하였다.

카우프만은 십계명을 신명기 12-26장과 관련하여 해석하였다. 그는 신명기는 십계명의 도덕적 원리들을 밝히기 위한 문학적인 구조를 가지고 있다고 주장하였다(Kaufman, "The Structure of the Deuteronomic Law", 105-158).

브라우리크에 따르면 신명기 12-26장의 각 법들은 십계명을 따라서 이루워졌다고 한다. 그가 제시하는 각 계명들과 신명기 12-26장의 법들의 관계는 다음과 같다: 1계명은 12:2-13:19, 2계명은 14:1-21, 3계명은 14:22-16:17, 4계명은 16:18-18:22, 5계명은 19:1-22:12, 6계명은 22:13-23:15, 7계명은 23:16-24:7, 8계명은 24:8-25:4, 9계명은 25:5-12, 10계명은 25:13-26:15(G. Braulik, *Die deuteronomischen Gesetze und der Dekalog*, 11-22).

카우프만과 브라우리크가 십계명을 신명기 12-26장과 관련하여 설명한 반면에 월튼은 이 방법론을 신명기 6-26장에 걸쳐 확대 적용하였다. 그는 십계명이 4가지 중요한 주제 - 권위, 존엄성, 충성, 권리와 특권 - 를 갖고 있으며 이 주제들을 신명기 6-26장에 나오는 율법들이 주해 설명하고 있다고 말한다. 4가지 주제들은 하나님과 인간과 관련하여 각각 나타난다. 권위는 1계명의 하나님과 관련하여 신명기 6-11장에 그리고 5계명의 인간과 관련하여 신명기 16:18-18:22에 나온다. 존엄성 또는 위엄은 2계명의 하나님과 관련하여 신명기 12장에 그리고 6, 7, 8계명의 인간과 관련하여 신명기 19:1-21:23, 22:1-23:14, 23:15-24:7에 나타난다. 충성 또는 헌신은 3계명의 하나님과 관련하여 신명기 13:1-14:21에, 그리고 9계명의 인간과 관련하여 신명기 24:8-16에 나온다. 권리와 특권은 4계명의 하나님과 관련하여 신명기 14:22-16:17에, 그리고 10계명의 인간과 관련하여 신명기 24:17-26:15에 나타난다(Walton, "Deuteronomy: An Exposition of the Spirit of the Law," 213-25).

십계명을 신명기 법들의 해석 원리로 사용하는 것은 일면 타당성이 있다. 신명기 4-5장은 십계명이 선포된 배경과 십계명의 중요성을 말하고 있기 때문이며 신명기의 주요 법들도 십계명의 각 계명들과 직접 또는 간접적으로 관련이 많기 때문이다. 하지만 신명기의 모든 법들이 십계명과 관련을 갖고 있는 것 같지는 않다. 예를 들면, 브우리크는 왕에 관한 법(신 17:14-20, 칼빈은 이 법을 1계명의 사법적인 보충으로 간주한다)과 선지자에 관한 법[신 18:15-22, 칼빈은 이 법(18:15-18)을 1계명과 관련시킨다]을 4계명인 부모 공경과 관련시키고 있는데(루터파는 부모 공경을 4계명으로 간주한다. 각 교단마다 10계명의 순서가 약간씩 다르

다) 월튼 역시 왕과 선지자에 관한 법을 권위의 주제를 갖고 있는 5계명의 부모 공경과 관련시킨다. 하지만 내 판단으로는 그렇게 큰 연관성을 갖고 있는 것 같지 않다. 왕과 선지자에 관한 법(신 17:14-20, 18:15-22)이 얼마 만큼 부모 공경과 관련이 있는지 밝히는 것은 쉽지 않은 것 같다. 더 나아가 이 법들은 소위 국가 조직에 관한 법들(16:18-18:22)에 속해 있는데 다른 법들, 사법 제도에 관한 법(16:18-20, 17:8-13)과 레위인과 제사장에 관한 법(18:1-7)이 함께 있다. 그런데 문제는 이 법들 사이에 하나님께 올바른 예물을 드릴 것에 관한 계명(17:1), 다른 신들을 섬긴 사람들에 대한 처형 규정(17:2-7) 그리고 가나안 민족들의 가증한 행위들을 본받지 말라는 교훈(18:9-14)들이 섞여서 함께 나오고 있다는 사실이다.

십계명이 신명기의 해석 원리로 사용되었다는 주장은 일면 타당성이 있는 것 같지만 신명기의 저자가 이러한 의도를 갖고 있었는지에 대한 명확한 증거가 없는 것 같다.

참고 문헌

Braulik, G., *Die deuteronomischen Gesetze und der Dekalog*, Stuttgart, 1991.

——, "Die Abfolge der Gesetze in Deuteronomium 12-26 und der Dekalog," in *Das Deuteronomium*, ed., N. Lohfink, Peeters, 1985, 252-272.

Calvin, J., *Harmony of Exod., Lev., Deut., Numb.*, Grand Rapids, 1950.

Carmichael, C. M., *The Laws of Deuteronomy*, Ithaca, 1974.

Greef, W. de, *Calvijn en het Oude Testament*, Groningen, 1984.

Kaufman, S. A., "The Structure of the Deuteronomic Law," *Maarav* 1/2(1978/9), 105-158.

Lohfink, N., “Die *huqqim umispatim* im buch Deuteronomium und ihre Neubegrenzung durch Dtn 12,1,” *Bib* 70(1989), 1-30.

Otto, E., *Kontinuum und Proprium*, Wiesbaden, 1996.

Preuss, H. D., *Deuteronomium*, Darmstadt, 1982.

Rofe, A., “The Arrangement of the Laws in Deuteronomy,” *EThL* 64(1988), 265-287.

Walton, J. H., “Deuteronomy: An Exposition of the Spirit of the Law,” *GTJ* 8(1987), 213-25.

8. 역사적 현재화

신명기에는 이스라엘의 과거 역사적 사건들이 기록되어 있다. 주로 시내 산 이후 여정의 경험들 가운데 몇 가지 사건들을 선별해서 회고한다. 그런데 그 사건들이 출애굽기와 민수기에도 중복 보도되어 있는 경우들이 있다. 하나의 역사적 사건이 출애굽기와 신명기에 또는 민수기와 신명기에 같이 기록되어 있는 것이다. 흥미롭게도 신명기와 출애굽기 또는 신명기와 민수기 사이에서 같은 역사적 사건을 보도하는 데 차이점들이 발견된다. 마치 신약 성경의 공관복음의 문제와 같은 것이다. 즉 모세 오경의 공관복음 문제이다. 신명기에 나타나는 공관 복음의 문제를 다 다룰 수 없기 때문에 다음 세 사건들을 통해서 오경의 공관복음 문제를 다루어 보고자 한다.

8.1. 기록들 사이의 차이점

신명기와 다른 책들 사이에 중복 기록되어 있는 역사적 이야기들의 차이점을 먼저 살펴 보고 그 후에 해결 방안을 모색해 보고자 한다.

1) 이스라엘의 사법 제도 정비

이스라엘은 광야에서 사법 제도를 정비하며 천부장, 백부장, 오십부장, 십부장을 재판관으로 임명한다. 이 사건은 출애굽기 18장과 신명기 1장에 같이 기록되었다. 출애굽기의 기록이 신명기보다 더 길다.

두 기록 사이에서 보이는 결정적인 차이점은 장들을 뽑는 기준과 자질이다. 출애굽기는 재판관들을 선별하는 기준으로 다음과 같은 자질을 제시한다: "재덕이 겸전한 자 곧 하나님을 두려워하며 진실무망하며 불의한 이를 미워하는 자"(개역 18:21, 개역개정은 "능력있는 사람들

곧 하나님을 두려워하며 진실하며 불의한 이익을 미워하는 자"). 반면에 신명기는 "지혜와 지식이 있는 유명한 자"(개역 1:13, 개역개정은 "지혜와 지식이 있는 인정받는 자들")를 재판관으로 임명한다. 출애굽기는 '재덕이 겸전한 자' 즉, '능력 있는 사람'과 '하나님을 두려워하는 진실한 사람' 또한 '탐욕을 싫어하는 사람'을 재판관으로 세우지만, 신명기는 '지혜롭고 분별력이 있는 지적인 사람'을 재판관으로 세운다. 출애굽기는 윤리적인 자질에 그리고 신명기는 지혜에 강조를 두고 있다.

다른 차이점으로 재판관이 세워지는 동기이다. 출애굽기 18:13-27은 모세의 장인 이드로의 조언이 결정적인 역할을 한다. 이드로는 모세가 하루 종일 백성들을 재판하는 것을 보았다. 그리고 그는 모세가 하는 일이 너무 무겁다고 판단하여 모세를 도와서 재판할 사람들을 뽑으라고 제안한다. 모세가 이 제안을 받아들여 이스라엘의 사법 조직을 갖추게 되었다.

신명기 1:9-18에는 이드로의 조언은 전혀 나오지 않는다. 대신 하나님의 약속의 성취로 이스라엘의 후손이 별과 같이 많아졌기 때문에 모세의 지도력에 한계가 와서 사법 제도의 정비가 필요하게 되었다고 보도한다.

특이한 점은 신명기의 기록이 출애굽기보다 짧은데도 불구하고 출애굽기가 갖고 있지 않은 사법 정의에 대한 강조가 있다는 것이다(1:16-17).

2) 첫 가나안 정복 실패 전쟁

이스라엘의 첫 가나안 정복 실패에 대한 기사는 민수기 13-14장과 신명기 1:19-46에 자세히 기록되었다. 두 기록을 비교해 보면 민수기의 기록이 신명기보다 훨씬 자세하고 상세하다.

두 기사 사이의 결정적인 차이는 누가 가나안 땅을 정탐하도록 했는가하는 문제이다. 민수기에서는 가나안 땅을 정탐하게 모세에게 명령하신 분은 아도나이이다(13:1). 그러나 신명기에서는 이스라엘 백성이 모세에게 나아와 가나안 땅을 정탐하도록 요청한 것이다(1:22).

이 외에도 민수기의 보도는 신명기보다 아주 자세하다. 가나안 땅을 정탐한 열두 명의 이름들이 나오고(민 13:4-16), 정탐꾼들이 탐색한 정탐 지역의 지명들이 자세하게 기록되어 있고(민 13:17-24), 갈렙의 긍정적인 보고(민 13:30)와 다른 정탐꾼들의 부정적인 보고(민 13:31-33)가 대조되어 나타나며, 여호수아와 갈렙은 가나안 정복의 강경파로 묘사되었고(민 14:5-9), 이스라엘의 반역에 대한 하나님의 심판 선언(민 14:11-12)과 모세의 중보 기도(민 14:13-19)가 나오고 있다.

반면 신명기는 민수기보다 훨씬 짧은 보고를 한다. 하지만 민수기에는 없는 기록이 나타난다. 이스라엘의 불순종에 대한 하나님의 심판에서 모세는 가나안 땅에 들어가지 못하지만(1:37) 여호수아는 이스라엘의 새 세대의 지도자로 그 땅에 들어갈 것이 선언되었다(1:38).

3) 이스라엘과 형제 국가들의 관계

이스라엘은 가데스 바네아에서 요단 동편의 땅으로 여행한다. 이때 형제 국가들인 에돔, 모압, 암몬의 경계를 지나가게 된다. 이 국가들의 경계를 지날 때에 이 국가들이 이스라엘에 대하여 취한 태도가 민수기와 신명기에 보도되었다.

민수기에 나타난 형제 국가들이 이스라엘에 대해서 취한 태도는 부정적이다. 에돔 왕의 태도는 에돔 땅을 통과하게 해 달라는 이스라엘의 요구에 적대적이다(민 20:14-21). 암몬의 태도는 구체적으로 기록되어 있지 않지만 호의적이진 않았던 것 같다(민 21:24). 모압의 태도 역시 호의적이지 않다. 모압은 발람 선지자를 불러서 이스라엘을 저주하게 했기 때문이다(민 22-25장).

신명기 2:1-23은 형제 국가들이 이스라엘에 대해서 취한 태도들을 기록하지 않고 있다. 단지 이스라엘이 이 형제 국가들에게 취해야 할 자세들만을 기록하고 있다. 이스라엘은 형제 국가들과 전쟁을 해서는 안 된다는 것이다. 하나님이 형제 국가들의 땅을 이스라엘에게 기업으로 주시지 않았기 때문이다.

민수기와 신명기의 기록 순서도 서로 차이점을 보이고 있다. 민수기는 주변 국가들의 이스라엘에 대한 태도에 강조를 두어서 기록하고 있다: 1) 에돔의 태도(민 20:14-21), 2) 아모리 왕 시혼 점령(민 21:21-32), 3) 암몬의 태도(민 21:24), 4) 바산 왕 옥 점령(민 21:33-35), 5) 모압의 태도(민 22-25장). 신명기는 이스라엘이 주변 국가들에게 취해야 할 태도들을 기록하고 있다. 1) 에서 자손에게(신 2:1-8), 2) 모압에게(신 2:9-18), 3) 암몬에게(신 2:19-23), 4) 헤스본 왕 시혼에게(신 2:24-37), 5) 바산 왕 옥에게(신 3:1-11)이다. 형제 국가들, 에서, 모압, 암몬과는 전쟁을 해서는 안 되지만 시혼과 옥과는 전쟁을 해야 한다.

8.2. 역사적 상황

위의 세 경우에서 살펴보았듯이 신명기와 출애굽기 그리고 신명기와 민수기 사이에 서로 기록의 차이가 있다. 이러한 사실을 설명하는 데 있어서 그동안 문서 비평 방법이 거의 받아들여졌다. 서로 자료가 틀리다는 것이다. 하지만 두 기록들 사이를 자세히 분석해 보면, 신명기의 보도가 짧지만 다른 책에서 발견되지 않는 사실들을 말하고 있다는 것이다. 이러한 점은 신명기가 다른 책들보다 후대의 기록이라는 것을 전제한다.

가장 중요한 사실은 역사적 상황이 서로 다르다는 것이다. 신명기는 출애굽 후세대가 모세의 설교를 듣고 있는 것이다. 이 출애굽 후세대는 이제 요단 강을 건너 약속의 땅을 점령할 준비를 하고 있다. 이러한 역사적 상황 속에서 모세는 과거의 사건을 현재화 또는 상황화시키는 것이다.

역사적 상황에 대한 바른 인식이 위의 세 가지 기록의 차이점들을 옳게 설명할 수 있게 한다. 출애굽 후세대는 요단 강을 건너 약속의 땅을 점령하고 정착할 것이다. 이런 현재의 상황이 과거의 사건들을 재해석하게 만들었고 나아가 후세대에게 바른 적용을 시도하게 된 것이다.

1) 먼저 모세는 광야에서 있었던 사법 제도 정비 사건을 짧게 보도하면서 사법 제도를 현재화시켜 장차 약속의 땅 안에서의 사법 정의를 실현할 것을 강조한다. 그래서 재판관들의 자질에 있어 지혜를 강조하며 출애굽기에 나오지 않는 사법 정의에 대한 강조를 하고 있다(신 1:16-18).

2) 첫 가나안 정복 실패 사건에서 신명기는 이스라엘의 전적인 불순종을 강조하고 있다. 모세가 약속의 땅에 들어가지 못한 것은 백성들 때문이다: "너희의 연고로 내게도 진노하사 가라사대 너도 그리로 들어가지 못하리라"(신 1:37). 백성들 때문에 가나안 땅에 들어가지 못한다는 것을 모세는 거듭 거듭 말한다(신 3:26, 4:21). 이러한 사실이 민수기에는 나오지 않는다. 신명기는 약속의 땅에 모세가 들어가지 못한 책임을 백성들에게 돌리면서 덧붙여 여호수아는 들어갈 것이라고 말한다.

이러한 것들은 이스라엘이 이제 새로운 지도자 여호수아의 인도 하에 약속의 땅을 정복할 것이라는 역사적 사실을 전제로 하고 있는 것이다. 그래서 모세는 백성들이 먼저 가나안 땅을 정탐하자고 요청한 사실을 거론한 것이다.

더 나아가 가나안 첫 정복 실패 사건을 후세대에게 현재화시킴으로 모세는 요단 강을 건너 약속의 땅을 정복하려고 준비하는 이스라엘의 후세대들에게 하나님의 명령에 순종할 것인가 불순종할 것인가에 대한 인식을 깨우치고 있는 것이다. 즉 하나님의 명령에 순종할 때 이스라엘이 약속의 땅을 정복할 수 있다는 메시지를 던져주고 있는 것이다.

3) 요단 동편의 형제 국가들의 접경 지역을 지나는 사건도 마찬가지이다. 모세는 과거에 형제 국가들이 이스라엘에게 취했던 적대적인 태

도에 관심이 없다. 현재의 관심은 그 형제 국가들이 그 땅을 소유지로 얻어 살고 있다는 것이다. 하나님이 그들에게 그 땅을 기업으로 주었기 때문에, 형제 국가들이 이전의 거주민들을 전멸시키고 대신 그 땅에 정착할 수 있었다(신 2:5, 9-12, 19-23).

모세는 형제 국가들이 현재 자신들의 땅을 소유하고 있는 것은 하나님이 그들에게 땅을 기업으로 주었기 때문이라고 말한다. 이와 마찬가지로 이스라엘도 약속의 땅을 차지할 것이다(신 2:12). 형제 국가들이 과거에 살았던 민족들을 전멸시키고 대신 정착한 사건들을 거론함으로 이스라엘이 가나안 땅을 점령하고 정착하는 것을 합법화, 정당화시키는 것이다.

역사적 상황이 다르다는 것이 신명기와 다른 책들에 기록되어 있는 역사적 사건들의 차이점을 해결할 수 있는 열쇠이다. 모세는 출애굽 세대가 겪었던 과거의 사건들을 다 설교하는 것이 아니라 그 사건들 가운데 일부를 선별하여 출애굽 후세대의 상황에 적절하게 맞춰서 후세대에게 영적인 깨달음을 주기 위해 설교하고 있는 것이다. 출애굽 세대들의 과거 경험을 후세대의 역사적 현실에 맞는 적용을 하기 위해 설교의 예화로 사용하는 것이다. 이로 인해 기록된 사건들 사이에 차이점들이 생기게 되었다.

9. 오늘

역사적 현재화와 관련해서 흥미로운 단어는 "오늘" 또는 "오늘날"(היום)이라는 표현이다. 일반적으로 "날" 또는 "일"로 번역되는 히브리어 '욤'(יום)은 신명기에서 167회(단수 109회, 복수 58회) 발견된다. 이 가운데서 정관사가 붙은 '하욤'(היום)은 74회 나타나며 이 가운데서 전치사나 지시 형용사와 같이 사용된 표현을 제외하면, 예를 들어 "이날까지"(עד היום הזה, 2:22, 3:14, 10:8, 11:4, 29:4, 34:6, 참고. B.S. Childs, "A Study of the Formula 'Until this day'", *JBL* 82(1963), 279-292), "이날"(היום הזה, 2:25, 5:24, 6:24, 26:16, 27:9, 32:48), '오늘'로 번역할 수 있는 것은 58회 정도이다.

'오늘'이라는 표현은 모세가 이스라엘 후세대에게 그의 고별 설교를 하는 현재 시간을 의미한다. 이 설교에서 과거의 사건들, 현재의 모세 설교, 미래의 예고가 모두 현재적 시간 속에서 나타난다.

9.1. 과거의 사건들과 '오늘'

신명기에서 과거의 사건이 현재화되는 경우를 다음의 세 가지 사건들을 통해서 살펴볼 수 있다.

모세가 사법 제도를 정비하면서 자기를 도와 재판을 할 수 있는 지도자들, 천부장, 백부장, 오십부장과 십부장을 세운다. 모세가 지도자들을 세울 필요성을 말할 때 자신의 지도력에 한계가 왔다고 말한다. 하나님이 그의 약속을 성취함으로 현재 이스라엘의 숫자가 하늘의 별과 같이 많아졌기 때문에 모세 혼자 이스라엘을 재판할 수 없다는 것이다(1:10). 사법 제도를 위해 천부장, 백부장, 오십부장을 세우는 사건은 이미 과거에 이루어졌다. 하지만 하나님이 약속을 이행하심으로 이스라엘의 인구가 많아진 것은 오늘날도 마찬가지이다. 현재 모세의 설교를 듣고 있는 출애굽 후세대에게 '오늘'이라는 표현을 사용함으로 이 인구 증가를 적용하고 있는 것이다.

출애굽 세대가 가데스 바네아에서 하나님의 명령에 불순종함으로 가나안 땅에 들어가지 못하는 하나님의 심판을 받게 되었다. 이때 아이들은 심판에서 제외되어 약속의 땅에 들어가는 것이 허용되었다: "오늘 선과 악을 알지 못하는 너희의 아이들, 그들은 거기로 들어갈 것이다"(1:39). 모세는 '오늘'이라는 표현을 사용하여 하나님의 심판은 과거에 주어졌지만 현재 '오늘' 설교를 듣고 있는 출애굽 후세대와 그 사건을 연결시키고 있다. 즉 현재 설교를 듣고 있는 출애굽 후세대는 요단강을 건너려고 준비하고 있다. 하나님의 심판의 말씀이 '오늘' 속에서 새롭게 조명되고 있는 것이다.

과거의 사건이 현재의 모세 설교 속에 가장 두드러지게 나타나는 것은 위에서 지적한 시내 산 언약이다("6.4. 시내 산 언약과 모압 언약 - 언약의 갱신" 참고). 모세는 출애굽 후세대에게 과거의 호렙 산 언약을 현재화시킨다. 하나님이 현재 살아 있는 출애굽 후세대와 '오늘날' 언약을 맺었다는 사실을 강조한다(5:2-3).

2 아도나이 우리의 하나님이 우리와 호렙에서 언약을 맺었다.
3 아도나이께서 우리의 조상들과 이 언약을 맺지 않았다,
그러나 우리와, 우리, 이들, 오늘날 여기에 살아 있는 우리 모두와.

9.2. 모세의 설교와 '오늘'

'오늘'이라는 표현에서 가장 중요한 것은 모세가 설교하고 있는 시점이다. 모세의 설교는 '법'이 주요 내용이다. 이러한 사실은 다음의 반복 사용된 표현 형식에서 알 수 있다:

"내가 오늘 너희 앞에 두는" + "이 모든 법"(4:8),
+ "법규들과 법령들"(11:32),

"내가 오늘 말하는 법규들과 법령들"(5:1),

"내가 오늘 너에게 명령하는" + "그의 법규들과 그의 명령들"(4:40, 27:10),
+ "이 말씀들"(6:6),
+ "모든 명령"(8:1, 11:8),
+ "그의 명령들과 그의 법규들과 그의 법령들"(8:11),
+ "그의 법규들과 아도나이의 명령들"(10:13),
+ "그의 모든 명령들"(13:18, 28:1, 30:8),
+ "이 모든 명령"(15:5),
+ "너의 하나님 아도나이의 명령들"(28:13),
+ "그의 법규들과 모든 그의 명령들"(28:15),
+ "모든 것"(30:2),
+ "이 명령"(30:11),

"내가 오늘 너희에게 명령하는" + "나의 명령들"(11:13),
+ "너희 하나님 아도나이의 명령들"(11:27),
+ "그 길"(11:28),
+ "모든 명령"(27:1),
+ "모든 말씀들"(28:14),

"내가 오늘 명령하는 법규들과 법령들"(7:11).

위의 분석에서 알 수 있듯이 모세는 '오늘' 출애굽 후세대 이스라엘에게 하나님의 말씀인 법들을 설교하고 있다. 모세가 설교하는 시점에 대한 강조이다. 모세는 이스라엘에게 이것들을 잘 듣고 지키라고 당부한다(27:1).

모세는 당부를 마친 후 아도나이와 이스라엘 사이의 친밀한 관계를 확인시킨다. '오늘' 이스라엘이 아도나이를 너의 하나님이라고 선언하며 아도나이 역시 '오늘' 이스라엘을 그의 백성이라고 말씀하신다(26:16-18).

아도나이와 이스라엘의 관계는 언약으로 더욱 구체화된다. 이스라엘의 모든 사람들과 심지어 체류자들까지 아도나이 앞에 '오늘' 언약을 맺기 위해 서 있다(29:10). 이 언약에는 '오늘' 아도나이 앞에 서 있는 사람들은 물론이며 '오늘' 서 있지 않는 사람들까지 포함된다(29:15). 이것은 앞으로 오고 오는 모든 이스라엘 세대를 의미하는 것이다. 이 언약은 모압 언약을 의미한다.

이스라엘의 국운은 하나님과 맺은 언약을 어떻게 지키는가에 달려 있다. 즉 순종할 때에는 번영이, 불순종했을 때에는 멸망이 기다리고 있다. 아도나이를 떠나서 다른 신을 섬기지 않도록 주의해야 한다(29:18). 그래서 모세는 이스라엘 앞에 '오늘' 복과 저주(11:26)와 생명과 선 그리고 죽음과 악(30:15)을 둔다고 선언한다. 이스라엘은 복과 저주 가운데 하나를 선택할 수 있는 것이다.

9.3. 미래의 번영과 '오늘'

이스라엘의 미래와 국가적인 운명이 '오늘'이라는 표현과 더불어 예고되어 있다. '오늘' 선포되는 하나님의 법에 순종할 때, 이스라엘의 미래는 밝다. 후손들이 번창할 뿐만 아니라 이스라엘의 번영이 보장된다(28:1-14). 하지만 이스라엘이 '오늘' 선포되는 하나님의 법에 불순종하게 될 때, 이스라엘의 미래는 어둡다. 이스라엘의 산업이 저주를 받게 되며 더 나아가 대적들의 침입을 받게 되어 이스라엘이 다른 나라로 포로로 잡혀갈 것이며 약속의 땅에서 쫓겨나게 될 것이다(28:15-68).

결국 신명기는 모세의 설교인데 '오늘' 이스라엘에게 선포되는 하나님의 법이요 말씀이다. '오늘' 선포되는 하나님의 말씀에 잘 순종할 때 이스라엘의 미래는 순탄할 것이다. 그러나 순종하지 않을 경우 폭풍과 풍랑을 만나게 된다. 이러한 점에서 신명기는 이스라엘 백성에게 '오늘' 실천되어야 할 말씀인 것이다.

10. 땅

구약 시대의 주 무대는 가나안 땅이다. 이스라엘 민족과 함께한 하나님의 역사와 계시는 약속의 땅 안에서 일어났다. 약속의 땅은 하나님의 말씀이 실현되어야 하는 곳이었다. 따라서 땅은 약속과 함께 구약 신학의 중요한 주제 가운데 하나임에 틀림없다. 브루거만은 땅을 성서 신앙을 위한 하나의 중심 주제로 이해한다(W. Brueggemann, 3).

땅(ארץ)은 구약에서 2,504회 사용되었다. 그리고 22번째로 많이 사용된 단어로서 중요한 신학적 사상을 담고 있다. 신명기에서 '땅'은 197회 사용되었다. 이 단어는 이스라엘의 땅이 아닌 다른 민족의 땅, 모압 땅(신 1:5), 애굽 땅(신 1:27), 에서의 땅(신 2:5), 암몬의 땅(신 2:19)을 지칭하는 데 사용되기도 하지만 대부분이 이스라엘과 관련된 약속의 땅을 가리키는 데 쓰였다.

가나안 땅은 이스라엘이 점령해야 할 땅으로 하나님이 주시기로 약속한 땅이며 하나님의 선물이다. 또한 그 땅은 이스라엘에게 특별한 생활 양식을 요구하는 땅이다. 하나님이 주신 땅 안에서 이스라엘은 가나안 백성들의 생활 양식을 따라가는 것이 아니라 하나님이 주신 법을 따라서 살아가야 한다.

10.1. 약속의 땅과 이스라엘의 역사

하나님이 이스라엘의 족장인 아브라함에게 하신 약속은 아브라함의 후손을 많게 해주겠다는 것과 그 후손에게 가나안 땅을 주겠다는 것이었다. 즉 '후손'과 '땅'이 아브라함 약속의 핵심 내용을 이루고 있다(창 12:1-3, 7, 13:14-17, 15:1-21, 17:1-22, 22:15-18).

하나님이 아브라함에게 하신 '후손'과 '땅'에 대한 약속은 창세기 15

장에서 자세히 나타난다. 15장은 두 부분으로 나뉘어 1-6절은 '씨' 또는 '후사'에 대한 약속을, 그리고 7-21절은 '땅'에 대한 약속을 나타낸다. 여기서 다루려고 하는 주제가 땅이기 때문에 7-21절을 주로 다루고자 한다. 하나님은 아브라함을 갈대아 우르에서 이끌어 내신다. 인도한 목적은 아브라함에게 가나안 땅을 주기 위함이었다: "나는 이 땅을 네게 주어 업을 삼게 하려고 너를 갈대아 우르에서 이끌어낸 여호와로라"(7절, 개역 성경). 아브라함이 하나님에게 약속에 대한 확증을 요구하자(8절) 하나님은 아브라함에게 언약 의식을 위해 암소, 암염소, 숫양과 비둘기를 준비하라고 하신다. 이 의식의 성격에 대한 논란이 많다.

1) 고대 근동에서 잘 알려진 '언약을 맺는 의식' 또는 '언약을 맺는 희생 제사'라고 한다(H. Gunkel, 143, H. K. Kraus, 142, H. H. Rowley, 30, R. Schmid, G. von Rad, 156-57). 2) '언약' 또는 '계약'으로 번역되는 히브리어 '베리트'(ברית)는 현대적인 번역이지 성서적인 표현은 아니라며 '베리트'를 '맹세'로 번역할 것을 주장하고 창세기 15장의 의식을 '서약의 의식' 또는 '맹세의 의식'으로 이해한다(N. Lohfink, 101). 3) 고대 근동의 마리 편지Mari Letters에서 평화를 세우기 위해 당나귀를 죽이는 의식이 나오는 것(*ANET*, 482)에 근거하여 하젤은 창세기 15장의 의식을 '언약 비준 희생 제사'라고 말한다(G. F. Hasel). 노트는 이 당나귀를 죽이는 것은 '언약 맺는 행위의 본질적인 부분'이라고 주장한다(M. Noth, 109). 4) 언약을 맺는 의식으로 보는 견해와 관련해서 클레멘츠는 창세기 15장의 의식은 '자기 저주 의식'으로 이해한다. 즉 언약의 당사자가 그 언약을 어겼을 경우 그들 자신이 저주를 담당한다는 것이다. 이 해석은 예레미야 34:18-19에 근거를 두고 있다(R. E. Clements, 34). 5) 베스터만은 창세기 15장을 하나님과 아브라함 사이의 언약 체결로 간주하지 않고 의식을 통하여 아브라함에 대한 하나님의 약속이 강화되는 것으로 해석한다(C. Westermann, 127).

이 의식에 대한 논란의 여지가 있지만 우리가 위에서 살펴보았듯이 언약 맺는 의식이 다양하다(5.2 구약의 다양한 언약들 참고)는 사실에 근거하여 언약 맺는 의식으로 보는 것이 무난할 것 같다. 또한 이 의식은 예배적인 의식임에 의심할 나위가 없다. 아브라함이 짐승들을 쪼개어 놓고 잠이 들었을 때, 하나님이 찾아오신다. 그리고 아브라함의 후손이 어떻게 약속의 땅을 차지할 것인가에 대하여 말씀하신다. 창세기 15:13-16에 이스라엘이 이집트에서 노예 생활을 할 것과 출애굽할 것, 그리고 가나안 땅에 입성할 것이 기록되어 있다. 그리고 하나님의 약속의 말씀에 대한 확증으로 불이 쪼갠 고기 사이로 지나간다. 그리고 하나님께서 아브라함과 언약을 세우시며 가나안 땅을 아브라함 후손에게 주실 것을 다시 말씀하신다(18절). 이 약속의 말씀에서 약속의 땅에 대한 경계가 나타나고 있다.

창세기 15장에서 가나안 땅은 하나님의 약속의 핵심 내용이다. 이러한 약속은 아브라함 외에도 이삭(창 26:1-5)과 야곱(창 28:10-22)에게서 그대로 반복되었다.

땅에 대한 하나님의 약속은 이스라엘 역사와 밀접한 관련이 있다. 이스라엘의 역사는 가나안 땅을 향한 역사로 움직여 간다. 약속의 말씀이 역사 속에서 성취되어 가는 것이다. 이러한 이유로 이스라엘의 역사는 약속과 성취라는 해석학적 관점으로 볼 수 있으며 '후손'과 '땅'은 약속의 중심 주제로 등장한다. 창세기에서 시작된 땅에 대한 하나님의 약속은 여호수아에 의해 성취된다.

땅에 대한 하나님의 약속의 성취는 가시나무에서 모세를 부르심으로 더 구체화되었다. 하나님은 불타는 가시나무에서 모세에게 현현하셔서 이스라엘 백성을 출애굽시켜서 가나안 땅으로 인도하겠다고 말씀하신다(출 3:5-12). 이러한 계획은 하나님이 아브라함과 이삭과 야곱에게 하신 언약을 이루기 위함이라고 하신다(출 6:4-8). 이스라엘이 이집트에서 해방되자 그들은 시내 산으로 향한다. 시내 산에서 법을 수여받은 후에 가나안 땅으로 여행을 시작한다.

신명기에서는 하나님이 이스라엘의 조상들에게 가나안 땅을 주기로 약속하셨다는 사실을 확실히 한다. '맹세하다'(שׁבע의 니팔)라는 표현이 자주 반복 사용되었다. 이 표현에서 단순히 '조상들'을 언급하는 문장이 신명기 1:35, 6:18, 23, 8:1, 10:11, 26:3, 31:7에 나타난다. 히브리어 명사는 다르지만 같은 의미인 '땅' 또는 '토지'로 번역될 수 있는 '아다마'(אדמה)가 사용된 문장도 있다. 이 문장에서는 '땅'에 대한 명사만 달리하며 같은 사상을 담고 있다. 즉 아도나이께서 조상들에게 주기로 맹세하셨던 '토지'이다(7:13, 11:9, 21, 26:15, 28:11). 같은 사상을 담고 있으면서 좀 더 구체적으로 '조상들'을 아브라함, 이삭, 야곱으로 이름을 밝히는 문장으로는 신명기 1:8, 6:10이 있다.

하나님이 조상들에게 주기로 약속한 땅은 이스라엘의 역사와 관련이 있다고 위에서 지적했었다. 이스라엘이 약속의 땅에 살게 되기까지의 역사는 이스라엘의 신앙고백이 되었다. 신명기 26:1-11에서 이러한 역사를 설명한다. 이스라엘이 하나님이 주시는 기업의 땅에 정착해서 살게 되었을 때, 그들은 그 땅의 첫 수확물을 거두어 하나님이 신택한 중앙 성소로 나아가야 한다. 그 곳에서 이스라엘은 "내가 아도나이께서 우리에게 주기로 우리 조상들에게 맹세하셨던 땅에 도착했습니다"라고 고백해야 한다(26:3). 그리고 가져간 그 땅의 산물을 아도나이의 단 앞에 놓고 이스라엘이 어떻게 이 땅에 도착하게 되었는가 하는 역사를 고백한다: '조상들이 이집트에 가서 그 곳에서 노예 생활을 하였을 때, 하나님이 이스라엘을 이집트의 고역과 노동에서 구원해 주셨습니다. 그리고 하나님이 우리를 이 곳, 젖과 꿀이 흐르는 땅으로 인도하셔서 우리가 이 땅의 소산물을 가지고 나아왔습니다'(26:5-10). 이 짧은 신앙 고백 속에 이스라엘의 창세기부터 여호수아에 이르는 역사가 포함되었다. 이것은 역사적 신앙 고백이며 일명 구속사Heilsgeschichte라고 부른다(게르하르트 폰 라트, 『구약 성서신학 I』, 허혁 역, 분도, 1976, 129-130).

창세기 15장의 언약적 의식에서 이스라엘의 역사가 예고되었다면 신명기 26장에서는 중앙 성소의 예배에서 이스라엘의 구속 역사가 신앙적으로 고백 되고 있다. 이렇게 땅은 이스라엘의 역사와 밀접한 관련이 있다. 땅에 대한 하나님의 약속이 이스라엘의 역사를 움직이는 동인이 되고 있는 것이다.

10.2. 하나님의 선물인 땅

이스라엘의 조상들인, 아브라함과 이삭과 야곱은 가나안 땅에서 나그네로 살았다. 그들은 가나안 땅에서 기업의 땅을 갖고 있지 않았다. 이들에게 하나님은 땅을 주시기로 약속하셨다. 이 '약속의 땅'은 하나님이 이스라엘에게 '주시는' 땅이다. 이스라엘에게 땅은 하나님이 주시는 선물인 것이다.

하나님이 주시는 선물로서의 땅은 동사 '주다'(נתן)가 잘 보여주고 있다. 하나님은 이스라엘에게 땅을 주시는 분이다(1:8, 20, 25, 35, 2:29, 3:20, 4:1, 38, 6:10, 11:17, 31, 15:7, 16:20, 26:3, 31:7).

하나님이 주시는 땅은 상속 재산이다. 즉 이스라엘은 하나님께로부터 가나안 땅을 상속 받은 것이다. 그래서 이스라엘은 약속의 땅인 가나안 땅을 기업(נחלה)으로 차지하게 된다[4:21, 38, 15:4, 19:10, 14, 24:4, 25:19, 26:1, 29:8(히브리어 29:7)].

하나님이 주시는 땅은 또한 좋은 땅이다(1:25, 35, 3:25, 4:21, 22, 6:18, 11:17). 이스라엘의 정탐꾼들이 약속의 땅을 살펴보고 와서 그 땅을 좋은 땅이라고 보고했듯이(1:25) 그 땅에서는 부족함이 없이 빵을 먹을 수 있으며 모든 것이 부족함이 없는 땅이다(8:9). 또한 그 땅은 이집트의 땅보다 더 좋은 땅이며 아도나이의 눈이 항상 보고 있는 땅이며 돌보시는 땅이며(11:10-12) 젖과 꿀이 흐르는 땅이다(11:9).

하나님은 이스라엘에게만 땅을 주시는 분이 아니라 또한 이스라엘의 형제 국가인 에서 자손에게 세일 산을(2:5), 롯의 아들 모압에게 아르를(2:9), 암몬에게 땅을(2:19) 주시는 분이시다.

10.3. 땅과 하나님의 법

신명기의 구조에 따르면, 이스라엘은 이미 요단 동편의 땅, 헤스본의 왕 시혼의 땅과 바산의 왕 옥의 땅(2:31, 3:2)을 점령했다. 이미 점령한 요단 동편의 땅은 모세에 의해 르우벤, 갓, 므낫세 반 지파에게 분배되었다(3:12-17). 이제 이스라엘은 요단 강을 건너가려고 한다. 요단 강 건너 약속의 땅을 점령하려고 준비하는 중에 있는 것이다. 이러한 상황에서 모세는 이스라엘에게 그들이 건너가서 점령할 땅 안에서 지켜야 할 법들을 설명한다.

신명기의 법은 이스라엘이 점령할 약속의 땅 안에서 행하고 지켜야 할 법들이다(6:1, 8:1, 12:1, 17:14). 하나님은 이스라엘에게 땅을 주시며, 그 땅 안에서는 하나님의 법과 언약에 순종해야 할 것을 요구하신다. 이스라엘은 그 땅의 백성들이 행했던 가증한 행위들을 본받아서는 안 된다(18:9).

이스라엘이 하나님의 법에 순종할 때 약속의 땅 안에서 복을 받게 되지만(28:1-14) 반대로 이스라엘이 순종하지 않을 때 약속의 땅 안에서 쫓겨나는 저주를 당하게 된다(28:15-46). 약속의 땅 안에서 이스라엘이 하나님의 언약에 순종하며 살 때 그 땅은 이스라엘에게 아름다운 땅이 되지만 순종하지 않을 때는 이스라엘을 토하는 땅이 된다. 약속의 땅은 이스라엘에게 아도나이 신앙에 걸맞는 삶을 요구한다. 약속의 땅 안에서는 하나님의 법이 이스라엘을 통치하게 된다.

참고 문헌

Brueggemann, W., *The Land*, Philadelphia, 1977.

Clements, R. E., *Abraham and David: Genesis XV and its Meaning for Israelite Tradition*, SBT 2/5, london, 1967.

Davies, E. W., "Land: Its Rights and Privileges," in R. E. Clements, ed., *The World of Ancient Israel, Cambridge*, 1989, 349-369.

Gunkel, H., *Die Urgeschichte und die Patriarchen. Das erste Buch Mosis*, Güttingen, 1921[2].

Hasel, G. F., "The Meaning of the Animal Rite in Genesis 15," *JSOT* 19(1981), 61-78.

Kraus, H. K., *Gottesdienst in Isra*el, München, 1964.

Lohfink, N., *Die Landverheißung als Eid*, SBS 28, Stuttgart, 1967.

Noth, M., "Old Testament Covenant-Making in the Light of a Text from Mari," in *The Laws in the Pentateuch and Other Studies*, London, 1984[2].

Rad, G. von, *Genesis*, ATD 2/4, Güttingen, 1967[8].

Rowley, H. H., *Worship in Ancient Israel*, London, 1967.

Schmid, R., *Das Bundesopfer in Israel*, München, 1964.

Weinfeld, M., "The Extent of the Promised Land - the Status of Transjordan," in G. Streeker (ed.), Das Land Israel in biblischer Zeit Jerusalem-Symposium 1981 (Güttingen, 1983), pp. 59-75.

Westermann, C., *Genesis. Kapitel 12-36*, BKAT, Neukirchen-Vluyn, 1981.

11. 유일신론

신명기에 나오는 하나님에 관한 명칭이 흥미롭다. 하나님의 명칭은 인칭 대명사를 사용하여 "아도나이 너의 하나님"(229회), "아도나이 너희의 하나님"(45회), "아도나이 우리의 하나님"(23회)이 자주 나타난다. 물론 이 명칭들은 구약의 다른 책에서도 발견된다. 하지만 사용 횟수가 신명기에서 훨씬 많다. "아도나이 너의 하나님"은 무려 229회나 사용되었다. 인칭 대명사 "너의", "너희의", "우리의"가 보여 주듯이 이는 이스라엘과 하나님 사이의 친밀한 관계를 나타낸다. 이스라엘의 하나님 아도나이는 이스라엘 공동체 - "우리의", "너희의" - 및 동시에 이스라엘 공동체에 속한 개 개인 - "너의" - 과 직접적이고 긴밀한 관계를 맺고 있음을 보여준다.

신론에 관하여 신명기는 유일신론을 제시한다: "들으라 이스라엘아 아도나이 우리의 하나님은 한 아도나이이다"(6:4). 이 구절은 우리가 익히 들어서 알고 있는 '쉐마 이스라엘'(들으라 이스라엘아)로 시작한다. 이스라엘의 하나님 아도나이에 대하여 정의하는데 한 아도나이로 말한다. '한'(אחד)은 '하나' 또는 '유일한'의 뜻을 갖는다. 즉 '아도나이는 하나이시다' 또는 '아도나이는 유일하시다'라는 의미이다(여기에 대한 자세한 설명은 6:4 주석 참고). 이것은 이스라엘의 하나님 아도나이의 독특성을 말하는 것이다. 고대 근동의 신론은 다신론이었다는 점을 생각해 볼 때, 유일신 사상은 독특하다. '유일하신 아도나이'는 다른 신과 비교할 수 없는 신이라는 것이다.

그렇다면 이렇게 독특한 유일신론이 어디서 나왔는가 하는 점이 우리의 관심을 사로잡는다. 유일신론은 이스라엘의 하나님 아도나이께서 이스라엘의 역사 속에서 행하신 행위 가운데서 나온 것이다. 4:32-35을 보면:

32 왜냐하면, 이제 너는 네 앞에 있었던 과거의 날들에 물어보라,
하나님이 땅 위에 사람을 창조하셨던 날 이후로,
그리고 하늘의 끝에서 하늘의 끝까지,
이 큰 일과 같은 어떤 것이 있었느냐?
또는 그와 같은 어떤 것이 들렸었느냐?
33 어떤 백성이 불 가운데서 말씀하시는 하나님의 음성을 들었느냐?
네가 들었고 살았던 것같이.
34 또는 어떤 신이 그를 위해 한 민족을 다른 민족 가운데서 가서 취하려고 시도했느냐?
시도들로, 징조들로, 그리고 기적들로, 그리고 전쟁으로,
그리고 강한 손으로, 그리고 뻗은 팔로, 그리고 큰 두려움들로,
아도나이 너희의 하나님이 이집트에서 너의 눈들 앞에서 너희를 위하여 행하셨던 모든 것과 같이.
35 너, 너는 보게 되었다 아도나이 그가 하나님이다는 것을 알기 위하여,
그 외에 다른 이가 없다.

하나님이 이스라엘 역사 가운데 행하신 일들이 "큰 일"로 불린다(32절). 지구가 창조된 이후로 이 세상 어느 곳에서도 들어보지 못한 사건들이 이스라엘 역사 속에서 일어났다. 이 세상의 역사 속에서 비교할 수 없는 일들이 일어났는데, 이것을 수사학적 질문으로 표현한다. "이 큰 일과 같은 어떤 것이 있었느냐? 또는 그와 같은 어떤 것이 들렸었느냐?" 여기에 대한 대답은 이 세상에서 그러한 일들은 있지도 않았고 들어 보지도 못했다는 것이 전제되었다. 지구가 창조된 이후로 들어 보지 못했던 그 큰 일은 과연 무엇인가? 그 큰 일은 첫째, 시내 산 사건이다: "어떤 백성이 불 가운데서 말씀하시는 하나님의 음성을 들었느냐?"(33절) 신비롭게도 이스라엘의 하나님 아도나이는 시내 산에 강림하셔서 "불 가운데서 말씀"하셨던 것이다. 즉 장엄한 불 가운데서 이스라엘 백

성에게 현현하셔서 십계명을 선언하신 일이다. 둘째는 출애굽 사건이다: "어떤 신이 그를 위해 한 민족을 다른 민족 가운데서 가서 취하려고 시도했느냐?"(34절) 어떤 신이 압제받고 있는 한 민족을 다른 민족의 세력에서 구원해 낸 일이 있냐고 묻고 있다. 물론 이스라엘의 하나님 아도나이 외에는 이러한 일을 행한 신이 없다는 대답을 전제하고 있다. 하나님은 역사 속에서 이스라엘을 이집트에서 구원하신 것이다. 이 두 사건을 수사학적 질문으로 묻고 있다. 역사 속에서 이러한 일들은 이스라엘 밖에서 들어 보지도 못했고 있지도 않았다는 것이다. 이러한 아도나이의 역사적인 행동들이 "그 외에 다른 이가 없다" 즉, '아도나이 외에는 다른 신이 없다'는 사실을 인정하게 만드는 것이다. 비교할 수 없는 아도나이의 역사적인 행동들이 아도나이와 다른 신들을 비교할 수 없게 만드는 것이다. 그리고 아도나이의 역사적인 행동들이 아도나이는 유일하신 분이라는 것을 선언하는 것이다(참고. 4:39, 5:9, 10:17).

하나님의 역사적인 행동들이 아도나이와 이스라엘 사이에 뗄래야 뗄 수 없는 긴밀한 관계를 형성했다. 아도나이는 출애굽을 통하여 이스라엘을 노예의 신분에서 자유인으로 해방시켰으며 이스라엘에게 시내 산에서 강림하셔서 십계명을 선포하셨고 언약을 맺으셨다. 하나님은 이스라엘의 하나님 아도나이가 되고 이스라엘은 하나님의 백성이 된 것이다. 더 나아가 하나님은 이스라엘을 가나안 땅으로 인도하여 그들에게 삶의 터전인 가나안 땅을 주셨다.

참고 문헌

Lohfink, N., "Gott im Buch Deuteronomium," *Studien zum Deuteronomium und zur deuteronomistischen Literatur II*, Stuttgart, 1991,

25-53.

Moran, S. J. W. L., "The Ancient Near Eastern Background of the Love of God in Deuteronomy," *CBQ* 25 (1963), 77-87.

Mowinckel, S., "The Name of the God of Moses," *HUCA* 32 (1961), 121-133.

Rowley, H. H., "Mose und der Monotheismus," *ZAW* 69 (1957), 1-21.

Vaux, R. de, "The Revelation of the Divine Name YHWH," in *Proclamation and Presence, FS. G. H. Davies*, London, 1970, 48-75.

Woude, A. S. van der, "Gibt es eine Theologie des Jahwe-Namens im Deuteronomium?" in *Uebersetzung und Deutung*, Nijkerk, 1977, 204-210.

12. 이스라엘, 하나님의 선택된 백성

언약 사상이 아도나이와 이스라엘 사이의 관계에 대하여 설명한다면, 선택 사상은 아도나이의 선택된 백성으로서의 이스라엘의 신분을 말한다.

이스라엘은 하나님의 은혜로운 행위인 출애굽을 통해서 하나님의 선택된 백성이라는 특이한 자기 이해를 갖고 있었다. 이러한 사상은 이스라엘의 전 역사에서 발견될 수 있다(J. Bright, 148). 사실 언약 사상과 선택 사상은 이스라엘의 신앙을 떠받치고 있는 두 기둥이었다. 구약 학자 아이흐로트는 비록 언약 사상에 너무 큰 비중을 두었지만 이스라엘의 종교를 '언약'과 '선택' 두 단어로 이해할 수 있다고 말한다(W. Eichrodt, 1946, 207). 아이흐로트와 반대로 라이트는 구약 신학에서 언약 사상보다는 선택 사상이 더 근본적인 사상이라고 말한다(G. E. Wright, 1954, 36, 후에 저자는 이 책이 흥분과 과장으로 쓰였다고 그의 다른 책 *The Old Testament and Theology*, New York, 1969 서문에서 밝히고 있지만).

히브리어 '바하르'(בחר) '뽑다' 또는 '선택하다'는 선택 사상을 표현하는 중요한 단어이다. 구약에서 146회 사용되었는데, 그 가운데서 신명기에는 31회(하나님과 함께 쓰인 곳이 29회)로 구약의 다른 책들보다 가장 많이 발견된다(*THAT* I, 277). 동사 '선택하다'는 주체가 하나님으로 나타날 때, 중요한 신학적 의미를 갖는다.

하나님은 역사 속에서 그의 계획을 실현하기 위해서 그의 종들을 부르시며 선택하신다. 먼저 하나님은 개인을 부르신다. 이스라엘의 조상인 아브라함을 부르신 본문 창세기 12:1-4에서 '선택하다'라는 단어는 나타나지 않는다. 비록 창세기 본문에서 아브라함을 선택했다는 표현은 나타나지 않지만 하나님이 아브라함을 선택하지 않은 것은 아니다. 선택하다는 표현과 사상보다 선택의 행위가 먼저 있었던 것이다. 그래서 창세기보다 늦게 기록된 다른 성경에서 하나님이 아브라함을 선택하셨다고 말한다(느 9:7). 모세의 경우에도 마찬가지이다. 모세를 부르신 소명 기사인 출애굽기 3장에서도 모세를 '선택했다'는 단어는 사용되지 않았다. 후에 다른 성경에서 하나님은 모세를 선택하셨다고 말한다(시 106:23). 하나님이 개인을 선택하신 경우는 아론(시 105:26), 다윗(시 78:70), 스룹바벨(학 2:23) 경우에서도 찾아볼 수 있다. 하나님이 그의 종들을 부르신 이야기에서 하나님은 선택 행위를 먼저 하셨고 후에 선택 사상이 정리되었다는 것을 보여준다.

개인 외에도 하나님은 한 지파와 집안을 선택하기도 하시는데 그를 섬기도록 레위인들(신 18:5, 21:5, 대상 15:2, 대하 29:11)과 엘리 집을 선택하셨다(삼상 2:28).

하나님은 사람들 외에도 약속의 땅 안에서 한 장소를 택하시는데, 그 장소에 하나님의 이름을 두시며 임재해 계신다. 이 장소는 하나님을 섬기는 예배 장소로 선택된 것이다. 이것을 중앙 성소라고 부른다. 이 사상 역시 신명기에서 중요한 신학적 주제로 등장한다(신 12장).

선택 사상에서 가장 중요한 것은 하나님이 이스라엘을 그의 백성으로 선택하셨다는 사실이다. 하나님이 이스라엘을 하나님의 백성으로 선택했다는 사상은 신명기에서 잘 나타난다. 선택 사상을 위한 표준 구절*locus classicus*들로는 신명기 4:37, 7:6-8, 10:15, 14:2이 있다. 이 가운데서도 특히 신명기 7:6-8은 선택 사상을 위한 전형적인 본문으로 사용된다. 하지만 빌트베르거는 선택 사상을 위해서 다른 본문인 출애굽기 19:3-8을 제시한다. 그는 신명기 7:6-8가 설교적인 문맥에서 사용되었기 때문에 선택 사상을 위해서는 출애굽기 19:3-8을 더 선호한다. 그는 이 구절들을 "선택의 선언"Die Proklamation der Erwählung 본문으로 부르며 더 나아가 선택 신학이 구약 신학의 중심이라고 주장한다(H. Wildberger, 1960). 그러나 이 주장에 대한 가장 큰 약점은, 프리젠이 지적했듯이, 출애굽기 19:3-8에 선택이라는 용어가 나타나지 않는다는 것이다(Th. C. Vriezen, 63-66). 출애굽기 19:3-8의 본문은 선택 사상보다는 언약 사상을 더 잘 설명하고 있다. 출애굽기 19:5-6에서 하나님은 이스라엘에게 자신의 말과 언약을 잘 지키라고 말씀하신다. 이 언약을 잘 준수할 때 이스라엘을 하나님의 소유로 삼으시며 제사장 나라와 거룩한 백성이 되게 해 주겠다고 약속하시기 때문이다.

'아도나이께서 선택하다'라는 표현에서 아도나이께서 무엇을 선택하셨는지가 중요하다. 아도나이께서 이스라엘 백성을 선택했다는 사상은 신명기에서 전치사 '바하르 베'(ב + בחר)와 함께 나오며 직접적으로 이스라엘이라는 명칭은 사용되지 않고 '아도나이께서 선택하셨다' + "그의 씨를"(4:37), "너를"(7:6), "너희를"(7:7), "그들의 씨를"(10:15), "너를"(14:2)로 나타난다.

아도나이께서 왜 이 세상의 모든 백성들로부터 이스라엘을 선택하셨는가에 대한 이유는 "그가 너의 조상들을 사랑했기 때문에" 이스라엘의 후손들을 선택했다고 밝힌다(4:37, 10:15). 아도나이는 이스라엘의 조상뿐만이 아니라 숫자가 적은 이스라엘을 사랑하셨다(7:7-8). 즉 하나님께서 이스라엘 민족을 사랑하신 것이 선택의 원인이었다. 하나님에 의해서 선택된 이스라엘은 '거룩한 백성'이며 하나님의 특별한 소유인 '보배로운 백성'이 된 것이다.

선택 사상을 가장 잘 보여주는 신명기 7:6-8에 따르면, 하나님이 이스라엘을 선택하신 이유는 1) 이스라엘을 사랑하셨기 때문이며, 2) 이스라엘의 족장들에게 하신 맹세를 지키기 위함이었다. 하나님이 자신의 약속을 이루시기 위하여 이스라엘을 선택하시는데 그 선택 방법은 출애굽으로 나타났다. 하나님은 출애굽 사건을 통하여 이스라엘을 구속하시고 하나님의 백성으로 선택하셨다(신 4:37, 7:8). 그래서 프러이스는 출애굽의 구속 사건을 "원 선택으로서 출애굽 사건"(Exodusgeschehen als Urerwählung)으로 부른다(H. D. Preuß, 43).

선택 사상은 이스라엘 민족의 신분 상태를 보여준다. 하나님에 의해 선택된 민족이라는 사실이 이스라엘의 선민 사상을 고취시켰으며 이스라엘 민족의 정체성을 갖게 했다. 따라서 이스라엘은 하나님의 선택된 백성으로서 이방인들과 구별되는 삶을 살아야 했다. 선택된 민족이라는 선민 사상은 이스라엘을 지탱해 주는 근본 사상 가운데 하나가 되었다. 이스라엘이 국가로서 멸망한 이후 디아스포라 공동체들이 그들의 정체성을 유지시켜 나갈 수 있었던 원동력은 선민 사상이었다.

참고 문헌

Barr, J., "Review of Theologie des Alten Testaments, by H. D. Preuβ " *Bib* 74(1993), 269-271.

Bright, J., A *History of Israel*, Philadelphia, 1981.

Danell, G. A., "The Idea of God's People in the Bible," in *The Root of the Vine*, London, 1953, 23-36.

Eichrodt, W., "Review of *A Guide to the Understanding of the Bible*, by H. E. Fosdick," *JBL* 65(1946), 205-217.

Hermisson, H., "Zur Erwählung Israels," in *Vom Amt des Laien in Kirche und Theologie*, FS. G. Krause, Berlin, 1982, 37-66.

McBride, S. D., "Polity of the Covenant People: The Book of Deuteronomy," in *A Song of Power and the Power of Song*, Indiana, 1993, 62-77.

Mendenhall, G. E., "Election," *IDB* II, 76-82.

Nicholson, E. W., *God and His People. Covenant and Theology in the Old Testament*, Oxford, 1986.

Preu H. D., *Theologie des Alten Testaments* I, Stuttgart, 1991.

Vriezen, Th. C., *De Verkiezing van Israel volgens het Oude Testament*, Amsterdam, 1974.

——— , "Review of Jahwes Eigentumsvolk, by H. Wildberger," *NTT*

15(1960), 63-66.

H. Wildberger, *Jahwes Eigentumsvolk*, AbTANT 37, Stuttgart, 1960.

——, "Auf dem Wege zu einer biblischen Theologie. Erwägungen zur Hermeneutik des Alten Testaments," *EvTh* 19(1959), 70-90.

Wright, G. E., *God Who Acts: Biblical Theology as Recital*, STB, London, 1954.

Zobel, V. H., "Ursprung und Verwurzelung des Erwäglungsglaubens Israels," *ThLZ* 93(1968), 1-12.

신명기 1장

A New Translation with
Introduction
and Commentary

DEUTERONOMY

D E U T E R O N O M Y

신명기 1장

Deuteronomy 1

내용/구조

신명기는 모세 오경의 다른 책들에 나타나지 않는 독특한 서론을 갖고 있다(1:1-5). 서론에는 누가, 언제, 어디서, 그리고 누구에게 이 책의 내용을 말했는지 상세하게 기술되어 있다. 서론에 따르면 신명기는 모세가 모압 땅에서 이스라엘의 새로운 세대에게 하나님의 법을 설교한 책이다.

서론에 이어서 약속의 땅을 점령하라는 하나님의 명령이 주어진다(1:6-8). 이 명령에 따라 이스라엘은 하나님이 주시기로 약속한 가나안 땅을 점령하기 위해 나아간다.

약속의 땅을 점령하기 전에 이스라엘은 내부 질서를 위해 사법, 군사적인 조직을 먼저 정비한다(1:9-18). 이것은 이스라엘이 출애굽을 한 후에 처음으로 갖춘 조직으로서 천부장, 백부장, 오십부장, 십부장이 세워진다. 이들은 내부적으로 이스라엘 백성 사이에서 발생하는 재판 업무를 담당하며 비상시에 군대를 지휘하는 군사 지휘관들이었다.

조직 개편을 마친 후 이스라엘은 약속의 땅을 점령하기 위한 행동을 개시하는데 정복에 앞서 그들은 정탐꾼들을 먼저 보낸다. 성공적으로 임무를 완수하고 돌아온 정탐꾼들은 그 땅이 좋다는 보고를 하였다. 이 긍정적인 보고에도 불구하고 이스라엘은 그 땅을 점령하라는 하나님의 명령에 불순종한다. 이스라엘은 열명의 정탐꾼들의 말을 듣고 하나님이 자기들을 미워하셔서 아모리 사람들에게 죽게 하려고 출애굽시켰다고 주장한다. 이스라엘은 이러한 억지 주장으로 하나님께 대하여 불평과 원망을 쏟아 놓았다. 이 불평과 원망 배후에는 하나님을 신뢰하지 않는 불신앙이 깔려 있었다. 왜냐하면 이스라엘은 정탐꾼들로부터 가나안 땅에 거하는 백성들은 크고 성은 요새화되었다는 정보를 들었기 때문이다. 이 부정적인 보고에 이스라엘은 그 땅을 점령하려는 의지를 잃어버리고 하나님을 신뢰하기보다는 현실의 문제를 더 크게 보았다. 결국 이스라엘은 하나님의 심판을 받아 광야를 방랑하게 되며 아모리 백성과 싸우지 말라는 하나님의 명령을 다시 불순종한 무리들은 가나안 첫 정복 전쟁에서 패배한다(1:19-46).

1장은 총 46절로 구성되었다. 그 가운데서 약속의 땅 점령과 관련된 구절이 약 31절을 차지한다(6-8절의 약속의 땅을 점령하라는 명령과 19-46절의 약속의 땅 정복 실패). 이 같은 사실에 근거할 때, 1장의 핵심 내용은 약속의 땅 점령이라고 말할 수 있다. 약속의 땅을 점령하라는 하나님의 명령에 대한 이스라엘의 순종은 그 땅을 점령하는 데 전제 조건이었다.

1장은 하나님의 명령에 대한 순종이냐 불순종이냐 하는 중요한 신학적 주제로 신명기를 시작한다. 이것은 신명기 전체를 이해하는 중요한 열쇠이다. 왜냐하면 신명기의 법들은 가나안 땅에 들어가서 이스라엘이 지켜 행해야 할 법들이기 때문이다. 이 법들을 이스라엘이 순종할 때, 그들은 그 약속의 땅 안에서 하나님의 복을 누리고 살 수 있지만, 불순종할 경우, 그들은 그 땅에서 쫓겨날 것이다.

1장은 또한 세대 교체를 분명히 한다. 이스라엘은 가데스 바네아에서 가나안 땅을 점령하라는 하나님의 명령에 불순종함으로 하나님의 심판을 받는다. 이 심판에서 하나님은 옛 세대를 악한 세대로 규정하시며 그들이 가나안 땅에 들어가는 것을 허락하시지 않는다(35절). 그리고 모세 역시 그 땅에 들어가지 못할 것이라고 선언하신다(37절). 하지만 출애굽 후세대는 여호수아의 지도 하에 가나안 땅을 점령할 것이라고 말씀하신다(38-39절). 신명기 1장은 세대 교체를 말함으로 신명기의 말씀이 누구에게 적용되는가를 분명히 한다. 출애굽 후세대는 가나안 땅을 점령할 것이다. 그들은 하나님의 말씀을 따라 가나안 땅에서 살아가야 한다. 약속의 땅 점령을 목표로 하는 1장은 다음과 같이 네 부분으로 나누어진다.

1. 서론 - 모세 설교의 시간과 장소(1:1-5)
2. 가나안 땅을 점령하라는 명령(1:6-8)
3. 이스라엘의 사법과 군사 제도 정비(1:9-18)
4. 이스라엘의 첫 가나안 정복 실패(1:19-46)

1. 서론 - 모세 설교의 시간과 장소(1:1-5)

신명기의 서론은 이 책의 특성들을 밝혀준다. 이 서론에는 모세의 설교가 행해진 장소, 시간 그리고 상황이 자세하게 서술되었다. 이스라엘은 긴 광야 여정을 마치고 약속의 땅 가나안을 바라볼 수 있는 요단 동편 즉 모압 광야에 도착했다. 이 때는 출애굽 후세대가 아모리 민족의 두 왕인 시혼과 옥과의 전투를 승리로 장식한 후였다. 이러한 역사적인 상황에서 모세의 설교가 주어진다.

요단 동편에서 모세는 이스라엘이 점령하려고 하는 약속의 땅을 바라보며 출애굽 후세대에게 설교를 시작한다. 그의 설교는 과거의 가나안 땅을 향했던 여정을 회상하며 이제 출애굽 후세대가 약속의 땅에 들어가서 지켜야 할 법을 설명한 것이다.

번역

1 이것들은 모세가 온 이스라엘에게 말했던 그 말씀들이다, 요단 건너편에서, 광야에서, 숩 맞은편 아라바에서, 바란 사이에서 그리고 토펠과 라반과 하제롯과 디 자합 사이에서.

2 호렙에서 세일 산 길로 가데스 바네아까지 열 하루이다.

3 사십년 십일월 그달 초하루에 모세가 이스라엘의 아들들에게 말하였다, 아도나이께서 그들을 위해 그에게 명령하셨던 모든 것을 따라서.

4 그가 헤스본에 살았던 아모리 인의 왕 시혼을 그리고 아스다롯 안에, 에드레이 안에 살았던 바산 왕 옥을 쳐죽인 후에.

5 요단 건너편 모압 땅에서 모세가 이 법 설명하기를 시작하였다, 말하기를.

주해

신명기의 서론인 1:1-5은 다음과 같은 구조를 가지고 모세가 언제, 어디에서 그리고 누구에게 설교를 했는지를 보여준다(Tigay의 분석과 비교해 보라, Tigay, 3).

장소 1 모세가 온 이스라엘에게 말했던 그 말씀들이다. 요단 건너편에서.
　시간 2 호렙에서 세일 산 길로 가데스 바네아까지 열 하루이다.
　　시간 3 사십년 십일월…모세가 이스라엘 아들들에게 말하였다.
　시간 4 그가…아모리인들의 왕 시혼을…바산 왕 옥을 쳐 죽인 후에.
장소 5 요단 건너편 모압 땅에서 모세가 이 법 설명하기를 시작하였다.

'모세'는 1절의 '말했던'과 3절의 '말하였다' 그리고 5절의 '설명하기를 시작하였다'의 주어이다. 모세는 이 책, 즉 신명기를 말한 사람이다.

1절의 '요단 건너편'은 5절에서 다시 나오며 모세의 설교 장소를 말한다. 여기서 요단 건너편은 요단 동편을 의미한다.

1절의 '말씀'과 '말했던'은 5절의 '법'과 '설명하기를'과 유사어 병렬 관계를 이룬다.

'이스라엘'은 1절의 '온 이스라엘'과 3절의 '이스라엘 아들들'에서 반복되었다. 이스라엘은 모세의 설교를 듣는 청중이다.

신명기는 모세가 이스라엘에게 선포했던 말씀들이다(1절). 하지만 모세는 자신의 생각을 따라서 설교한 것이 아니라 아도나이께서 그에게 명령했던 것을 따라서 이스라엘에게 말했다(3절). 모세는 아도나이의 대변인으로, 아도나이와 이스라엘 사이의 중보자로 이스라엘에게 설교하는 자이다. '말하다'(1, 3절)와 '설명하기를'(5절)이 보여주듯이 신명기는 약속의 땅 정복을 눈앞에 둔 상황에서 모세가 출애굽 후세대에게 고별 설교를 하는 형식을 띠고 있다.

신명기와 고대 근동 문헌들 사이의 언약 형식의 유사성을 지적하는 학자들은 신명기 1:1-5을 고대 근동 문헌들의 조약의 전문과 비교한다 (Craigie, Kline).

1 이것들은[1)] 모세가 온 이스라엘에게[2)] 말했던 그 말씀들이다,[3)] 요단 건너편에서, 광야에서, 숩[4)] 맞은편 아라바에서,[5)] 바란[6)] 사이에서 그리고[7)] 토펠과[8)] 라반과 하제롯과[9)] 디 자합[10)] 사이에서.[11)]

본문 비교

1) 일부 히브리어 사본들과 한 70인경 사본(A)과 시리아 역은 '이것들' 앞에 접속사 '그리고'(ו)를 덧붙인다.
2) 탈굼 옹켈로스와 탈굼 네오피티는 '온 이스라엘 아들들'로 읽는다.
3) 탈굼 프쉬도 요나단은 이스라엘이 광야 안에서 행했던 행동들에

대한 '책망의 말씀들'(פיתגמי אוכחותא)로 해석한다. 그리고 바란에서의 스파이들의 보고, 만나에 대한 불평, 하제롯에서의 고기 요구, 디 자합에서의 금 송아지 사건을 길게 덧붙이며, 이스라엘의 잘못한 행위들을 지적한다. 탈굼 네오피티, 탈굼 옹켈로스와 시프레 신명기 역시 이스라엘이 광야에서 잘못한 행위들을 - 만나에 대한 불평, 고기 요구, 금 송아지 사건 - 덧붙인다. 이러한 해석은 랍비 문헌에서도 발견된다.

4) '숩'(סוף)을 탈굼 옹켈로스, 탈굼 네오피티 그리고 탈굼 프쉬도 요나단은 '숩의 바다'(ימ סוף)로 읽는다.

5) 히브리어 본문의 "숩 맞은편 아라바에서"(בערבה מול סוף)를 70인경은 "홍해 가까운 서쪽으로"(πρὸς δυσμαῖς πλησίον τῆς ἐρυθρᾶς), 아퀼라는 "평지 안에"(ἐν τῇ ὁμαλῇ 그리고 심마쿠스는 "홍해"(τῆς ἐρυθρᾶς θαλάσσης)로 번역한다.

6) 사마리아 오경은 마소라와 철자가 다르다. 사마리아 오경은 פראן이며 마소라는 פארן이다.

7) 70인경은 '그리고'를 생략한다.

8) 70인경은 '토폴'(Τοφολ)로 읽는다.

9) 70인경은 '아울론'(Αυλων)으로 읽는다. 그러나 아퀼라와 심마쿠스는 히브리어 본문을 따라 옳게 번역한다.

10) 70인경은 '카타크루세아'(Καταχρύσεα)로 읽는다.

11) 70인경은 두 번째 '사이에서'를 생략한다.

신명기 1:1은 민수기의 36:13과 유사하다. 위에서 지적했듯이 일부 사본들이 1:1에 "그리고"를 갖고 있기 때문에 일부 학자들은 신명기 1:1-3을 신명기의 서론으로 생각하지 않고 민수기와 연관시켜 민수기의 결론으로 말한다(참고. Buis and Leclercq; Keil; König).

민수기 36:13과 신명기 1:1이 비슷한 것은 사실이지만, 두 본문 사이의 차이점은 다음과 같다. 우선 민수기 36:13을 번역해서 비교해 보자: “이것들은 아도나이께서 모세의 손으로 이스라엘의 아들들에게 명령했던 그 명령들과 법규들이다. 모압의 평지 안에서, 요단 가에서, 여리고(맞은편).” 민수기 36:13에서는 아도나이께서 모세를 통하여 명령하신 명령과 법도들이지만, 신명기 1:1에서는 모세가 이스라엘에게 선포한 말씀들이다. 위의 1:1-5의 구조 분석에서 나타나듯이 1-3절은 민수기의 결론이 아니라 신명기의 서론으로 더 적합하다. 그리고 1:6의 이스라엘의 여행은 호렙에서 시작하는데 이는 2절의 출발지와도 잘 어울린다.

“이것들은 말씀들이다”(אלה הדברים 대마소라(Mm)에 따르면 이 표현은 다섯 번 출 19:6, 35:1; 신 1:1; 사 42:16; 슥 8:16에 나온다.)는 복수 형태로서 동사 ‘~이다’(be)를 넣어서 번역할 수 있다. 개역 성경은 “이는…말씀”으로 단수로 번역한다. 1절의 ‘말씀들’의 의미는 5절의 ‘법’이 설명해 준다. 즉 모세는 아도나이의 명령을 따라서(3절) 법의 말씀들을 이스라엘 백성들에게 설명한 것이다.

‘말씀들’(1절)과 ‘법’(5절)은 이 책의 성격을 잘 밝혀준다. 이 말씀과 법은 이스라엘의 역사와 밀접한 관련이 있다. 그것은 이스라엘의 시내산 사건, 광야 여정과 전투 상황에서 얻은 귀중한 교훈들이다(본문 비교 3을 참고). 모세는 과거의 역사를 회고하며 미래에 가나안 땅에서 이스라엘이 지켜야 할 법들을 설명한다.

“이것들은 말씀들이다”와 유사한 표현으로 지시 형용사 앞에 정관사가 붙은 ‘하데바림 하엘레’(הדברים האלה)은 “이 일들” 또는 “이 말씀들”로 번역되며 신명기에 자주 나온다. 이것은 후일에 될 일(4:30) 그리고 복과 저주가 이루어질 일을(30:1) 가리킨다. 또한 아도나이께서 호렙 산에서 말씀하신 것이며(5:22), 아도나이께서 모세에게 명하신 언약의 말씀들이기도 하다[29:1(히브리어 28:69)]. 다른 한편으로 모세가 백성들에게 말한 말씀으로 백성들이 마음에 두어(6:6, 11:18) 지켜야 하는 말씀이며(12:28), 이스라엘에게 증거가 되기도 한다(31:28). 모세는 이 말씀들을 백성들에게 말하기를 마쳤다(31:1, 32:45).

"온 이스라엘"은 모든 이스라엘 사람들을 의미한다. 신명기에 자주 사용된 표현이다(5:1, 11:6, 13:11, 18:6, 21:21, 27:9, 29:1, 31:1, 7, 11, 32:45, 34:12). 통일된 이스라엘을 말하며 국가적인 특성을 띤다. 이 표현은 '말하다'라는 동사 '아마르'(אמר)와 '다바르'(דבר)와 함께 8회 사용되었다(1:1, 5:1, 27:9, 29:1, 31:1,7,30, 32:45). '모세가 온 이스라엘에게 말했다'는 신명기가 모세의 설교 형태로 구성되어 있다는 것을 잘 보여준다(참고. Labuschagne I, 69). '온 이스라엘'은 3절의 '이스라엘 아들들'과 유사어이다.

"말했던 그 말씀들"(개역 성경: '선포한 말씀이니라'). 동사 '말하다'는 관계 대명사로 인도되어 "말했던 그 말씀들"이다. '말하다'는 이스라엘 회중 앞에서 말한 것이므로 '설교하다' 혹은 '선포하다'의 의미를 가질 수 있다. 모세는 여기서 온 이스라엘에게 말씀을 선포하는 자, 즉 설교가로 나타난다.

1절에 나오는 지역 명칭들이 어디를 가리키는지는 일부 지명을 제외하고는 모호하다. 더 나아가 복수 형태 "이것들은…말씀들이다"라는 표현이 암시하듯이 이 말씀들은 여기 나오는 지역들에서 일어났던 사건들과 관련이 있는 것 같다[본문 비교 3) 참고].

"요단 건너편"은 요단강의 '다른 편' 또는 요단강을 사이에 두고 요단 강 '가'를 의미할 수 있다. 사람이 서 있는 위치에 따라서 요단강의 건너편은 달라질 수 있다. 1절의 '요단 건너편'은 5절과 관련하여 '요단 건너편 모압 땅'으로 그 위치를 분명히 요단 동편으로 정하고 있다. 5절에 따르면 모세는 지금 요단 동편에서 이스라엘 백성들에게 그의 고별 설교를 하고 있는 것이다. 모세는 하나님의 심판으로 약속의 땅인 요단 서편에 들어가지 못하고(1:37, 3:27) 요단 동편에 있는 비스가 산 정상에서 요단 서편을 바라볼 수 있었다(신 34:1-3).

"광야에서." 이스라엘은 가나안 땅에 들어가지 못하고 아직 광야에 있다. 이 광야가 어디에 있는 장소를 지칭하는지, 이스라엘이 방랑한 광야인지 또는 모압 광야인지 불분명하지만[참고. 민 21:11, 13, 신 1:5, 2:8, 삿 11:18, Z. Kallai, "Where did Moses Speak(Deuteronomy I 1-5)?" *VT* 45 (1995), 194], 곧이어 나오는 표현 '아라바에서'가 암시를 준다. 이 '광야'는 '아라바' 인근에 있는 장소인 것 같다.

"숩 맞은 편."에서 '숩'이 어디인지는 명확하지 않다. 일부 학자들은 이 '숩'을 민수기 21:14의 '수바'와 동일시한다(Driver와 Weinfeld 하지만 Steuernagel은 반대). 신명기에서 '숩'은 여기서 한번 나오고 세번은 "숩의 바다"로 나온다(1:40, 2:1, 11:4). 70인경은 '숩'을 '붉은' 즉, 홍해로 해석한다. '맞은편'(מול)은 '앞'을 의미하며 이것은 '가까이'로도 번역될 수 있다.

'아라바'는 문자적으로 '초원'을 의미한다. 아라바는 사해 위쪽으로 요단강이 흐르는 양 계곡의 저지대로 긴네사렛(갈릴리) 호수까지 그리고 사해 아래쪽으로 보통 아가바 만까지의 저지대를 가리킨다(2.8).

'바란'은 시나이 반도의 남부 지역으로 미디안과 이집트 사이에 있다(왕상 11:18). 다른 표현 '바란 광야'는 창세기 21:21, 민수기 10:12, 12:16, 13:3, 26:1, 사무엘상 25:1에 그리고 '바란 산'은 신명기 33:2, 하박국 3:3에 나온다. 주목할 것은 '바란 산'은 하나님의 현현의 장소이다.

'토펠'과 '라반'은 여기서만 나오는 지명들이다. 토펠은 일반적으로 현대의 Tafileh와 동일시되고 있다(D. Baly, *Geography of the Bible*, Guildford and London, 1974, 237, Ges-B는 Tafila). 일부 학자들은 '라반'을 민수기 33:20의 '립나'(לבנה)로 추측한다(Driver, Holwerda, Steuernagel).

'하제롯'은 시나이 반도 동편 아카바 만 쪽에 위치한다(민 11:35, 33:17, 18). '디 자합'은 금 관련 장소로 금 생산지를 의미하는 것 같다. 일반적으로 Mina-ed-Dhahab으로 추측된다(Aharoni, 180, Weinfeld).

2 호렙에서 세일 산 길로 가데스 바네아까지 열 하루이다.[1)]

본문 비교

1) 아람어 성서들은 히브리어 '열 하루'에 '여정' 또는 '여행'이라는 표현을 넣어서 그 뜻을 '열 하루 여정'으로 표현하여 그 뜻을 더 분명히 한다(개역 성경은 "열 하룻길").
아람어 성서들은(네오피티와 프쉬도 요나단) 이스라엘이 하나님께 범죄하여 하나님의 심판을 받아 열하룻길을 사십 년에 걸쳐서 왔다고 해석한다.

호렙 산에서 가데스 바네아까지의 여행 기간을 말한다. 호렙 산은 모세가 하나님의 소명을 받은 곳이다. 하나님은 불타는 가시나무 가운데 나타나셔서 모세를 이스라엘의 지도자로 부르셨다(출 3장). 이 호렙 산은 하나님의 산으로도 불리며, 시내 산과 동일시된다. 이스라엘이 출애굽을 한 후에 이스라엘의 일차 여행 목적지는 바로 호렙 산이었다(출 3:12). 이곳에서 이스라엘은 불과 구름 가운데 강림하신 아도나이를 직접 보았다. 모세는 이곳에서 하나님으로부터 십계명과 법을 받았고 이스라엘은 하나님과 언약을 체결하였다(출 19-24장). 호렙 산은 이스라엘의 아도나이 신앙이 구체화된 곳이다.

그리고 호렙 산에서 계시된 하나님의 말씀인 십계명은 언약 궤에 보관되었다. 이 언약 궤는 이스라엘과 함께 가나안 땅에 들어갔으며 여러 장소로 여행했었다. 후에 다윗이 다윗 성을 점령하고 솔로몬이 예루살렘에 성전을 지었을 때 언약 궤는 예루살렘 성전에 안치되었다. 그래서 시온 산은 하나님이 임재하시며 거하시는 곳으로 유명하게 되었다. 이스라엘 역사에서 하나님의 산으로 불리는 호렙 산과 시온 산은 하나님의 언약의 말씀인 십계명과 밀접한 관련이 있다.

보통 호렙 또는 시내 산으로 추정되는 산은 남부 시나이 반도에 세

곳 – Jebel Musa, Jebel Catherine 그리고 Jebel Serbal – 이 있다. 현대 여행가들의 여행 기록을 보면, 호렙 산에서 가데스 바네아까지의 여행이 열 하루 거리라고 보고했다. 에드워드 로빈슨E. Robinson은 낙타를 타고 1834년에 세 산 가운데 하나인 Jebel Musa 산에서 출발하여 Wadi el-Ain까지 여행하는 데 열 하루가 걸렸다고 보고했다. 다른 여행가 로랜드J. Rowlands는 Jebel Musa에서 Ain Qadeis(가데스 바네아와 동일시되는 Ain el-Qudeirat에서 약 6마일 거리)까지 열 하루가 소요되었다고 하였다. 프랑스 지리학자 아벨F. M. Abel도 같은 여행을 했는데 열 하루 걸렸다고 말한다(G. I. Davies, "The Significance of Deuteronomy 1.2 for the Location of Mount Horeb," *PEQ* 111(1979), 87-101).

'가데스 바네아'는 세일-에돔의 서쪽 경계에 있으며(민 32:8, 34:4, 신 1:19, 2:14, 9:23), 때때로 짧게 '가데스'로 불린다(신 1:46, 32:51). 이곳은 이스라엘이 출애굽 후에 첫 가나안 정복을 시도하기 위해 12정탐꾼을 보냈던 전략적 요충지이다(민 32:8, 신 1:19). 일반적으로 현재의 Tell el-Qudeirat와 동일시된다. 이곳은 북쪽 시나이 빈도에서 제일 큰 오아시스이며 이집트와 이스라엘의 서쪽 경계에 있다(R. Cohen, "Excavations at Kadesh-barnea 1976-1978," *BA* 44 (1981), 93-104.).

세일 산은 에서와 에서의 자손들이 거하는 지역이며(창 36:8-9) 하나님께서 에서의 후손들에게 기업으로 주신 곳이다(신 2:5). 세일은 아라바의 서쪽에 있으며 약속의 땅의 남쪽에 있다. 호렙 산이 정확하게 어디 있는지를 모르기 때문에 호렙에서 세일 산 길로 가데스 바네아까지 가는 직접적인 길이 어디인지 알 수 없다. 여기에 대한 추측들에 대해서는 다음의 책을 참고하라(Aharoni, 52, Driver, Weinfeld).

3 사십년 십일월 그달 초하루에 모세가 이스라엘의 아들들에게[1)] 말하였다. 아도나이께서 그들을 위해 그에게 명령하셨던 모든 것을 따라서.

본문 비교

1) 70인경은 "이스라엘의 모든 아들들에게"로 '모든'을 덧붙인다.

모세가 언제 설교를 했는지, 즉 연월일을 정확하게 밝히고 있다. 가나안 땅에 들어가기 전에 모세는 "아도나이께서 그에게 명령하셨던 모든 것을 따라서" 이스라엘에게 말한다. 1절의 말씀들과 5절의 법(또는 교훈)은 모세에 의해 선포되었다. 하지만 이 표현 "아도나이께서 그에게 명령하셨던"에서 알 수 있듯이 모세가 선포한 그 말씀들과 법(또는 교훈)은 신적 기원을 갖고 있다.

이스라엘은 출애굽 사건을 기점으로 그들의 시간을 계산했다(출 12:2). 따라서 이는 이스라엘이 출애굽을 한 지 사십 년의 세월이 흘렀음을 의미 한다. 이스라엘이 출애굽을 한 후 주요 사건의 연대기는 다음 구절들을 참고하라: 유월절 제정(출 12:1), 만나와 안식일에 관련해서(출 16:1), 시내 광야 하나님의 산 앞에 도착(출 19:1), 성막을 세움(출 40:17), 이스라엘 남자의 수를 셈(민 1:1), 유월절을 지킴(민 9:1), 시내 광야에서 출발(민 10:11), 이집트에서 출애굽한 일정(민 33:3).

"이스라엘의 아들들"이란 표현은 신명기에서 21번 나온다. 이것은 이스라엘의 자손 또는 후손을 뜻한다. 이스라엘이라는 이름의 기원은 창세기 32:28에 나온다. 이스라엘의 하나님의 이름 יהוה에 대한 개역성경의 '여호와'는 바른 음역이 아니다. 4자음 문자Tetragarammaton로 불리는 יהוה의 모음은 소실되어 알 수 없다. 유대인들이 이스라엘의 하나님의 이름인 יהוה를 정확하게 읽기를 거부하고 '아도나이'라고 읽었기 때문이다. 일부 학자들이 잃어버린 모음을 추측하여 이것을 '야웨' 또는 '야훼'로 읽는데 이것 역시 정확한 음역이 아니다. 최근에는 학자들 사이에 יהוה를 영어 대문자 YHWH 또는 화란어나 독일어 JHWH로 표기하고, 읽기는 유대인의 전통을 따라 '아도나이'로 읽고 있는 추세이다(참고. *THAT* I, 701-707, *TWAT* III, 534-554). 이에 따라 필자도 이 이름의 정확한 음역이 불가능하다고 판단하여 유대인들이 읽었던 대로 '아도나이'로 음역했다.

70인경은 יהוה를 '큐리오스'(κύριος) 즉, '주님'LORD으로 번역했는데 이 단어는 후에 신약에서 예수님에게 적용되었던 명칭들 가운데 하나로 중요한 명칭이었다.

개역 성경의 번역 "모세가 이스라엘 자손에게 여호와께서 그들을 위하여 자기에게 주신 명령을 다 고하였으니"에는 전치사 구 "모든 것을 따라서"(ככל אשר)의 전치사 번역이 생략되었다.

4 그가 헤스본에 살았던[1] 아모리 인의 왕 시혼을 그리고 아스다롯 안에, 에드레이 안에[2] 살았던[1] 바산 왕 옥을 쳐 죽인 후에.

본문 비교

1) 사마리아 오경은 마소라의 능동 분사형 יושב을 동사형 ישב로 읽는다.
2) 사마리아 오경과 쿰란 사본(4QDeut^{h})는 마소라와 같이 읽는다. 그러나 70인경, 시리아 역 그리고 벌게이트는 "아스다롯 안에, 에드레이 안에" 사이에 '그리고'를 넣어서 읽고 있다(참고. 민 21:33; 신 3:1; 수 12:4, 13:12).

모세가 설교를 하기 전의 역사적 사건을 기록하고 있다. 모세가 법(또는 교훈)을 말하기 시작한 것은 이 두 전투 후이다. 이 전투들은 약속의 땅을 점령하는 가나안 전쟁사에서 중요한 위치를 차지한다. 헤스본 왕 시혼과의 전투는 신명기 2:24-37에 그리고 바산 왕 옥과의 전투는 신명기 3:1-11에 더 자세하게 나오고 있다.

5 요단 건너편 모압 땅에서 모세가 이 법[1] 설명하기를 시작하였다. 말하기를.

본문 비교

1) 탈굼 옹켈로스는 히브리어 "이 법"을 "이 법의 가르침," 탈굼 네오피티는 "이 법의 책" 그리고 탈굼 프쉬도 요나단은 "이 법의 말씀들"로 설명한다.

모세가 설교를 하는 장소는 요단 건너편 모압 땅이다. 이곳은 이스라엘이 아도나이와 다시 언약을 맺었던 곳이며[신 29:1(히브리어 28:69)] 모세가 가나안 땅을 바라보고 죽었던 곳이다(신 32:49, 34:5,6).

"이 법"(התורה הזאת). '법'에 지시 형용사 '이'가 붙은 표현은 오경의 다른 책에서 발견되지 않고 신명기에서만 발견되는 독특한 표현이다. 이 단어는 1절의 '말씀들'과 유사어로 병렬 관계를 이룬다.

통계학적으로 '법'(תורה)은 구약에서 220회(그 가운데 복수형은 12회) 사용되었다[창 1회, 출 7회, 레 16회, 민 10회, 신 22회, 수 9회, 삼하 1회, 왕상 1회, 왕하 10회, 대상 2회, 대하 17회, 스 4회, 느 21회, 욥 1회, 애 1회, 시편 36회(그 가운데 119편에서 25회), 전 13회, 사 12회, 렘 11회, 겔 7회, 단 4회, 호 3회, 암 1회, 미 1회, 합 1회, 습 1회, 학 1회, 슥 1회, 말 5회]. 시편 119편을 제외하고 신명기에서 가장 많이 사용되었다.

'법'(תורה)은 신명기에서 22회 발견되며 '이 법'(התורה הזאת)은 22회 가운데 15회 사용되었다. 법은 일반적으로 출애굽기-레위기-민수기-신명기의 법을 가르치는 데 사용되지만, '이 법'이라는 표현은 신명기를 의미한다. 모세는 이 법을 설교의 형식으로 이스라엘 사람들에게 선포한 것이다(신 1:5, 4:8, 32:46) 모세는 여호수아에게 가나안 땅에서 이 법을 큰 돌 위에 쓰고 이스라엘 사람들에게 에발 산에서 선포할 것을 명령했다(신 27:3,8,26).

법(תורה)의 어원에 대한 토론은 아직 결론이 나지 않았다(참고. *HAL* II, 416-7, *HAL* IV, 1575-6). 일부 학자는 토라를 동사 '야라'(ירה) '던지다'의 히필 형 '호라'(הורה) '가르치다' 또는 '지시하다'에서 나온 명사

t-prefix로 생각한다. 따라서 이것은 '길을 지시하기 위하여 손이나 손가락을 내밀다'라는 의미이다(참고. Ges-K § 85p, Ges-B, 318, 874). 다른 학자는 토라가 같은 동사 '야라'(ירה) '던지다'에서 왔으나 다른 의미인 '제비를 던지다'를 뜻한다고 생각한다(참고. BDB, 435). 일반적으로 이것은 제사장에 의해서 주어진 교훈을 언급한다. 여기에 대해서 다음의 글들을 더 참고하라 (*THAT* II, col. 1032-43(1032), *TWAT* VIII, col. 597-637(599-600), G. Ostborn, *TORA in the Old Testament*, Lund, 1945, 4-22, I. Engnell, *Israel and the Law*, Uppsala, 1954, 1-4).

토라는 일반적으로 '법' 또는 '율법'으로 번역되었지만, 최근에는 이것을 '가르침' 또는 '교훈'(Fox, NJPS, 독일어 성경 EIN, Buber)으로 번역하는 추세이다.

"설명하기를"은 '상술하다' 또는 '해설하다'를 의미한다. 즉 명료한 해설로서 청중들이 알아듣기 쉽게 설명하는 것을 의미한다. 신명기는 '이 법'에 대한 모세의 자세한 설명이다. 즉 모세는 이스라엘 후세대에게 율법 강해 설교를 하고 있는 것이다.

2. 가나안 땅을 점령하라는 명령(1:6-8)

서론 후에 6-8절에 "그 땅을 점령하라"는 하나님의 명령이 직접 나온다. 하나님은 이스라엘에게 가나안 땅을 주기로 약속했다. 그래서 이스라엘은 출애굽 후에 가나안 땅을 향하여 여행했다. 가나안 땅은 이스라엘 민족의 최종 여행 목적지일 뿐만 아니라 이스라엘 민족의 생존을 위해 차지해야 할 곳이었다. 지금 이 땅이 이스라엘 자손들 앞에 놓여졌다. 하나님의 약속이 성취된 것이다. 이제 이스라엘은 하나님의 명령에 따라 그 약속의 땅을 점령해야 한다.

번역

6 아도나이 우리의 하나님이 호렙에서 우리에게 말하였다, 말하기를,
이 산에서 머무른 것이 너희에게 오래이니.
7 돌이켜라 그리고 출발하라 그리고 아모리 인의 산지로 나아가라,
그리고 모든 그의 이웃들에게, 아라바에, 산지에, 그리고 평지에,
그리고 네게브에, 그리고 해변에, 가나안 인의 땅과 레바논, 그 큰 강
유브라테스까지.
8 보라 내가 너희 앞에 그 땅을 두었다,
나아가라 그리고 아도나이께서 너희 조상들에게,
아브라함에게, 이삭에게, 그리고 야곱에게
그들과 그들 후의 그들 자손들에게 주기로 맹세하였던 그 땅을 점령하라.

주해

하나님의 명령이 직접 인용되었다. 6절은 이스라엘의 여행에 대한 하나님의 명령을, 7절은 그 여행 목적지인 약속의 땅의 경계를 그리고 8절은 이스라엘이 약속의 땅에 대해 해야 할 일을 말한다.

6 아도나이 우리의 하나님이 호렙에서 우리에게 말하였다, 말하기를, 이 산에서 머무른 것이 너희에게 오래이니.[1)]

본문 비교

1) "너희에게 오래이니"(רב לכם)를 70인경은 현재 중간태 명령형 "너희에게 충분하게 하라"(Ἱκανούσθω ὑμίν)로 즉, 히브리어 형용사를 동사 명령형으로 읽는다.

서론(1-5절) 후에 이스라엘의 여행에 대한 하나님의 명령이 인용되었다. 신명기에 기록된 이스라엘의 여행 일정은 호렙 산에서 출발하여

가나안 땅을 목적으로 하는데(2절), 가나안 땅을 향한 여정은 철저하게 하나님의 명령에 따라서 행해진다(1:19, 40, 2:1, 3, 13).

1절과 3절에서 동사 '말하다'(דבר)의 주체는 모세였는 데 반해, 6절에서 '말하다'(דבר)의 주체는 아도나이이다. 6절의 '아도나이 우리의 하나님이 말하였다'라는 표현은 1절과 3절의 '모세가 말하였다'와 좋은 대조를 이룬다.

2절의 '호렙' 지명이 6절에서 다시 사용되어 1-3절이 민수기의 결론이 아니라 신명기의 서론에 해당된다는 것을 보여준다.

"아도나이 우리의 하나님"(יהוה אלהינו)은 신명기에 23회 나타나는 신명기의 독특한 문체이다. 구약에 나타나는 이 표현을 신명기와 비교해 보면, 출애굽기 6회, 신명기 23회, 여호수아 5회, 사사기 1회, 사무엘상하 1회, 열왕기상하 6회, 역대기상하 13회, 에스라 1회, 느헤미야 1회, 시편 11회, 이사야 3회, 예레미야 19회, 다니엘 3회, 미가 2회이다.

여기에 덧붙여서 인칭 대명사들이 다르게 나오는 표현 "아도나이 너의 하나님"(יהוה אלהיך)도 신명기에 자주 나타난다. 다른 성경에 나타나는 이 표현의 횟수를 조사해 보면 창세기 1회, 출애굽기 9회, 신명기 229회, 여호수아 4회, 사사기 1회, 사무엘상하 11회, 열왕기상하 9회, 역대하 6회, 시편 1회, 이사야 8회, 예레미야 4회, 호세아 3회, 아모스 1회이다.

또 다른 표현 "아도나이 너희의 하나님"(יהוה אלהיכם)은 다음과 같이 나타난다: 출애굽기 7회, 레위기 24회, 민수기 3회, 신명기 45회, 여호수아 28회, 사사기 1회, 사무엘상하 3회, 열왕기하 2회, 역대상하 9회, 느헤미야 2회, 시편 1회, 예레미야 6회, 에스겔 4회, 요엘 7회, 스가랴 1회(참고. S. Mandelkern, *Concordantiae Hebraicae Atque Chaldaicae* I, Graz, 1955, 93-96 J. W. Wevers, "Yahweh and its Appositives in LXX Deuteronomium," in F. G. Martinez (ed.), *Studies in Deuteronomy*, FS. C. J. Labuschagne, Leiden, 1994, 269-280).

위의 표현들은 신명기의 독특한 용법으로 이스라엘과 그들의 하나님 사이의 밀접한 관계를 잘 표현하고 있다. 이는 이스라엘의 하나님에 대한 신앙 고백적인 표현이다.

"이 산에서 머무른 것이 너희에게 오래이니"는 히브리어에서 동사가 없는 문장이다(רב לכם שבת בהר הזה). '세베트'(שבת)는 동사 '야사브'(ישב) '머무르다,' '남다,' '체류하다'의 칼 부정사 연계형으로 동사 없는 문장에서 주어의 역할을 한다(참고. 신 2:3).

"이 산"은 호렙 산을 의미한다.

"너희에게 오래이니"(רב לכם)는 '너희에게 많은', '너희에게 충분한', '너희에게 오랜'의 의미를 갖는다. 그러므로 여기서는 동사의 의미를 넣어서 7절의 문장과 관계를 고려해서 '너희에게 오래이니'로 번역해 주는 것이 좋다. '너희는 이 산에서 오래 머물렀다'는 의미(Waltke-O, 601)이다. 많은 현대 역본들이 주어를 '너희'로 간주하며 번역하고 있다(영어 성경 ASV, KJV, NAS, NIB, NIV, RSV, 독일어 성경 LUT, ELB, SCH, 화란어 성경 NBG, SVV 등등). 하지만 문자적인 번역은 아니다.

7 돌이켜라 그리고 출발하라 그리고 아모리 인의 산지로 나아가라[1], 그리고 모든 그의[2] 이웃들에게, 아라바에, 산지에, 그리고 평지에, 그리고[3] 네게브에[4], 그리고 해변에, 가나안 인의 땅과 레바논[5], 그 큰 강 유브라테스까지.

본문 비교

1) 70인경은 히브리어에 없는 전치사를 넣어서 "아모리 인들의 산지 안으로 들어가라"(εἰσπορεύεσθε εἰς ὄρος Ἀμορραίων)로 읽는다.
2) 70인경은 "그의"를 생략한다.
3) 사마리아 오경은 "그리고"를 생략한다.
4) 70인경, 탈굼 네오피티, 탈굼 옹켈로스, 탈굼 프쉬도 요나단은 "네게브"를 "남쪽"으로 해석한다.

5) 탈굼 네오피티는 "레바논"을 "성전의 장소"로 해석한다. 탈굼 프쉬도 요나단 역시 "성전의 장소"로 부연 설명하고 있다. 이러한 해석 경향은 B. C. 200년경에 이루어졌다. 레바논을 성전의 자리로 해석하는 것은 사해 두루마리들Dead Sea Scrolls 가운데 하박국의 책(합 2:17에 대한 *Pesher of Habakkuk* 12, 3-4)에서도 발견 된다(참고. 시프레 신명기 32).

3개의 명령형 "돌이켜라… 출발하라 … 나아가라"는 8절의 3개의 명령형 "보라 … 나아가라 … 점령하라"와 대칭을 이루고 있다. 동사 '나아가라'는 7절과 8절에서 반복 사용되었다.

3개의 명령형 동사가 인상적이다. 개역 성경은 "방향을 돌려 진행하여 아모리 족속의 산지로 가고… 가고… 가라 하셨나니"로 번역한다. 그러나 히브리어에는 "가고… 가고… 가라"라는 말이 반복적으로 나오지 않는다. 3개의 명령형 동사의 직역은 "너희는 돌이켜라 그리고 너희는 너희를 위하여 출발하라 그리고 너희는 나아가라"이다.

"돌이켜라"(פנו)는 '돌아서다'(פנה)의 칼 명령형 복수로 "너희는 돌아서라"이다. 호렙 산에서 방향을 돌이켜 이제 가나안 땅으로 나아가라는 명령이다.

"출발하라"(סעו)는 '나사'(נסע) '출발하다,' '떠나다,' '여행하다'의 칼 명령형 복수 "너희는 출발하라"이다. 히브리어 '스우 라켐'(סעו לכם)은 '너희는 여행하라 너희를 위해' 또는 '너희는 출발하라 너희 자신을 위해'로 번역될 수 있다. 여기서 전치사와 함께 한 인칭 대명사 '라켐'(לכם)은 Dativus Ethicus로 이름 붙여진다. 이것은 주로 운동의 동사들과 함께 사용된다. 여기서는 여행의 확실성을 말하는 동사에 덧붙여졌다(창 12:1, 27:43, 출 18:27, 참고. Ges-K, 119s, Waltke-O, 208, T. Muraoka, "On the So-Called 'Dativus Ethicus' in Hebrew," *JTS* 29, 495-98).

"나아가라"(באו)는 '보'(בוא) '가다,' '나아가다,' '들어가다'의 칼 명령형 복수로 "너희는 나아가라"이다. 이것은 '아모리인들의 산지로 들어가라'라는 의미로 이스라엘의 여행 목적지가 확실하게 나타난다.

약속의 땅의 경계를 표시하는 지명들이 나오며, 그 약속의 땅에 이미 살고 있던 원주민들의 이름인 아모리 인들과 가나안 인들이 나타난다(창 15:21). "아모리인"은 이스라엘이 가나안 땅을 점령하기 이전에 살았던 주민이다. 이스라엘 정탐꾼들의 보고에 따르면 그들은 산지에 살고 있었고(민 13:29) 이스라엘이 약속의 땅을 점령하기 위해 처음으로 싸웠던 민족이다(신 1:19, 20, 44). "가나안 인"은 주로 해변과 요단강 가에 살았다(민 13:29).

"아모리 인의 산지"는 이스라엘이 가데스 바네아에서 점령하려고 시도한 땅이며(신 1:19, 20) 이스라엘 거주지의 중심부를 차지하는 고지이다(참고. 창 15:16, 출 15:17, 신 3:25, 수 24:15, 암 2:9-10). 아모리 인의 산지는 약속의 땅의 중심부였기 때문에 약속의 땅과 동일시되었다.

"모든 그의 이웃들에게." '모든 그 곳의 거주자들에게'라는 의미이다.

"아라바에." 사해 바다 위쪽으로 요단강 계곡의 낮은 지역을 말한다.

"네게브." '남쪽'이란 뜻으로 물이 없는 '건조한 땅'을 의미한다. 약속의 땅의 남쪽 경계이며, 신 광야 위쪽 가데스 바네아 접경에 위치하며, 브엘세바 아래쪽에 있다.

"해변에." 지중해 연안을 의미한다.

"가나안 인의 땅." 가나안 땅은 아브라함이 그의 가족들을 이끌고 갈대아 우르에서 출발하여 이주하였던 곳이며(창 11:31, 12:5), 하나님이 아브라함과 그의 후손에게 주기로 약속하셨던 땅이다(창 17:8). 모세가 12명의 정탐꾼을 보낸 땅이며(민 13:2, 17), 이스라엘이 점령해야 할 땅으로(민 32:30, 32) 하나님이 이스라엘에게 기업으로 주신 땅이다(신 32:49).

"레바논." 약속의 땅의 북쪽 경계로서 헤르몬과 동일한 장소로 이해된다(신 3:8-9, 수 11:17). 산맥지대로 높은 산 정상은 약 10,000피트 정도이다. 산 정상은 눈으로 덮여 있다(렘 18:14). 레바논의 백향목은 유명하여 솔로몬의 성전 건축 재료로 쓰였다(왕상 5:6).

"그 큰 강 유브라테스까지." 약속의 땅의 북쪽 경계를 말하고 있다. 이스라엘 땅의 경계를 위해서는 다음의 구절들을 참고하라(창 15:18; 민 34:1-12; 신 1:7, 11:24; 수 1:4; 사 27:12; 슥 9:10; 미 7:12).

8 보라[1] 내가 너희 앞에 그 땅을 두었다, 나아가라 그리고 아도나이께서 너희 조상들에게, 아브라함에게, 이삭에게[2], 그리고 야곱에게, 그들과[3] 그들 후의 그들 자손들에게 주기로 맹세하였던[4] 그 땅을 점령하라.

본문 비교

1) 마소라 사본의 "보라"(ראה)는 단수 명령형인데 반해 쿰란(2QDeut[a]), 사마리아 오경, 70인경, 시리아 역, 탈굼 역들은 복수 명령형이다.
2) 쿰란 사본(4QDeut[h]), 시리아 역과 벌게이트는 "그리고 이삭에게"로 읽는다.
3) 사마리아 오경은 "그들과"를 생략한다.
4) 70인경과 사마리아 오경은 마소라 사본의 "아도나이께서 맹세하셨다"를 "내가 맹세하였다"로 읽는다.

개역 성경은 '보라'라는 단어의 번역을 생략한다. '보라'(2인칭 단수 명령형)는 신명기에서 9회 사용되었다(1:8, 21, 2:24, 31, 3:27, 4:5, 11:26, 30:15, 32:49). 개역 성경은 신명기 3:27, 30:15, 32:49에서 '보라' 동사를 번역했지만 나머지 구절들에서는 이 동사를 번역하지 않았다(개역개정 역시). 특히 이 동사는 땅과 관련해서 신명기 1:8, 21, 2:24, 31에 나타난다.

문장의 첫 단어가 '보라'로 시작되면서 독자들의 주의를 끌고 있다. 문자적인 직역은 "너는 보라 내가 너희 앞에 그 땅을 두었다, 너희는 가라 그리고 너희는 그 땅을 점령하라"이다. '보라' 동사의 인칭은 2인칭 단수인데 반해 '가라'와 '점령하라'의 동사 인칭은 2인칭 복수이다. 그래서 많은 고대 역본들에 '보라' 동사는 2인칭 복수로 나온다. 하지만 이는 후대의 교정이다. 왜냐하면 신명기에서의 인칭 변화는 아주 빈번하게 일어나는 현상이기 때문이다.

7절에 나왔던 '나아가라'는 명령형이 다시 나오고 있다. 7절의 명령형들 "돌이켜라…출발하라…나아가라"와 유사하게 세 개의 명령형들 "보라…나아가라…점령하라"가 강조되었다. '나아가라'와 '점령하라'는 이스라엘이 해야 할 일들을 보여주고 있다.

'맹세하다'(שׁבע)는 '땅'(ארץ)과 관련하여 신명기 1:8, 35, 6:10, 23, 8:1, 10:11, 19:8, 26:3, 15, 31:7, 21, 23, 34:4에 그리고 '땅' 또는 '토지'(אדמה)와 관련하여 신명기 7:13, 11:9, 21, 28:11, 30:20, 31:20에 사용되었다. 이 맹세는 대부분이 '조상들'에게 주어졌다(신 31:21, 23, 34:4에서 '조상들'이란 단어는 나오지 않는다). 이 조상들은 '아브라함, 야곱, 그리고 이삭'을 말한다(신 1:8, 6:10, 30:20, 34:4). 하나님은 가나안 땅을 이스라엘의 조상들에게 주기로 약속했을 뿐만 아니라 그들의 후손에게도 주기로 약속하셨다. 약속의 땅은 모세 오경과 더 나아가 역사서를 해석하는 중요한 신학적, 해석학적 열쇠이다. 땅에 대한 하나님의 약속이 창세기(12:7, 13:14-17, 15:12-21)에서 시작하여 여호수아에서 성취되기 때문이다. 이스라엘의 역사는 하나님의 약속을 성취하기 위해, 가나안 땅을 정복하기 위해 움직인다. 이스라엘 역사 속에서 신명기는 약속과 성취 사이의 다리 역할을 한다. 약속의 성취는 신명기에서 그 땅을 점령하라는 명령으로 시작된다. 특히 두 번씩 반복되는 '그 땅'과 '너희 앞에'라는 단어가 흥미롭다. 왜냐하면 아브라함에게 하신 하나님의 약속이 이제 성취되었기 때문이다. 하나님은 아브라함과 이삭과 야곱에게 주기로 맹세하셨던 그 땅을 이제 이스라엘 자손 앞에 놓아 두셨다. 이 땅을 점령하는 것은 이스라엘의 과제였다.

3. 이스라엘의 사법과 군사 제도 정비(1:9-18)

이스라엘은 가나안 땅을 정복하기 전에 군사와 사법 제도를 정비한다. 이스라엘이 내부 조직 정리를 하는 이유는 이스라엘의 숫자가 많아졌기 때문이다. 지혜로운 사람들을 선발하여 재판관과 지도자로 임명한다. 이스라엘의 재판관으로 선별된 사람들은 사법 정의에 힘써야 한다.

번역

9 그리고 내가 너희에게 말하였다, 그 때에, 말하기를,
나는 혼자서 너희를 질 수 없다.
10 아도나이 너희의 하나님이 너희를 많게 하셨다,
그리고 보라 오늘 너희가 하늘의 별과 같이 많다.
11 아도나이 너희 조상들의 하나님이 너희를, 너희가 있는 대로, 천 배나 더하시며,
그가 너희에게 말했던 것같이 너희를 복 주신다.
12 어떻게 내가 혼자서 너희의 어려움과 너희의 짐과 너희의 다툼을 질 수 있느냐?
13 지혜롭고 분별력 있고 지적인 사람들을 너희를 위해 너희 지파에서 뽑으라,
그러면 내가 그들을 너희의 두령들로 세울 것이다.
14 그리고 너희가 나에게 대답하였다, 그리고 말하였다,
당신이 말한 그 말을 행하는 것이 좋습니다.
15 그래서 내가 지혜롭고 지적인 사람들을 너희 지파들의 두령들로 취했다,
그리고 내가 그들을 너희 위에 두령들로 임명했다,
천들의 지휘관들과 백들의 지휘관들과 오십들의 지휘관들과 십들의 지휘관들로
그리고 너희 지파들의 관리들로.
16 그리고 내가 너희 재판관들에게 명령했다, 그 때에, 말하기를,
너희 형제들 사이를 들으라 그리고 의로 재판하라,
사람과 그의 형제와 그의 체류자 사이를.

17 너희는 재판 때에 편파적이어서는 안 된다,
너희는 큰 자나 작은 자나 같이 들어야 한다,
너희는 사람의 얼굴을 두려워해서는 안 된다,
왜냐하면 재판은 하나님에게 있기 때문이다,
그리고 너희에게 너무 어려운 사건은 나에게 가져와라,
내가 그것을 들을 것이다.
18 그리고 내가 너희에게 그 때에 너희가 행해야 할 모든 일들을 명령했다.

주해

이 구절들은 문맥의 흐름에 단절을 가져오는 것 같다. 약속의 땅으로 들어가서 그 땅을 점령하라는 6-8절의 명령 후에 갑자기 이스라엘의 사법 조직과 재판관에 대한 9-18절의 기사가 나온다. 그리고 6절의 호렙을 떠나라는 명령은 19절에서 실행되며, 19절 이하의 가나안 땅 정복의 실패 이야기들도 땅을 점령하라는 6-8절의 명령과 잘 연결되고 있다. 따라서 신명기 1:9-18은 갑작스런 삽입으로 문맥의 흐름을 방해하는 것같이 보인다.

하지만 신명기는 과거의 사건들을 연대기 순으로 기록하는 것이 아니라 신명기의 자체의 구조, 가나안 땅 점령을 향한 신학적인 구조를 가지고 있다. 즉 6-8절은 땅에 대한 아브라함 언약의 성취를 향한 명령을, 9-11절은 후손에 대한 아브라함의 언약, 즉 후손을 하늘의 별과 같이 많게 해주겠다는 약속의 성취를 보여주고 있는 것이다. 더 나아가서 가나안 정복 전쟁(19-46절)을 앞에 두고 이스라엘은 군대 조직과 사법 조직(9-17절)을 정비하고 있다.

이 본문에는 같은 단어들과 유사한 표현들이 자주 나온다. 우선 "그 때에"라는 표현이 반복적으로 사용되어(9, 16, 18절) 이 본문을 세 부분으로 나누어 주고 있다. 9절의 '그 때에'는 지파들의 두령들, 즉 재판관들을 임명하는 상황(9-15절), 16절의 '그 때에'는 모세가 재판관들에게 사법 정의를 이룰 것을 명령했던 때이다(16-17절). 18절의 '그 때에'는 모세가 백성에게 명령했던 때를 의미하는 것 같다.

"말하기를"이 자주 사용되었다(5, 6, 9, 16절). "말하기를"의 주체로 '모세'(5, 9, 16)와 '아도나이'(6절)가 나타난다. 이러한 분석에 따르면 땅을 점령하라는 권고는 아도나이의 말(6-8절)이며 이스라엘의 조직 정비는 모세의 말(9-16절)로 나타난다.

모세가 자신의 지도력의 한계를 느끼며 하는 말인 "나는 혼자서…지다"는 표현이 반복 사용되었다(9, 12절).

이스라엘이 수적으로 많아졌다는 사실이 '많게,' '별' 그리고 '천 배'로 나타난다(10-11절). 이 표현들은 유사어로 사용되었다.

이스라엘 백성들 사이의 내부 문제와 갈등들은 "너희의 어려움과 너희의 짐과 너희의 다툼"으로 나타난다. 그리고 이러한 문제와 갈등들을 해결할 수 있는 사람들은 "지혜롭고 분별력 있고 지적인 사람"이다. 세 개의 표현들이 서로 대칭을 이루고 있다(12-13절).

"두령"이란 단어가 세 번 사용되었다(13, 15절). 이 '두령'이 어떤 직분인지는 15절에서 '지휘관'과 '관리'로 더 구체적으로 나타난다. '지휘관'은 네 번이나 반복 사용되었다(15절).

사법적인 표현으로 '듣다'라는 동사는 세 번 나오고 '재판'이라는 명사도 두 번 나오고 있다(16-17절).

동사 '명령했다'는 모세(16, 18절)를 주어로 갖고있다(1:3, 19의 '명령했다'는 아도나이가 주어이다).

16-18절에 다음과 같은 문학적인 구조가 엿 보인다(Labuschagne, I[A], 104).

A 내가 명령했다, 그 때에

B 들으라

C 의로 재판하라

D 편파적이어서는 안 된다(얼굴을 인식해서는 안 된다)

E 큰 자나 작은 자나 같이 들어야 한다

D′ 사람의 얼굴을 두려워해서는 안 된다

C′ 재판은 하나님께 있기 때문이다

B′ 내가 들을 것이다

A′ 내가 명령했다, 그 때에

위의 구조에서도 밝혀지듯이 재판에서 중요한 것은 '듣는' 것이다(B, B′, E). 특히 큰 자나 작은 자를 같이 듣는 것은 평등의 원리를 말하고 있다. 사람의 얼굴을 인식해서는 안 된다는 것은 사람의 얼굴을 두려워해서는 안 된다는 것과 쌍을 이루고 있다. 이것은 재판관이 사람의 빈부 고하를 막론하고 그들의 얼굴을 보고 재판을 해서는 안 된다는 뜻이다. 특히 재판관이 의로 재판해야 하는 이유는 재판은 하나님께 속한 것이기 때문이다.

9 그리고 내가 너희에게 말하였다 그 때에, 말하기를, 나는 혼자서 너희[1]를 질 수 없다.

본문 비교

1) 탈굼 옹켈로스는 "너희 짐"으로 읽는다(개역 성경 역시 "너희 짐").

모세는 자기 혼자서 이스라엘 백성을 인도하는 데 있어 자신의 지도력의 한계를 고백한다. 호렙 산에서 조직을 정비하는 사건은 출애굽기 18장과 신명기 1장에 나온다. 출애굽기 18장에서는 모세의 장인 이드로의 조언으로 이스라엘의 조직이 갖추어진다. 이드로는 모세 혼자서 백성들을 재판하는 것은 무거운 일이라고 충고한다. 하지만 신명기 1장에서는 이드로의 조언이 나오지 않는다.

이와 유사하게 70인 장로를 세우는 사건에서 모세는 자신의 일이 무겁다고 말한다(민 11:11-17). 그리고 고기가 먹고 싶다는 백성들의 불평에 대해 모세는 자기 혼자 이 모든 백성을 질 수 없다고 고백한다(민 11:14,17).

"그 때에"(בעת ההוא)는 모세가 이스라엘에 사법 제도를 창설하고 재판관들을 세우는 때를 말한다. 모세가 출애굽 후세대에게 과거의 일을 회상하며 설교하는 것이다. "그 때에"라는 표현은 신명기에 자주 등장한다(참고. 신 1:9, 16, 18, 2:34, 3:4, 8, 12, 18, 21, 23, 4:14, 5:5, 9:20, 10:1, 8).

"나는 혼자서 너희를 질 수 없다." '혼자서'라는 표현이 더 더욱 모세 자신의 지도력의 한계와 그 고충을 말한다(참고. 12절). 그래서 모세의 사역을 돕기 위해 이스라엘의 조직이 정비되고 있다. 뒤에 나오는 지도자들은 모세를 돕기 위해 세워진다.

10 아도나이 너희의 하나님이 너희를 많게 하셨다. 그리고 보라 오늘 너희가 하늘의 별과 같이 많다.

모세 지도력의 한계는 이스라엘 인구의 팽창에서 기인한다. "많다"라는 표현을 두 번 사용하여 인구의 증가로 인해 혼자서는 도저히 감당할 수 없다는 점을 강조하고 있다. 하나님이 이스라엘의 숫자를 많게 하셨다. 그 결과로 "하늘의 별과 같이" 많아졌다. 하나님께서 아브라함과 이삭에게 말씀하신 약속이 성취된 것이다. 하나님께서 아브라함에게 하신 약속 가운데 '후손'과 '땅'이 핵심 주제였다. 특히 후손에 대한 약속은 하늘의 별과 바다의 모래와 같이 많게 해주시겠다고 약속했었다(창 15:5, 22:17, 26:4, 출 32:13, 신 10:22). 이제 그 약속이 성취되어 인구가 많아졌기 때문에 모세 혼자서 이스라엘을 인도하는 데 한계를 느낀 것이다.

"보라"는 독자들의 주의를 끌고 있다. 개역 성경은 이 단어의 번역을 생략하고 있다. 비록 다른 단어가 사용되었지만 8절과 10절은 하나님의 약속의 성취에 주목하고 있다. 8절에서 '보라'(ראה)는 땅에 대해서, 그리고 10절의 '보라'(הנה)는 후손에 대해서 사용되었다.

"오늘"(היום)은 9절의 '그 때에'와 묘한 대조를 이룬다. 이 '오늘'이라는 표현이 모세가 호렙 산에서 이스라엘의 조직을 정비할 때인지 또는 모세가 가나안에 입성하기 직전에 설교를 하는 시점인지 불분명하다. 하여튼 이 단어는 하늘의 별과 같이 아브라함의 후손을 많게 해 주시겠다는 하나님의 약속이 현재화된 것을 지적하고 있다.

11 아도나이 너희 조상들의 하나님이 너희를, 너희가 있는 대로, 천 배나 더하시며, 그가 너희에게 말했던 것같이 너희를 복 주신다.

하나님의 명칭이 "조상들의 하나님"으로 나오고 있다.[소마소라(Mp)에 따르면 "너희 조상들(אבותכם)은 토라에서 한 번 밖에 나오지 않는 독특한 표현이다.]" 이는 8절에서 땅에 관한 약속이 이스라엘의 조상들에게 주어졌다는 것과 유사하다. 땅에 관한 약속이 성취되어 가는 것같이, 이제 모세는 후손에 관한 약속이 성취되기를 바라고 있다.

"너희가 있는 대로"(ככם)는 번역하기가 어렵다. 문자적인 직역은 '너희 같이' 또는 '너희처럼'이다. 여기서는 문맥의 흐름에 맞추어 '~이다'be 동사를 넣어서 '너희가 있는 것같이' 혹은 '너희가 있는 대로'로 번역하는 것이 나을 것 같다. 즉 '너희가 있는 그대로'라는 의미이다. 개역 성경은 "현재보다"로 번역하고 있다.

"너희에게 말했던 것같이"라는 말은 아도나이께서 '너희에게 약속했던 대로'를 의미한다(참고. 창 15:5, 22:17). 개역 성경은 이것을 "허락하신 것과 같이"로 잘못 번역하고 있다.

"복 주신다"는 이스라엘의 후손의 번성을 뜻하고 있다.

12 어떻게 내가 혼자서 너희의 어려움과 너희의 짐[1]과 너희의 다툼[2]을 질 수 있느냐?

본문 비교

1) 사마리아 오경은 "너희의 짐"으로 "그리고"를 생략한다.
2) 탈굼 프쉬도 요나단은 "너희의 어려움과 너희의 짐과 너희의 다툼"을 "너희의 회의적인 습관의 짐들 그리고 나를 대항하는 악한 계획 그리고 너희의 논쟁의 말들"로 해석한다. 시프레 신명기 36은 "너희의 다툼"을 그들은 "소송하기를 좋아하는" 자들이라고 설명하고 있다.

모세는 자신의 지도력의 한계를 고백하며 혼자서 백성들의 '어려움', '짐' 그리고 '다툼'을 질 수 없다고 말한다. '다툼'은 '말다툼,' '언쟁'을 뜻한다. 그래서 모세를 도와 백성들의 문제를 해결할 사람들을 뽑는다. 백성들의 문제 해결을 위해 각 지파에서 "지혜롭고 분별력 있고 지적인" 사람들을 뽑는다. 백성들의 문제를 세 단어들로 표현하듯이, 그 문제를 해결할 사람들의 자질도 세 가지로 언급한다.

13 지혜롭고 분별력 있고 지적인 사람들을 너희를 위해 너희 지파에서 뽑으라, 그러면 내가 그들을 너희의 두령들로 세울 것이다.

여기서는 백성들이 그들의 두령들을 뽑는다. 하지만 출애굽기 18장에서는 모세가 이스라엘의 두령들을 뽑는다(24-25). 각 지파의 두령들의 자질은 "지혜롭고 분별력 있고 지적인 사람"들이다. 하지만 출애굽기 18:21은 "능력 있는 사람들, 하나님을 두려워하는, 진실한 사람들, 탐욕을 싫어하는" 사람들이다(개역 성경: "재덕이 겸전한 자 곧 하나님을 두려워하며 진실무망하며 불의한 이를 미워하는 자", 개역개정: "지혜와 지식이 있는 인정받는 자들"). 신명기는 지혜에 강조를 두는 반면, 출애굽기는 윤리적인 자질에 강조를 둔다.

지도자의 자질로 언급된 덕목들 "지혜롭고 분별력 있고(이해력이 있는) 지적인" 사람에서 강조점은 지혜에 있다.

"지적인"의 히브리어 '이두임'(ידעים)은 칼 수동 분사 형태로 '알려진'known의 의미를 갖고 있지만(개역 성경: '유명한', 개역개정: '인정받는'으로 번역) 이 단어는 칼 능동 분사의 의미 역시 갖는다. 이 경우 푸알 능동 분사로 '아는'knowing의 뜻을 갖는다(Ges-K § 50, Jouon-M § 50e, Tigay, 345 n 53). 이러한 해석은 위의 두 단어 "지혜롭고 분별력 있고"와 잘 맞는다. 70인경의 번역 '지적인', '이해력이 뛰어난'(συνετοὺς)이 위의 해석을 지지한다.

히브리어 '이두임'(ידעים)은 또 다른 뜻인 '경험 있는'experienced으로도 번역될 수 있다. 종교 개혁자 마틴 루터는 이 해석을 취했다[Luther, vol. 9, 18, J. Emerton, "A Consideration of Some Alleged Meanings of yd' in Hebrew," *JJS* 15 (1970), 175-178]. 루터의 번역 이후 많은 현대 역본들이 이 번역을 따르고 있다(영어 번역 'experienced'를 취하는 역본들은 NAB, NAS, NAU, NJB, RSV이고, 독일어 번역 "erfahrene"을 취하는 역본들은 LUO, LUT, SCH이며, 같은 뜻으로 화란어 "ervarene"을 취하는 역본 SVV 와 "ervaren"을 취하는 NBG가 있다).

"두령"(ראש)은 문자적으로 '머리'라는 뜻이다. 즉 각 지파의 '머리' 혹은 '우두머리'로서 그 지파의 지도자 혹은 장을 의미한다.

"내가 그들을 세울 것이다"는 모세가 위의 조건을 갖춘 자들을 두령으로 임명한다는 것이다. 모세는 각 지파의 지도자를 임명할 권한이 있다. 소마소라(Mp)는 "내가 그들을 세울 것이다"(אשימם)이 한 번 밖에 나오지 않는 독특한 표현임을 지적한다(참고. 왕상 5:23)

14 그리고 너희가 나에게 대답하였다. 그리고 말하였다. 당신이 말한 그 말을 행

하는 것이 좋습니다.

모세가 제안한 것이 백성들에 의해 받아들여진다. 여기서 "그 말"은 "그 일"로도 번역이 가능하다. 즉 모세가 제안한 그 일을 실행하는 것이 좋다는 것이다.

15 그래서 내가 지혜롭고 지적인 사람들을[1] 너희 지파들의 두령들로 취했다[2], 그리고 내가 그들을 너희 위에 두령들로 임명했다, 천들의 지휘관들과 백들의 지휘관과 오십들의 지휘관들과 십들의 지휘관들로 그리고 너희 지파들의 관리들[3]로.

본문 비교

1) 마소라 사본에는 두 가지의 자질(חכמים וידעים)을 말하는 데 반해, 70인경은 13절과 같이 세 개의 자질(σοφοὺς καὶ ἐπιστήμονας καὶ συνετοὺς)을 말하고 있다.
2) 70인경은 "그래서 내가 너희 지파들의 두령들로 취했다"를 "내가 너희로부터 취했다"(καὶ ἔλαβον ἐξ ὑμῶν)로, 그리고 벌게이트는 "내가 너희 지파들로부터 취했다"*tulique de tribubus vestris*로 번역한다.
3) 70인경은 "너희 재판관들에게 관리들"(γραμματοεισαγωγεῖς τοῖς κριταῖς ὑμῶν)로 번역한다.

두령을 위한 자질로 13절은 세 가지를 열거했지만 여기서는 그것을 두 가지로 말한다. 하지만 여기서도 역시 이스라엘 지파들의 지도자들을 뽑는데 최고의 조건은 '지혜'로 나오고 있다.

"임명했다"는 문자적으로 '주었다'이다. 여기서는 문맥에 맞추어 '세우다', '임명하다'로 번역할 수 있을 것이다.

개역 성경은 '두령들'을 한 번은 '두령'으로, 또 한 번은 '어른'으로 번역한다(개역개정: '수령'). 또한 단수형으로 번역된 "천부장, 백부장, 오십부장, 십부장"은 히브리어로 복수형들이다.

히브리어 '사르'(שַׂר)는 '장', '장관', '지휘관', '지도자', '관리' 등 다양한 뜻을 담고 있다. 출애굽기 18:21-25에서 이 직분은 재판을 위한 재판관으로 세워졌다. 신명기에서도 이 지휘관들은 우선 재판을 위해서 뽑혔다. 그들은 모세를 도와서 백성들의 어려움과 짐과 다툼을 져야 한다. 또한 이들은 지파들의 두령들로 천들의 지휘관들과 백들의 지휘관과 오십들의 지휘관들과 십들의 지휘관들로 세워진다. 여기서 천, 백, 오십, 십은 군사적인 숫자 분류이다(de Vaux, 226). 이 직분들이 모두 복수형으로 나오는 것을 보면, 이 직분을 받은 사람들이 많다는 것을 암시한다. 즉 천 명(혹은 백 명, 오십 명, 십 명)을 다스리는 지휘관이 여러 명이 있었다는 것을 말한다. 동시에 이들은 지파들의 조직의 우두머리들로 세워진 것으로 군대 조직의 성격을 띤다. 다른 본문들에서도 이 직분이 군대 조직의 지휘관으로 나오고 있다(민 31:14, 48, 52, 삼상 8:12, 삼하 18:1). 이들의 임무는 백성들을 재판하는 것과 동시에 백성들을 지휘하고 다스리는 것이다.

'관리들'은 백성들에 의해 각 지파에서 선발되어 위임된 사람들이다. 이들은 군사적인 임무(신 1:15, 20:5, 8, 9), 재판의 일(신 16:18) 그리고 일반적인 행정(신 31:28)을 담당하였다(참고. *TWAT* VII, 1255-58).

16 그리고 내가 너희 재판관들에게 명령했다, 그 때에, 말하기를, 너희 형제들 사이를 들으라[1] 그리고 의로 재판하라, 사람과 그의[2] 형제와 그의 체류자[3] 사이를.[4]

본문 비교

1) 70인경, 사마리아 오경과 탈굼 옹켈로스는 히브리어 '사모아'(שָׁמֹעַ) 부정사 절대형을 명령형으로 읽고 있다. 히브리어 '사

모아'(שמע) 부정사 절대형은 명령형 '들으라'로 번역될 수 있다 (Ges-K § 113 bb을 보라).

2) 70인경은 "그의"를 생략한다. 하지만 70인경의 일부 사본들은(A F M) "그의"를 덧붙인다.

3) 탈굼 옹켈로스는 "체류자"를 '타국인', '외국인'(또는 '개종자'의 의미도 있는 גיורא)으로 이해한다.

4) 벌게이트는 "사람과 그의 형제와 그의 체류자 사이"를 "그가 시민이건 외국인이건 간에"*sive civis sit ille sive peregrinus*로 번역한다.

재판관의 임무를 말하고 있다. 특히 16-17절에서 재판관의 임무와 역할이 분명히게 제시되고 있다. 재판 질자에 있어서 무엇보다노 중요하게 선행되어야 할 것은 재판관들이 공정하게 듣는 것이다. 양 편의 주장들을 들은 후에, 재판관들은 판결을 해야 한다.

위에서 지적했듯이 히브리어 '사모아'(שמע) 부정사 절대형은 명령형 '들으라'로 번역이 가능하다. 이러한 번역을 취하는 현대 역본들이 많이 있다(ASV, NIV, NIB, KJV, RSV, ELB, LUT, NBG, SVV 등등). 또한 '너희는 들어야 한다'로도 번역이 가능하다(참고. Joön-M § 119p). 재판관들의 판결에 있어서 중요한 것은 '의'로, 즉 '공정하게' 판단하는 것이다(참고. 신 16:18-20).

"재판하라"(שפטתם)는 '사파트'(שפט) '재판하다'의 칼 와우 계속 완료형으로 '너희는 재판해야 한다'로도 번역될 수 있다. 70인경은 이것을 명령형 '크리네테'(κρίνετε)로 읽고 있다. 많은 현대 역본들 역시 명령형으로 번역한다(ASV, NIV, NIB, KJV, RSV, ELB, LUT, NBG, SVV 등등).

"체류자"(גר)는 객지에 가서 잠시 머무르는 사람을 의미한다. 이 구절에서 쓰인 '체류자'는 '형제' 즉, 이스라엘 사람들과 구별되는 단어이다. 형제가 본국인들을 말한다면 이 체류자는 외국인을 의미하고 있다.

이스라엘 내에 이 체류자 혹은 나그네 사상은 아주 자연스러웠다. 아브라함도 자기 자신을 체류자[개역: 나그네]로 말했고(창 23:4), 모세도 미디안 땅에 머무르며 아들을 낳았을 때, 자신을 체류자[개역: 객]로 말했다(출 2:22, 18:3). 이스라엘 백성 역시 이집트 땅에 머무르던 체류자들이었다(창 15:13, 출 23:9). 체류자가 유월절 절기에 참여하고 싶으면 할례를 받은 후에 참여할 수 있었다(출 12:48).

신명기는 체류자들에 대해 많은 관심을 기울인다. 재판장은 이스라엘 사람과 이 체류자[개역: 타국인] 사이에 차별을 두어서는 안 되며(1:16), 이스라엘은 이집트에서 체류자였기 때문에 그들 안에 거하는 이 체류자[개역: 나그네]를 사랑해야 하며(10:19), 체류자를 학대해서는 안 되며(24:14), 체류자의 송사를 왜곡해서는 안 된다(24:17). 이들은 이스라엘 사회에서 소외되고 힘이 없는 자들이다. 그래서 과부, 고아, 레위인과 같이 분류되기도 한다. 하나님은 고아와 과부 그리고 체류자를 사랑하시며 관심을 기울이신다(10:18). 체류자는 안식일에 쉴 권리를 갖고 있으며(5:14), 3년마다 있는 십일조의 잔치에 참여할 수 있고(14:29), 절기에 이스라엘 사람들과 같이 즐거워할 수 있다(16:11, 14). 더 나아가 체류자도 하나님의 언약에 참여할 수 있었고(29:10), 하나님의 율법을 배워 하나님을 경외할 수 있었다(31:12). 하지만 이스라엘 백성과 분명한 구분을 보이는 곳도 있다. 스스로 죽은 것을 성민은 먹을 수 없는데 반하여 이스라엘 내에 거하는 체류자는 먹을 수 있었다(14:21).

17 너희는[1] 재판 때에 편파적이어서는 안 된다. 너희는[1] 큰 자나 작은 자나 같이 들어야 한다[2]. 너희는[1] 사람의 얼굴을 두려워해서는 안 된다. 왜냐하면 재판은 하나님에게 있기 때문이다. 그리고 너희에게 너무 어려운 사건은 나에게 가져와라. 내가 그것을 들을 것이다.

본문 비교

1) 70인경에는 단수 "너는"이다.

2) 탈굼 성서들(옹켈로스, 네오피티, 프쉬도 요나단)은 "큰 자의 말과 동시에 작은 자의 말을 들어야 한다"로 해석한다. 시프레 신명기 41은 각자의 말을 들을 때까지 아무것도 판단해서는 안 된다고 설명하고 있다.

16절의 "의"로 판결하는 것이 무엇인지를 17절은 자세히 설명한다. 재판은 "편파적이어서는" 안 된다. 이것은 문자적으로 '얼굴을 인식해서는 안 된다'이다. 잠언 24:23는 "재판할 때에 낯을 보아주는 것이 옳지 못하니라"고 말한다. 즉 재판관은 재판 받는 사람들의 얼굴을 보고, 지위가 높은 사람이나 혹 아는 사람들의 편의를 봐 주어서는 안 된다. 재판관은 큰 자의 주장이나 작은 자의 주장을 같이 들어야 한다. 그리고 이들의 얼굴을 두려워해서는 안 된다. 재판이 공정해야 하는 이유는 재판이 하나님께 속했기 때문이다. 탈굼 프쉬도 요나단은 "부자나 통치자"(탈굼 네오피티는 "왕 또는 통치자")를 두려워해서는 안 된다고 말하며 "재판은 모든 은밀한 것을 보시는 주께로부터 있기" 때문이라고 설명한다.

모세는 최고 재판장의 역할을 담당한다. 재판관이 판결하기가 어렵고 무거운 사건을 모세가 해결했다.

신명기 1장은 출애굽기 18장과 비교할 때, 재판에 대한 강조가 있다. 특히 신명기 1:16-17은 출애굽기 18장에 나타나지 않는다. 이는 이스라엘 사회가 그만큼 더 복잡한 사회가 되었다는 것을 반증한다. 사건과 소송이 많아서 재판관들의 일이 많아지고 재판관들의 임무와 역할이 강조되는 것은 이스라엘이 더 조직화되고 복잡한 사회로 발전했다는 것을 보여준다.

18 그리고 내가 너희에게 그 때에 너희가 행해야 할 모든 일들을 명령했다.

단락을 맺는 말이다. 이스라엘의 사법, 군사 조직을 정비한 후에 모세가 백성들이 해야 할 일을 설명하고 있다.

4. 이스라엘의 첫 가나안 정복 실패(1:19-46)

호렙 산을 떠나 아모리 인의 산지로 가라는 하나님의 명령이(6-7절) 여기서 실현되었다(19-20절). 사법, 군사적인 조직을 갖춘(9-18절) 이스라엘은 아모리 인의 산지를 점령하기 위해 약속의 땅의 남쪽 경계인 가데스 바네아에 왔다. 가데스 바네아에 도착한 이스라엘은 가나안 땅을 정복하기 위해 정탐꾼을 먼저 가나안 땅에 보낸다. 정탐을 마친 그들은 가나안 땅이 아주 좋지만 그 땅에 거하는 사람들은 거인 족속들이며 그들이 사는 성들도 아주 튼튼하게 잘 지어졌다고 보고한다. 이 보고로 인해 이스라엘 사람들의 마음이 흔들린다. 가나안 땅을 점령하려면 가나안의 거인 족속들과 실제적인 전투를 해야 하며 그들의 잘 요새화된 성도 점령해야 한다. 어려운 싸움이 될 것 같았다. 현실의 문제를 크게 본 백성들은 낙심하며 절망한다. 모세는 이러한 이스라엘을 향하여, 앞서 가시는 하나님을 신뢰하라고 권면한다. 하지만 이스라엘은 전쟁을 치르기도 전에 먼저 하나님을 신뢰하는 데서 실패한다. 그리고 그 땅을 점령하라는 하나님의 말씀에 불순종한다. 하나님은 이러한 이스라엘에게 심판을 내리신다. 하나님의 심판이 선언되자 이번에는 반대로 이스라엘은 오히려 아모리 산지로 올라가 싸우겠다고 억지를 부린다. 그러나 하나님은 그들에게 싸우지 말라고 말씀하신다. 이러한 하나님의 명령에도 불구하고 이스라엘의 불순종하는 무리들은 자기들 마음대로 아모리 인들과 전투를 하러 간다. 하지만 그 전투는 패배로 끝이 나고 이스라엘은 광야에서 방랑의 세월을 시작한다.

이 본문은 다음과 같이 나누어질 수 있다: 가데스 바네아에 도착(19-21), 12정탐꾼의 보고(22-25), 이스라엘의 불순종(26-28), 모세의 설득(29-33), 하나님의 심판(34-40), 가나안 첫 정복 실패(41-46).

번역

19 그리고 우리가 호렙에서 출발했다
그리고 너희가 보았던 모든 크고 두려운 그 광야를 지나갔다
아모리 인의 산지 길로, 아도나이 우리의 하나님이 우리에게 명령하셨던 대로,
그리고 우리가 가데스 바네아까지 갔다.
20 그리고 내가 너희에게 말하였다,
너희가 아도나이 우리의 하나님이 우리에게 주시는 그 아모리 인의 산지에 도달했다
21 보라 아도나이 너의 하나님이 너의 앞에 그 땅을 두었다,
올라가라 점령하라, 아도나이 너의 조상들의 하나님이 너에게 말씀하셨던 대로,
두려워 말라 그리고 당황하지 말라.
22 그리고 너희 모두가 나에게 나아왔다 그리고 말하였다,
사람들을 우리 앞서 보내자, 그러면 그들이 우리를 위하여 그 땅을 정탐할 것이다,
그리고 그들이 우리가 올라가야 할 길과 우리가 들어가야 할 성들을 우리에게 보고하게 하자
23 그리고 그 말이 내 눈에 좋게 보였다,
그래서 내가 너희로부터 각 지파에 한 사람씩 열두 사람을 취했다.
24 그리고 그들이 떠났고 그 산지로 올라갔다,
그리고 그들이 에스골 골짜기까지 나아갔고
그곳을 정찰했다.
25 그리고 그들이 그들의 손들 안에 그 땅의 열매를 취했고 우리에게 가져왔다,
그리고 그들이 우리에게 말을 (가지고) 돌아왔다,

그리고 그들이 아도나이 우리의 하나님이 우리에게 주시는 그 땅은 좋다고 말했다.
26 그러나 너희는 올라가려 하지 않았다,
오히려 아도나이 너희 하나님의 명령을 거역하였다.
27 그리고 너희는 너희의 장막들 안에서 불평하였다 그리고 너희가 말하였다,
아도나이께서 우리를 미워하셨기 때문에 그가 우리를 이집트 땅에서 이끌어 내셨다,
우리를 아모리인들의 손 안에 주기 위해서, 우리를 멸망시키기 위해서.
28 우리가 어디로 올라가야 하는가?
우리의 형제들이 우리의 마음을 녹게 하였다, 말하기를,
백성은 우리보다 크고 높다, 성들도 크고 하늘까지 요새화되었다,
더욱이 우리가 아낙 자손들을 거기서 보았다.
29 그리고 내가 너희들에게 말하였다,
무서워 말라 그리고 그들을 두려워 말라.
30 아도나이 너희 하나님이 너희 앞서 가시며 그가 너희를 위하여 싸우실 것이다.
그가 이집트에서 너희의 목전에서 너희와 함께 행하셨던 모든 것과 같이.
31 그리고 광야에서 너는 아도나이 너의 하나님이 너를 데려왔던 것을 보았다,
사람이 그의 아들을 데려오는 것같이,
너희가 걸었던 모든 그 길에서 너희가 이 장소로 오기까지.
32 그러나 이 말에도 불구하고 너희는 아도나이 너희 하나님을 믿지 않 았다.
33 너희 앞서 길을 가시는 자,
너희에게 너희의 천막을 칠 장소를 찾기 위하여,
밤에는 불로, 너희가 가야 할 길을 너희에게 보여주기 위하여,
그리고 낮에는 구름으로.
34 그리고 아도나이께서 너희 말들의 소리를 들으셨다,
그리고 그는 노하셨고 맹세하셨다, 말하기를
35 이 악한 세대의 이 사람들 중에서 한 사람도 볼 수 없을 것이다,

내가 너희 조상들에게 주기로 맹세했던 그 좋은 땅을.
36 여분네의 아들 갈렙은 제외하고, 그는 그것을 볼 것이다,
그리고 그에게 내가 그가 밟았던 그 땅을 줄 것이다, 그리고 그의 자녀들에게,
그가 아도나이를 온전히 따랐기 때문이다.
37 나에게도 아도나이께서 너희 때문에 진노하셨다, 말하기를,
너 역시 그곳에 들어가지 못 할 것이다.
38 네 앞에 서 있는 눈의 아들 여호수아, 그가 그곳으로 들어갈 것이다,
그를 강하게 하라, 왜냐하면 그가 그것을 이스라엘에게 상속하게 할 것이기
때문이다.
39 그리고 너희가 먹이가 될 것이라고 말했던 너희의 작은 자들과,
오늘날 선과 악을 알지 못하는 너희의 아이들, 그들은 거기로 들어 갈 것이다,
그리고 내가 그들에게 그것을 줄 것이며,
그들이 그것을 점령할 것이다.
40 그러나 너희는 돌이켜라 그리고 홍해 길 광야로 여행하라.
41 그리고 너희는 대답했고 나에게 말하였다,
우리가 아도나이께 범죄했습니다, 우리가 올라가겠습니다 그리고 싸우겠습니다,
아도나이 우리의 하나님이 우리에게 명령하신 모든 것을 따라,
그리고 너희가 각기 그의 전쟁 무기들을 찼다,
그리고 너희는 산지로 올라가기를 준비했다.
42 그러나 아도나이께서 나에게 말씀하셨다,
그들에게 말하라 너희는 올라가지 말라 그리고 너희는 싸우지 말라,
왜냐하면 내가 너희 가운데 있지 않기 때문이다,
그리고 너희가 너희 적들 앞에서 패하지 않도록.
43 그리고 내가 너희에게 말했다 그러나 너희는 듣지 않았다,
오히려 너희는 아도나이의 명령을 거역했고 너희는 건방지게 행동했다,
그리고 너희는 그 산지로 올라갔다.
44 그리고 그 산지에 살고 있던 아모리 인이 너희를 대항하여 나왔다,

그리고 그들이 벌들이 하는 것과 같이 너희를 쫓아갔다,

그리고 그들이 너희를 세일 안에서 쳤다 호르마까지.

45 그리고 너희가 돌아왔고 아도나이 앞에서 울었다,

하지만 아도나이께서 너희의 소리를 듣지 않았다,

그리고 그는 너희에게 귀를 기울이지 않았다.

46 그래서 너희는 가데스에서 많은 날을 머물렀다,

너희가 머물렀던 날들을 따라.

주해

이 본문에서 자주 반복되어 사용된 여러 단어들이 눈에 띈다. 우선 이스라엘의 여행 목적지를 가리키는 "아모리 인의 산지"는 19, 20절에 나타나고(참고. 7절), 아모리 인의 산지를 의미하는 "산지"는 24, 41, 43, 44절에 나온다. 이 아모리 인이 살고 있는 산지는 가나안 땅의 일부이다. 이 약속의 땅을 의미하는 "땅"이라는 단어는 7, 8(2x), 21, 22, 25(2x), 35, 36절에 사용되었다. 이스라엘의 여행 목적지는 가나안 땅이었다. 이 여정은 하나님의 약속을 따라, 하나님의 약속의 성취를 향해 나아가는 것이다. 이스라엘은 그들의 정체성을 약속의 땅을 향한 여정 가운데 있는 백성으로 인식한다.

아모리 산지에 '올라가다'(עלה)는 이 본문에서 9회 나타나는 중요한 단어이다. 하나님은 아모리 산지로 "올라가라 점령하라"는 명령을 주셨다(21절). 그래서 이스라엘은 아모리 산지를 점령하기 위해 어느 길로 '올라갈' 것인지를 알기 위해서 스파이들을 먼저 '올려'보낸다(22, 24절). 그러나 스파이들의 보고를 들은 후에 백성들은 그 땅에 '올라가는' 것을 거절한다(26절). 그리고 어디로 '올라가야 하는지'를 고민하면서 하나님께 불평한다(28절). 아모리 산지로 올라가서 점령하라는 하나님의 말씀에 반역한 이스라엘에게 광야로 들어가라는 하나님의 심판이 내려진다. 그러자 이스라엘은 그 땅에 '올라가서' 싸우겠다고 주장한다

(41절). 그러나 하나님은 '올라가지 말 것'을 명령한다(42절). 이스라엘은 이러한 하나님의 명령을 어기고 그 산지로 '올라간다'(43절). 결과는 이스라엘의 패배였다.

이스라엘의 첫 가나안 정복 전쟁에서 '올라가다'라는 동사는 이야기의 중심 주제로 등장한다. 이스라엘은 올라가라고 할 때는 올라가지 않고 아도나이의 명령에 불순종하더니(26절) 반대로 올라가지 말라고 할 때는 올라가서 다시 아도나이의 명령을 거역한다(43절). 동사 '올라가다'는 아도나이의 명령에 불순종한 이스라엘의 태도를 선명하게 보여준다.

동사 '주다' 또는 '두다'(נתן)는 땅과 관련해서 자주 사용된다. 먼저 이스라엘은 하나님이 '주시는' 아모리 인의 산지에 노착한다(20절). 하나님은 그 땅을 이스라엘 앞에 '두었다'(21절). 스파이들도 하나님이 '주시는' 그 땅은 좋다고 보고한다(25절). 그 땅은 아도나이께서 조상들에게 '주기로' 맹세했던 땅이며(35절), 갈렙과 출애굽 세대가 불순종할 때 신악을 분간하지 못했던 어린 아이들에세 '주어'질 것이나(36, 39절).

"앞"이라는 단어도 자주 보인다. 아도나이는 이스라엘 '앞'에 땅을 두셨고(21절), 이스라엘은 그 땅을 정탐하기 위하여 스파이들을 '앞'에 보낸다(22절). 정탐꾼들의 보고에 이스라엘이 낙심하자 모세는 하나님이 가나안 정복 전쟁에 '앞'서 가신다고 설교한다(30, 33절). 하지만 이스라엘은 불순종한다. 하나님의 심판으로 이스라엘의 지도자가 교체되어 모세 '앞'에 서 있는 여호수아가 새로운 지도자로서 그 땅에 들어갈 것이 선언된다(38절). 하나님의 명령에 불순종하는 이스라엘 무리들은 적들 '앞'에서 패해(42절) 아도나이 '앞'에서 운다(45절). 하지만 하나님은 그들의 울부짖음을 외면하신다.

"말하기를"이 28, 34, 37절에 다시 나타난다. 28절은 스파이들의 보고이고, 34절은 이스라엘 백성에 대한 하나님의 심판의 말씀이며, 37절 역시 모세에 대한 하나님의 심판의 말씀이다.

19–21절: 약속의 땅의 경계인 가데스 바네아에서 이스라엘이 행한 태도들이 기록되었다. 이스라엘은 그 땅을 점령하기 위해 전략 회의를 열며, 군사적인 목적으로 스파이들을 아모리 산지로 보낼 것을 결정한다.

19 그리고 우리가 호렙에서 출발했다, 그리고 너희가 보았던 모든 크고 두려운 그 광야를 지나갔다, 아모리 인의 산지 길로, 아도나이 우리의 하나님이 우리에게 명령하셨던 대로, 그리고 우리가 가데스 바네아까지 갔다.

이스라엘의 여행은 하나님의 명령에 따라 이루어지며, 호렙에서 시작된다. 호렙을 떠나 아모리인들의 산지로 가라는 하나님의 명령이(6-7절) 여기서 실행된다. 호렙에서 출발하여 가데스 바네아까지의 여정은 열하룻 길이다(1:2).

"크고 두려운 광야" 이 표현은 8:15에도 나오는데, 그곳은 무서운 뱀과 전갈이 있고 물이 없는 건조한 땅이라고 자세히 설명한다. 이 광야는 팔레스타인 남쪽 경계와 시나이 반도 사이의 석회암으로 구성된 대지 et-Tih 광야를 의미하는 것 같다.

"두려운"은 저자가 광야를 경험한 사람이라는 것을 표현한다. 또한 "너희가 보았던"도 청중들이 광야를 경험했다는 사실을 드러낸다.

"가데스 바네아"는 2절 참고.

20 그리고 내가 너희에게 말하였다, 너희가 아도나이 우리의 하나님이 우리에게[1] 주시는 그 아모리 인의 산지에 도달했다.

본문 비교

1) 70인경은 "너희에게"로 읽는다. 한 70인경 사본은(A) "우리에게"를 갖고 있다.

아모리 인의 산지는 대표적인 의미로 약속의 땅 전체를 가리키고 있다. 이스라엘은 그들의 여행의 목적지인 약속의 땅에 도달했다.

"아도나이 우리의 하나님이 우리에게 주시는"(יהוה אלהינו נתן לנו)은 신명기의 독특한 표현으로 아모리 인의 산지, 즉 약속의 땅에 대한 이스라엘의 신앙 고백을 나타낸다(1:25, 2:29). 하나님이 이스라엘에게 선물로서 주시는 땅이라는 것이다. 이스라엘의 삶의 터전인 땅은 그들이 섬기는 하나님 아도나이께서 관여하시는 땅이다. 하나님의 백성인 이스라엘은 하나님이 주시는 땅에서 살아간다.

"아모리인의 산지"는 7절 참고.

21 보라[1] 아도나이 너의 하나님[2]이 너의 앞에 그 땅을 두었다. 올라가라[3] 점령하라. 아도나이 너의 조상들의 하나님이 너에게 말씀하셨던 대로. 두려워 말라 그리고 당황하지 말라.

본문 비교

1) 히브리어는 "보라"가 2인칭 단수인 데 반해 70인경, 시리아 역, 그리고 탈굼 프쉬도 요나단은 "보라"가 2인칭 복수이다.
2) 히브리어는 2인칭 단수 "아도나이 너의 하나님"인 데 반해 70인경은 "주 너희의 하나님"으로 2인칭 복수이다. 이는 수의 변화와 관련이 있다. 히브리어 19-20절은 '너희'(2인칭 복수)에서 21절의 '너'(2인칭 단수)로 변하고 있다. 반면에 70인경은 21절에서도 계속 '너희'(2인칭 복수)를 사용하고 있다.
3) 히브리어 "올라가라"(עלה)는 명령형인 데 반해 70인경은 '아나반테스'(ἀναβάντες) 과거 능동 분사형을 쓰고 있다.

19-20절에서 '너희' 2인칭 복수가 사용된 반면에 21절에서 '너' 2인칭 단수가 사용되었다. 이것은 수의 변화Numeruswechsel라고 불리며 신

명기 내에서 자주 나타나는 현상이다.

"보라"라는 단어가 문장 처음에 나와서 독자들의 주의를 끌고 있다. 개역 성경은 이 '보라'라는 명령을 생략한다. 이 구절은 1:8의 "보라 내가 너희 앞에 그 땅을 두었다"와 유사하다.

"두었다"는 '주었다'로도 번역이 가능하다. 하나님은 자신의 약속을 성취하시기 위해 그 약속의 땅을 이스라엘 앞에 주셨다. 이제 이스라엘이 행동해야 할 차례이다. 이스라엘은 가나안 땅을 얻기 위해 정복 전쟁을 해야 한다. 하나님의 약속은 그냥 이루어지는 것이 아니다.

8절과 21절에서 그 약속의 땅을 '점령하라'는 명령이 주어졌다. 두 개의 명령형은 접속사 '그리고'가 없이 "올라가라 점령하라"로 나타난다. 이것은 이스라엘이 처한 상황을 말해준다. 이스라엘은 이제 그들의 하나님이 약속하셨던 가나안 땅을 점령해야 할 때이다.

"아도나이 너의 조상들의 하나님이 너에게 말씀하셨던 대로"는 '아도나이 너의 조상들의 하나님이 너에게 약속하셨던 대로'라는 의미로 하나님의 약속이 성취되는 것을 말한다(8절과 10-11절 참고). '조상들'에게 하신 약속이 이제 성취되려고 한다. 이스라엘의 구속사에서 하나님의 약속은 역사를 진행시키는 동인이었다. 하나님의 말씀이 역사 속에서 실현되는 것이다. 이스라엘의 역사는 하나님의 약속이 선포되는 무대이며 동시에 하나님의 말씀이 성취되는 장이다.

가나안 정복 전쟁을 눈앞에 둔 이스라엘 백성들에게 두 개의 명령형 "두려워 말라 그리고 당황하지 말라"로 백성들을 안정시키고 있다. "두려워 말라"는 실제적인 전투 앞에서 불안, 근심, 걱정, 공포를 갖지 말라는 것이며, "당황하지 말라" 역시 전투 앞에서 낙심, 경악, 당황하지 말라는 것이다. 고대 전쟁에서 군사들의 심리적인 안정은 군사력에 중요한 영향력을 행사한다. 그래서 모세는 이스라엘을 안정시키고 있는 것이다.

22-25절: 정탐꾼들의 활동과 귀환 보고. 이스라엘은 군사적인 목적으로 가데스 바네아에서 가나안 땅에 정탐꾼들을 먼저 보낸다. 그들은 그 땅을 성공적으로 조사하고 귀환하여 그 땅은 좋다는 긍정적인 보고를 한다.

22 그리고 너희 모두가 나에게 나아왔다 그리고 말하였다, 사람들을 우리 앞서 보내자, 그러면 그들이 우리를 위하여 그 땅을 정탐할 것이다.[1] 그리고 그들이 우리가 올라가야 할 길과 우리가 들어가야[2] 할 성들을 우리에게 보고하게 하자.

본문 비교

1) 사마리아 오경과 달굼 사마리아 오경(T^{sam})은 마소라의 동사 (חפר)를 **חפר**로 읽는다.
2) 마소라 사본과 쿰란 사본(4QDeut[h])은 אליהן이지만 사마리아 오경은 עליהן으로 전치사가 다르다.

가나안 땅 앞에서 이스라엘은 작전 회의를 연다. 실제적인 전투 앞에서 신중하게 행동한다. 매우 합리적인 것같이 보인다. 작전 회의의 결과는 군사적인 목적으로 스파이들을 앞서 보내자는 것이다. 그 스파이들이 가나안 땅을 정탐하고 귀환해서 어떤 길로 올라가서 어떤 성을 먼저 공격하면 좋을지를 결정할 수 있는 정보를 보고하도록 하자는 것이다. 아주 합리적이고 좋은 계획이었지만 선한 의도와는 달리 이스라엘의 반응은 하나님의 명령과 정반대였다.

첫 가나안 정복 실패에 관한 기사는 민수기 13-14장에 더 자세하게 나오고 있다. 민수기 13:1에서 가나안 땅을 정탐하게 하신 분은 아도나이로 나타나는데 반해, 신명기 1:22에서 가나안 땅을 정탐하도록 요청한 것은 이스라엘 백성들이다.

민수기와 신명기의 차이점을 설명하기 위해서는 신명기 자체의 구조 분석을 유의해야 한다. 신명기 1-3장의 구조는 옛 세대의 불순종과 신 세대의 순종을 대조한다. 옛 세대가 가데스 바네아에서 아모리 산지에 실패한 이유는 불순종 때문이며 신 세대가 요단 동편을 점령할 수 있었던 것은 하나님의 명령에 순종했기 때문이라는 것을 강조한다(3장 주석 참고). 이러한 사실을 고려해 본다면 모세는 가나안 땅 정복의 첫 실패 원인이 이스라엘 백성들의 전적인 불신앙에 있다는 것을 강조하고 있는 것이다(서론의 역사적 현재화 참고).

칼빈은 민수기와 신명기의 두 본문을 조화시키는 해석을 한다. 하나님께서 백성들의 요구를 허락하신 것은 백성들의 약한 의지와 불신앙을 고려했기 때문이라는 것이다. 즉 하나님은 이스라엘 백성의 겁이 많고 활발하지 못한 상태를 격려하기 위해서, 그들의 게으름을 떨쳐 버리고 가나안 땅으로 진격하는 데 열심을 내라고 스파이들을 파송했다는 것이다. 헹스텐버그Hengstenberg는 이러한 칼빈의 주장을 더 명확하게 표현한다. 스파이를 보내자는 백성들의 요청을 하나님이 받아들여 스파이 파송을 명령하셨다는 것이다(Calvin 주석 각주 참고).

정탐꾼들이 정탐을 한 것을 비교해 보면, 신명기는 그 땅의 길과 성들에, 즉 군사적인 목적에서 정탐을 하는 것인 데 반해, 민수기는 군사적인 목적과 함께 토질과 열매, 원주민들의 상태, 성과 산성의 규모들을 더 자세히 보고한다.

"보고하게 하자"는 문자적으로 '말을 가져오게 하자'이다.

23 그리고 그 말이 내 눈에[1] 좋게 보였다. 그래서 내가 너희로부터 각 지파에 한 사람씩 열두 사람을 취했다.

본문 비교

1) "내 눈에"는 문자적으로 '나의 눈들 안에'(בעיני)이다. 70인경은 이것을 "나의 앞에"(ἐνώπιόν μου)로 해석한다.

백성들의 제안에 모세 역시 동의한다. 그래서 모세는 군사적인 목적을 위해 스파이들을 한 지파에서 한 명씩 열두 명을 뽑았다. 펄리트는 모세가 백성들의 제안에 동의한 것은 중대한 실수라고 지적한다(Perlitt). 하지만 이 해석은 너무 결과에 의존한 것 같다. 본문은 모세의 실수나 판단 착오에 대한 어떠한 암시도 없다.

24 그리고 그들이 떠났고 그 산지로 올라갔다, 그리고 그들이 에스골 골짜기까지 나아갔고 그곳을[1] 정찰했다.

본문 비교

1) 쿰란 사본(1QDeut[a]), 시리아 역, 그리고 벌게이트는 "땅을"로 읽는다.

21절의 "올라가라 점령하라"는 말씀에 정탐꾼들이 앞서 올라간다. 신명기는 정탐꾼들의 정찰한 지역을 "에스골 골짜기까지"로 간단하게 보고하지만, 민수기 13:21-24에 따르면, 신 광야, 하맛 어귀 르홉, 헤브론, 에스골로 더 넓은 지역을 정찰했다. 이들의 정찰 활동은 성공적이었다.

"에스골"은 '송이'를 의미하며, '에스골 골짜기'는 이스라엘 정탐꾼들이 거기서 포도 한 송이를 베어 왔기 때문에 생겨난 이름이다(민 13:24). 이는 헤브론 지역에 있다(참고. 창 14:13).

25 그리고 그들이 그들의 손들 안에 그 땅의 열매를 취했고 우리에게 가져왔다, 그리고 그들이 우리에게 말을 (가지고) 돌아왔다[1]. 그리고 그들이 아도나이 우리의 하나님이 우리에게 주시는 그 땅은 좋다고 말했다.

본문 비교

1) 70인경은 "그리고 그들이 우리에게 말을 (가지고) 돌아왔다"를 생략하고 있다.

민수기는 정탐꾼들이 포도송이를 둘이서 메고, 석류와 무화과 열매도 함께 가지고 왔다고 보고한다(13:24). 신명기는 간략하게 그 땅의 열매들을 가져왔다고 말한다.

"우리에게 말을 (가지고) 돌아왔다"에서 '가지고'는 원문에 없는 표현이다. 이해를 돕기 위해 넣어서 번역하는 것이 나을 것 같다. 스파이들은 성공적으로 임무를 완수하고 귀환한다. "말을 가지고 돌아왔다"는 '회보하다' 또는 '보고하다'는 의미이다. 그 땅에 대한 정보를 가리키는 것이다.

그들은 하나님이 우리에게 선물로 주시는 땅이 좋다고 긍정적으로 보고한다. "아도나이 우리의 하나님이 우리에게 주시는 땅"이란 표현은 신명기에 자주 등장하는 독특한 표현이다. 이스라엘의 땅에 대한 그들의 신앙 고백을 표현해 주는 말이다. "아도나이 우리의 하나님이 우리에게 주시는"은 형용사 절로 관계 대명사 '아세르'(אשר)에 의해 인도되어 "그 땅"을 수식하고 있다. 이 땅은 이스라엘의 조상들에게 하나님이 주시기로 약속한 땅이며, 이 약속을 의지하여 이스라엘은 이집트에서 탈출하여 황량한 광야를 지나 가나안 땅을 향하여 행진해 왔다. 지금 이스라엘은 그들의 목적지에 도착했다. 12정탐꾼들은 그 땅을 살펴보고 와서 그 땅은 좋다는 보고를 하고 있다. 하지만 민수기의 보고는 더 자세하다. 정탐꾼들 가운데서 그 땅을 나쁘게 말하는 자들도 있었다(13:32).

탈굼 프쉬도 요나단은 갈렙과 여호수아가 그 땅은 좋다고 말했다고 한다. 그리고 백성들이 그 땅에 올라가지 않은 이유는 백성들이 악한 10명의 정탐꾼들의 말을 믿었기 때문이라고 구체적으로 설명한다.

26-28절: 정탐꾼들의 보고에 대한 백성들의 태도. 정탐꾼들은 하나님이 주시는 그 땅은 좋다고 긍정적인 보고를 한다(25절). 하지만 백성들은 가나안 땅으로 올라가려 하지 않는다. 왜냐하면 그 땅의 주민들이 자기들보다 더 크고 그들의 성들도 튼튼하게 지어져 있기 때문이었다.

26 그러나 너희는 올라가려 하지 않았다, 오히려 아도나이 너희 하나님[1]의 명령[2]을 거역하였다.

본문 비교

1) 시리아 역, 일부 70인경 사본들(A F M O), 그리고 벌게이트에는 "우리의 하나님"이다.

2) 70인경은 "말씀"(심마쿠스는 "입")으로 번역한다.

스파이들을 보낸 목적은 어느 길로 아모리 산지에 올라갈 것인가를 결정하기 위해서였다. 그런데 백성들은 그 땅이 좋다는 긍정적인 보고를 듣고도 이상하게 하나님의 명령을 거역한다. 스파이들을 보낸 목적과 정반대의 행동을 보이고 있다. 하나님이 좋은 땅을 주셨으니 하나님의 명령을 따라 올라가서 점령해야 하는데, 좋은 땅을 주신 하나님께 감사하기는커녕 그 땅에 올라갈 의지를 보이지 않았다.

신명기는 왜 백성들이 하나님의 명령에 거역했는지를 먼저 설명하지 않고 후에 28절에서 설명한다. 민수기는 먼저 13:27에서 '그 땅은 좋다 하지만 그 땅의 백성들은 강하고 성들은 잘 요새화되었다'고 보고한다. 이 보고를 들은 백성들은 불평과 원망을 모세와 아론에게 쏟아낸다.

"명령"은 문자적으로 '입'을 뜻한다. 즉 하나님의 입에서 나온 명령을 의미한다. 70인경은 이것을 "말씀"으로 번역했다.

"거역했다"는 '불순종했다' 또는 '반역했다'를 의미한다. 70인경은 "너희는 믿지 않았다." 혹은 "너희는 불순종 했다. 주의 말씀에"로 번역한다.

27 그리고 너희는 너희의 장막들 안에서 불평하였다, 그리고 너희가 말하였다, 아도나이께서 우리를 미워하셨기 때문에 그가 우리를 이집트 땅에서 이끌어내셨다, 우리를 아모리 인의 손[1] 안에 주기 위해서, 우리를 멸망시키기 위해서.

본문 비교

1) 70인경은 "손들"(χεῖρας)로 복수이다.

"너희의 장막들 안에서"는 '너희 가운데서'라는 의미로 이스라엘 백성들 가운데서 불평이 일어나고 있는 것이다.

"불평하다"는 '중얼거리다', '투덜대다', '원망하다' 등의 의미를 갖는다. 그 땅이 좋다는 보고에도 불구하고 백성들은 하나님이 자신들을 미워하셔서 이스라엘을 출애굽시켰다고 주장한다. 두 개의 부정사 구들, "우리를 아모리 인의 손 안에 주기 위해서, 우리를 멸망시키기 위해서"는 불순종하는 이스라엘 무리들이 이해하는 출애굽의 목적을 설명한다. 아모리 인들의 손안에 주기 위해서, 그래서 아모리 인들이 이스라엘 백성을 죽이도록 출애굽 시켰다는 것이다. 이 말은 하나님의 구속사를 완전히 부인하는 말이다. 하나님은 자신이 하신 약속을 지키시기 위해 이스라엘을 이집트에서 열 재앙을 통해 구해 내셨다. 홍해 앞에서 진퇴양난에 빠진 이스라엘을 큰 기적을 통해 극적으로 살려 주셨다. 그리고 이스라엘 백성을 무사히 가나안 땅으로 인도하여 이제 그 약속의 땅을 이스라엘 앞에 주셨다. 그런데 이스라엘은 하나님께서 자기들을 가나안 땅까지 인도하신 이유가 하나님께서 그들을 미워하셨기 때문에 죽이기 위해서라고 말한다. 하나님의 신실하신 보호하심을 이스라엘은 완전히 왜곡하고 있다.

"아도나이께서 우리를 미워하셨기 때문에"(בְּשִׂנְאַת יהוה אֹתָנוּ)는 부정사 연계형의 문장으로 원인을 설명하는 절이다. 전치사 '베'(בְּ)는 '때문에'이며, '시느아트'(שִׂנְאַת)는 부정사 연계형으로 뒤에 나오는 '아도나이'(יהוה)를 주어로, '오타누'(אתנו)를 목적어로 취한다(참고. Ges-K § 115f, Waltke-O, 143, 605).

사람들은 흔히 하나님의 심판은 냉정하고 무섭다고 한다. 이스라엘이 그까짓 불평을 조금 했다고 너무 과도한 심판을 내렸다는 것이다. 하지만 이스라엘이 한 말을 깊이 생각해 보면 그들은 하나님의 구속 역사를 전부 부인하는 무서운 죄를 범한 것이다. 하나님은 그들을 구원하시기 위해 열 재앙을 이집트에 보내셨고 홍해 앞에서 큰 이적을 보여주셨다. 그런데 이러한 행위가 다 이스라엘을 '미워'했기 때문이라고 주장한다. 하나님의 신실하심과 성실하심을 왜곡한 것이다.

탈굼 프쉬도 요나단은 이스라엘 백성들이 장막 안에서 그들의 딸과 아들들을 품에 안고 "너희에게 화가 있다…너희들은 내일 죽임을 당할 것이다"라고 원망했다고 말한다.

28 우리가 어디로 올라가야 하는가? 우리의 형제들이[1] 우리의 마음을 녹게 하였다[2], 말하기를, 백성은 우리보다 크고 높다[3], 성들도 크고 하늘까지 요새화 되었다, 더욱이 우리가 아낙 자손들을 거기서 보았다.

본문 비교

1) 사마리아 오경은 "그리고 우리의 형제들"로 접속사를 갖고 있다.
2) 탈굼 옹켈로스는 "녹게 하였다"를 "깨뜨렸다"로 해석한다. 라시와 이븐 에즈라는 "두려움 때문에 마음이 깨졌다"고 말한다.
3) 70인경은 "큰 민족 그리고 많은 그리고 강한"(ἔθνος μέγα καὶ πολὺ καὶ δυνατώτερον)으로 번역한다.

하나님은 이미 그 약속의 땅인 아모리 인의 산지로 "올라가라, 점령하라"고 명령하셨고(21절), 이스라엘 역시 그 땅에 정탐꾼을 보낸 것은 어느 길로 '올라갈 것'인지를 알기 위해서였다(22절). 그러나 백성들은 스파이들의 보고를 듣고 목표를 잃어버렸다. 스스로 "우리가 어디로 올라가야 하는가?"라고 반문하고 있다. 올라가라고 하는 곳으로 가지는 않고 다시 올라가야 할 곳을 찾고 있다. 이스라엘 백성들은 하나님의 명령보다 그들의 형제들의 말을 더 신뢰하였다. 그 형제들의 말이 백성들의 마음을 낙심하게 만들었다.

"녹았다"는 은유적인 표현으로서 '마음을 낙담시키다' 또는 '마음을 깨뜨려서 실망'시키는 것을 의미한다. 그 땅의 백성들은 이스라엘 백성보다 키가 크고 높았다. 이스라엘보다 강하고 큰 민족들이었다. 민수기에서는 이스라엘 정탐꾼들이 보기에 그들과 비교할 때 자신들이 '메뚜기' 같았다고 말한다(13:33). 또한 그들의 성들 역시 잘 요새화되어 있었다. 고대 가나안의 성들은 도시 국가의 중심지였으며, 그 성은 성벽으로 둘려 있었고, 적의 침입을 감시할 수 있는 높은 망루가 있었으며, 튼튼한 성문으로 되어 있었다(de Vaux, 229-236).

"아낙 자손"은 거인 족을 의미한다. 70인경 역시 아낙 자손을 거인 족 '기간톤'(γιγάντων)으로 해석한다. 하나님께서 이스라엘에게 주시는 땅은 좋았다. 하지만 문제는 그 땅에 거하는 주민들과 그들의 요새였다. 이스라엘 백성들은 힘겹게 그 두렵고 무서운 광야를 통과해서 가나안 땅에 도착했다. 그들은 어쩌면 가나안 땅을 파라다이스로 생각했는지 모른다. 가나안 땅에만 가면 새로운 천국, 새로운 세계가 그들을 기다리고 있을 줄 알았는데, 정반대로 거인 족들과 전투를 해야 하는 상황이었다. 이런 실존적인 상황이 이스라엘을 힘들게 하며 두렵게 만들었다. 그래서 그들의 마음에 힘이 없어지고 하나님을 의지하기보다는 현재의 상황을 더 크게 생각하고 있는 것이다. 두려움이 하나님을 신뢰하는 마음을 삼켜버린 것이다. 새로운 어려움 앞에서 또 실망하며 낙심하는 이스라엘, 연약한 인간의 모습을 단적으로 보여주는 것 같다.

29–33절: 낙심한 이스라엘에게 모세가 권면한다. '앞서' 가시는 하나

님을 바라보라는 것이다. 그 하나님께서 과거에 출애굽할 때에 도와주셨던 것같이 가나안 정복 전쟁에서도 도와주실 것이라는 것이다.

29 그리고 내가 너희들에게 말하였다, 무서워 말라 그리고 그들을 두려워 말라.

모세가 이스라엘 백성들의 마음을 안정시키기 위해서 권면하고 있다. "무서워 말라 그리고 그들을 두려워 말라." 이는 21절의 "두려워 말라 그리고 당황하지 말라"와 유사하다. 민수기에서는 갈렙이 백성들을 안정시키기 위한 연설을 했었고(민 13:30) 모세는 중보 기도를 했었다(민 14:13-19). 하지만 여기서는 모세가 백성들을 진정시키려고 노력한다. 모세는 이스라엘 백성들의 마음에 있는 거인 족에 대한 두려움과 무서움을 쫓아 버리려고 한다. 하지만 이미 두려움이 백성들의 마음을 잠식했다.

30 아도나이 너희 하나님이 너희 앞서 가시며 그가 너희를 위하여 싸우실 것이다[1], 그가 이집트에서[2] 너희의 목전에서[3] 너희와 함께 행하셨던 모든 것과 같이.

본문 비교

1) 70인경은 "그가 너희와 함께 그들을 대항하여 싸우실 것이다"로 읽는다.
2) 70인경은 "이집트의 땅에서"로 읽는다.
3) 70인경은 "너희의 목전에서"를 생략하고 있다. 벌게이트는 "모두의 시각에서"*cunctis videntibus* 즉, '모두의 눈들 앞에서'로 번역했다.

이스라엘이 가나안 땅 앞에서 군사 전략 회의를 한 결과, 정탐꾼들을 앞에 보낸다. 정탐꾼들이 가져온 정보를 너무 신뢰한 나머지 거인 족속이 살고 있다는 말에 가나안 정복 전쟁에서 패할 것이라는 부정적인 생각에 사로잡힌다. 이러한 상황에서 모세는 하나님이 이스라엘을 위해 가나안 정복 전쟁에 참여하실 것이라고 설교한다.

"앞서"라는 단어와 "목전에서" 즉, '눈앞에서'라는 단어가 서로 대칭을 이루고 있다. 즉 과거 출애굽할 때, 이스라엘의 눈 앞에서 이스라엘을 대신하여 이집트 군대와 싸우신 아도나이께서 이제 이스라엘 앞서 가시며 가나안 정복 전쟁을 하실 것이다. 특히 홍해 앞에서 모세는 이스라엘에게 아도나이께서 이스라엘을 위해 싸우실 것이라고 말했다(출 14:14). 홍해의 기적에서 이집트 군사들도 아도나이께서 이스라엘을 위해 싸우는 것을 깨달았다(출 14:25). 가나안 정복 전쟁은 출애굽 전쟁과 마찬가지로 아도나이의 전쟁이다. 아도나이는 이스라엘을 '위해' 대신 싸우시는 것이다. 학자들은 이것이 '거룩한 전쟁'을 설명하는 구절이라고 한다(N. Lohfink, "Darstellungskunst und Theologie in Dtn 1,6-3,29," *Bib* 41 (1960), 112, G. von Rad, *Der Heilige Krieg im alten Israel, Gottingen*, 1958, 9, de Vaux, 264).

모세의 설교는 과거를 기억하라는 것이다. 과거에 도와주신 하나님이 미래에도 도와주실 것이다. 모세가 과거를 회상시키는 이유는 하나님이 과거에 이스라엘 백성들을 어떻게 돌보셨는가를 상기시키기 위해서이다. 과거를 기억하는 것은 하나님이 그들을 미워하셔서 아모리 인들의 손 안에 주어 멸망시키기 위해서라는 이스라엘의 주장을 교정하기 위해서이다.

> 31 그리고 광야에서 너는 아도나이 너의 하나님이 너를 데려왔던[1] 것을 보았다[2], 사람이 그의 아들을 데려오는 것같이, 너희가 걸었던 모든 그 길에서 너희가 이 장소로 오기까지.

본문 비교

1) 마소라 사본들 사이에 칼미완료형(ישׂא)의 두번째 자음 '씬'(שׂ)에

중복점을 갖고 있지 않은 사본이 있다(M^{L}). 이것은 오류이다. 다른 사본들은 갖고 있다(M^{L17}, M^{S5}). BHS는 중복점을 갖고 있다(יִשָּׂא). 그러나 BHQ는 갖고 있지 않다(יִשָׂא). 70인경은 히브리어 '데려오다'(נשׂא)를 "그가 돌봤다," "그가 양육했다"(ἐτροφοφόρησέν)로 읽는다(아퀼라 ἦρέν, 심마쿠스 ἐβάστασέν).

2) 70인경은 "너는 보았다" 2인칭 단수를 "너희는 보았다" 2인칭 복수로 읽는다.

2인칭 단수 '너'에서 복수 '너희'로 전환되는 문장이다. 개역 성경은 2인칭 단수 '너'를 복수 "너희"로 그리고 '보았다'를 "당하였거니와"로 번역하고 있다.

"데려왔던 것"은 문자적으로 '들어 올리다', '안아 올리다', '나르다' 등의 뜻을 갖고 있다. 개역 성경은 "안다"로 번역했다. 이 구절은 '광야에서 너는 아도나이 너의 하나님이 어떻게 너를 데려왔는가를 보았다'라는 의미이다. '데려오다'는 '인도하다'라는 뜻을 내포하며 광야에서 이스라엘이 체험했던 하나님의 인도를 말하고 있다.

모세는 "너는 광야에서 보았다", "너희가 걸었던"이라는 표현들로 이스라엘의 직접적인 체험과 과거의 경험을 상기시키고 있다.

이스라엘 백성들은 아도나이께서 그들을 '미워'하신다고 말했다(27절). 그러나 모세는 아도나이께서 이스라엘을, 사람이 자기 아들을 데리고 오는 것같이 데리고 오셨다고 주장한다. 모세는 여기서 아도나이와 이스라엘의 관계를 부자 관계로 설명한다. 아도나이는 이스라엘을 '아들'과 같이 여기셨다. 아들이라는 표현에서 우리는 아도나이의 사랑을 발견할 수 있다. 이스라엘의 주장인 '미움'은 모세의 변론 '아들 = 사랑'과 서로 상반되고 있다.

모세는 이스라엘이 가데스 바네아까지 온 것이 하나님의 인도와 보호였다고 지적한다.

32 그러나 이 말에도 불구하고 너희는 아도나이 너희 하나님을[1] 믿지 않았다.

본문 비교

1) 일부 70인경 사본들은 1인칭 복수 "우리의 하나님"으로 읽는다 (BV 963).

이스라엘이 첫 가나안 정복에 실패한 이유는 '믿음이 없었기' 때문이다. 이스라엘은 새로운 어려움 앞에서 과거 출애굽 때에 도와주시고, 광야에서 돌보아 주신 하나님을 기억하지 않았다. 이스라엘의 첫 가나안 정복에서 이스라엘은 전쟁에 실패한 것이 아니라 먼저 아도나이를 믿는 믿음에서 실패한 것이다. '마아미님'(מאמינם) '믿다'는 '아만'(אמן) '확실히 하다', '확인하다', '(결의 따위를) 굳게 하다'의 히필 분사형으로 '신뢰하다'로도 번역이 가능하다.

33 너희 앞서 길을 가시는 자, 너희에게 너희의 천막을 칠[1] 장소를 찾기 위하여[2],
밤에는 불로, 너희가 가야 할 길을 너희에게 보여주기 위하여[3], 그리고 낮에는
구름으로.

본문 비교

1) 70인경은 "너희를 인도하여"(ὁδηγῶν ὑμᾶς)로 읽는다.
2) 70인경은 "고르기 위하여" 또는 "선택하기 위하여"로 읽는다. 탈굼 성서들(옹켈로스, 네오피티, 프쉬도 요나단)은 "준비하기 위하여"로 설명하고 있다.
3) 마소라는 לראתכם로 읽는데 반하여 사마리아 오경은 להראתכם으로, 쿰란 사본(4QDeut[h])은 접미사없이 להראות로 읽는다. 히필형을 잘 보여준다.

이스라엘이 믿지 않았던 하나님은 누구인가? 아도나이는 이스라엘을 위해 광야에서 어떠한 일을 행하셨는가? 광야에서 하나님은 이스라엘 '앞서' 길을 가셨다. 30절과 33절에서 '앞서' 가시는 하나님이 강조되었다. 그는 이스라엘이 야영할 곳을 찾기 위하여, 이스라엘에게 가야 할 길을 보여주기 위하여, 밤에는 불로, 낮에는 구름으로 광야에서 '앞서' 가신다. 광야에서 하나님이 친히 이스라엘의 안내자가 되어 그들을 안전한 곳으로 인도하신 것이다.

"불"과 "구름"은 하나님의 임재와 현현의 상징이었다. 하나님은 불타는 가시나무에서 모세에게 나타나셨고(출 3장), 시내 산 위에서 불과 빽빽한 구름 가운데서 강림하셨으며(출 19:16-18), 불 가운데서 하나님은 이스라엘 백성에게 말씀하셨다(신 4:10-12, 15). 성막이 완성되었을 때에도 아도나이께서는 '구름' 가운데 성막에 임재하셨고, 성막 위에 낮에는 '구름'이, 밤에는 '불'이 있었다(출 40:34-38). 솔로몬의 성전이 완성되었을 때, 아도나이의 영광이 '구름'으로 성전에 가득 찼었다(왕상 8:10-11). 솔로몬이 기도를 마쳤을 때, 불이 내려와서 번제물을 살랐다(대하 7:1-2).

34-40절: 이스라엘의 원망과 불평에 대한 아도나이의 심판이 선언되었다. 아도나이는 누가 가나안 땅에 들어갈 수 있는지 그리고 누가 가나안 땅에 들어갈 수 없는지를 말씀하신다. 여기서 옛 세대와 신세대 그리고 옛지도자인 모세와 새로운 지도자인 여호수아의 운명이 갈리고 있다.

34 그리고 아도나이께서 너희 말들의 소리를 들으셨다, 그리고 그는 노하셨고 맹세하셨다, 말하기를.

아도나이께서 이스라엘 백성의 불평과 원망을 들었다. 그들의 원망과 불평은 하나님의 구속사적인 계획들을 전부 부인하는 것이었다. 이들의 반역에 대해 하나님은 진노하신다. 그리고 그들에 대하여 누가 그 땅에 들어갈 것인지 누가 그 땅에 못 들어갈 것인지를 맹세하신다. 이것은 8절의 하나님의 맹세와 대조를 이루고 있으며, 35절의 조상들에게 했던 맹세와도 대조된다.

35 이 악한 세대[1]의 이 사람들 중에서 한 사람도 볼 수 없을 것이다. 내가 너희 조상들[2]에게 주기로[3] 맹세했던 그 좋은 땅을.

본문 비교

1) 70인경은 "이 악한 세대"를 생략하고 있다.
2) 70인경의 일부 사본들(963, O, Rahlfs 편집 참고), 시리아 역, 탈굼 옹켈로스는 "그들의 조상들"로 읽고 있다.
3) 사마리아 오경, 70인경, 그리고 벌게이트는 "주기로"를 생략하고 있다. 히브리어 문장은 אם으로 시작한다. BHQ의 소마소라(Mp)는 신명기에서 이 단어로 시작하는 곳은 세번(ג)이리고 지적하는 데 반하여 BHS는 네번(ד)이라고 말한다(신 1:35. 28:58, 30:4, 32:41). BHQ는 신명기 28:58은 세지 않는다.

하나님은 불평하며 원망하는 이스라엘 사람들을 "악한 세대"로 규정하시며 심판하신다. 이 악한 세대 사람들 가운데서는 한 사람도 가나안 땅을 볼 수 없다. 즉 그 땅에 들어갈 수가 없다는 것이다. 무서운 심판이었다. 사실 이스라엘의 여행 목적지는 가나안 땅이었다. 하나님의 계획과 목적은 이스라엘을 가나안 땅으로 인도하여 그 땅에서 살게 하는 것이다. 그런데 이스라엘의 원망과 불평으로 그 계획이 변경되었다. 이스라엘은 이제 여행 목적지를 상실한 것이다.

36 여분네의 아들 갈렙은 제외하고, 그는 그것을 볼 것이다, 그리고 그에게 내가 그가 밟았던 그 땅을 줄 것이다, 그리고 그의 자녀들에게, 그가 아도나이를 온전히 따랐기 때문이다[1)].

본문 비교

1) 70인경의 번역은 매우 자유롭다: "그는 주님의 일에 주의했기 때문이다" 또는 "주님에 관한 일에 그의 고수 때문에"(διὰ τὸ προσκεῖσθαι αὐςτὸν τὰ πρὸς κύριον). 아퀼라의 번역은 히브리어를 따라 문자적인 번역을 한다. 마소라의 יען אשר를 사마리아 오경은 יען כי로 읽는다.

하나님의 심판에서 갈렙은 제외되었다. 35절에서 악한 세대의 사람들 중에서 한 사람도 그 땅을 '볼 수 없을 것'이 선언되었는데 반해 36절에서 갈렙은 그 땅을 '볼 것'으로 말해진다. 갈렙과 그의 자녀들은 가나안 땅에 들어가는 것이 허락되었다. 왜냐하면 그가 아도나이를 온전히 따랐기 때문이다. 민수기에 따르면 갈렙은 가나안 땅을 점령 하자는 주장에 강경파였다. 갈렙은 백성들을 안정시키기 위한 설교를 했으며(13:30), 여호수아와 더불어 그 가나안 정복 전쟁에서 이길 수 있다고 주장하였다(14:6-10). 갈렙의 행위는 민수기의 보도에서 단연 두드러진다.

"그가 아도나이를 온전히 따랐기 때문이다"는 문자적으로 '그가 아도나이를 따라 채워졌기 때문이다'(יען אשר מלא אחרי יהוה)이다. 여기서 '밀레'(מלא)는 '마레'(מלא) '가득하게 하다', '채우다'의 피엘 완료이다. '그가 아도나이를 따라 채워졌다'는 그의 마음이 아도나이로 가득 찼다 또는 충족해졌다를 의미한다. 그래서 '그가 아도나이를 따라서 온전해졌기 때문이다' 또는 '그가 아도나이를 전심으로 따랐기 때문이다'로도 번역될 수 있다(Luther는 "because he has wholly followed the

Lord" 그리고 Fox는 "in consequence that he fully-followed after YHWH"로 번역한다). 이것은 "그가 아도나이께 전적으로 충성했다"(Weinfeld) 또는 "그가 아도나이께 충성했다"(NJPS)라는 뜻이다.

> 37 나에게도 아도나이께서 너희 때문에 진노하셨다, 말하기를, 너 역시 그곳에 들어가지 못 할 것이다.

히브리어 문장은 גם으로 시작한다. 소마소라(Mp)에 따르면 토라에서 이렇게 문장이 시작하는 곳은 네번(ד) 나온다(창 7:3; 출 12:32; 신 1:37, 28:61).

이스라엘의 불순종으로 인해 모세에게도 심판이 내려졌다. 이 판단은 이해하기 어렵다. 모세가 가나안 땅에 들어갈 수 없는 이유는 이스라엘의 불신앙에서 기인한다. 모세는 자신이 가나안 땅에 들어갈 수 없는 이유를 "너희 때문에"라고 분명히 밝히고 있다.

모세가 가나안 땅에 들어가지 못한 다른 이유는 민수기 20:10-13에 설명되어 있다(신 32:50-52). 모세와 아론이 므리바 물가에서 이스라엘 백성들과 다툰 일 때문에 모세는 가나안 땅에 들어갈 수 없었다. 그래서 혹자는 므리바 사건을 근거로 이 구절을 설명하려 한다(Driver). 하지만 이 해석은 연대기적인 문제가 있다. 가나안 땅을 정탐한 사건은 출애굽한 후 2년째 되던 해였다(신 2:14). 그리고 므리바 물가의 사건은 이 사건 후에 약 37년 후의 일이다(민 20장). 므리바 사건에서는 모세의 허물이 분명하게 드러나지만, 신명기 1:37은 "너희 때문에"라고 그 허물을 백성들에게 돌리고 있다(신 3:26, 4:21).

이 사건에 대해 학자들도 해석의 어려움을 말하면서 나름대로 의견을 제시한다. 첫째는 대속 이론으로 모세는 죄를 짓지 않았지만 백성의 죄를 대속하기 위해서 가나안 땅에 들어가지 못했다는 것이다(Ehrlich). 두 번째는 지도자의 책임 이론이다. 모세는 지도자로서 이스라엘의 허물을 위한 책임이 있다는 주장이다[Carigie, Labuschagne, 이원우, "모세의 죄에 대한 재이해", 「구약신학저널 2」(2000), 172-173]. 그래서 모세는 백성들과 연대 책임을 져야 한다는 것이다(König). 세 번째는 위의 두 해석과 유사한 견해로 백성들의 죄 때문에 모세까지 그 벌을 받게 되었다는 해석이다(Calvin). 네 번째는 모세에게 허물이 있었다는 견해이다. 모세가 백성들의 제안에 동의한 것이 모세의 허물이라는 것이다(Perlitt, Tigay). 마지막으로 모세는 백성들에게 연대기나 역사를 가르치려고 의도한 것이 아니라 주님의 심판의 거룩성을 가르치려고 의도했다고 말한다(Keil).

첫 가나안 정복 사건에서 '올라가다'라는 동사가 아주 중요하다. 하나님은 분명히 "올라가라 점령하라"(21절)고 하셨다. 여기에 대해 이스라엘은 12정탐꾼을 먼저 보내서 이스라엘 백성이 어느 길로 올라가야 좋을지를 알아보자고 제안했고 모세 또한 이에 동의했다(22절). 12정탐꾼의 보고를 들은 이스라엘은 그 땅에 올라가지 않았고(26절) 어디로 올라가야 할 것인가를 고민하며 방황했다(28절). 이 이야기 속에서 모세가 허물이 있다면 백성들의 제안에 동의한 것뿐이다. 그렇지만 백성들이 원망하며 불평할 때, 모세는 그들에게 용기를 북돋아 주는 설교를 했다. 이 점을 생각해 볼 때 모세가 백성들의 의견에 동의했다는 것은 허물이 되지 않는다.

다른 한편으로 생각할 점은 모세는 지금 가나안 땅을 점령하려고 하는 출애굽 후 세대들, 즉 신세대들에게 과거를 회상하며 설교하는 것이다. 12정탐꾼 사건으로 누가 가나안 땅에 들어갈 것인지 누가 못 들어갈 것인지에 대한 하나님의 심판을 말하고 있다. 출애굽을 경험한 세대들은 "악한 세대"로 규정되며 가나안 땅에 못 들어간다. 하지만 신세대인 그 당시의 어린아이들은 가나안 땅에 들어간다. 그리고 구세대의 지도자인 모세는 못 들어가고 신세대의 지도자인 여호수아는 들어간다. 갈렙은 유일하게 옛 세대 가운데서 새로운 세대와 함께 가나안 땅에 들어간다. 이러한 하나님의 판단을 고려할 때, 모세는 죄가 없었지만 옛 세대의 지도자로서 옛 세대의 범죄로 인하여 그들의 심판에 함께한 것이다.

38 너 앞에 서 있는 눈의 아들 여호수아[1], 그가 그곳으로 들어갈 것이다. 그를 강하게 하라[2]. 왜냐하면 그가 그것을 이스라엘에게 상속하게 할 것이기 때문이다.

본문 비교

1) 70인경은 히브리어 '여호수아'(יהושע)을 '예수스'('Ιησοῦς 로 읽는다. 아퀼라는 '예수아'('Ιησουά)로 번역한다.
2) 마소라는 חזק 피엘명령형인데 반하여 사마리아 오경은 החזיק 히필명령형이다. 일부 사마리아 오경 사본들은 אחזיק로 읽는다.

모세는 가나안 땅에 들어가지 못하고 여호수아는 들어간다. 이제 모세 대신에 세움 받은 새로운 지도자는 여호수아이다. 이스라엘의 지도권이 이양된다. 하나님이 여호수아를 가나안 땅에 이스라엘을 인도할 지도자로 지목하신다. 여호수아는 이스라엘에게 가나안 땅을 상속시켜 줄 인물이었다.

"그를 강하게 하라" 또는 "그를 담대하게 하라"는 명령이 모세에게 주어졌다. 모세는 이제 이스라엘의 지도권을 여호수아에게 이양하기 위한 준비를 해야 한다.

"상속하게 할 것이기"는 재산이나 권리를 이어받게 하는 것으로 여호수아가 이스라엘로 하여금 가나안 땅을 물려받을 수 있게 한다는 것이다. 70인경은 여호수아가 이스라엘로 그 땅의 "소유주를 만들 것이다"로 해석하고 있다.

39 그리고 너희가 먹이가 될 것이라고 말했던 너희의 작은 자들[1]과 오늘날 선과

악을 알지 못하는[2] 너희의 아이들[3], 그들은 거기로 들어 갈 것이다, 그리고 내가 그들에게 그것을 줄 것이며, 그들이 그것을 점령할 것이다.

본문 비교

1) 70인경은 "그리고 너희가 먹이가 될 것이라고 말했던 너희의 작은 자들"을 생략한다. 하지만 아퀼라는 마소라와 같다(καὶ τὰ παιδία ὑμῶν ἃ εἴπατε ἐν διαρπαγῆ ἔσεσθαι).
2) 사마리아 오경은 "오늘날 선과 악을 알지 못하는"을 생략한다.
3) 70인경은 "모든 어린 아이들"로 번역한다.

35절에서 "악한 세대"로 규정된 출애굽 세대들은 가나안 땅에 들어가지 못하고, 오히려 이스라엘 백성들이 포로로 사로잡힐 것이라고 말했던 어린 아이들은 가나안 땅에 들어간다. 출애굽 후 세대들, 새로운 세대들에게 가나안 땅에 들어가는 것이 허용되었다.

"선과 악을 알지 못하는 너희의 아이들"은 선과 악에 대한 도덕적인 판단을 내릴 수 없는 아이들을 의미한다. 옳고 그름에 대한 지적인 판단 능력이 온전히 성숙하지 못한 상태를 말한다. 민수기 14:29에는 20세 이상 계수함을 받은 사람들 가운데 하나님을 원망한 사람들은 가나안 땅에 들어가지 못할 것이 선언되었다. 따라서 여기서 아이들은 20세 이하를 의미하는것 같다.

"내가 그들에게 그것을 줄 것이며, 그들이 그것을 점령할 것이다"에서 가나안 땅에 대한 하나님의 주도권이 여실히 드러난다. 하나님이 이스라엘에게 땅을 선물로 주시는 것이며, 그 허락을 받은 이스라엘의 신세대들이 그 땅을 점령할 수 있게 된다. 하나님은 거인 족속과 그 성의 견고함에 대해선 한마디의 말씀도 안 하신다. 하나님이 그 땅을 주시면 이스라엘은 그 땅을 점령하게 되는 것이다.

40 그러나 너희는 돌이켜라 그리고 홍해 길 광야로 여행하라.

본문 비교

1) 70인경은 히브리어 명령형들 "너희는 돌이켜라 그리고 광야로 여행하라"를 접속사 "그리고"가 없는 과거 수동 분사와 과거 직설법으로 읽는다(καὶ ὑμεῖς ἐπιστραφέντες ἐστρατοπεδεύσατε εἰς τὴν ἔρημον). 아퀼라는 καὶ ὑμεῖς νεύσατε αὐτοις καὶ ἀπάρατε τὴν ἔρημον로, 그리고 심마쿠스는 ἀναστρέψαντες ἀπάρατε εἰς τὴν ἔρημον로 각각 번역한다.

이스라엘에 대한 하나님의 심판으로 광야로 여행하라는 명령이 주어진다. "돌이켜라"(פנו לכם)는 문자적으로 '너희는 너희 자신을 돌이켜라'이다. 전치사와 함께 한 인칭 대명사 '라켐'(לכם)은 *dativus ethicus*(ethical dative)이다. 여기에 대해서는 7절을 참고.

가나안 땅에 들어갈 수 있는 사람들과 들어갈 수 없는 사람들이 소개되었다. 하지만 가나안 땅에 들어가는 것도 이제 약 38년 후의 일이다. 이스라엘은 그들의 불신앙 때문에 광야로 다시 들어가야 했다.

"홍해 길"은 아카바 만에서 아라바 지역을 타고 사해 바다까지 올라가는 길이다. 가데스 바네아에서 홍해 길을 타려면 아모리 산지 길을 타고 아카바 만 쪽으로 내려가다가 홍해 길을 만날 수 있다[자세한 지도는 Aharoni, 180, 186 참고, 아하로니는 '홍해 길'을 '갈대 바다 길' Way to the Reed Sea로 표기한다].

최근 많은 학자들이 '홍해'(ים סוף)를 '갈대 바다'로 번역한다. 히브리어 '얌 숩'(ים סוף)은 무엇을 의미하는가? 그리고 이 '얌 숩'이 어디 있는가? 먼저 명사 '숩'(סוף)은 '갈대'를 의미한다(BDB, 693, Ges-B, 539, HAL III, 705). 여기에 대한 예로, 모세의 어머니가 어린 모세를 상자에 담아 나일 강의 '갈대' 사이에 두었고 바로의 딸이 '갈대' 사이에 있는 어린 모세를 데려다가 키웠다(출 2:3,5). 여기서 쓰인 단어가 '숩'(סוּף) '갈대'이다(참고. 사 19:6, 욘 2:6). 하지만 동사 '숩'(סוּף)은 '끝에 이르다'이며, 여기서 나온 다른 명사 '솝'(סוֹף)은 '끝'을 의미한다.

그렇다면 '얌 숩'(יַם סוּף)은 '홍해'인가 '갈대 바다'인가? 70인경은 이것을 '헤 에루드레 달라싸'(ἡ ἐρυθρὴ θάλασσα) '홍해' 즉, '붉은 바다'로 번역한다. 그리고 벌게이트도 역시 '홍해'*Mare Rubrum*로 번역한다. 하지만 '숩'을 '갈대'로 번역한다면, 이는 '갈대 바다'가 된다. 바토의 설명에 따르면, 11세기의 유대인 주석가 라시Rashi는 '얌 숩'은 갈대가 자라는 습지 또는 늪과 관련이 있다고 말했고, 12세기의 유대인 주석가 이븐 에즈라Ibn Ezra도 갈대가 자라는 곳으로 설명한다. 무엇보다도 종교 개혁자인 마틴 루터는 '얌 숩'을 '갈대 바다'Schilfmeer로 번역했다[Luther, B. F. Batto, "Red Sea or Reed Sea?" *BAR* 10 (1984), 58]. 또한 최근에는 이집트어 *cwf*와 히브리어 '숩'과의 관련에 한 가설이 등장했다. 이집트어 *cwf*는 '습지 식물'인 '파피루스'를 의미하고, 히브리어 '숩' 역시 '늪의 갈대,' '해초'를 의미하며, 히브리어 '숩'은 이집트어 *cwf*에서 빌려온 단어라는 것이다. 그리고 이집트어 *p3 cwf*는 '파피루스 늪'으로 해석한다[W. A. Ward, "The Semitic Bicon-sonantal Root SP and the Common Origin of egyptian CWF and Hebrew SUP: Marsh(-Plant)," *VT* 24 (1974), 339-349]. 그래서 많은 학자들이 이것을 '갈대 바다'로 번역한다.

하지만 최근에 드보는 이집트어 *p3 cwf*를 '파피루스의 땅'으로 번역한다[R. de Vaux, *The Early History of Israel* (Philadelphia, 1978), 377]. 그리고 바토는 갈대는 소금끼가 많은 물에서 자라지 않는다는 것을 지적하며, '갈대 바다'의 번역에 문제를 제기한다. 바토는 히브리어 '숩'은 이집트어 *cwf*와 관련이 없으며, 오히려 히브리어 어근 '숩', '끝에 이르다'to come to an end와 관련시킨다. 히브리어 '숩'과 '솝', '끝'은 같은 의미를 지닌다. 따라서 이 '얌 숩'은 '땅 끝에 있는 바다'를 의미한다[B. F. Batto, "Red Sea or Reed Sea?" *BAR* 10 (1984), 57-63, N. H. Snaith, "סוּף

ים: The Sea of Reeds: The Red Sea," *VT* 15 (1965), 395-398].

그렇다면 땅 끝에 있는 바다는 어디인가? 출애굽기에서 이스라엘이 출애굽을 할 때의 '얌 숩'은 수에즈 만을 의미한다(출 10:19, 13:18, 15:4,22). 하지만 수에즈 만을 의미하지 않는 구절들도 있다. 열왕기상 9:26에서 솔로몬은 에시온 게벨에서 배를 만들었다. 여기의 '홍해'는 수에즈 만의 반대인 아카바 만을 의미한다. 이와 같이 아카바 만을 의미하는 곳은 신명기 1:40, 2:1와 예레미야 49:21(삿 11:16?)이다[C. Houtman, *Exodus* I, COT (Kampen, 1986), 116].

41–46절: 이스라엘의 가나안 첫 정복의 실패한 전쟁을 기록하고 있다. 하나님의 심판을 받은 이스라엘은 이제 마음을 돌이켜 가나안 땅을 점령하기 위해 올라가려 한다. 하지만 하나님은 이미 그들의 전쟁에 개입하지 않으시겠다고 선언하신다. 이 전투는 불순종한 이스라엘의 전쟁으로 이스라엘이 비참하게 패배한다.

41 그리고 너희는 대답했고 나에게 말하였다, 우리가 아도나이[1]께 범죄했습니다, 우리가 올라가겠습니다 그리고 싸우겠습니다, 아도나이 우리의 하나님이 우리에게 명령하신 모든 것을 따라, 그리고 너희가 각기 그의 전쟁 무기들을 찼다, 그리고 너희는 산지로 올라가기를 준비했다.[2]

본문 비교

1) 사마리아 오경, 70인경, 벌게이트, 시리아역에는 "아도나이 우리의 하나님"이다.
2) 70인경은 "그리고 너희는 산지로 올라가기를 준비했다"를 "함께 모여서 너희는 산지로 올라갔다"로 읽는다.

광야로 여행하라는 아도나이의 명령과 반대로 이스라엘 백성들은 아모리 산지로 '올라갈' 것을 주장한다. 아모리 사람들이 강하고 크다는 보고에 마음이 녹아 내렸던 그들은 하나님의 심판이 내려지자 이제 반대로 가나안 정복 전쟁을 쉽게 생각하고 전쟁할 것을 준비한다. 탈굼 네오피티는 "준비했다"를 "서둘렀다"로 말한다.

42 그러나 아도나이께서 나에게 말씀하셨다, 그들에게 말하라 너희는 올라가지 말라 그리고 너희는 싸우지 말라, 왜냐하면 내가 너희 가운데 있지 않기 때문이다, 그리고 너희가 너희 적들 앞에서 패하지 않도록.

백성들의 주장 "우리가 올라가겠습니다 그리고 싸우겠습니다"에 하나님은 문자적으로 "너희는 올라가지 말라 그리고 너희는 싸우지 말라"라고 반대하신다. 싸우지 말아야 하는 이유로 하나님은 그 전쟁에 함께 하지 않으실 것을 선언하신다. 하나님이 개입하지 않기 때문에 그 전쟁이 패할 수 있다는 것을 경고한다. 민수기는 아도나이의 언약궤와 모세는 그 전쟁에 참여하지 않았다고 밝힌다(민 14:44). 이 전쟁은 아도나이의 전쟁이 아니라 이스라엘이 아도나이의 명령에 불순종한 전쟁이다.

43 그리고 내가 너희에게 말했다 그러나 너희는 듣지 않았다, 오히려 너희는 아도나이[1)]의 명령을 거역했고 너희는 건방지게 행동했다, 그리고 너희는 그 산지로 올라갔다[2)].

본문 비교

1) 사마리아 오경은 "너희의 하나님"을 덧붙인다.
2) 70인경은 "너희는 건방지게 행동했다"를 생략하며, "너희는 그 산지로 올라갔다"를 "너희는 재촉하며 그 산지 안으로 올라갔다"(παραβιασάμενοι ἀνέβητε εἰς τὸ ὄρος)로 읽는다.

"너희는 듣지 않았다"는 '너희가 순종하지 않았다'라는 의미이다.

"너희는 아도나이의 명령을 거역했고." "아도나이의 명령"은 문자적으로 '아도나이의 입'이다. 그리고 "너희는 거역했고"(ותמרו)는 '마라'(מרה) '다루기가 어렵다', '고집이 세다', '반항하다', '반역하다'의 히필 와우 계속형 미완료로 '너희가 반항(반역)했다'이다. 여기서 '반항했다'는 '고집이 센' 상태를 의미한다. 즉 자기의 고집과 주장이 너무 세서 하나님의 명령에 순종하지 않는 것이다.

이스라엘 백성은 다시 아도나이의 명령을 거역한다. 41절에서 백성들의 "우리가 범죄했습니다"라는 고백이 진실이었다면 하나님의 새로운 명령에 이스라엘은 순종했어야 했다. 모세가 "올라가지 말라, 싸우지 말라"라고 말했음에도 불구하고 그들은 불순종한다. 26절에서는 아모리 산지에 올라가지 않아서 '아도나이의 명령에 거역'하던 이스라엘이 이제 그 땅에 올라가지 말라는 데도 올라감으로 '아도나이의 명령에 또다시 거역'한다. 이스라엘은 우리 속담의 청개구리와 같은 태도를 보이고 있다.

"너희는 건방지게 행동했다"(ותזדו)는 '주드'(זוד) '끓어 오르다', '건방지게 행동하다'의 히필 와우 계속형 미완료로 '너희는 거만하게(주제넘게, 뻔뻔하게) 행동했다'는 뜻이다. 이스라엘이 하나님의 명령에 불순종한 것을 아주 거만하고 건방진 행동으로 묘사하고 있다.

44 그리고 그 산지에 살고 있던 아모리 인이[1] 너희를 대항하여 나왔다, 그리고 그들이 벌들이 하는 것과 같이 너희를 쫓아갔다, 그리고 그들이 너희를 세일 안에서 쳤다 호르마까지.[2]

본문 비교

1) 사마리아 오경은 "아말렉 인과 가나안 인"으로 읽는다.

2) 70인경, 시리아 역, 그리고 벌게이트는 "세일 안에서…호르마까

지"(in Seir unto Hormah)를 "세일에서 호르마까지"(from Seir to Hormah)로 읽는다. 쿰란 사본(4QDeut[h])은 "호르마"(חרמה)에 정관사를 덧 붙여 החרמה로 읽는다.

"대항하여"는 문자적으로 '만나기 위하여'이다.

이스라엘의 일방적이고 완전한 패배를 그림 언어로서 설명하고 있다. 벌들이 짐승이나 사람을 쫓아가는 것같이 아모리인들이 이스라엘을 쫓아갔다고 말한다. 민수기의 보도에 따르면, 아말렉 인과 가나안인이 이스라엘을 쳤다(14:43,45).

"호르마"는 동쪽 네게브 안에 있는 가나안 도시이다. "호르마"의 원래 이름은 '스밧'이며, "호르마"라는 이름은 유다가 그의 형제 시므온과 함께 그 도시를 점령한 후에 붙여진 것이다(삿 1:17). 이 도시가 어디 있는가에 대해서 논란이 있으며, 현재의 브엘세바 동편에 있는 두 장소 Tell Milh와 Khirbat al-Meshash의 한 곳으로 추정되고 있다.

45 그리고 너희가 돌아왔고[1)] 아도나이 앞에서 울었다, 하지만 아도나이께서 너희의 소리를 듣지 않았다, 그리고 그는 너희에게 귀를 기울이지 않았다.

본문 비교

1) 마소라, 쿰란 사본(4QpaleoDeut[r]) 그리고 벨게이트는 동사 "돌아왔다"(שוב)이지만 사마리아 오경, 70인경 그리고 시리아 역은 동사 "머물렀다"(ישב)이다. 이것은 46절의 동사와 같다.

"너희가 돌아왔고"는 호르마에서 패배한 백성들이 가데스 바네아로 되돌아온 것을 말한다. 이스라엘의 가나안 첫 정복 전쟁은 실패로 끝나고 말았다. 이 전쟁은 불순종한 사람들의 전쟁이며, 모세, 여호수아, 갈렙 등 아도나이께 순종한 사람들은 이 전쟁에 참여하지 않았다. 전쟁에 패배했던 사람들은 돌아와서 아도나이 앞에서 울었다. 하지만 아도나이께서는 그들의 울음소리에 귀를 기울이지 않으신다. 34절에서 이스라엘 백성들의 원망의 소리를 "들으셨던" 하나님은 반대로 이제 이스라엘의 울음소리를 "듣지 않으신다"(45절).

46 그래서 너희는 가데스에서 많은 날을 머물렀다, 너희가 머물렀던 날들을 따라.

결국 이스라엘의 첫 가나안 정복은 실패로 돌아갔고 이스라엘은 약속의 땅에 들어가지 못한 채로 가데스에서 많은 날을 머물러야 하는 방랑의 세월을 보내야 했다.

참고 문헌

Bartlett, J. R., "Sihon and Og, Kings of the Amorites," *VT* 20 (1970), 257-277.

——, "The Use of the Word var as a Title in the Old Testament," *VT* 19 (1969), 1-10.

——, "The Land of Seir and the Brotherhood of Edom," *JTS* 20 (1969), 1-20.

Batto, B. F., "The Reed Sea: Requiescat in Pace," *JBL* 102 (1983), 27-35.

Ben-Hayyim, Z., "Observations on the Hebrew and Aramaic Lexicon from the Samaritan Tradition," in *Hebräische Wortforschung*, FS. W. Baumgartner, SVT 16, Leiden, 1967, 12-24.

Cazelles, H., "Passages in the Singular Within Discourse in the Plural of DT 1-4," *CBQ* 29 (1967), 207-219.

Cazelles, H., "Tophel (Deut I 1)," *VT* 9 (1959), 412-415.

Christensen, D. L., "Form and Structure in Deuteronomy 1-11," in *Das Deuteronomium*, N. Lohfink, ed., 1985, 135-144.

Christensen, D. L., "Prose and Poetry in the Bible. The Narrative Poetics of Deuteronomy 1,9-18," *ZAW* 97 (1985), 179-189.

Coats, G. W., "Conquest Traditions in the Wilderness Theme," *JBL* 95 (1976), 177-190.

Cohen, R., "Excavations at Kadesh-barnea 1976-1978," *BA* 44 (1981), 93-104.

——, "The Iron Age Fortresses in the Central Negev," *BASOR* 236 (1979), 61-79.

Copisarow, M., "The Ancient Egyptian, Greek and Hebrew Concept of the Rea Sea," *VT* 12 (1962), 1-13.

Davies, G. I., "The Significance of Deuteronomy 1.2 for the Location of Mount Horeb," *PEQ* 111 (1979), 87-101.

Dever, W. G., "The Peoples of Palestine in the Middle Bronze I Period," *HTR* 64 (1971), 197-226.

Dion, P. E., "The 'Fear Not' Formula and Holy War," *CBQ* 32 (1970), 565-570.

Eybers, I. H., "Who were the Hivites?" in *Die Ou Testamentiese Werkgemeenskap in Suid-Afrika*, Pretoria, 1959, 6-14.

Fensham, F. C., "The Judges and Ancient Israelite Jurisprudence," in *Die Ou Testamentiese Werkgemeenskap in Suid-Afrika*, Pretoria, 1959, 15-22.

Gemser, B., "BE'EBER HAJJARDEN: In Jordan's Borderland," *VT* 2 (1952), 349-355.

Geraty, L. T., "Heshbon: The First Casualty in the Israelite Quest for the Kingdom of God," in *The Quest for the Kingdom of God*, FS. G. E. Mendenhall, Indiana, 1983, 239-248.

Geus, C. H. J. de, "De Amorieten in de Palestijnse Archeologie: een

Recente Theorie Kritisch Bezien," *NTT* 23 (1968), 1-24.

———, "De Richteren van Israel," *NTT* 20 (1965-66), 81-100.

Gibson, J. C. L., "Observations on Some Important Ethnic Terms in the Pentateuch," *JNES* 20 (1961), 217-238.

Goudoever, J. van, "The Liturgical Significance of the Date in Dt 1,3," in *Das Deuteronomium*, N. Lohfink, ed., 1985, 145-148.

Hill, R., "Aetheria XII 9 and the Site of Biblical Edrei," *VT* 16 (1966), 412-419.

Hulst, A. R., "Der Name "Israel" im Deuteronomium," *OTS* 9 (1951), 65-106.

———, "Der Jordan in den Alttestamentlichen Ueberlieferungen," *OTS* 14 (1965), 162-188.

Kallai, Z., "Where did Moses Speak (Deuteronomy I 1-5)?" *VT* 45 (1995), 188-197.

———, "Territorial Patterns, Biblical Historiography and Scribal Tradition - A Programmatic Survey," *ZAW* 93 (1981), 427-432.

———, "The Wandering - Traditions from Kadesh-Barnea to Canaan: A Study in Biblical Historiography," *JJS* 33 (1982), 175-184.

Kellermann, D., "'Astarot - 'Asterot Qarnayim - Qarnayim," *ZDPV* 97 (1981), 45-61.

Knierim, R., "Exodus 18 und die Neuordnung der Mosaischen Gerichtsbarkeit," *ZAW* 73 (1961), 146-171.

Kraeling, E. G., "Two Place Names of Hellenistic Palestine," *JNES* 7 (1948), 199-201.

Lilley, J. P. U., "By The River-Side," *VT* 28 (1978), 165-171.

Lohfink, N., "Darstellungskunst und Theologie in Dtn 1,6-3,29," *Bib* 41 (1960), 105-134.

———, "Wie stellt sich das Problem Individuum - Gemeinschaft in

Deuteronomium 1,6-3,29?" in *Studien zum Deuteronomium und zur deuteronomistischen Literatur* I, Stuttgart, 1990, 45-51.

Lundbom, J. R., "The Inclusio and Other Framing Devices in Deuteronomy I-XXVIII," *VT* 46 (1996), 296-315.

Maher, M., "Targum Pseudo-Jonathan of Deuteronomy 1.1-8," in *The Aramaic Bible. Targums in their Historical Context*, JSOTS 166, Sheffield, 1994, 264-290.

Mann, T. W., "Theological Reflections on the Denial of Moses," *JBL* 98 (1979), 481-494.

Marfoe, L., "The Integrative Transformation: Patterns of Sociopolitical Organization in Southern Syria," *BASOR* 233 (1979), 1-42.

Margalith, O., "On the Origin and Antiquity of the Name Israel," *ZAW* 102 (1990), 225-237.

Milgrom, J., "The Ideological and Historical Importance of the Office of Judge in Deuteronomy," in *ISAC LEO SEELIGMANN VOLUME Essays on the Bible and the Ancient World*, Jerusalem, 1983, 129-139.

Miller, J. M., "The Israelite Journey Through (Around) Moab and Moabite Toponymy," *JBL* 108 (1989), 577-595.

Neufeld, E., "The Prohibitions Against Loans at Interest in Ancient Hebrew Laws," *HUCA* 26 (1955), 355-412.

Niehaus, J., "PA'AM 'EHAT and the Israelite Conquest," *VT* 30 (1980), 236-239.

Nielsen, E., "Moses and the Law," *VT* 32 (1982), 87-98.

Noegel, S., "The Aegean Ogygos of Boeotia and the Biblical Og of Bashan: Reflections of the Same Myth," *ZAW* 110 (1998), 411-426.

Perlitt, L., "Sinai und Horeb," in *Deuteronomium Studien*, FAT 8, Tübingen, 1994, 32-49.

——, "Ein einzig Volk von Bruedern. Zur deuteronomischen Herkunft der biblischen Bezeichnung Bruder," in *Deuteronomium*

Studien,50-73.

——, "Priesterschrift im Deuteronomium?" in *Deuteronomium Studien*, 123-143.

——, "Motive und Schichten der Landtheologie im Deuteronomium," in *Deutero-nomium Studien*, 97-108.

——, "Deuteronomium 1-3 im Streit der exegetischen Methoden," in *Deutero-nomium Studien*, 109-122.

——, "Hoc libro maxime fides docetur. Deuteronomium 1, 19-46 bei Martin Luther und Johann Gerhard," in *Deuteronomium Studien*, 184-191.

——, "Dtn 1, 12 LXX," in *Deuteronomium Studien*, 192-204.

Richter, W., "Zu den Richtern Israels," *ZAW* 77 (1965), 40-72.

Roesel, H. N., "Die Richter Israels," *BZ* 25 (1981), 180-203.

Saebo, M., "Grenzbeschreibung und Landideal im Alten Testament Mit besonderer Beruecksichtigung der min-ad-Formel," *ZDPV* 90 (1974), 14-37.

Scharbert, J,. "Die Landverheissung an die Vaeter als Einfache Zusage, als Eid und als "Bund"," in R. Bartelmus, et. al., *Konsequente Traditionsgeschichte*, FS. K. Baltzer, OBO 126, Goettingen, 1993, 337-354.

Schedl, C., "Prosa und Dichtung in der Bibel Logotechnische Analyse von Dtn 1,9-18," *ZAW* 98 (1986), 271-275.

Schunck, K. D., "Die Richter Israels und Ihr Amt," in *Volume Du Congres*, SVT 15, Leiden, 1966, 252-262.

Seeligmann, I. L., "Zur terminologie fuer das Gerichtsverfahren im Wortschatz des biblischen Hebraeisch," in *Hebraeische Wortforschung*, FS. W. Baumgartner, SVT 16, Leiden, 1967, 251-278.

Selms, A. van, "The Title "Judge", in *Die Ou Testamentiese Werkgemeenskap in Suid-Afrika*, Pretoria, 1959, 41-50.

Seters, J. van, "The Terms "Amorite" and "Hittite" in the Old Testament," *VT* 22 (1972), 64-81.

———, "The Conquest of Sihon's Kingdom: A Literary Examination," *JBL* 91 (1972), 182-197.

Snaith, N. H., "Pws My: The Sea of Reeds: The Red Sea," *VT* 15 (1965), 395-398.

Steindorff, G., "Israel in einer altaegyptischen Inschrift," *ZAW* 16 (1896), 330-333.

Sumner, W. A., "Israel's Encounters with Edom, Moab, Ammon, Sihon, and Og according to the Deuteronomist," *VT* 18 (1968), 216-228.

Tsumura, D. T., "Hab 22 in the Light of Akkadian Legal Practice," *ZAW* 94 (1982), 294-295.

Veijola, T., "Principal Observations on the Basic Story in Deuteronomy 1-3," in *Wünschet Jerusalem Frieden. IOSOT Congress Jerusalem 1986*, Frankfurt am Main, 1988, 249-259.

Wagner, S., "Die Kundschaftergeschichten im Alten Testament," *ZAW* 76 (1964), 255-269.

Wallis, G., "Israel: Namen, Land und Volk," in *Storia e Tradizioni di Israele Scritti in Onore di J. Alberto Soggin*, Brescia, 1991, 281-292.

Walsh, J. T., "From Egypt to Moab," *CBQ* 39 (1977), 20-33.

Ward, W. A., "The Semitic Biconsonantal Root SP and the Common Origin of Egyptian CWF and Hebrew SUP: "Marsh(-Plant)"," *VT* 24 (1974), 339-349.

Weinfeld, M., "Judge and Officer in Ancient Israel and the in the Ancient Near East," *IOS* VII (1977), 65-88.

———, "The Tribal League at Sinai," in *Ancient Israelite Religion*, FS. F. M. Cross, Philadelphia, 1987, 303-314.

Westermann, C., "Mahnung, Warnung und Geschichte. Die Paraenese

Deuteronomium 1-11," in H. M. Niemann et. al. *Nachdenken über Israel, Bibel und Theologie*, FS. K. D. Schunck, Frankfurt am Main, 1994, 51-67.

Zwickel, W., "Der Durchzug der Israeliten durch das Ostjordanland," *UF* 22 (1990), 475-495.

신명기 2장

A New Translation with
Introduction
and Commentary

DEUTERONOMY

D E U T E R O N O M Y

신명기 2장

Deuteronomy 2

내용/구조

가나안 땅을 정복하라는 하나님의 명령을 거절했던 이스라엘은 하나님의 심판으로 광야를 유랑하게 된다. 2장은 이스라엘의 광야 여정을 짧게 서술하며 요단 동편을 어떻게 점령하게 되었는가에 대한 정보를 제공한다.

이스라엘은 가나안 땅을 향해 가는 도중에 그들의 형제 국가들인 세일, 모압 그리고 암몬의 경계를 지나간다(2:1-8; 9-18; 19-23). 하나님은 모세에게 이스라엘은 이 형제 국가들과 영토 문제로 싸우지 말라고 분명하게 명령하신다.

불순종한 출애굽 세대들이 광야에서 모두 죽고 세대 교체가 완전히 이루어지자(2:15-16), 이스라엘 신세대는 요단 동편의 땅을 점령하라는 하나님의 명령을 받는다(2:24-25). 이스라엘은 헤스본의 왕 시혼을 향하여 진격을 시작하고, 그의 땅을 점령한다(2:26-37). 그리고 연이어 바산 왕 옥의 땅도 점령한다(3:1-11). 신명기에 따르면 약속의 땅의 점령 전쟁은 트랜스 요르단 지역을 점령함으로 시작되고 있다. 신명기 1장에서 불순종한 옛세대의 가나안 정복 실패와는 대조적으로 2장에서 신세대는 하나님의 명령을 잘 이행함으로 요단 동편 점령에 성공한다.

가나안 땅을 향한 이스라엘의 여행과 요단 동편 점령을 기록하는 2장은 다음과 같이 네 부분으로 나누어진다.

1) 이스라엘의 세일 산 방랑(2:1-8).
2) 이스라엘의 모압 지경의 방랑(2:9-18).
3) 이스라엘의 암몬 지경의 방랑(2:19-23).
4) 헤스본의 왕 시혼의 점령(2:24-37).

반복 사용된 표현들

2장에서 자주 반복되는 표현들이 눈에 띈다. 이 표현들은 이스라엘의 여행과 요단 동편의 점령과 관련되어 나타난다. 먼저 '아바르'(עבר)는 '건너가다', '지나가다'로 번역된다. 이 단어는 이스라엘의 여행 일지를 설명하는 단어가운데 하나이다. 이 동사는 2장에만 12회나 사용되었다. 이스라엘은 형제 국가인 에돔을 지나(4, 8절) 모압 광야 길을 지나간다(8절). 세렛 시내를 건너서(13-14절) 모압 경계 아르를 지나간다(18절). 드디어 아르논 골짜기를 건너서(24절) 약속의 땅 정복을 시작한다. 모세는 헤스본의 왕 시혼에게 그 땅을 지나(27, 28절) 요단 강을 건너가게(29절) 해달라고 요청한다. 하지만 시혼은 헤스본을 지나가는 것을(30절) 허락하지 않음으로 모세의 제안을 거절한다. 그래서 정복 전쟁이 시작된다.

'아도나이께서 나에게 말씀하셨다'는 4회 발견된다. 이 표현은 모세에게 임한 하나님의 명령을 담고 있다. 하나님이 모세에게 말씀하신 내용들을 살펴보면, 세일산을 떠나 에돔의 경계를 지나가라는 명령(2절), 모압의 경계를 지날 때 그들과 싸우지 말라는 명령(9절), 모압을 지나 암몬으로 나아갈 때 암몬과 싸우지 말라는 명령(17절) 그리고 헤스본의 왕 시혼의 땅을 점령하라는 명령(31절)이다. 이스라엘이 가나안 땅으로 나아갈 때, 그들이 형제 국가들에 대하여 취해야 할 태도를 하나님이 모세에게 지시하신 것이다.

동사 '싸우다'도 4번 나타난다. 이 단어는 이스라엘이 주변 국가들에게 취해야 할 태도를 구체적으로 설명한다. 이스라엘에게 형제 국가들인 에돔, 모압, 암몬과 싸우지 말라는 명령이 주어진 반면(5, 9, 19절), 아모리 헤스본 왕과는 싸우라는 명령이 주어진다(24절).

'싸우다'라는 동사는 '소유'라는 단어와 밀접한 관련이 있다. 이스라엘이 형제 국가들과 전쟁을 해서 안 되는 이유로 아도나이께서 이스라엘에게 그들의 땅을 소유로 주시지 않았기 때문이라고 한다.

'소유'라는 단어는 '주다'라는 동사와 함께 자주 등장한다. 이스라엘에게 에서의 아들들인 에돔과 싸우지 말라는 명령이 주어진다. 그 이유는 하나님이 에돔 땅의 어떤 부분도 이스라엘에게 주지 않을 것이기 때문이다. 하나님은 세일 산을 에서에게 '소유로 주었다'(5절).

모압의 경우도 같다. 하나님이 모압 땅의 어떤 부분도 이스라엘에게 '소유로 주지' 않았기(9절) 때문에 이스라엘은 그들과 싸워서는 안 된다. 이것은 하나님이 이스라엘에게 '소유'로 주시는 다른 땅이 있다는 것을 전제한다(12절).

암몬의 소유지에 대해서도 하나님은 그 땅을 이스라엘에게 '소유'로 주지 않을 것임을 분명히 한다(19절). 하나님은 롯의 아들들에게 그 땅을 '소유'로 주셨다(19절). 그래서 이스라엘은 땅 문제로 암몬과 싸워서는 안 된다.

두 단어 '소유'와 '주다'의 사용에서 알 수 있듯이 땅을 주시는 분은 하나님이다. 하나님은 땅의 소유자이시며, 민족들에게 땅을 소유로 나누어 주시는 분이다. 또한 하나님은 이스라엘에게 가나안 땅을 주시는 분이며(1:7-8, 21), 이스라엘 주위의 민족들의 경계를 정하신다.

민수기와 신명기의 차이점

이스라엘이 형제 국가들, 에돔, 모압, 암몬 국경을 지나갈 때 이스라엘과 형제 국가들 간의 묘한 관계가 형성되었다. 이 여행에 대해서 민수기와 신명기가 공통적으로 보도하고 있다. 그런데 이 두 책은 서로 관점을 달리하면서 이스라엘과 형제 국가들 사이의 관계를 서술한다.

민수기에 따르면 형제 국가들이 이스라엘에 대해 취한 태도는 우호적이지 않다. 먼저 에돔 왕의 태도는 에돔 땅을 통과하게 해 달라는 이스라엘의 요구에 적대적이다(민 20:14-21). 그리고 암몬의 태도는 구체적으로 기록되어 있지 않지만 호의적이진 않았던 것 같다(민 21:24). 모압의 태도 역시 호의적이지 않다. 왜냐하면 모압은 발람 선지자를 불러서 이스라엘을 저주하게 했기 때문이다(민 22-25장).

신명기는 민수기와 달리 이러한 형제 국가들의 비우호적인 태도들에 대해서 침묵하고 있다. 단지 이스라엘이 이 형제 국가들에게 취해야 할 자세들만을 기록하고 있다. 이스라엘은 형제 국가들과 싸워서는 안 된다는 것이다.

민수기와 신명기 사이의 기록 순서도 차이가 난다. 민수기는 주변 국가들이 이스라엘에 대해 취한 태도에 강조를 두어서 기록하고 있다: 1) 에돔의 태도(민 20:14-21), 2) 아모리 왕 시혼 점령(민 21:21-32), 3) 암몬의 태도(민 21:24), 4) 바산 왕 옥 점령(민 21:33-35), 5) 모압의 태도(민 22-25장).

신명기는 이스라엘이 주변 국가들에게 취해야 할 태도들을 기록하고 있다: 1) 에서 자손에게(신 2:1-8), 2) 모압에게(신 2:9-18), 3) 암몬에게(신 2:19-23), 4) 헤스본 왕 시혼에게(신 2:24-37), 5) 바산 왕 옥에게(신 3:1-11).

이러한 차이점은 모세가 과거의 사건들을 설교하는 데 역사적인 순서대로 한 것이 아니라 신명기에서 말하고자 하는 내용에 맞추어 과거의 사건을 재배열했기 때문이다. 모세는 과거의 사건들을 새로운 세대에게 맞게 역사적인 적용을 하고 새로운 세대에게 설교를 하고 있는 것이다. 이러한 것을 역사적 현재화라고 부를 수 있다(서론 참고).

1. 이스라엘의 세일 산 방랑(2:1-8)

이스라엘이 형제 국가인 에돔의 국경을 지나간다. 하나님은 모세에게 세일 산에 거주하는 에서의 후손들에게 이스라엘이 취해야 할 자세를 말한다. 이스라엘은 그들과 영토 문제로 전쟁을 해서는 안 된다.

번역

1 그리고 우리는 돌아섰고 홍해 길 광야로 여행했다,
아도나이께서 나에게 말씀하셨던 대로,
그리고 우리가 많은 날들을 세일 산 주위를 돌았다.
2 그리고 아도나이께서 나에게 말씀하셨다, 말하기를,
3 이 산을 돌은 것이 너희에게 오래이니,
북쪽으로 너희를 돌이켜라.
4 백성에게 명령하라, 말하기를,
너희는 너희 형제들의, 세일에 살고 있는 에서의 아들들, 경계를 지나려고 한다,
그리고 그들이 너희를 두려워할 것이니 너희는 매우 주의해야 한다.
5 너희는 그들과 싸우지 말라,
왜냐하면 내가 그들의 땅을 너희에게 주지 않을 것이기 때문이다,
발바닥으로 밟는 부분까지,
왜냐하면 내가 세일 산을 에서에게 소유로 주었기 때문이다.
6 너희는 그들로부터 음식을 은으로 살 것이다, 너희가 먹기 위하여,
그리고 물 역시 너희는 그들로부터 은으로 구입할 것이다, 너희가 마시기 위하여.

7 왜냐하면 아도나이 너의 하나님이 너의 손의 모든 일에 너를 복 주셨기 때문이다,
그는 이 큰 광야에서 너의 여정을 아신다,
이 사십 년간 아도나이 너의 하나님이 너와 함께 계신다,
너는 부족한 것이 없었다.
8 그리고 우리는 세일에 살고 있는 우리의 형제들, 에서의 아들들로부터 지나갔다,
그 아라바 길로부터, 엘랏으로부터, 그리고 에시온 게벨로부터,
그리고 우리는 돌아섰고, 모압 광야 길로 지나갔다.

주해

1 그리고 우리는 돌아섰고, 홍해 길 광야[1]로 여행했다, 아도나이께서 나에게 말씀
하셨던 대로, 그리고 우리가 많은 날들을 세일 산 주위를 돌았다.[2]

본문 비교

1) 히브리어는 전치사가 없는데 70인경과 아람어 성서들은 전치사를 넣어서 뜻을 더 명확하게 한다: 70인경은 "광야 안으로"(ϵἰτὴν ἔρημον), 탈굼 옹켈로스와 탈굼 프쉬도 요나단은 "광야로"(למדברא), 탈굼 네오피티는 "광야 안으로"(במדברה).
2) 마소라 사본은 1절 끝에 세투마(ס) '닫힌'을 갖고 있다. 여기서 한 단락이 끝나고 2절부터 새로운 단락이 시작된다.

"여행했다"는 '출발했다', '떠났다'를 의미한다. 이스라엘의 여행은 다시 아도나이의 명령을 따라서 이루어진다. 이 여행은 스파이들의 보고와 백성들의 반역에 대한 하나님의 심판이다. 방랑의 세월이 시작된 것이다.

"우리는 돌아섰고 홍해 길 광야로 여행했다"는 1:40에 모세에게 주어진 하나님의 심판의 이행이다.

"말씀하셨던 대로"는 '말씀하셨던 것 같이' 또는 '말씀하셨던 것을

따라'로 번역될 수 있다. 개역 성경은 "명하신 대로"로 번역한다. 1절과 2절에서 사용된 히브리어 동사는 다르지만 유사한 표현인 '아도나이께서 나에게 말씀하셨다'(דבר)['말씀하셨던'은 관계 대명사의 번역 때문]와 '아도나이께서 나에게 말씀하셨다'(אמר)가 나온다.

"홍해"는 1:40 참고.

"많은 날들을 세일 산 주위를 돌았다"는 '여러 날 동안 세일 산 주변을 지나갔다'를 의미한다. "많은 날들을"은 오랜 세월을 뜻한다. 세일 산은 네게브 산지의 동쪽 지역이며, 모압의 아래쪽 즉 남쪽 지역을 말한다. "많은 날들…돌았다"란 표현은 구체적이지 않지만 이스라엘이 세일 산 주변에 오랫 동안 머물렀음을 암시한다.

2 그리고 아도나이께서 나에게 말씀하셨다, 말하기를,[1)]

본문 비교

1) 70인경은 "말하기를"을 생략했다.

하나님의 말씀이 직접 인용된다. "나"는 모세를 의미한다. 모세는 하나님과 이스라엘 백성의 중보자로 하나님의 말씀을 듣고 전달한다. "말하기를"은 4절에 다시 나타난다.

하나님의 직접적인 말씀을 나타내는 표현인 "그리고 아도나이께서 나에게 말씀하셨다"(동사 אמר)는 신명기 1:42, 2:2, 9, 31, 3:2, 26, 5:28, 9:12, 13, 10:11, 18:17에 사용되었다. 사용된 동사는 다르지만 "아도나이께서 나에게 말씀하셨다"(동사 דבר)는 신명기 2:17에서 나온다.

3 이 산을 돌은 것이 너희에게 오래이니[1)], 북쪽으로 너희를 돌이켜라.

본문 비교

1) 쿰란 사본(4QDeut^h)은 마소라 사본의 2인칭 복수 "너희에게 오래이니"(לכם רב)를 2인칭 단수 "너에게 오래이니"(רב לך)로 읽고 있다.

"이 산"은 세일 산을 의미한다. 이스라엘의 여행은 다시 아도나이의 명령을 따라 행해진다. 이 명령은 신명기 1:6-7의 명령과 유사하다. "이 산을 돌은 것이 오래이니"는 이 산을 돌은 것이 충분하다 즉, 오랜 세월을 이 산 주위에서 보냈다는 것이다. 이와 같은 표현으로 1:6의 "머무른 것이 너희에게 오래이니"를 참고하라.

"북쪽으로"는 8절을 근거로 해서 보면 에돔의 서쪽 경계 지역을 말한다.

"돌이켜라"는 1절과 8절에서도 사용되었다.

4 백성에게 명령하라, 말하기를, 너희는 너희 형제들의, 세일에 살고 있는 에서의 아들들, 경계를 지나려고 한다, 그리고 그들이 너희를 두려워할 것이니 너희는 매우 주의해야 한다.[1)]

본문 비교

1) 마소라 사본은 "너희는 매우 주의해야 한다"로 이스라엘이 취해야 할 자세를 말한다. 그러나 70인경은 "그들이 매우 주의할 것이다" 또는 "그들이 크게 두려워할 것이다"(εὐλαβηθήσονται σφόδρα) 이다. 주어가 에서의 아들들이 되는 것이다. 일부 70인경 사본들은 (A B C) 여기에 "너희를" (εὐλαβηθήσονται ὑμᾶς σφόδρα)을 덧붙인다(Rahlfs 편집 참고).

모세는 백성들에게 형제 국가인 에돔에게 어떤 태도를 취해야 하는

지를 말한다. 이스라엘의 조상 야곱은 그의 형 에서와 쌍둥이였다. 장자의 복이 원래 에서에게 돌아가야 하지만 야곱은 에서의 장자의 복을 아버지 이삭을 속여서 빼앗았다(창 27장). 그래서 야곱의 후손들이 아브라함의 계보를 잇게 되었다. 그후 에서와 그의 후손들은 세일에 거처를 정했다(창 33:14, 16). 이런 이유로 에서의 아들들은 "너희의 형제들"(4절) 또는 "우리의 형제들"(8절)로 불린다. 흥미롭게도 에서는 '털이 많은 사람'이었는데, 여기서 '털이 많은'은 히브리어로 '사일'(שׂער)이며 에서의 소유지는 '세일'(שׂעיר)이다. 에서의 다른 이름은 '에돔'이며(창 25:30), 세일 땅은 에돔 들로 불렸다[창 32:3(히브리어 32:4)].

"경계"는 '국경,' '국경 지역,' '영토'를 의미한다.

"그들이 너희를 두려워 할 것이니"는 문자적으로 '그들이 너희를 두려워할 것이다 그리고'이다. 에돔 백성들이 이스라엘을 두려워한다는 것은 민수기 20:14-21에서 유추해 볼 수 있다. 에돔 땅을 통과하게 해달라는 모세의 요청은 에돔 왕에 의해 단호하게 거절된다. 모세는 평화적으로 그 땅을 지나가기를 원했다. 물과 양식을 그들에게서 사서 마시며 먹으려고 하였다. 하지만 에돔 왕과 백성들은 이스라엘의 요구에 큰 부담을 느낀 것 같다. 그뿐만 아니라 에돔 왕은 백성들을 이끌고 나와서 국경에서 이스라엘이 그들의 땅을 지나가는 것을 막았다.

에돔 사람들이 이스라엘을 두려워한 것은 출애굽 사건을 들었을 때이다. 이스라엘이 출애굽했을 때, 에돔 사람들과 암몬 사람들은 하나님이 이스라엘을 위해 이집트에게 행하신 일을 듣고 두려워했다(출 15:14-16).

"너희는 주의해야 한다"는 '너희는 조심해야 한다'이다. "매우"라는 단어가 이스라엘이 형제 국가인 에서의 후손들에게 취해야 할 태도를 잘 설명해 주고 있다.

5 너희는 그들과 싸우지 말라[1)], 왜냐하면 내가 그들의 땅을[2)] 너희에게 주지 않을

것이기 때문이다, 발바닥으로 밟는 부분까지, 왜냐하면 내가 세일 산을 에서에게 소유로 주었기 때문이다.

본문 비교

1) "너희는 그들과 싸우지 말아야 한다"에 70인경과 탈굼 네오피티는 '전쟁'이라는 단어를 추가해서 뜻을 명확히 하고 있다. 아퀼라는 "그들과 다투지 말라"(μὴ ἐρίσητε ἐν αὐτοῖς) 그리고 심마쿠스는 "그들을 화나게 하지 말라"(μὴ παροξυνθῆτε πρὸ αὐτούς)로 해석한다.
2) "그들의 땅을"에 사마리아 오경은 '소유'(ירשׁה)를 덧붙인다. 즉 "그들의 땅을 너희에게 소유로 주지 않을 것이기 때문이다."

"너희는 그들과 싸우지 말아야 한다"(תתגרו)는 '가라'(גרה) '싸우다', '다투다'의 히트파엘(재귀형) 미완료 형으로 '너희는 너희 자신을 그들에 대항하여 흥분하지 말라'이다. 이것은 이스라엘이 에서의 후손들에게 취해야 할 구체적인 태도로서 에서의 후손들을 자극하거나 선동하는 행위들 즉 전쟁을 하지 말 것을 명령하고 있다. 영어 성경들은 이것을 "그들에게 참견(간섭)하지 말라"(KJV), "그들을 성나게 하지 말라"(NAS, NIB, NIV)로 번역한다. 하나님은 이스라엘에게 땅 문제로 에돔과 싸우지 말 것을 명령 하신다(참고. 민 20:14-21). 왜냐하면 하나님이 세일 산을 에서의 소유지로 주셨기 때문이다.

"그들의 땅을"은 문자적으로 '그들의 땅에서부터' 즉, '그들의 땅의 어떤 부분도'이다. 이것은 이스라엘이 '발바닥으로 밟는' 어떠한 부분도 하나님이 주지 않겠다는 것이다. 개역 성경은 "발바닥으로 밟는 부분까지"를 "한 발자국도"로 번역한다.

"주다"라는 동사가 두 번 사용되었는데 그 주어가 하나님이다. 이는 하나님의 주권을 나타낸다. 민족들의 경계를 정하시며 그들에게 소유지를 주시는 분이 하나님이다.

6 너희는 그들로부터 음식을 은으로 살 것이다,[1] 너희가 먹기 위하여, 그리고 물 역시 너희는 그들로부터 은으로 구입할 것이다,[2] 너희가 마시기 위하여.[3]

본문 비교

1) 많은 70인경 사본들은 '은'(ἀργυρίου)을 생략하여 단순하게 '너희는 음식을 사라'(βρώματα ἀγοράσατε)로 읽는다(Wevers 편집 참고). 하지만 다른 사본들은 '은'을 넣어서 '너희는 은으로 음식을 사라'로 읽는다. 또한 단어 순서에 있어서 일부 사본들은(B b f+) '음식'이 '은' 보다 먼저 나오는데 반해(βρώματα ἀργυρίου ἀγοράσατε, Rahlfs 편집 참고), 다른 사본들은(A. F. V. = Sixt.) '음식'보다 '은'이 먼저 나오는 것들도 있다(ἀργυρίου βρώματα ἀγοράσατε).
2) 70인경은 이것을 '너희는 물을 돈을 위해 분량을 재어 받을 수 있다'로 자유롭게 해석한다.
3) 탈굼 네오피티는 이 구절을 반대로 해석한다. 만나가 하늘로부터 내려오기 때문에 이스리엘은 그들에게서 음식을 살 필요가 없고, 물 역시 물의 샘으로부터 산 위로 올라오기 때문에 이스라엘은 그들에게서 물을 살 필요가 없다고 한다. 하지만 다른 아람어 성서들, 탈굼 옹켈로스와 탈굼 프쉬도 요나단은 마소라 사본과 같은 내용을 담고 있다.

이스라엘은 에돔 자손들로부터 음식과 물을 살 수 있었다. "은"은 돈으로 사용되었기 때문에 '돈'으로도 번역될 수 있다. 개역 성경은 "돈"으로 번역한다. 신명기 2:28-29에 따르면 에돔이 이스라엘에게 물과 양식을 판 것같다. 하지만 민수기의 보도는 다르다. 이스라엘의 바람과 요구는 에돔 왕에 의해 거절되었다(민 20:17,19).

7 왜냐하면 아도나이 너의 하나님이[1] 너의 손의 모든 일에 너를 복 주셨기 때문이

다. 그는 이 큰[2] 광야에서 너의 여정을 아신다.[3] [4]이 사십 년간 아도나이 너의 하나님이 너와 함께 계신다.[5] 너는 부족한 것이 없었다.

본문 비교

1) 70인경은 1인칭 복수 "우리의 하나님"으로 읽는다.
2) 70인경은 "크고 두려운"(τὴν μεγάλην καὶ τὴν φοβερὰν)이다.
3) "그는 아신다"를 70인경은 '디아그노디'(διάγνωθι) 과거 수동 명령형 '숙고하라' 또는 '고찰하라'로 번역한다. "그는 너의 여정을 아신다"를 탈굼 옹켈로스는 "그는 너의 필요한 것을 주신다"로 해석한다.
4) 70인경은 문장 앞에 '보라'(ἰδοὺ)를 덧붙인다: "보라 이 사십 년간 아도나이 너의 하나님이 너와 함께 계신다."
5) 아람어 성서들, 옹켈로스, 네오피티, 프쉬도 요나단은 "하나님이 너의 도움이시다"로 읽는다.

하나님은 이스라엘 백성들이 손으로 하는 일에 복을 주셨다. 그래서 그들은 돈으로 음식과 물을 살 수 있었다.

"아신다"는 하나님이 이스라엘의 광야 여행을 다 지켜보고 계셨다는 뜻이다. 하나님은 이스라엘의 여행에 세세하게 간섭하셨다. 이것은 이스라엘의 여행이 하나님의 명령에 따라 이루어졌다는 사실에서 알 수 있다. 하나님은 이스라엘의 광야 방랑을 지켜보고 계실 뿐만 아니라 함께 계셨다.

벌써 40년간의 여정을 언급하고 있다. 이 구절에서 우리는 신명기의 사건들이 연대순으로 기록되지 않았다는 것을 알게 된다. 14절에서는 가데스 바네아를 떠나 세렛 시내를 건넜을 때가 38년이라고 말한다.

38년간의 광야 유랑에서 하나님은 그들과 함께 하셨다. 이는 하나님의 자비로운 면을 설명한다. 왜냐하면 이스라엘의 광야 38년 유랑은 가나안 정복의 불순종에서 기인한 심판의 세월이었기 때문이다. 이 심판의 세월에서도 하나님은 그들과 함께 하셨다. 이스라엘을 돌보시고 광야의 생활에 함께 하시는 하나님, 그는 정말 은혜로우시고 관대하시다. 그렇지만 불순종한 이스라엘에게는 엄격하셨다. 불순종하는 이스라엘 무리가 가나안 산지로 올라가 전쟁을 하려고 할 때, 하나님은 그들과 함께 하지 않을 것을 분명히 하셨다(1:42). 더 나아가 불순종한 옛 세대에게 심판을 내리시는 것 역시 잊지 않았다(2:15)

"큰 광야에서"는 '광내한(거대한) 광야를 통과하여'를 나타내며, "부족한 것"은 '어떤 부족한 것도' 없었다는 의미이다. 광야에서 가장 큰 복은 하나님이 함께 하심이었다. 하나님이 동행하심으로 이스라엘에게는 부족한 것들이 없었다.

위의 6-7절에서 인칭 대명사 복수와 단수가 교대로 사용되었다. 6절에서는 1인칭 복수 '너희'가 나오는데 반해, 7절에서는 1인칭 단수 '너'가 나타난다. '너희'는 집합적으로 이스라엘 전체를 가리키는 것이며 '너'는 이스라엘 가운데서 개개인을 의미한다.

8 그리고 우리는 세일에 살고 있는 우리의 형제들, 에서의 아들들로부터[1)] 지나갔다, 그 아라바 길로부터, 엘랏으로부터, 그리고 에시온게벨로부터,[2)] 그리고 우리는 돌아섰고, 모압 광야 길로 지나갔다.

본문 비교

1) 히브리어 전치사 '민'(מִן) '~로부터'는 이 절에서 4개, '아들들로부터,' '길로부터', '엘랏으로부터', '에시온 게벨로부터'가 나오는데, 70인경은 이를 다양하게, 첫 번째는 전치사를 생략하고 목적격으로, 두 번째는 '파라'(παρὰ)로, 세 번째와 네 번째는 '아포'(ἀπὸ)로 번역한다.

2) "그 아라바 길로부터, 엘랏으로부터, 그리고 에시온 게벨으로부

터" 끝에 세투마(ס)가 있어 맛소라 사본은 여기서 단락이 나누어 진다.

3) 사마리아 오경은 마소라 사본보다 더 긴 구절을 담고 있다. 8a에서 민수기 20:14a, 17-18절의 모세의 요구와 에돔 왕의 거절을 자유롭게 인용하여 신명기 1:8에 삽입하였다.

"살고 있는"은 '거주하고 있는' 즉, 정착해서 살고 있는 상태를 말한다.

"아라바 길"은 사해에서 아카바 만까지 '아라바' 지역의 길을 의미한다. 개역 성경은 "그 아라바 길로부터"를 "아라바를 지나며"로 번역하며 '길'이라는 단어를 생략한다.

"엘랏"과 "에시온 게벨" 홍해의 아카바 만에 위치한 두 도시이다. '엘랏'은 두 장소 아카바의 요르단 도시 또는 Tell el-Kheleifeh 가운데 한 곳으로, 그리고 '에시온 게벨'은 두 장소 Tell al-Halifa 또는 Island Jeziret Fara'un 가운데 한 곳으로 추정된다. 이 두 도시는 솔로몬 시대 이후로 무역항과 조선소로 사용되었다[참고. 왕상 9:26, 22:49, 왕하 14:22, 대하 8:17, 20, 36, A. Flinder, "Is This Solomon's Seaport," *BAR* 15/4(July-August, 1989), 31-43, N. Glueck, "Ezion-geber," *BA* 28(1965), 70-87, 동저자, "The Topography and History of Ezion-Geber and Elath," *BASOR* 72(1938), 2-13].

2. 이스라엘의 모압 지경의 방랑(2:9-18)

이스라엘이 모압 경계를 지나간다. 다시 하나님은 모세에게 이스라엘이 모압에게 취해야 할 태도를 말씀하신다. 이 기간에 이스라엘 내부에서 옛세대가 죽고 새 세대가 시작하는 세대 교체가 이루어졌다.

번역

9 그리고 아도나이께서 나에게 말씀하셨다, 너는 모압을 괴롭히지 말라,
그리고 너는 그들을 대항하여 전쟁으로 싸우지 말라,
왜냐하면 내가 너에게 그의 땅을 소유로 주지 아니 할 것이기 때문이다,
왜냐하면 내가 롯의 아들들에게 아르를 소유로 주었기 때문이다.
10 옛날에 에밈 인들이 거기에 살았었다,
크고 많은 그리고 높은 백성, 그리고 아낙 인들과 같이.
11 르바임, 그들 역시 아낙 인들과 같이 간주되었다,
그러나 모압 인들은 그들을 에밈으로 불렀다.
12 그리고 호리 인들이 옛날에 세일에서 살고 있었다,
그러나 에서의 아들들이 그들을 점령하였고 그들을 그들 앞에서 멸망시켰다,
그리고 그들이 그들 대신에 살았다,
이스라엘이 아도나이께서 그들에게 주셨던 그의 소유의 땅에 행한 것같이.
13 이제 너희는 일어나라, 그리고 너희를 위해 세렛 시내를 건너라,
그리고 우리가 세렛 시내를 건넜다.
14 그리고 우리가 가데스 바네아로부터 걸었던 그 날들은
우리가 세렛 시내를 건넜을 때에까지 38년이었다,
모든 그 세대, 전쟁의 사람들이 그 진중에서 끝나기까지,
아도나이께서 그들에게 맹세하셨던 대로.
15 그리고 또한 아도나이의 손이 그들을 대항했다,
그들을 진중에서 전멸하기 위해, 그들을 끝내기까지.
16 그리고 이것이 일어났다,
모든 전쟁의 사람들이 그 백성 가운데서 죽음으로 끝났을 때.
17 그리고 아도나이께서 나에게 말씀하셨다, 말하기를,
18 너는 오늘 모압의 경계 아르를 지나려고 한다.

주해

9 그리고 아도나이께서 나에게 말씀하셨다. 너는[1)] 모압을 괴롭히지 말라,[2)] 그리고 너는[1)] 그들을 대항하여 전쟁으로[3)] 싸우지 말라. 왜냐하면 내가 너에게 그의 땅을 소유로 주지 아니 할 것이기 때문이다. 왜냐하면 내가 롯의 아들들에게 아르를[4)] 소유로 주었기 때문이다.

본문 비교

1) 70인경은 2인칭 복수 "너희"로 읽는다.
2) 마소라(M^L)은 전치사 אֶל로 읽는데(BHS, BHQ) 이것은 부정어 אַל로 수정해야 한다. 마소라 다른 사본들(M^{L17}, M^{S5})과 다른 역본들(LXX, 시리아 역, 벌게이트)은 אַל로 읽는다.
3) 사마리아 오경은 3인칭 단수 "그를 대항하여"이며 "전쟁으로"를 생략한다.
4) 70인경은 "아로엘"('Αροὴρ)로 해석한다.

아도나이의 명령이 다시 모세에게 주어지고 있다. "아도나이께서 나에게 말씀하셨다"는 신적 명령이 모세에게 직접 주어지는 것을 말한다.

이스라엘은 이제 에돔의 지역을 지나 모압의 지역으로 나아간다. 모압은 롯의 딸들로부터 낳은 두 아들들 가운데 한 명이다(창 19:37). 모압은 '나의 아버지로부터'라는 의미이다.

"괴롭히지 말라"(אל תצר)에서 동사 '추루'(צור)는 다양한 의미를 가지고 있다: '적의를 품다'(Ges-B, 679), '~에게 적대감을 보이다', '적으로 다루다'(*BDB*, 849), '괴롭히다', '싸우다'(*HAL* III, 952). 뒤에 '싸우다'라는 동사가 오기 때문에 여기서는 "괴롭히지 말라"를 취하는 것이 문맥에 어울린다. 이 번역을 취하는 현대 번역들이 있다(NAS, NIB, NIV, NKJ, RSV).

"너는 그들과 전쟁으로 싸우지 말라." 5절에서는 '전쟁'이라는 단어가 생략되었던 반면 여기서는 나오고 있다. 이스라엘은 모압에게 적대감을 품고 그들과 전쟁을 치루어서는 안 된다.

이스라엘이 왜 모압과 전쟁을 해서는 안 되는지 두 가지 이유를 접속사 '왜냐하면'을 연속적으로 사용하여 명확하게 설명하고 있다. 모압의 땅은 이스라엘의 소유지가 아니기 때문이다.

여기서도 '주다'라는 동사가 돋보인다: "내가 그의 땅을 소유로 주지 아니할 것이다." 땅에 대한 하나님의 주권은 '내가 소유로 주었다'라는 표현에서 드러낸다. 땅을 만드신 하나님이(창 1:1) 그 땅에 대한 소유권을 행사하시는 것은 당연하다.

"그의 땅을"은 문자적으로 '그의 땅으로부터'이다. 즉 그의 땅의 어떠한 부분도 이스라엘에게 주지 아니하시겠다는 것이다.

10 옛날에 에밈 인들이 거기에 살았었다, 크고 많은 그리고 높은[1] 백성, 그리고 아낙 인들과 같이.

본문 비교

1) 탈굼 네오피티, 탈굼 옹켈로스, 탈굼 프쉬도 요나단과 70인경은 "강한"으로 읽는다.

모압 사람들이 살기 이전의 역사를 말하고 있다. "크고"는 '위대한', '거대한'을, "많은"은 숫자 면에서, 그리고 "높은"는 키가 크다는 것을 의미한다.

"에밈 사람들"은 '아임'(אים) '두려운', '무서운'에서 기인한다. 모압 이전의 거주민들은 아낙 사람들같이 힘이 세고 키가 컸던 거인 족이었기 때문에 다른 사람들에게 두려움의 대상이었다. 탈굼 프쉬도 요나단은 '엠'을 거인들, 크고 강한 '무서운 사람들'로 말한다. 탈굼 옹켈로스는 '엠'을 '크고 많은 민족 그리고 용사와 같이 강한' 사람들이라고 한다.

11 르바임,[1] 그들 역시 아낙 인들과 같이 간주되었다.[2] 그러나 모압 인들은 그들을 에밈으로 불렀다.

본문 비교

1) 탈굼 옹켈로스, 탈굼 네오피티와 탈굼 프쉬도 요나단은 "사람들"로 번역한다. 이는 '강한 사람들', '용사' 또는 '거인'을 의미한다.
2) 사마리아 오경은 "르바임, 그들 역시 아낙 인들과 같이 간주 되었다"를 생략한다.

"르바임" 역시 거인 원주민들로 알려졌다(참고. 신 2:20, 3:11, 13). 르바임은 에밈의 다른 이름인 것 같다.

12 그리고 호리 인들이 옛날에 세일에서 살고 있었다, 그러나 에서의 아들들이 그들을 점령하였고[1] 그들을 그들 앞에서 멸망시켰다,[2] 그리고 그들이 그들 대신에 살았다, 이스라엘이 아도나이께서 그들에게 주셨던 그의 소유의 땅에 행한 것 같이.

본문 비교

1) 70인경은 "전멸시켰다" 또는 "죽였다"(ἀπώλεσαν)로 번역한다.
2) "에서의 아들들이…그들을 그들 앞에서 멸망시켰다"를 사마리아 오경은 "아도나이께서 그들을 그들 앞에서 멸망시켰다"로 읽으며, "그가 그들을 점령했다"를 첨가한다.

세일에는 에돔 이전에 '호리 사람들'이 살고 있었다. 에서의 후손들이 호리 사람들을 점령하여 다 멸절시킨 후에 그들 대신 세일에 정착하고 살았다. 모압과 에돔이 그 땅을 점령하고 이전 주민들 대신에 정착하고 산 것은 이스라엘이 가나안의 원주민들을 몰아내고 정착한 행위와 비교되고 있다. 12절은 이스라엘의 가나안 땅 점령을 이미 전제하고 있다.

개역 성경은 10-12절을 괄호로 묶어 놓았는데 이것이 무엇을 의미하는지 불분명하다. 마치 사본상에 문제가 있는 것처럼 괄호로 묶어 놓았다. 하지만 이 구절들은 사본상에 아무런 문제가 없다.

13 이제[1] 너희는 일어나라,[2] 그리고 너희를 위해 세렛 시내를 건너라, 그리고 우리가 세렛 시내를 건넜다.

본문 비교

1) 사마리아 오경은 접속사 '그리고'를 넣어 "그리고 이제"로, 그리고 70인경은 "이제 그렇다면"(νῦν οὖν)으로 읽는다.
2) 사마리아 오경과 70인경은 "일어나라"에 "출발하라"를 덧 붙인다.

다시 이스라엘의 여행 일지를 말한다. 하나님이 이스라엘의 여행을 인도하시며 방향을 지시하신다. "너희를 위해"는 '너희 자신을 위해'라는 의미도 갖는다. "건너라"는 '지나가라'로도 번역할 수 있다. "세렛 시내"는 일반적으로 모압의 남쪽 경계이다. '세렛 시내'는 동쪽에서 서쪽으로 사해 바다 끝부분 안으로 흘러간다. 따라서 자연적으로 모압과 에돔 사이의 경계를 형성한다. Wadi al-Hesa와 동일시된다.

14 그리고 우리가 가데스 바네아로부터 걸었던 그 날들은 우리가 세렛 시내를 건넜을 때까지 38년이었다, 모든 그 세대, 전쟁의 사람들이 그 진중에서 끝나기[1]까지, 아도나이께서 그들에게 맹세하셨던 대로.

본문 비교

1) '톰'(תם) '끝나다,' '완전해지다'를 70인경은 '디에페센'(διέπεσεν)

'떨어지다' 즉, '멸망하다'로 읽는다. 아퀼라는 히브리어 본문을 따라 '완전해졌다'(ἐτελειωθῇ)로 해석한다.

"우리가 가데스 바네아로부터 걸었던 그 날들은." 이스라엘은 가데스 바네아에서 12정탐꾼들의 보고를 듣고 하나님의 말씀에 반역했다. 그 결과로 하나님의 심판을 받아 광야에서 유랑하는 신세가 되었다. 이 38년은 심판의 세월을 말한다. 그 방랑의 세월 동안에 옛 세대의 전쟁의 사람들이 다 죽었다. 전쟁의 사람들은 가데스 바네아에서 불순종할 때 20세 이상으로 전쟁에 나갈 수 있었던 이스라엘 사람들을 의미한다(민 14:29). 이제 옛 세대가 완전히 단절되었고 새로운 세대가 시작되었다. 이스라엘 내에 세대 교체가 이루어진 것이다.

"끝나기까지"(עד תם)에서 '톰'(תם)은 '완전해지다', '끝나다'를 의미한다. 이것은 이 문맥에서 전쟁의 사람들이 '전멸하다', '죽다'라는 의미로 사용되었다.

"맹세하셨던 대로"는 1:35의 하나님의 맹세의 성취를 말한다. 백성들의 원망과 불평을 들은 하나님은 그들을 '악한 세대'로 규정하신다. 그리고 그 악한 세대의 사람들 가운데 한 사람도, 갈렙과 여호수아는 제외하고, 조상들에게 주시기로 맹세했던 그 좋은 땅을 볼 수 없을 것이라고 맹세하셨다. 이 맹세를 따라 출애굽 세대들은 가나안 땅에 들어가지 못하고 광야에서 다 생을 마감하게 되었다.

15 그리고 또한[1)] 아도나이의 손이[2)] 그들을 대항했다. 그들을 진중에서 전멸하기 위해, 그들을 끝내기까지.

본문 비교

1) 70인경과 벌게이트는 '또한', '역시'(גם)를 생략한다.

2) 70인경에는 "하나님의 손"이다.

아람어 성서들(옹켈로스, 네오피티, 프쉬도 요나단)은 신인동형론적인 표현인 '손'을 '역병', '재앙'으로 해석한다.

"아도나이의 손"은 신인동형론적인 표현이다. 상징적으로 아도나이의 권세와 능력을 표현한다. 이 문맥에서는 불순종한 출애굽 세대들을 심판하시는 하나님의 능력이라는 의미로 사용되었다. "그들을 대항했다"는 아도나이의 능력이 그들을 '반대했다'라는 뜻이다.

"전멸하기 위해"는 부정사로 '없애 버리기 위해', '죽이기 위해'의 뜻을 갖는다. "끝내기까지"는 14절 참고.

16 그리고 이것이 일어났다, 모든 전쟁의 사람들이 그 백성 가운데서[1] 죽음으로 끝났을 때

본문 비교

1) 탈굼 프쉬도 요나단은 "진중에서", "진영 가운데서"로 읽는다.

"이것이 일어났다"는 '이것이 발생했다,' 또는 '이것이 있었다'는 의미이다. 출애굽 세대들이 다 죽었을 때, 17절의 하나님의 말씀이 다시 주어지는 것을 말한다. "전쟁의 사람들"은 용사들로 출애굽 세대의 사람들을 가리킨다.

17 그리고 아도나이께서 나에게 말씀하셨다,[1] 말하기를,

본문 비교

1) 사마리아 오경은 동사 אמר를 사용한다(마소라 דבר). 단어는 다르지만 뜻은 같다.

신적 말씀이 다시 모세에게 주어진다. 모세는 하나님의 말씀을 전달

하는 하나님의 대변인으로 나타난다. 또한 그 말씀을 실행할 때는 이스라엘을 인도하는 지도자이다.

18 너는 오늘 모압의 경계 아르를[1] 지나려고 한다.

본문 비교

1) 70인경에는 '아로엘'('Αροῆρ)이다.

옛 세대가 완전히 전멸되었고 세대 교체가 이루어졌을 때, 이스라엘은 모압 경계를 지나 암몬의 국경에 다가가게 되었다.

3. 이스라엘의 암몬 지경의 방랑(2:19-23)

번역

19 그리고 네가 암몬 아들들의 앞에 다가간다,
너는 그들을 괴롭히지 말라,
그리고 너는 그들과 싸우지 말라,
왜냐하면 내가 암몬 아들들의 땅을 너에게 소유로 주지 않을 것이기 때문이다,
왜냐하면 내가 롯의 아들들에게 그것을 소유로 주었기 때문이다.
20 그것 역시 르바임의 땅으로 간주되었다,
르바임, 그들이 옛날에 거기에 살았었다,
그리고 암몬 인들이 그들을 삼숨밈으로 불렀다.
21 크고 많고 높은 백성, 아낙 사람들같이,
그러나 아도나이께서 그들을 그들 앞에서 멸망시키셨다,
그리고 그들이 그들을 점령했고 그들 대신에 살았다.

22 그가 세일에 살고 있는 에서의 아들들을 위해서 행했던 것같이,
그가 호리 인들을 그들 앞에서 멸망시키셨다,
그리고 그들이 그들을 점령했다,
그리고 그들 대신에 살았다, 이 날까지.
23 그리고 마을들 안에 아자까지 살고 있던 아위 인들,
갑돌에서 나온 갑돌 인들이 그들을 멸망시켰다,
그리고 그들 대신에 정착했다.

주해

19 그리고 네가[1] 암몬 아들들의 앞에 다가간다, 너는[1] 그들을 괴롭히지 말라, 그리고 너는[1] 그들과 싸우지 말라,[2] 왜냐하면 내가 암몬 아들들의 땅을 너에게 소유로 주지 않을 것이기 때문이다, 왜냐하면 내가 롯의 아들들에게 그것을 소유로 주었기 때문이다.

본문 비교

1) 70인경에는 2인칭 복수 "너희"이다.
2) 아람어 성서들, 옹켈로스, 네오피티, 프쉬도 요나단과 70인경은 "너는 전쟁으로 그들과 싸우지 말라"로 읽는다.

"암몬 아들들"은 암몬의 후손들 또는 자손들을 의미한다. "앞에"는 '정면으로'이다. 이는 이스라엘이 암몬의 국경에 가까이 접근했음을 말한다.

"괴롭히지 말라"는 9절 참고.

"싸우지 말라"는 5절 참고.

이스라엘이 왜 암몬과 전쟁을 하지 말아야 하는 지에 대한 이유를 2개의 접속사 '왜냐하면'이 잘 설명해 주고 있다. 하나님은 암몬의 땅을 이스라엘의 소유로 주지 않았고 그 땅을 암몬의 소유로 주었기 때문이다.

"암몬 아들들의 땅을"은 문자적으로 '암몬 아들들의 땅으로부터'이다. 즉 하나님은 암몬의 땅의 어떤 부분도 이스라엘의 소유로 주지 않을 것이다.

'소유'라는 명사가 '주다'라는 동사와 함께 두 번씩 사용되었다. 명사 '예루사'(ירשה) '소유', '상속 재산', '유산'은 동사 '야라시'(ירש) '점령하다', '~을 빼앗다', '상속하다'에서 왔다.

20 그것 역시[1] 르바임의 땅으로 간주되었다, 르바임, 그들이 옛날에 거기에 살았었다, 그리고 암몬 인들이 그들을 삼숨밈으로 불렀다.

본문 비교

1) "그것 역시"(אַף הוּא)를 70인경은 "그리고 왜냐하면" 또는 "그리고 확실히"(καὶ γὰρ)로 읽는다.

암몬이 정착하기 이전의 역사를 설명하고 있다. 암몬의 땅은 원래 르바임 사람들이 살던 곳이었다. 하지만 암몬이 그들을 몰아내고 대신 정착했다.

"간주되었다"(תחשב)는 '하샵'(חשב) '생각하다', '간주하다',' '계산하다'의 니팔(수동태) 미완료형이다.

21 크고 많고 높은[1] 백성, 아낙 사람들같이, 그러나 아도나이께서 그들을 그들 앞에서 멸망시키셨다, 그리고 그들이 그들을 점령했고 그들 대신에 살았다.[2]

본문 비교

1) "높은"을 70인경은 비교급을 써서 '두나토테론'(δυνατώτερον) "더 강한"[사본 B는 '휘몬'(υμων)을 덧붙여서 "너희보다 더 강한"]으로 읽는다. 아퀼라는 히브리어를 따라 문자적으로 번역했다: "크고

많은 그리고 높은 백성"(λαὸς μέγας καὶ πολὺς καὶ ὑψηλός). 탈굼 옹켈로스 역시 "높은"을 "강한"으로 번역한다.

2) 70인경의 일부 사본들(B Min)은 절 끝에 "이 날까지"(ἕως τῆς ἡμέρας ταύτης)를 덧붙인다.

르바임 사람들 역시 거인족이었다. "높은"은 '키가 큰'을 의미한다. 하지만 하나님이 그 땅을 암몬 사람들에게 주셨기 때문에(19절) 암몬인들이 그 거인족을 점령할 수 있었다. 이러한 하나님의 주권은 "아도나이께서 그들(르바임)을 그들 앞(암몬)에서 멸망시키셨다"에 나타난다.

"살았다"는 '정착했다'를 말한다.

22 그가[1] 세일에 살고 있는 에서의 아들들을 위해서 행했던 것같이, 그가[1] 호리인들을 그들 앞에서 멸망시키셨다, 그리고 그들이 그들을 점령했다, 그리고 그들 대신에 살았다, 이 날까지.

본문 비교

1) 동사의 주어 3인칭 단수 "그가… 행했던 것같이"와 "그가… 멸망시키셨다"를 70인경은 3인칭 복수 '그들이'로 읽는다. 시리아 역은 "에서의 후손들이 행했던 것같이"로 번역한다.

'그'는 아도나이를 말한다. 아도나이께서 에서의 후손들에게 거주지를 주시기 위하여 하신 행위이다. 아도나이의 도움으로 에서의 아들들이 호리인들을 점령하여 그 땅에 정착하고 살 수 있었다.

23 그리고 마을들[1] 안에 아자까지 살고 있던 아위 인들, 갑돌[2]에서 나온 갑돌 인들이 그들을 멸망시켰다, 그리고 그들 대신에 정착했다.

본문 비교

1) '하제림'(חצרים) "마을들"에 대한 해석은 두 가지이다. 하나는 '하제림'을 '하제르'(חצר) '마을', '부락', '정착지'의 복수로 보는 것이다(탈굼 네오피티). 많은 현대 역본들이 이 견해를 취하고 있다(ASV, NAB, NAS, NAU, NIB, NIV, NKJ, RSV Fox - "villages", NJB - "encamp-ments", NRS - "settlements"). 다른 하나는 이것을 지명 이름으로 보는 견해이다(KJV). 고대 역본들, 70인경, 탈굼 옹켈로스, 시리아 역, 벌게이트는 이 견해를 취하고 있다.
2) "갑돌"은 전통적으로 지중해의 섬 크레타로 여겨졌다. 그러나 70인경과 아람어 성경들(옹켈로스, 네오피티, 프쉬도 요나단)은 '갑돌'을 소아시아 지방의 '갑바도기아'로, 그리고 '갑돌 사람들'을 '갑바도기아 사람들'로 해석하고 있다. 이와는 달리 다른 성서 본문들은 갑돌이 블레셋 사람들의 장소였다고 말한다(암 9:7, 렘 47:4, 창 10:11).

4. 헤스본의 왕 시혼의 점령(2:24-37)

번역

24 일어나라 여행하라, 그리고 아르논 골짜기를 지나가라,
보라 내가 아모리 헤스본의 왕 시혼과 그의 땅을 너의 손 안에 주었다,
시작하라, 점령하라, 그리고 그에 대항하여 전쟁으로 싸우라.
이 날, 내가 너의 공포와 너의 두려움을
모든 하늘 아래에 (있는) 그 백성들 앞에 두기 시작할 것이다,
그들이 너의 소문을 들을 것이다,
그리고 그들이 떨 것이며 근심할 것이다, 너 때문에.

26 그리고 내가 사자들을 그데못 광야에서 헤스본의 왕 시혼에게 보냈다,
평화의 말들로, 말하기를,
27 나로 당신의 땅을 지나가게 해 주십시오,
길 안으로, 길 안으로 내가 가겠습니다,
내가 우로나 좌로나 치우치지 않겠습니다
28 당신은 음식을 은을 위해 나에게 팔 수 있습니다, 내가 먹기 위하여,
그리고 당신은 물을 은을 위해 나에게 줄 수 있습니다, 내가 마시기 위하여,
단지 내가 도보로 지나 가겠습니다.
29 세일에 살고 있는 에서의 아들들이 그리고 아르에 살고 있는 모압 인들이 나
에게 행한 것같이,
내가 요단을 건너 아도나이 우리의 하나님이 우리에게 주시는 그 땅에 가기까지.
30 그러나 헤스본 왕 시혼은 우리가 그 안으로 지나가기를 원하지 않았다,
왜냐하면 아도나이 너의 하나님이 그의 영을 단단하게 하셨으며,
그의 마음을 완고하게 만드셨기 때문이다,
그를 네 손 안에 주기 위하여, 이 날과 같이.
31 그리고 아도나이께서 나에게 말했다,
보라, 내가 시혼과 그의 땅을 너의 앞에 주기 시작하였다,
시작하라, 점령하라, 그의 땅을 점령하기 위하여.
32 시혼이 우리를 만나기 위하여, 그와 그의 모든 백성이, 전쟁에 야하스에 나왔다.
33 그리고 아도나이 우리의 하나님이 그를 우리 앞에 주었다,
그리고 우리가 그와 그의 아들들을, 그리고 그의 모든 백성을 쳤다.
34 그리고 우리가 그의 모든 성들을 빼앗았다, 그 때에,
그리고 우리가 모든 성을, 남자들과 여자들을, 그리고 아이들을 전멸시켰다,
우리가 생존자를 남겨두지 않았다.
35 단지 우리는 그 가축을 우리를 위하여 약탈했다,
그리고 우리가 빼앗았던 그 성들의 전리품을.
36 아르논 골짜기 가에 있는 아로엘에서부터,

그리고 그 골짜기 안에 있는 성, 그리고 길르앗까지,
거기에 우리에게 너무 높았던 도시는 없었다,
아도나이 우리의 하나님이 모든 것을 우리 앞에 주었다.
37 단지 암몬 아들들의 땅에 너는 가까이 해서는 안 된다,
압복 강가의 모든 것에 그리고 산지의 성들에,
아도나이 우리의 하나님이 명령하신 모든 것에.

주해

24 일어나라 여행하라[1], 그리고 아르논 골짜기를 지나가라. 보라 내가 아모리 헤스본의 왕 시혼과 그의 땅을 너의 손 안에[2] 주었다. 시작하라. 점령하라[3], 그리고 그에 대항하여 전쟁으로 싸우라.

본문 비교

1) 70인경은 '눈 운'(νῦν οὖν) "지금 그렇다면"을 문장 처음에 덧붙이며, '그리고'를 삽입하여 "일어나라 그리고 여행하라"로 읽는다.
2) 70인경은 "너의 손들 안에"로 복수이다.
3) 두 개의 명령형 "시작하라, 점령하라"를 번역함에 있어 70인경과 탈굼 네오피티는 명령형 '점령하라'를 부정사 "점령하기 시작하라"(탈굼 옹켈로스와 탈굼 프쉬도 요나단은 "몰아내기 시작하라")로 번역한다.

신명기에 따르면 땅의 점령과 정복은 '아르논 골짜기' 또는 '아르논 강'을 건넘으로 시작된다. 반면에 여호수아서에서 가나안 땅의 점령은 '요단 강'을 건넘으로 시작되고 있다[M. Weinfeld, "The Extent of the Promised Land - the Status of Transjordan," in G. Streeker(ed.), *Das Land Israel in biblischer Zeit Jerusalem* - Symposium 1981, Göttingen, 1983, 67].

7개의 명령형으로 시작하는 이 구절은 약속의 땅의 정복에 생동감을 더해준다. 이스라엘은 이제 오랜 방랑을 끝내고 요단강 동편의 땅을 점령하기 시작한다.

명령형으로 시작하는 이 문장의 직역은 '너희는 일어나라 너희는 여행하라 그리고 너희는 지나가라 아르논 골짜기를'이다. '일어나라'와 '여행하라' 사이에 접속사 '그리고'가 생략되었다. '여행하라'는 '출발하라', '떠나라'라는 의미로 이스라엘의 행진을 말한다. '여행하라'는 1:7, 40, 2:24에서 명령형으로, 1:19, 2:1에서 칼 미완료로 사용되었다. 여기서 "일어나라…지나가라"는 2:13의 "너희는 일어나라…건너라"와 같은 단어이다.

24절과 31절에 '보라', '시작하라', '점령하라'는 동사들과 '시혼'과 '그의 땅'이라는 명사들이 반복되었다.

개역 성경은 명령형의 번역이 불분명하다. '일어나라 여행하라'를 '너희는 일어나 진행하여'로 번역하며 다시 '보라'라는 말을 생략하고 있다.

"아르논 골짜기"는 '아르논 강'으로 그리고 "지나가라"는 '건너가라'로도 번역될 수 있다. 70인경은 "아르논 골짜기"로 해석한다. 이것은 우기에만 물이 흐르는 강 또는 계곡을 뜻한다.

"보라"라는 명령형 동사가 등장하여 독자들의 주의를 끌고 있다. '레에'(ראה) '보라'는 1:8, 21, 2:24, 31에서 '땅'과 관련해서 사용되었다(지시 불변화사 הנה '보라'는 1:10).

1:8 보라 내가 너희 앞에 그 땅을 두었다.

1:21 보라 아도나이 너의 하나님이 너의 앞에 그 땅을 두었다.

2:24 보라 내가 아모리 헤스본의 왕 시혼과 그의 땅을 너의 손 안에 주었다.

2:31 보라 내가 시혼과 그의 땅을 너의 앞에 주기 시작하였다.

‘주다’ 또는 ‘두다’로 번역되는 히브리어 ‘나탄’(נָתַן)이 8회 나타난다. 그 가운데서 하나님이 주어로 나오는 경우가 7회이다. 하나님은 시혼과 그의 땅을 이스라엘에게 주시는 분이며(24, 31절), 다른 민족에게 이스라엘을 무서워하는 공포와 두려움을 주시는 분이다(25절). 하나님은 이스라엘에게 가나안 땅을(29절), 시혼을(30, 33절), 그리고 모든 것을(36절) 주신다.

“너의 손 안에 주었다”는 헤스본의 왕 시혼과 그의 땅을 이스라엘의 세력 하에 주셨음을 뜻한다. ‘손’은 상징적으로 ‘권세’, ‘능력’을 말한다. 즉 하나님이 이스라엘에게 헤스본의 왕과 그의 영토를 다스리고 점령할 수 있는 능력을 주셨다는 것이다.

접속사 ‘그리고’가 없는 두 개의 명령형 “시작하라 점령하라”의 주어는 ‘너는 시작하라 너는 점령하라’이다. 이는 ‘너는 점령하기 시작하라’는 의미이다. 위의 세 개의 명령형 ‘너희는 일어나라, 여행하라, 지나가라’의 주어는 2인칭 복수 ‘너희’인 반면에, 세 개의 명령형 ‘시작하라, 점령하라, 싸우라’의 주어는 2인칭 단수 ‘너’로, 복수와 단수의 차이를 보이고 있다.

명령형 ‘점령하라’는 신명기 1:8, 21, 2:24, 31에, 칼 미완료형은 신명기 1:39, 2:12, 21, 22에, 그리고 부정사형은 신명기 2:31에 사용되었다.

“싸우라”는 히트파엘(재귀) 명령형으로 ‘너 자신을 자극하라’ 또는 ‘흥분하라’는 의미를 담고 있다. 즉 헤스본의 왕 시혼을 대항하여 자신의 감정을 선동하여 전쟁하라는 것이다.

개역 성경은 마지막 구 “시작하라, 점령하라, 그리고 그에 대항하여 전쟁으로 싸우라”를 “비로소 더불어 싸워서 그 땅을 얻으라”로 모호하게 번역한다(개역개정 “이제 더불어 싸워서 그 땅을 차지하라”).

25 이 날[1], 내가 너의 공포와 너의 두려움을 모든 하늘 아래에 (있는) 그 백성들[2]
앞에 두기 시작할 것이다[3], 그들이 너의 소문을[4] 들을 것이다, 그리고 그들이 떨 것이며 근심할 것이다, 너 때문에.

본문 비교

1) 70인경은 전치사 '안에'(ἐν)를 삽입하여 '이 날에' 또는 '이 날 안에'로 읽는다.
2) "모든 하늘 아래에 (있는) 그 백성들"을 70인경은 "하늘 아래에 (있는) 모든 백성들"로 번역한다.
3) "내가 두기 시작할 것이다"(미완료형)를 70인경은 명령형 "두기 시작하라"(ἐνάρχου δοῦναι)로 읽는다(사마리아 오경과 탈굼 사마리아 오경도 명령형 החל).
4) 70인경에는 "너의 이름을"이다.

헤스본의 왕 시혼과의 전쟁은 1:19-46의 가나안 첫 정복 사건인 불순종의 전쟁과는 다르다. 1:8, 21에서 "점령하라"는 명령이 이스라엘 옛 세대들에게 주어졌었다. 그러나 옛 세대들은 이 명령에 불순종했다. 신세대는 옛 세대와는 달리 "점령하라"는 아도나이의 명령에 순종한다.

"이 날"은 전쟁을 시작하는 시점을 말한다.

"공포"는 전쟁이라는 실제적인 상황에서 사람들이 갖는 심리적인 상태로 '두려움', '떨림'을 뜻한다.

"너의 공포"와 "너의 두려움"은 유사 병렬어로 이스라엘이 전쟁 직전에 처한 심리적인 상태를 반복적인 언어로 설명한다. 하나님은 이스라엘이 갖는 공포와 두려움을 적군인 아모리 사람들에게 옮겨 놓으신다고 선언하신다. 하나님은 이스라엘의 전쟁을 도우시며 친히 개입하시는데, 이스라엘이 갖는 공포심을 없애시며, 오히려 그 두려움을 적군에게 더 증가시킨다. 전투에서 군인들의 사기는 아주 중요하다. 특히 과학적인 첨단 무기를 많이 사용하는 현대 전쟁과는 달리 고대 전쟁은 군인들이 직접 백병전을 벌여 적군을 죽여야 했다. 여기서 군인들의 심리적인 상태가 전투에 큰 영향을 끼친다. 이러한 고도의 심리전에서 하나님은 이스라엘에게서 두려움과 공포를 제거해 주시며 도우신다.

심리전에서 벌써 이스라엘이 승리하고 있다. 아모리 인들은 이스라엘의 소문을 듣고 공포감에 시달린다. 그들은 이스라엘이 쳐들어 온다는 소문에 마음속에서 두려움과 공포로 떨며 근심한다.

개역 성경은 "너의 공포와 너의 두려움을"을 "너를 무서워하며 너를 두려워하게 하리니"로 명사를 동사로 번역한다.

"모든 하늘 아래에 (있는) 그 백성들 앞에"에서 '있는'은 히브리어에 없다. 하지만 문맥에 맞추어 넣어서 번역하는 것이 독자들의 이해를 돕는다. "앞에"는 문자적으로 '얼굴에'이다. 즉 이스라엘이 갖고 있던 공포심을 하나님이 옮기심으로 적군의 얼굴에 공포와 두려움이 나타난다는 것이다.

확실히 가나안 정복 전쟁은 아도나이의 약속을 성취하기 위한 아도나이의 전쟁이다. 그래서 아도나이는 전쟁에 적극적으로 간섭하신다. 이러한 상황은 옛 세대가 정탐꾼들을 통해서 가나안 거주민들의 상황을 듣고 마음이 녹아 내렸던 것과 반대이다(1:28).

"너 때문에"는 문자적으로 '너 앞에서'이다. 70인경은 '너 앞에서'로 번역한다.

26 그리고 내가 사자들을 그데못 광야에서 헤스본의 왕 시혼에게 보냈다, 평화의 말들로, 말하기를,

"그데못"은 모압 동편에 위치한다. 후에 이 지역은 르우벤 지파의 영토가 되었다(수 13:18). 모세와 이스라엘 백성은 지금 그데못 광야에서 진을 치고 헤스본으로 나아갈 준비를 하고 있다.

"헤스본"은 요단 강 동편에 위치한 아모리 인들의 왕 시혼의 수도이다(민 21:26, 34, 신 1:4, 2:24). 후에 이곳 역시 르우벤 지파에게 속하게

된다.

모세가 헤스본의 왕에게 평화의 사절단을 보낸다. 이것은 24절의 아도나이의 명령 "점령하라…전쟁으로 싸우라"는 명령과 어울리지 않는 것같이 보인다. "평화의 말들"은 "전쟁으로 싸우라"와 정면으로 대치되기 때문이다.

"평화의 말들"은 모세가 헤스본의 왕 시혼에게 평화적으로 제안하는 것들이다. 이 요구들은 27-29절에 나타난다.

> 27 나로 당신의 땅을 지나가게 해 주십시오, 길 안으로, 길 안으로[1] 내가 가겠습니다[2], 내가 우로나 좌로나 치우치지 않겠습니다[3].

본문 비교

1) "길 안으로, 길 안으로"를 70인경은 "길 안으로"로 번역한다. 탈굼 옹켈로스와 프쉬도 요나단은 "주요 도로로"로 그리고 벌게이트는 "공적인 도로로"*publica gradiemur via*로 번역한다.
2) "내가 가겠습니다"를 70인경의 일부 사본들은(B F V) "내가 지나가겠습니다" 또는 "내가 통과하겠습니다"(παρελεύσομαι)로 읽는다.
3) 탈굼 프쉬도 요나단은 "내가 당신에게 손해를 입히기 위해 우로나 좌로나 딴길로 가지 않겠습니다"라고 해석한다.

헤스본의 왕 시혼에게 보낸 모세의 청원Cohortative이다. "나로 당신의 땅을 지나가게 해 주십시오"는 '내가 당신의 땅을 지나가겠습니다' 또는 '내가 당신의 땅을 통과하겠습니다'라는 의미이다.

"길 안으로, 길 안으로"는 '단지 길로만'이라는 의미이다. 개역 성경은 "대로로만"으로 번역한다. 민수기 21:22에서는 "왕의 길"이라고 말한다.

"치우치지 않겠습니다"는 '길을 잘못 들지 않겠다' 또는 '다른 길로

들지 않겠다'는 뜻으로 이스라엘이 단지 그 정해진 길로만 지나가겠다는 것이다.

28 당신은 음식을 은을 위해 나에게 팔 수 있습니다, 내가 먹기 위하여, 그리고 당신은 물을 은을 위해 나에게 줄 수 있습니다, 내가 마시기 위하여,[1)] 단지 내가 도보로 지나가겠습니다.

본문 비교

1) 여기에 탈굼 네오피티는 "우리는 아무것도 필요하지 않습니다"라는 말을 첨가한다.

"음식"과 "물" 그리고 "먹기 위하여"와 "마시기 위하여"가 서로 쌍을 이루고 있다. 두 번의 '은' 그리고 '팔다'와 '주다'가 문학적인 반복과 대조를 이루고 있다. 2:6 참고.
"도보로"는 문자적으로 '나의 발로'이다.

29 세일에 살고 있는 에서의 아들들이 그리고 아르에 살고 있는 모압 인들이 나에게 행한 것같이, 내가 요단을 건너 아도나이 우리의 하나님이 우리에게 주시는 그 땅에 가기까지.

이 구절은 해석하기 어렵다. 왜냐하면 에돔과 모압이 마치 이스라엘을 평화스럽게 맞아준 것 같은, 마치 물과 음식을 이스라엘에게 판 것 같은 뉘앙스를 주기 때문이다. 민수기에서 에돔과 모압은 이스라엘에게 적대적이었다(민 20:14-21, 22-25장). 그리고 신명기는 에돔과 모압의 태도를 말하지 않는다. 신명기는 단지 이스라엘이 그들에 대해 가져야 할 태도만 설명한다. 민수기에 나타난 에돔과 모압의 태도를 따라서 한다면 시혼은 적대적이어야 한다. 하반절에 따르면 모세의 의도는 헤스본의 땅을 지나 요단을 건너서 가나안 땅으로 가려는 것이었던 것같다. 그래서 평화의 사자들을 시혼에게 보냈다. 하지만 시혼이 자신들의 국토를 지나가는 것을 반대함으로 전쟁이 시작되었다.

개역 성경은 "세일에… 행한 것같이"를 명령형으로 "세일에…행한 것같이 하라"로 번역한다. "건너…가기까지"는 '지나…가기까지'로도 번역된다.

30 그러나 헤스본 왕 시혼은 우리가 그 안으로 지나가기를 원하지 않았다, 왜냐하면 아도나이 너의 하나님이[1)] 그의 영을 단단하게 하셨으며, 그의 마음을 완고하게 만드셨기 때문이다, 그를 네 손 안에[2)] 주기 위하여, 이 날과 같이.

본문 비교

1) 70인경에는 1인칭 복수 "주 우리의 하나님"이다.
2) 70인경에는 "너의 손들 안에"로 복수이다.

모세의 제안에 대해 헤스본의 왕 시혼의 태도는 부정적이다. "원하지 않았다"는 시혼이 모세의 요구를 '받아들이지 않은' 또는 '동의하지 않은' 것을 말한다.

시혼이 이스라엘을 통과시켜 주지 않은 이유를 접속사 '왜냐하면'이 잘 설명한다. 그리고 "그의 영"과 "그의 마음" 그리고 "단단하게"와 "완고하게"가 서로 유사 병렬어로서 시혼의 거절 원인을 반복적으로 묘사한다.

"완고하게"는 '단단하게' 또는 '강하게'이다. 시혼의 마음 즉 심리적인 상태를 설명한다.

이스라엘이 출애굽을 할 때, 아도나이는 이집트의 왕 바로의 마음을 난난하게 만드셨다(출 7:3, 14, 9:12, 10:1, 20, 27, 11:10, 14:4, 8, 17). 그리고 이제 헤스본의 왕 시혼의 마음을 단단하게 하셨다. 이것은 이 전쟁이 하나님께 속한 전쟁인 것을 보여준다. 출애굽 전쟁 때에 도와주신 하나님이 이제 가나안 정복 전쟁에서도 친히 간섭하신다. 하나님은 자신의 약속을 실현하기 위해 친히 그 대적을 향해 싸우시는 것이다.

"그를 네 손 안에 주기 위하여"는 시혼의 마음을 강퍅하게 만든 목적을 말한다. 시혼을 이스라엘의 세력 하에 두기 위함이었다. 개역 성경은 "주기 위하여"를 "붙이시려고"로 번역한다(개역개정 "넘기시려고").

"이 날과 같이"[신 2:30, 4:20, 38, 6:24, 8:18, 10:15, 29:27(28)]는 모세가 설교를 하고 있는 시점인지 신명기가 기록될 당시인지 불분명하다.

31 [1]그리고 아도나이께서 나에게 말했다, 보라, 내가 시혼과[2] 그의 땅을 너의 앞에 주기 시작하였다, 시작하라, 점령하라, 그의 땅을 점령하기 위하여.[3]

본문비교

1) 마소라 사본은 세투마(ס)가 있어 이 구절부터 새로운 단락이 시작된다.
2) 사마리아 오경과 70인경은 "시혼"에 "아모리 헤스본의 왕"을 첨가한다.
3) "시작하라, 점령하라, 그의 땅을 점령하기 위하여"를 70인경은 '점령하라'는 명령형을 생략하여 "그의 땅을 점령하기 시작하라"(ἔναρξαι κληρονομῆσαι τὴν γῆν αὐτοῦ)로 번역한다. 탈굼 네오피티는 명령형 '점령하라'를 부정사로 "점령하기 시작하라, 그의 땅을 점유하기 위해"로, 그리고 탈굼 옹켈로스와 탈굼 프쉬도 요나단은 "그를 몰아내기 시작하라, 그의 땅을 점령하기 위하여"로 번역한다.

신적 명령이 다시 모세에게 주어진다. 이것은 "보라"라는 명령형으로 시작하며, 독자들의 주의를 끌고 있다(2:24 참고). 개역 성경은 다시

"보라"라는 명령형을 생략한다.

"내가 시혼과 그의 땅을 너의 앞에 주기 시작하였다." 요단 동편의 땅 점령 역사는 하나님께서 먼저 시작하신다. "내가…그의 땅을…주기 시작"한 것을 보라는 것이다. 아도나이께서 시혼과 그의 땅을 이스라엘에게 주셨음을 강조한다. 개역 성경은 "내가 비로소 시혼과 그의 땅을 네게 붙이노니"로 '비로소'라는 단어를 첨가하며, '너의 앞에'를 '네게' 그리고 '주기 시작하였다'를 '붙이노니'로 번역한다(개역개정 "내가 이제 시혼과 그의 땅을 네게 넘기노니").

"시작하라"와 "점령하라"는 접속사 '그리고'가 없는 명령형 문장이다(ELB, ELO). 하지만 현대 역본들은 '점령하라'를 부정사 "점령하기 시작하라"로 해석하는 경향이 있다(ASV, KJV, NKJ, NIB, NIV, NAS, NAU). 개역 성경은 명령형 "시작하라 점령하라 그의 땅을 점령하기 위하여"를 불분명하게 "너는 이제부터 그 땅을 얻어서 기업을 삼으라 하시더니"로 번역한다(개역개정 "너는 이제부터 그의 땅을 차지하여 기업으로 삼으라 하시더니").

'시작하다'와 '점령하다'는 동사가 이 구절에서 각기 두 번씩이나 사용되어 이스라엘의 땅 점령 시작을 확실히 하고 있다.

32 시혼이[1)] 우리를 만나기 위하여, 그와 그의 모든 백성이, 전쟁에 야하스에 나왔다.

본문 비교

1) 70인경의 대다수 사본들은 "시혼"에 "헤스본의 왕"을 덧붙인다 (Rahlfs 편집 참고).

"우리를 만나기 위하여"는 시혼과 그의 백성들이 이스라엘을 대항하여 선투에 나선 것을 말한다. 아모리 사람들과 이스라엘 사람들이 전쟁 전에 서로 마주 대하여 전선을 형성한 것이다.

"야하스"는 알려지지 않은 장소이다. 그데못 근처에 있는 것으로 추정된다(참고. 수 13:18, 21:36-37).

33 그리고 아도나이 우리의 하나님이 그를 우리 앞에[1] 주었다. 그리고 우리가 그와 그의 아들들을,[2] 그리고 그의 모든 백성을 쳤다.

본문 비교

1) 70인경 일부 사본들은(963 Ms) "우리 앞에"(πρὸ προσώπου ἡμῶν) 대신에 "우리의 손 안에"(εἰς τὰς χεῖρας ἡμῶν)로 읽는다.
2) 마소라 본문에는(Kethib) "그의 아들"로 단수이다. 하지만 본문 옆의 여백에 읽으라고 제시된 것은(Qere) "그의 아들들"로 복수이다. 사마리아 오경, 70인경, 탈굼 옹켈로스 그리고 탈굼 프쉬도 요나단 역시 복수형을 갖고 있다.

이스라엘이 전쟁에 승리한 이유를 설명하고 있다. 하나님이 시혼을 이스라엘에게 넘겨 주셨기 때문에 이스라엘이 그의 백성들을 이길 수 있었다.

"쳤다"는 '패배시켰다', '쳐부셨다'를 뜻한다. 탈굼 네오피티는 더 사실적인 표현 "죽였다"(קטל)로 묘사한다.

34 그리고 우리가 그의 모든 성들을 빼앗았다[1], 그 때에, 그리고 우리가 모든 성을[2], 남자들과[3] 여자들을, 그리고 아이들을[4] 전멸시켰다. 우리가 생존자를 남겨두지 않았다.

본문 비교

1) "우리가 빼앗았다"를 70인경은 "우리가 이겼다", "우리가 정복했다"(ἐκρατήσαμεν)로, 아퀼라는 "우리가 사로잡았다", "우리가 취했

다"(κατελαβόμεθα)로, 그리고 심마쿠스는 "우리가 전멸시켰다", "우리가 빼앗았다"(ἐτορθήσαμεν)로 번역한다.

2) 마소라 사본의 "모든 성을"(את כל עיר)을 사마리아 오경은 "그의 성들의 모든 것을"(את כל עירו)로 읽는다.

3) 70인경은 "남자들"을 생략하며 "모든 성을 계속하여"(πᾶσαν πόλιν ἑξῆς)로 읽는다. 70인경의 번역자는 히브리어 מתם를 תמם으로 잘못 읽은 것 같다(Wevers, 46).

4) 70인경에는 "그들의 여자들 그리고 그들의 아이들을"이다.

전쟁의 결과를 설명한다. "빼앗았다"는 '취했다', '사로잡았다'라는 뜻이다.

'나하렘'(נחרם) '전멸시켰다'는 '하람'(חרם) '완전히 전멸시키다', '금하다', '바치다'의 히필 와우 계속형 미완료 1인칭 복수형이다. 이것은 헤렘 사상을 나타내는 단어로 이스라엘이 전쟁할 때, 가나안 땅 안의 살아 있는 사람들을, 즉 유아들까지 전부 죽여야 한다.

신명기의 전쟁 법규(20:10-18)는 이스라엘이 어떻게 전쟁을 해야 하는가를 설명한다. 두가지 전쟁 방법이 있는데, 하나는 가나안 땅에 속하지 않은 성과 그 거주민들과의 전쟁이다. 이들에게는 먼저 평화 협정 맺기를 제안하고, 그 제안에 따르지 않으면 남자들만 죽이고 여자와 유아들과 가축들과 탈취물들을 취할 수 있었다(20:10-15). 다른 하나는 가나안 땅에 속한 사람들과의 전쟁이다. 이 경우는 상황이 다르다. 이스라엘은 가나안 땅에 속한 주민들을 다 죽여야 한다. 생존자를 남겨 놓아서는 안 된다(20:16-17). 그 이유는 신앙적인 측면에서 설명된다. 이스라엘 백성들이 가나안의 생존자들을 남겨 놓음으로 인해 이들이 이스라엘을 유혹하여 아도나이 신앙에서 떠나게 하는 것을 막기 위함이었다(20:18).

이 전쟁 규정들이 헤스본과의 전쟁을 설명해 준다. 사실 헤스본은 약속의 땅이 아니었다(참고. 민 34:1-12). 트랜스 요르단 지역은 은연중에 더러운 땅으로 간주되기도 한다(수 22:19). 그래서 모세는 처음에 이 지역을 점령할 의사가 없었기 때문에 평화의 사자들을 헤스본의 왕 시혼에게 보낸다(신 2:26과 20:10-11을 보라). 모세는 헤스본을 통과하여 요단을 건너갈 계획이었다(신 2:29). 하지만 시혼이 모세의 제안을 거절하며, 이스라엘을 대항하여 야하스에 나왔기 때문에 전쟁이 시작된 것이다(신 2:30, 32, 민 21:21-25). 이러한 사실은 민수기에 잘 보도되었다. 신명기는 이 헤스본의 점령을 하나님의 계획이었던 것으로 해석한다. 하나님이 시혼의 마음을 단단하게 하셨기 때문에 전쟁이 시작되었고, 그의 땅을 이스라엘에게 주시려고 했다는 것이다.

결국 헤스본의 왕 시혼과의 전투는 약속의 땅 점령 전쟁이 되었으며, 생존자를 남겨 놓지 않는 남자, 여자, 유아들을 모두 죽이는 전쟁이 되었다(신 2:34, 20,16). 약속의 땅의 거주민을 모두 전멸시키는 헤렘 전쟁은 신앙적인 이유 때문에 생존자를 남겨 놓지 말라는 것이다(참고. 신 7:1-4). 인종 청소로 볼 수 있는 끔찍한 전쟁이 바로 가나안 정복 전쟁이다. 이스라엘의 가나안 정복 전쟁은 윤리적인 측면에서 볼 것이 아니라 신앙적인 면에서 보아야 한다.

"생존자"는 '나머지'로 '남은 사람'을 뜻한다.

35 단지 우리는 그 가축을 우리를 위하여[1)] 약탈했다, 그리고 우리가 빼앗았던 그 성들의 전리품을.

본문 비교

1) 70인경은 "우리를 위하여"를 생략한다.

생명이 있는 사람들은 다 죽였지만 가축과 전리품은 헤렘에 적용되지 않았다. 이스라엘은 전쟁의 승리로 이것들을 전리품으로 소유할 수 있었다(참고. 수 8:2, 27, 11:14).

36 아르논 골짜기 가에 있는 아로엘[1]에서부터, 그리고 그 골짜기[2] 안에 있는 성,
그리고 길르앗까지, 거기에 우리에게 너무 높았던[3] 도시는 없었다. 아도나이
우리의 하나님이 모든 것을 우리 앞에[4] 주었다.

본문 비교

1) 70인경은 이 구절에서 히브리어 '아로엘'(ערער)을 옳게 '아로엘'(Ἀροήρ)로 번역한다. 하지만 70인경은 2:9, 18, 29에서 히브리어 '아르'(ער)를 '아로엘'(Ἀροήρ)로 잘못 번역했다.
2) 히브리어 '나할'(נחל) '골짜기', '강'은 같은 단어로서 두번 나오는데, 70인경은 이를 다른 단어, 첫 번째는 '케이말루'(χειμάρρου) '급류', '강'으로 그리고 두 번째는 '파랑기'(φάραγγι) '협곡', '계곡'으로 번역한다.
3) "너무 높았던"을 70인경은 '도망하다', '피하다', '모면하다'(διέφυγεν)로, 즉 "우리를 피했던 도시는 없었다"로 해석한다. 심마쿠스는 "더 강했던" 또는 "이겼던"(ὑπερίσχυσεν)으로 번역한다. 즉 이스라엘보다 더 강한 도시는 없었다는 것이다. 탈굼 옹켈로스와 탈굼 프쉬도 요나단 역시 이것을 "강한"(תקיף)으로 즉 "우리에게 너무 강한 도시는 없었다"로 해석하며, 탈굼 네오피티는 "구원받은"(שיזב)으로 즉 "우리에게서 구원받은 도시가 없었다"로 해석한다.
4) 사마리아 오경과 70인경에는 "우리 손 안에"이다.

'나할'(נחל) '골짜기'는 '강'으로도 번역된다. 이것은 우기에 비가 와서 급류가 되는 강wadi을 말한다. 물이 없을 때는 협곡 또는 골짜기이다.

"길르앗"은 요단 강으로부터 동편으로 뻗어 있는 산지이다.

"거기에 우리에게 너무 높았던 성은 없었다"는 이스라엘이 점령하기

에 성이 견고하고 높았던 성들이 없었다는 의미이다.

37 단지 암몬 아들들의 땅에 너는[1] 가까이 해서는 안 된다, 압복 강가의[2] 모든 것에 그리고 산지의 성들에, 아도나이 우리의 하나님이 명령하신 모든 것에.

본문 비교

1) 70인경, 탈굼 네오피티, 시리아 역, 벌게이트는 1인칭 복수 '우리'로 읽는다.
2) 70인경은 '강의 인접한' 곳으로 해석한다.

하나님의 명령이 기록되었다. 이스라엘이 해서는 안 되는 것으로 암몬의 영토에 가까이 가서는 안 된다고 하였다. "가까이 해서는 안 된다"는 '침입해서는 안 된다'는 의미이다.

"하나님이 명령하신"은 하나님이 금지하신 것을 뜻한다.

참고 문헌

Alt, A., "Emiter und Moabiter," in *Kleine Schriften zur Geschichte des Volkes Israel* I, München, 1953, 203-215.

Bartlett, J. R., "Sihon and Og, Kings of the Amorites," *VT* 20 (1970), 257-277.

——, "The Land of Seir and the Brotherhood of Edom," *JTS* 20 (1969), 1-20.

——, "The Brotherhood of Edom," *JSOT* 4 (1977), 2-27.

——, "Ezion-Geber, Which is Near Elath on the Shore of the Red Sea (1 Kings ix 26)," *OTS* 26 (1990), 1-16.

——— , "The Conquest of Sihon's Kingdom: A Literary Re-Examination," *JBL* 97 (1978), 347-351.

Batto, B. F., "Red Sea or Reed Sea?" *BAR* 10 (1984), 57-63.

Coats, G. W., "The Wilderness Itinerary," *CBQ* 34 (1972), 135-152.

Davies, G. I., "The Wilderness Itineraries and the Composition of the Pentateuch," *VT* 33 (1983), 1-13.

——— , "The Wilderness Itineraries: A Comparative Study," *TynB* 25 (1974), 46-81.

Dearman, J. A., "The Location of Jahaz," *ZDPV* 100 (1984), 122-125.

——— , "The Levitical Cities of Reuben and Moabite Toponymy," *BASOR* 276 (1989), 55-66.

Dietrich, M. - Loretz, O. - Sanmartin, J., "Die Ugaritischen Totengeister RPU(M) und die Biblischen Rephaim," *UF* 8 (1976), 45-52.

Flinder, A., "Is This Solomon's Seaport," *BAR* 15/4 (July-August, 1989), 31-43.

Glatt-Gilad, D. A., "The Re-interpretation of the Edomite-Israelite Encounter in Deuteronomy II," *VT* 47 (1997), 441-455.

Glueck, N., "Ezion-geber," *BA* 28 (1965), 70-87.

——— , "The Topography and History of Ezion-Geber and Elath," *BASOR* 72 (1938), 2-13.

Goerg, M., *Beiträge zur Zeitgeschichte der Anfänge Israels Dokumente - Materialien - Notizen*, Wiesbaden, 1989, 123-134.

Gray, J., "The Rephaim," *PEQ* 81 (1949), 127-139.

Kallai, Z., "Conquest and Settlement of Trans-Jordan," *ZDPV* 99 (1983), 110-118.

Kammenhuber, A., "Die Arier im Vorderen Orient und die historischen Wohnsitze der Hurriter," *Orientalia* 46 (1977), 129-144.

L'heureux, C., "The Ugaritic and Biblical Rephaim," *HTR* 67 (1974), 265-274.

Lohfink, N., "Die Stimmen in Deuteronomium 2," *BZ* 37 (1993), 209-235.

——, "Zu ta bbs in DTN 2,1.3," *ZKTh* 116 (1994), 435-439.

——, "Darstellungskunst und Theologie in Dtn 1,6-3,29," *Bib* 41 (1960), 105-134.

——, "Wie stellt sich das Problem Individuum - Gemeinschaft in Deuteronomium 1,6-3,29?" in *Studien zum Deuteronomium und zur deuteronomistischen Literatur* I, Stuttgart, 1990, 45-51.

Meyer, Ed., "Der Krieg gegen Sichon und die zugehörigen Abschnitte," *ZAW* 5 (1885), 36-52.

Miller, J. M., "The Israelite Journey Through (Around) Moab and Moabite Toponymy," *JBL* 108 (1989), 577-595.

——, "Moab and the Moabites," in *Studies in the Mesha Inscription and Moab*, Georgia, 1989, 1-40.

Moor, J. C. de, "Rapi'uma - Rephaim," *ZAW* 88 (1976), 323-345.

Moran, W. L., "The End of the Unholy War and the Anti-Exodus," in *A Song of Power and the Power of Song*, Indiana, 1993, 147-155.

Pratico, G. D., "A Reappraisal of the Site Archaeologist Nelson Glueck Identified as King Solomon's Red Sea Port," *BAR* 12 (1986), 24-35.

Schmitt, H. C., "Das Hesbonlied Num. 21,27aβb-30 und die Geschichte der Stadt Hesbon," *ZDPV* 104 (1988), 26-43.

Schwally, F., "Ueber einige palaestinische Voelkernamen," *ZAW* 18 (1898), 126-148.

Seters, J. van, "Once Again - The Conquest of Sihon's Kingdom," *JBL* 99 (1980), 117-124.

Smelik, K. A. D., "Een Vuur Gaat uit van Chesbon," *ACEBT* 5 (1984),

61-109, 181-183.

Sumner, W. A., "Israel's Encounters with Edom, Moab, Ammon, Sihon, and Og according to the Deuteronomist," *VT* 18 (1968), 216-228.

Timm, S., Moab zwischen den Maechten, Wiesbaden, 1989, 62-96.

Vaux, R. de, "L'itineraire des Israelites de Cades aux Plaines de Moab," in *Hommages a Andre Dupont-Sonmer*, Paris, 1971, 331-342.

Wainwright, G. A., "Caphtor-Cappadocia," *VT* 6 (1956), 199-210.

Weippert, M., "Edom und Israel," *TRE* 9, 291-299.

신명기 3장

A New Translation with
Introduction
and Commentary
DEUTERONOMY

D E U T E R O N O M Y

신명기 3장

D e u t e r o n o m y 3

내용/구조

요단 동편 지역의 정복 전쟁이 계속되고 있다. 헤스본의 왕 시혼을 격파하고 그의 땅을 차지한 이스라엘은 바산으로 계속 전진한다. 연이어 바산 왕 옥을 물리치고 그의 땅을 점령하여 트랜스 요르단 지역 점령에 성공한다(3:1-11).

모세는 르우벤과 갓 지파 그리고 므낫세 반 지파에게 점령지인 요단 동편의 땅을 나눠준다(3:12-17). 이 지파들은 요단 동편에서 기업의 땅을 차지하게 되었다. 모세는 기업의 땅을 받은 지파들에게 요단 건너 약속의 땅 정복 전쟁에 참여할 것을 촉구한다(3:18-20). 여호수아는 요단 서편 땅의 정복 전쟁을 인도할 지도자로 인정된다. 그래서 모세는 여호수아에게 하나님이 그 정복 전쟁에 참여하실 것이라고 확신을 심어 주고 있다(3:21-22).

요단 동편의 땅을 점령하고 땅을 분배해 주고 나서 모세는 그 약속의 땅에 들어가게 해 달라고 하나님께 간구한다. 하지만 하나님은 모세의 간구를 거절하신다. 단지 모세에게 그 땅을 볼 것만을 허락하신다. 하나님은 이스라엘을 약속의 땅으로 인도할 지도자는 여호수아라고 확실하게 말씀하신다(3:23-29).

이스라엘을 약속의 땅으로 인도하는 실제적인 모세의 사역은 요단 동편을 점령하고 분배함으로 마감된다. 이제 모세는 그가 죽기 전에 장차 약속의 땅에서 이스라엘이 지켜야 할 법들을 설교하기 시작한다.

3장은 다음과 같이 나누어진다:

1) 바산 왕 옥을 정복함(3:1-11).

2) 땅의 분배(3:12-17).

3) 요단 동편의 지파들에 대한 모세의 명령(3:18-22).

4) 모세의 기도(3:23-29).

신명기 1-3장의 구조와 신학

신명기 서론(1:4)에 따르면, 모세의 설교인 신명기의 법은 아모리인들의 왕 시혼과 옥을 쳐 죽인 후에 주어졌다. 이스라엘과 헤스본의 왕 시혼과 바산의 왕 옥과의 전쟁은 3:11에서 마쳐지고 이어서 땅 분배가 행해진다. 그리고 4장부터는 법을 준수하라는 설교가 시작된다. 그렇다면 신명기의 법들과 관련해서 1-3장의 역사적 사건들은 어떤 의미가 있는가? 다시 말하면 아주 짧게 기록된 이스라엘의 광야 방랑 여정들과 요단 동편을 점령하고 땅을 분배한 사건들은 전체 신명기의 교훈들 가운데에서 어떤 의미가 있는가 하는 것이다. 이 질문에 답을 얻기 위해 신명기 1-3장의 구조를 분석해 볼 필요가 있다.

1) 주제에 의한 분석

1:1-5 모세 설교의 장소와 시간.

1:6-8 가나안 땅을 점령하라는 하나님의 명령.

1:9-18 가나안 땅을 점령하기 전에 사법, 군사 조직의 정비.

1:19-46 이스라엘의 첫 가나안 땅 정복의 실패.

2:1-8 에서의 땅을 지나감.

2:9-18 모압의 땅을 지나감.

2:19-23 암몬의 땅을 지나감.

2:24-37 헤스본의 왕 시혼의 땅을 점령함.

3:1-11 바산 왕 옥의 땅을 점령함.

3:12-17 요단 동편 땅의 분배.

3:18-22 약속의 땅 점령을 위한 세 지파들에 대한 모세의 명령.

3:23-29 약속의 땅에 들어가게 해 달라는 모세의 기도.

위의 구조 분석에서 중요한 주제는 가나안 땅이다. 위에 언급된 모든 사건들은 가나안 땅 점령에 초점을 맞추어 기록되었다.

서론 후에 가나안 땅을 점령하라는 하나님의 명령이 주어지지만 (1:6-8) 옛 세대의 불순종으로 이 명령은 실행되지 않았다. 하나님은 이스라엘의 불순종을 심판하신다. 그 결과로 이스라엘은 광야를 유랑하며 형제 국가들인 에돔, 모압, 그리고 암몬의 땅을 지나간다. 이 여행에서 불순종한 옛 세대는 모두 죽고 새 세대가 출현한다. 새로운 세대의 여행 역시 가나안 땅을 최종 목적지로 삼고 있다.

여기에 세 차례에 걸친 전쟁이 기록되었는데 모두 약속의 땅 정복 전쟁이다. 첫 가나안 땅 점령 실패는 이스라엘의 옛 세대의 불순종에서 기인한다. 그러나 요단 동편에서 헤스본의 왕 시혼의 땅과 바산 왕 옥의 땅 점령의 성공은 이스라엘 신세대의 순종에서 왔다. 불순종한 옛 세대의 가나안 실패 전쟁과 순종하는 신세대의 전쟁은 서로 명확한 대조를 이루면서 땅을 정복하라는 하나님의 말씀에 대한 이스라엘의 순종과 불순종을 드러내고 있다.

2) 땅을 정복하라는 명령

신명기 1-3장의 내용은 땅 정복을 목표로 하고 있다. 땅을 정복하라는 직접적인 명령이 네 번이나 나오고 있다. 서론 후에(1:8), 실패한 가나안 땅 정복 전쟁과 관련해서(1:21), 그리고 시혼과의 전쟁과 관련해서 두 번(2:24, 31) 주어진다.

> 보라 내가 너희 앞에 그 땅을 두었다, 가라 그리고 점령하라
> 아도나이께서 너희 조상들에게,
> 아브라함에게 이삭에게 그리고 야곱에게 주기로 맹세하셨던 그 땅을,
> 그들과 그들 후의 그들 자손들에게(1:8).

> 보라 아도나이 너의 하나님이 너의 앞에 그 땅을 두었다,
> 올라가라 점령하라,
> 아도나이 너의 조상들의 하나님이 너에게 말씀하셨던 대로,
> 두려워 말라 그리고 당황하지 말라(1:21).

> 일어나라 여행하라, 그리고 아르논 골짜기를 지나가라,
> 보라 내가 아모리 헤스본의 왕 시혼과 그의 땅을 너의 손 안에 주었다,
> 시작하라, 점령하라, 그리고 그에 대항하여 전쟁으로 싸우라(2:24).

> 그리고 아도나이께서 나에게 말했다,
> 보라 내가 시혼과 그의 땅을 너의 앞에 주기 시작하였다,
> 시작하라, 점령하라, 그의 땅을 점령하기 위하여(2:31).

가장 두드러진 표현은 "보라"이다. 하나님은 이스라엘 앞에 그 땅을 두셨다는 것을 "보라"라는 표현으로 강조하신다. 즉 하나님의 약속이 이제 실현될 것이라는 것이다.

"점령하라"라는 하나님의 명령이 모두 네 번 나온다. 첫 가나안 정복 실패 전에 두 번 그리고 헤스본의 왕 시혼의 땅을 점령하기 전에 두 번 주어졌다. 이 명령에 옛 세대는 실패하지만 신세대는 성공한다.

"시작하라"는 명령이 요단 동편에 있는 헤스본의 왕 시혼의 땅을 점령할 때 두 번 주어졌다. 이 명령으로 약속의 땅 정복이 시작되었다. 가나안 땅 점령은 하나님의 약속이 성취되기 시작한 것이다. 하나님은 이스라엘의 조상들에게 그들의 후손을 위해 가나안 땅을 주기로 약속하셨다. 이제 그 약속이 실현되는 것이다.

3) '땅'과 '주다'

신명기 1-3장에서 하나님이 이스라엘에게 약속의 땅을 주시는 분으로 나타난다. 즉 땅은 하나님의 선물이다. 이러한 사상은 다음 두 표현 '땅'과 '주다'에서 잘 드러난다.

'땅'(ארץ)은 신명기 1-3장에서 31회 나온다. 이 단어는 모압 땅(1:5), 애굽 땅 (1:27), 에서의 땅(2:5), 암몬의 땅(2:19)을 지칭하는데 사용되기도 하지만, 대부분이 이스라엘과 관련된 땅으로 이스라엘이 점령해야 할 땅이며(1:8, 21; 2:31), 하나님이 이스라엘의 조상들에게 주시기로 맹세했던 땅이다(1:8, 35). 이스라엘의 정탐꾼들은 가나안을 정탐하고 돌아와서 그 땅은 좋은 땅이라고 보고했다(1:25). 물론 이 땅은 헤스본의 왕 시혼의 땅이며 또한 바산의 왕 옥의 땅이기도 했다(2:31; 3:2). 요단 동편의 땅은 점령 후에 르우벤과 갓과 므낫세 반 지파에게 귀속되었다(3:12). 약속의 땅은 이스라엘 여행의 최종 목적지이고 이스라엘의 기업이며 안식을 누릴 수 있는 곳이다(3:18, 20). 모세는 이 좋은 땅에 들어가기를 갈망했으나(3:25), 들어가는 것은 허용되지 않고 단지 보는 것만 허락받았다(3:28)

땅과 관련해서 중요한 동사는 '주다', '두다'(נתן)를 들 수 있다. 이 단어는 신명기 1-3장까지 35회 나타난다. 물론 이 동사는 땅과 관련이 없이 사용되기도 한다(1:15, 27). 하지만 대부분의 경우에 하나님이 주시는 땅과 연관되어 나온다(1:8, 20, 21, 25, 35, 36, 39, 2:12, 24, 29, 31, 3:2). 하나님은 이스라엘에게 땅을 주신다. 이스라엘에게 있어서 땅은 하나님의 선물이다. 또한 하나님은 세일 산을 에서의 자손에게(2:5), 아르를 롯의 아들 모압에게(2:9), 암몬의 땅을 암몬에게(2:19) 주신 분이다.

4) 이스라엘의 가나안 땅 정복의 정당성

신명기는 이스라엘의 가나안 땅 정복의 정당성을 이스라엘의 형제 국가들인 에돔, 모압, 그리고 암몬이 행한 행동들에서 찾는다. 그들은 그들 이전에 살고 있던 원주민들을 그 땅에서 몰아내고 대신 정착했다. 하나님이 이 형제 국가들에게 땅을 주셨기 때문에, 이 형제 국가들은 그들이 살던 땅의 원주민들을 쫓아내고 그 땅에서 살 수 있었다(2:10-12, 20-23). 신명기는 이러한 옛 역사적인 사실을 드러냄으로 이스라엘이 가나안 땅을 점령하고 그 땅에 정착하는데 역사적인 정당성을 부여하고 있다(2:12).

5) 요단 동편 땅 분배의 의미

요단 건너 약속의 땅 점령과 분배는 여호수아에 의해 이루어졌다. 하지만 신명기 3장에서 요단 동편 지역의 점령과 분배는 모세에 의해 이루어졌음을 밝힌다(민 32장).

신명기의 구조 속에서 요단 동편 지역의 점령과 땅 분배는 중요한 신학적 의미를 가진다. 이스라엘은 이제 요단 강을 건너 가나안 땅으로 진격하려고 한다. 하지만 지도자 모세는 그 땅에 들어가지 못한다. 그래서 모세는 여호수아에 의해 이루어질 약속의 땅 정복과 땅 분배를 바라보면서 이스라엘 자손에게 그 약속의 땅에 들어가서 지켜야 할 법을 설명한다. 따라서 모세에 의해 이미 이루어진 요단 동편 지역의 점령과 땅 분배는 장차 이루어질 약속의 땅 점령과 분배의 예표적인 역할을 한다. 이스라엘은 이미 트랜스 요르단 지역의 점령과 땅 분배를 체험했다. 이러한 경험은 장차 이루어질 가나안 땅 정복과 땅 분배를 확신할 수 있게 해 주었을 것이다.

신명기의 법은 '이미' 이루어진 요단 동편의 땅 분배와 '아직' 이루어지지 않은 가나안 땅 분배 사건 사이에서 선포되었다.

6) 땅과 법 그리고 순종과 불순종

신명기 1-3장은 과거의 실패와 현재의 성공 그리고 미래의 확신을 담고 있다. 이스라엘의 옛 세대는 가데스 바네아에서 가나안 땅 점령에 실패했다. 하나님의 명령에 불순종했기 때문이다. 그러나 새로운 세대는 요단 동편에서 성공적으로 땅을 점령한다. 이러한 성공은 미래의 가나안 땅 정복에 확신과 자신감을 가져다주었다.

땅 점령을 통한 전쟁에서 이스라엘은 하나님의 명령에 순종할 것인가 불순종할 것인가 하는 것이 얼마나 중요한 것인가를 깨달았다. 하나님의 말씀과 명령에 순종하는 것은 성공적인 삶을 보장해 주는 것이다. 하지만 하나님의 명령에 대한 불순종에는 심판과 죽음이 기다리고 있었다.

요단 동편 땅 점령의 성공은 이스라엘의 새로운 미래를 희망으로 가득차게 만들었을 것이다. 이러한 시점에서 모세는 장차 들어갈 땅에서 이스라엘이 지켜 행해야 할 법들을 선포한다. 땅 점령 전쟁에서 하나님의 말씀에 순종하는 것이 성공적인 결과를 가져온다는 것을 깨달은 이스라엘은 이 법들에 순종하는 것이 이스라엘의 미래에 어떤 결과를 가져올 것이라는 것을 잘 예견했을 것이다. 약속의 후손은 약속의 땅을 향하고 있다. 그리고 그 약속의 후손은 점령할 약속의 땅에서 하나님의 법을 준수해야 한다. 이렇게 약속과 법은 서로 묶인다. 역사적인 상황 가운데서 약속의 후손들은 하나님의 법을 따라 살아야 한다. 이스라엘이 법에 순종할 것인가 불순종할 것인가는 약속의 땅에서의 그들의 삶의 결과를 결정할 것이다. 땅과 법 그리고 이스라엘의 순종은 신명기의 중요한 주제들로 등장한다.

1. 바산 왕 옥을 정복함(3:1–11)

번역

1 그리고 우리가 돌아섰고, 바산 길로 올라갔다,
그리고 바산 왕 옥이 우리를 대항하여 나아왔다,
그와 모든 그의 백성이 전쟁에 아드레이에서.
2 그리고 아도나이께서 나에게 말하였다, 너는 그를 두려워 말라,
왜냐하면 내가 너의 손 안에 그와 모든 그의 백성과 그의 땅을 주었기 때문이다,
그리고 너는 그에게 행할 것이다,
네가 헤스본에 살았던 아모리인들의 왕 시혼에게 행했던 것같이.
3 그리고 아도나이 우리의 하나님이 또한 바산 왕 옥과 그의 모든 백성을 우리 손 안에 주셨다,
그리고 우리가 그를 쳤다, 그에게 생존자가 남아 있지 않을 때까지.
4 그리고 우리가 모든 그의 성들을 빼앗았다, 그 때에,
우리가 그들로부터 취하지 못했던 도시가 없었다,
육십 개의 성, 아르곱의 모든 지방, 바산 안의 옥의 왕국.
5 모든 이 성들은 높은 담, 문들, 그리고 빗장으로 요새화되어 있었다,
성들 이외에도, 작은 마을이 매우 많았다.
6 그리고 우리가 그들을 완전히 전멸시켰다, 우리가 헤스본의 왕 시혼에게 행한 것같이,
모든 성, 남자들, 여자들, 그리고 아이들을 완전히 전멸시켰다.
7 그리고 우리가 우리를 위해 모든 가축과 그 성들의 전리품을 빼앗았다.

8 그리고 우리가 그 때에 그 땅을 취했다,
그 아모리 인의 두 왕들의 손으로부터,
요단 강 건너, 아르논 골짜기로부터 헤르몬 산까지.
9 시돈 인들은 헤르몬을 시룐으로 불렀다,
그러나 아모리인들은 그것을 스닐로 불렀다.
10 그 평지의 모든 성들, 그리고 모든 길르앗, 그리고 모든 바산,
살르가와 에드레이까지, 바산 안의 옥의 왕국의 성들.
11 왜냐하면, 유일하게 바산 왕 옥은 르바임의 남은 자로부터 남아 있었기 때문이다,
보라, 그의 침대 틀은 철 침대 틀이다,
그것은 암몬 자손의 랍바에 있지 않는가?
이것의 길이는 아홉 규빗 그리고 이것의 넓이는 사 규빗이다, 사람의 규빗대로.

주해

1 그리고 우리가 돌아섰고, 바산 길로 올라갔다, 그리고 바산 왕 옥이 우리를 대항하여 나아왔다, 그와 모든 그의 백성이[1] 전쟁에 아드레이에서.

본문 비교

1) 일부 70인경 사본들은(A F M V) 여기에 "그와 함께"(μετ αυτου)를 첨가한다.

이스라엘은 헤스본의 왕 시혼의 땅을 점령한 후에 북쪽으로 진군한다. 그곳은 바산으로 불리며 다른 아모리 사람들이 살고 있었다.

"바산"은 갈릴리 호수의 동편에 있다. 남쪽으로는 야르무크 강까지 그리고 북쪽으로는 헤르몬 지역과 다마스커스까지 뻗어있다. 현재 시리아 영토 안에 있다. 바산은 비옥한 땅으로 소, 양, 염소 등 가축을 사육하기에(신 32:14, 시 22:12) 좋은 목초지(미 7:14, 렘 50:19)와 떡갈나무와 참나무로 이루어진 넓은 숲 지대(사 2:13, 슥 11:2, 겔 27:6)로 이루

어져 있다(참고. Aharoni, 34-35, Driver, 47).

이스라엘의 진격으로 다시 전쟁이 발발한다. 바산 왕 옥이 그의 모든 군사들을 이끌고 에드레이로 나와서 이스라엘을 대항하여 전선을 형성한다.

2 그리고 아도나이께서 나에게 말하였다, 너는 그를 두려워 말라, 왜냐하면 내가 너의 손 안에[1] 그와 모든 그의 백성과 그의 땅을[2] 주었기 때문이다, 그리고 너는 그에게 행할 것이다, 네가 헤스본에 살았던 아모리 인들의 왕 시혼에게 행했던 것같이.

본문 비교

1) 70인경과 시리아 역에는 복수형 "너의 손들 안에"이다.

2) 70인경은 "모든 그의 땅"으로 읽는다.

군사적인 행동 전에 다시 하나님의 말씀이 모세에게 주어진다. 하나님은 이스라엘의 지휘관인 모세의 마음을 안정시킨다. 전투에서 군사 통치권자는 먼저 심리적으로 강해야 한다. 그래야 전투를 승리로 이끌 수 있다. 하나님은 모세에게 "두려워 말라"(신 1:21, 29, 3:22)라고 권면하시며 그 전쟁에 간섭하셔서 승리로 이끌어 주실 것을 약속하신다.

"왜냐하면"이라는 접속사는 모세가 아모리 사람들을 두려워 말아야 할 이유를 설명하고 있다. 하나님은 모세가 그 전투를 승리로 장식할 수 있을 것을 약속하신다.

"내가 너의 손 안에…주었기 때문이다"(참고. 신 1:27, 2:24, 30, 7:24, 20:13, 21:16)는 하나님의 행동을 묘사한다. 하나님이 먼저 행동을 취하신다. 아모리 사람들과 그의 왕을 모세의 "손 안에" 즉, 모세의 세력 하에 주시겠다는 약속이다.

3 그리고 아도나이 우리의 하나님이 또한 바산 왕 옥과 그의 모든 백성을 우리 손 안에[1] 주셨다. 그리고 우리가 그를 쳤다. 그에게 생존자가[2] 남아 있지 않을 때까지.

본문 비교

1) 70인경과 벌게이트는 복수형 "우리 손들 안에"로 읽는다.
2) "생존자"를 70인경은 2:34에서는 '살아 있는 자', '남은 자'(ζωγρίαν)로 번역했던 것과는 달리 여기서는 '씨'(σπέρμα) 즉, 후손으로 해석한다. 하지만 아퀼라는 마소라 사본을 따라 '남은 자'(λεῖμμα)로 번역한다.

하나님의 행동이 먼저 있고 그 후에 이스라엘의 군사적인 행동이 뒤따른다. 하나님은 전투에서 아모리 사람들을 이스라엘 사람들의 세력 하에 넘겨주셨다. 그래서 이스라엘이 그들을 쳐서 승리할 수 있었던 것이다

"생존자가 남아 있지 않을 때까지." 헤렘 사상이 다시 나온다(참고. 2:34). 이스라엘은 아모리 사람들과의 전투에서 큰 승리를 얻었고 패잔병들과 생존자들을 남겨 놓지 않았다.

4 그리고 우리가 모든 그의 성들을 빼앗았다. 그 때에[1], 우리가 그들로부터 취하지 못했던 도시가 없었다. 육십 개의 성, 아르곱[2]의 모든 지방[3], 바산 안의 옥의 왕국.

본문 비교

1) "그 때에"를 벌게이트는 '동시에'*uno tempore*로 해석한다. 이는 아마도 시혼과 옥의 사건을 같은 시점으로 생각하는 것 같다.
2) 사마리아 오경은 "아르곱"에 정관사가 있다.

2) "지방"(חבל)은 문자적으로 '줄', '재는 선'으로 줄로 잰 지역을 뜻한다. 70인경은 이것을 "주위의(또는 둘레의) 어떤 것"(περίχωρα) 즉 주위의 지역 또는 이웃 지역으로 해석한다. 아퀼라와 테오도치온은 히브리어를 따라 '줄'(σχόνισμα)로 즉, 줄로 잰 땅으로 해석한다. 심마쿠스는 '주위', '주변 지역'(περίμετρον)으로 번역한다.

군사적인 승리의 결과를 설명한다. 이스라엘은 바산의 모든 영토와 성들을 접수했다. 그 곳에는 육십개의 성들이 있었다(왕상 4:13).

"아르곱." 탈굼은 이 곳을 트라코니타스로 말한다. 여기는 현재 시리아 지역의 레자와 동일시된다. 갈릴리 호수의 동편 약 40마일 정도에 그리고 다마스커스의 남쪽 약 30마일에 위치한다. 바산과 동일시되기도 하며(신 3:14) 바산 안의 한 지역으로도 말해진다(수 13:30, 왕상 4:13).

5 모든 이[1] 성들은 높은 담, 문들, 그리고 빗장으로 요새화되어[2] 있었다, 성들[3] 이외에도, 작은 마을이[3] 매우 많았다.

본문 비교

1) 70인경과 벌게이트는 "이것들"을 생략한다.
2) "요새화되어"를 70인경은 '강한', '안전한'으로 번역한다.
3) 아람어 성서들(옹켈로스, 네오피티, 프쉬도 요나단)은 '성들'을 생략한다.
4) "작은 마을"은 문자적으로 '열린 지역'(הפרזי)이며, 담이 없는 작은 마을들을 의미한다. 70인경의 번역자는 이것을 부족 이름인 '페라지 인들' (τῶν Φερεζαίων)로 잘못 번역한다. 아퀼라는 이것을 히브리어의 의미에 맞게 '담이 없는'(ἀτειχίστων)으로 번역한다. 탈굼 네오피티는 '흩어져 있는 성들'로 해석한다.

이스라엘이 점령한 성들의 상태를 묘사한다. 고대 성들은 적들의 침입을 방어하기 위해 건축되었다. 일반적으로 망대와 높은 성벽 그리고 문들로 요새화되어 있었다(참고. de Vaux, 229-235). 이 요새화된 성은 '작은 마을'과 대조된다. '작은 마을'은 열린 지역에 있는 마을로 외적의 침입을 방어할 성벽이 없다.

6 그리고[1] 우리가 그들을 완전히 전멸시켰다, 우리가 헤스본의 왕 시혼에게 행한 것같이, 모든 성[2], 남자들[3], 여자들, 그리고 아이들을 완전히 전멸시켰다.

본문 비교

1) 70인경은 '그리고'를 생략한다.
2) 탈굼 옹켈로스는 복수형 '성들'로 읽는다. 탈굼 네오피티는 '요새화된 성들'로 해석한다.
3) "남자들"을 70인경은 '연이어', '계속하여'로 해석한다(참고. 2:34).

전쟁의 상황을 설명한다. 이스라엘은 헤렘 전쟁 규정(신 20장 참고)에 따라 철저하게 파괴하고 생명이 있는 사람들을 다 죽였다. 군인들 외에 여자들과 아이들까지 죽이는 이 헤렘 전쟁은 인간적인 면에서 잔인하고 참혹하지만 이스라엘은 하나님의 말씀을 따라 철저하게 실행한다. 헤렘 전쟁은 윤리적, 도덕적인 전쟁이 아니라 신앙적인 전쟁이다.

7 그리고 우리가 우리를 위해 모든 가축과 그 성들의 전리품을[1] 빼앗았다.

본문 비교

1) 탈굼 네오피티는 "모든 그들의 부와 성들"로 읽는다.

전쟁의 승리로 인하여 얻은 전리품들이다. 살아 있는 가축들은 헤렘 전쟁에서 제외되었다(2:35).

8 그리고 우리가 그 때에 그 땅을 취했다, 그 아모리인의 두 왕들의 손[1]으로부터,
요단 강 건너, 아르논 골짜기로부터 헤르몬 산[2]까지[3].

본문 비교

1) 70인경에는 복수형 "손들"이다.
2) 70인경은 "산"을 생략한다.
3) 사마리아 오경과 70인경은 '그리고'를 넣어서 "그리고 헤르몬 산까지"로 읽는다.

이스라엘이 아모리 사람들로부터 빼앗은 영토의 범위를 설명한다. 아모리 인들의 두 왕 시혼과 옥으로부터 점령한 요단 동편의 땅 즉 트랜스 요르단 지역은 남쪽으로 모압과 경계를 이루고 있는 아르논 골짜기(강)로부터 북쪽으로 다마스커스의 동편에 있는 헤르몬 산까지이다.

9 시돈 인들은[1] 헤르몬을[2] 시룐으로 불렀다, 그러나 아모리 인들은 그것을 스닐
로[3] 불렀다.

본문 비교

1) "시돈 인들"을 70인경은 "페니키아 인들"로 해석한다. 하지만 아퀼라, 심마쿠스 그리고 테오도치온은 "시돈 인들"로 읽는다.
2) "헤르몬"을 탈굼 네오피티는 "눈의 산"으로 부른다. 그리고 탈굼 네오피티와 탈굼 프쉬도 요나단은 이 산은 '맛이 없는 열매를 생산하는 곳'이라고 말한다.
3) "스닐"을 탈굼 옹켈로스와 탈굼 프쉬도 요나단은 "눈의 산"으로 해석한다.

헤르몬 지역에 대한 명칭을 설명한다. 지중해 연안의 도시 국가인 시돈 사람들은 헤르몬을 시룐으로 불렀고 갈릴리 호수 동편에 살았던 아모리 사람들은 그것을 스닐로 불렀다.

“시돈 인들”은 페니키아인의 도시 시돈의 사람들을 가리킨다. 일반적으로 페니키아 인들을 의미한다. 그래서 70인경은 이 단어를 페니키아 인들로 읽고 있다.

10 그 평지의[1] 모든 성들, 그리고 모든 길르앗, 그리고 모든 바산, 살르가와 에드레이까지, 바산 안의 옥의 왕국의 성들.

본문 비교

1) “평지”를 70인경은 지명 ‘미솔’(Μισωρ)로 읽는다. 다른 고대 헬라어 역본들은 단어는 틀리지만 히브리어와 같이 ‘평지’로 번역한다:아퀼라는 ‘평지’(τῆς εὐθεῖας)로, 심마쿠스는 ‘평평한 땅’(τοῦ ὁμαλοῦ)으로 그리고 테오도치온은 ‘평지’(τῆς ὑπτίας)로 읽는다.

“모든 길르앗”은 얍복 강을 사이에 두고 북쪽 지역과 남쪽 지역 모두를 가리킨다. ‘살르가’와 ‘에드레이’는 바산의 남쪽 경계에 있는 두 지역이다. ‘에드레이’는 야르무크 강에 인접하여 서쪽에 있는 반면 ‘살르가’는 동편에 있다. 일반적으로 ‘살르가’는 TsalkhadSalkhad와 동일시된다.

11 왜냐하면, 유일하게 바산 왕 옥은 르바임의 남은자로부터[1] 남아있었기 때문이다, 보라, 그의 침대 틀은 철 침대 틀이다, 그것은 암몬 자손의 랍바에 있지 않는가?[2] 이것의 길이는 아홉 규빗 그리고 이것의 넓이는 사 규빗이다, 사람의 규빗대로.[3]

본문 비교

1) 70인경에는 "르바임으로부터"(ἀπὸ τῶν Ραφαιν)이다.
2) 마소라 사본은 הלה로 철자를 잘못 쓰고 있다. 게니자 단편과 일부 히브리어 사본들과 사마리아 오경은 הלא로 읽고 있다(Ges-K § 100 i). 70인경은 ἰδοὺ로 읽는다.
3) "사람의 규빗대로"를 탈굼 옹켈로스와 탈굼 네오피티는 "왕의 규빗대로" 그리고 탈굼 프쉬도 요나단은 "그 자신의 규빗대로"로 해석한다.

전리품 가운데 바산 왕 옥이 쓰던 침대의 크기를 말하고 있다. 옥의 전리품인 철 침대가 암몬 지역에 있다고 말한다. "랍바"는 암몬 족속의 수도였다. 현재는 요르단 안의 Amman으로 불린다.

"사람의 규빗대로"는 그 당시에 일반적으로 쓰이던 규빗을 말한다. 즉 표준 규빗이다. 여기서 "사람의 규빗대로"라고 했을 때는 다르게 사용되던 규빗들이 있었음을 암시한다(참고. 대하 3:3). 메소포타미아와 이집트에서는 '왕의 규빗'이 사용되었다(참고. 본문 비교 3). 옥의 침대 크기가 얼마였는지 정확하게 추산할 수 없지만 어림잡아 '아홉 규빗'과 '사 규빗', 즉 4.1m와 1.8m로 생각할 수 있다(참고. de Vaux, 196-198).

2. 땅의 분배(3:12-17)

번역

12 그리고 우리가 이 땅을 점령했다, 그 때에,
아르논 골짜기 곁에 있는 아로엘에서부터, 그리고 길르앗 산지의 절반과
그것의 성들을 내가 르우벤과 갓에게 주었다.

13 그리고 길르앗의 나머지와 옥의 왕국, 모든 바산을
내가 므낫세의 반 지파에게 주었다,
아르곱의 모든 지방, 그 모든 바산에, 그것은 르바임의 땅으로 불렸다.
14 므낫세의 아들 야일이 아르곱의 모든 지방을 취했다,
그술 사람들과 마아갓 사람들의 경계까지,
그리고 그가 그의 이름을 따라 그것들을 불렀다, 바산을 하봇 야일로,
이 날까지.
15 그리고 내가 마길에게 길르앗을 주었다.
16 그리고 내가 르우벤과 갓에게 길르앗에서부터 아르논 골짜기까지 주었다,
골짜기의 중간과 경계, 그리고 얍복 강, 암몬 아들들의 경계까지.
17 그리고 아라바와 요단과 경계,
긴네렛에서부터 그리고 아라바 바다까지, 염해,
비스가의 경사 아래, 동편에.

주해

12 그리고 우리가 이 땅을[1] 점령했다, 그 때에, 아르논 골짜기 곁에[2] 있는 아로엘에서부터, 그리고 길르앗 산지의 절반과 그것의 성들을 내가 르우벤과 갓에게 주었다.

본문 비교

1) 70인경은 "저 땅을"로 읽는다.
2) "곁에"는 문자적으로 '위에'이다. 여기에 사마리아 오경, 70인경, 시리아 역, 탈굼 네오피티, 탈굼 프쉬도 요나단, 그리고 벌게이트는 '가장자리', '기슭'(שפת)이라는 말을 덧붙인다.

구체적인 땅 분배를 설명한다. 먼저 르우벤과 갓 지파가 땅을 분배받게 되었다. 민수기의 보도에 따르면, 르우벤과 갓 지파는 많은 가축들

이 있었다. 그래서 이들이 먼저 모세에게 이 땅을 달라고 요청했다(민 32:1-5).

13 그리고 길르앗의 나머지와 옥의 왕국, 모든 바산을 내가 므낫세의 반 지파에게 주었다. [1]아르곱의 모든 지방, 그 모든 바산에, 그것은 르바임의 땅으로 불렸다.[2]

본문 비교

1) 70인경, 시리아 역, 탈굼 프쉬도 요나단, 그리고 벌게이트는 여기에 '그리고'를 덧붙인다.
2) 70인경은 "간주될 것이다"(λογισθήσεται)로 번역한다.

르우벤과 갓 지파에 이어 므낫세 반 지파가 땅을 기업으로 받았다. 므낫세 지파는 요단 동편에서 반 지파가 그리고 가나안 땅에서 반 지파가 기업의 땅을 얻었다.

14 므낫세의 아들 야일이[1] 아르곱의 모든 지방을 취했다, 그술 사람들과 마아갓 사람들의[2] 경계까지, 그리고 그가 그의 이름을 따라 그것들을 불렀다, 바산을 하봇 야일로, 이 날까지.

본문 비교

1) 사마리아 오경, 70인경 그리고 시리아 역은 이 문장 서두에 접속사 '그리고'를 넣어서 읽고 있다.
2) "마아갓 사람들"(המעכתי)을 사마리아 오경은 철자의 순서를 다르게 המכעתי으로 읽는다.

므낫세의 아들 야일의 행위가 두드러진다. 그는 아르곱의 모든 지방을 취했다. 즉 모든 지방의 성들과 마을들을 사로잡아 점령했다. 그리고 자신의 이름을 따라서 그 고을들의 이름을 '야일의 마을'로 바꾸어 버린다. 이 지역은 60개의 성들을 포함하고 있다(수 13:30).

15 그리고 내가 마길에게 길르앗을 주었다.

마길은 므낫세의 큰 아들이다(수 17:1). 민수기의 보도에 의하면 마길의 아들들은 길르앗에 가서 그곳의 주민들인 아모리 인들과 전투를 치렀고 그 땅을 점령했다(민 32:39).

16 그리고 내가 르우벤과 갓에게[1] 길르앗에서부터 그리고[2] 아르논 골짜기까지 주었다, 골짜기의 중간과 경계, 그리고[3] 얍복 강, 암몬 아들들의 경계까지.

본문 비교

1) 탈굼 옹켈로스와 탈굼 프쉬도 요나단은 "르우벤 지파와 갓 지파에게"로 그리고 탈굼 네오피티는 "르우벤의 아들들과 갓의 아들들의 지파에게"로 읽는다.
2) 쿰란 사본(4QDeut[d]), 70인경과 벌게이트는 '그리고'를 생략한다.
3) 사마리아 오경과 벌게이트는 '그리고'를 생략한다.

르우벤과 갓 지파에게 주어진 영토를 구체적으로 설명하고 있다. 이 구절은 번역하기가 어렵다. "길르앗에서부터"[소마소라(Mp)에 따르면 토라에서 한 번 밖에 나오지 않는 독특한 표현이다.]는 전치사 '민'(מִן)을 해석한 것이다. 이것은 길르앗 지역의 부분을 의미한다(Craigie는 "a part of Gilead"로 그리고 Weinfeld는 "the part from Gilead"로 번역). 즉 모세는 길르앗 지역의 부분을 르우벤과 갓 지파에게 준 것이다.

'골짜기'와 '강'은 히브리어로 같은 단어이다. "골짜기의 중간과(그리고) 경계"에서 접속사 '그리고'를 해석하기가 어렵다. 아마도 '경계로서 골짜기 중간'을 의미하는 것 같다(Craigie는 "the middle of the valley as a boundary" 그리고 NJPS는 "the middle of the wadi being the boundary" 그리고 Fox는 "the middle of the Wadi as the boundary"로 번역). 개역 성경은 원문에 없는 단어 '정하였으니'를 삽입하여 "그 골짜기 중앙으로 지경을 정하였으니"로 해석한다.

17 그리고 아라바와[1] 요단과 경계, 긴네렛에서부터[2] 그리고 아라바 바다까지, 염해, 비스가의[3] 경사[4] 아래, 동편에.

본문 비교

1) "아라바"를 아퀼라는 '평지'(ὁμαλή)로 그리고 테오도치온은 '서쪽으로'(ἐν δυσμαῖς) 해석한다. 탈굼 옹켈로스와 탈굼 네오피티도 '평지'로 번역한다.
2) "긴네렛에서부터"를 70인경은 '마카나랏'(Μαχανάραθ)이란 이름으로 잘못 번역한다.
3) "비스가"를 탈굼 옹켈로스는 '산', '고지'로 해석한다.
4) "경사"를 70인경은 '아세돗'(Ασηδωθ)이란 이름으로 잘못 번역한다.

"아라바와 요단과 경계"는 요단 강과 함께 아라바는 서쪽 경계가 된다.
"긴네렛"은 긴네렛 호수 즉, 신약 시대의 갈릴리 호수를 뜻한다.
"아라바 바다"의 다른 이름은 '염해,' '소금 바다'로 흔히 '사해'로 불린다.
"비스가"는 3:27절 참고.

3. 요단 동편의 지파들에 대한 모세의 명령(3:18-22)

번역

18 그리고 내가 너희에게 명령하였다, 그 때에, 말하기를,
아도나이 너희의 하나님이 너희에게 이 땅을 점령하라고 주셨다,
무장하고 너희는 건너갈 것이다,
너희의 형제들 앞에서,이스라엘 아들들, 모든 용기의 아들들.
19 단지 너희의 아내들 그리고 너희의 아이 그리고 너희의 가축,
내가 너희에게 가축이 많다는 것을 안다,
그들은 내가 너희에게 주었던 너희의 성들 안에 남아 있을 것이다.
20 아도나이께서 너희의 형제들에게 너희와 같이 쉼을 주시기까지,
그리고 그들 역시 점령할 것이다,
아도나이 너희의 하나님이 그들에게 주시는 땅을, 요단 건너편에,
그후에 너희는 각사 내가 너희에게 주었던 그의 소유지로 돌아갈 것이다.
21 그리고 내가 여호수아에게 명령했다, 그 때에, 말하기를,
너의 눈들이 아도나이 너희의 하나님이 이 두 왕들에게 행하신 모든 것을 보았다,
이렇게 아도나이께서 네가 거기로 건너갈 모든 나라들에게 행하실 것이다.
22 너희는 그들을 두려워 말라,
왜냐하면 아도나이 너희의 하나님, 그가 너희를 위해 싸우시기 때문이다.

주해

18 그리고 내가 너희에게 명령하였다, 그 때에, 말하기를, 아도나이 너희의 하나
님이 너희에게 이 땅을 점령하라고 주셨다, 무장하고 너희는 건너갈 것이다,
너희의 형제들 앞에서,이스라엘 아들들, 모든 용기의 아들들.[1)]

본문 비교

1) 70인경은 "아들들"을 생략한다.

트랜스 요르단 지역의 땅 분배를 마친 후에 모세는 르우벤, 갓과 므낫세 반 지파에게 그들이 해야 할 일을 명령한다. 요단 동편 지역에서 소유지를 얻은 지파들은 이제 요단을 건너가서 아직 소유지를 얻지 못한 그 형제 지파들을 위해 가나안 정복 전쟁에 참여해야 한다.

모세는 약속의 땅을 "아도나이 너희의 하나님이 점령하라고 주셨다"고 분명하게 말한다.

요단 동편에서 기업을 얻은 지파들은 이제 그들의 형제 지파들 "앞에서" 그들을 인도해야 한다. 즉 전투의 선봉에 서는 돌격 부대이다.

"아도나이 너희의 하나님이 너희에게 이 땅을 점령하라고 주셨다"를 개역 성경은 "너희의 하나님 여호와께서 이 땅을 너희에게 주어 기업이 되게 하셨은즉"으로 번역한다. 그리고 "모든 용기의 아들들"을 개역 성경은 "너희 군인들"로 해석한다.

민수기의 보도에 따르면, 르우벤과 갓 지파는 요단 동편에서 기업의 땅을 얻고 요단을 건너가지 않으려 했다(32:5). 그들의 생각은 모세에 의해 심하게 비판받았다. 모세는 이 지파들의 생각과 행위를 가나안 첫 정복 실패 즉, 여호수아와 갈렙을 제외한 10명의 정탐꾼들이 이스라엘 백성들을 낙심케 만든 행위와 비교한다. 10명의 정탐꾼들의 행위와 비슷하게, 르우벤과 갓 지파가 요단을 건너가지 않겠다는 생각은 지금 요단을 건너 약속의 땅을 점령하려는 이스라엘의 사기를 꺾는다는 것이다. 그리고 모세는 요단을 건너가지 않으려는 르우벤과 갓 지파의 생각을 죄로 단정한다(민 32:6-15). 이 말을 들은 르우벤과 갓 지파는 먼저 자신들의 처자와 가축들을 위하여 성을 든든히 하고 그후에 무장하고 요단을 건너가겠다고 한다. 형제 지파들이 요단 건너 약속의 땅에서 기업을 얻을 때까지 정복 전쟁에 참여할 것을 약속한다(민 32:16-32).

19 단지 너희의 아내들 그리고 너희의 아이 그리고 너희의 가축[1], 내가 너희에게 가축이 많다는 것을 안다, 그들은 내가 너희에게 주었던 너희의 성들 안에 남아 있을 것이다.

본문 비교

1) 사마리아 오경의 어순은 "너희의 아이 그리고 너희의 아내들 그리고 너희의 가축"으로 마소라 사본과 다르다.

요단 동편의 점령한 땅에 남아 있을 수 있는 자들을 말한다. 르우벤, 갓 그리고 므낫세 반 지파들의 여자들과 유아들은 남아 있을 수 있다. 가축이 많았다는 것은 그 지파들의 부를 나타낸다. 고대에서 가축이 많다는 것은 번영과 부의 상징이다. 이스라엘은 헤스본의 왕 시혼과 바산 왕 옥과의 전투에서 가축들을 전리품으로 탈취했다(신 2:35, 3:7).

20 아도나이께서[1] 너희의 형제들에게 너희와 같이 쉼을 주시기까지, 그리고 그들 역시 점령할 것이다, 아도나이 너희의 하나님이[2] 그들에게 주시는 땅을, 요단 건너편에, 그후에 너희는 각자 내가 너희에게 주었던 그의 소유지로 돌아갈 것이다.

본문 비교

1) 쿰란 사본(4QDeut^{m})과 70인경은 "너희의 하나님"을 덧붙인다.
2) 일부 70인경 사본들은(A B 963) "아도나이 우리의 하나님"으로 읽는다. 벌게이트는 "아도나이 너희의 하나님"을 생략한다.

이스라엘이 쉼을 얻을 수 있는 때는 약속의 땅을 점령한 후이다. 약속의 땅은 이스라엘의 여행 목적지이며 정착해서 삶의 뿌리를 내려야 할 땅이다. 이 땅을 정복하여 소유지로 삼을 때가 이스라엘이 안식할 때이다.

“쉼을 주시기까지.” 여기서 ‘쉼을 주신다’(יניח)는 휴식을 하게 한다는 의미이다. 개역 성경은 이것을 “안식을 주시리니”로 번역한다. ‘안식’으로도 번역이 가능하나 ‘안식’에는 신학적인 의미가 너무 많이 포함되어 있다. 왜냐하면 우리가 ‘안식’ 하면 칠일 가운데 마지막 일인 하나님이 천지를 창조하시고 쉬신 ‘안식’(שבת)을 떠올리기 때문이다(참고. 신 5:14). 따라서 여기서는 ‘쉼’으로 번역하는 것이 나을 것 같다. 르우벤, 갓, 므낫세 반 지파는 이미 땅을 얻음으로 쉼을 얻었다. 하지만 나머지 형제 지파들은 아직 약속의 땅을 기업으로 받지 못했다. 이스라엘에게 있어서 ‘쉼’은 가나안 땅을 정복하고 그곳에서 평안히 살 때이다(신 12:10, 25:19). 약속의 땅은 이스라엘에게 피난처요 안식처였다. 그래서 르우벤, 갓, 므낫세 반 지파는 이제 형제 지파들의 쉼을 위해 전투에 임해야 한다(수 1:13, 15, 21:44, 22:4).

21 그리고 내가 여호수아에게 명령했다, 그 때에, 말하기를, 너의[1] 눈들이 아도나이 너희의[2] 하나님이[3] 이 두 왕들에게 행하신 모든 것을 보았다, 이렇게 아도나이께서[4] 네가 거기로 건너갈 모든 나라들에게 행하실 것이다.

본문 비교

1) 70인경은 2인칭 복수 “너희”로 읽는다(사본 963은 “그들의”).
2) 70인경은 1인칭 복수 “우리”로 말한다.
3) 사마리아 오경은 “너희의 하나님”을 생략한다.
4) 70인경은 “우리의 하나님”을 덧붙인다.

모세는 18절에서 르우벤, 갓, 므낫세 반 지파에게 그들이 해야 할 일을 명령했다. 그리고 이제 여호수아에게 다시 명령하고 있다.

“너의 눈들이…보았다.” 모세는 여호수아에게 아모리 인들의 두 왕 시혼과 옥과의 전투를 상기시키고 있다. 하나님께서 이 전쟁들에 개입하심으로 이스라엘이 아모리 인들을 이길 수 있었다. 여호수아는 이 두 전투를 직접 경험했고 이 두 전투의 승리의 기쁨도 누렸다.

더 나아가 모세는 이 요단 동편의 전투들과 마찬가지로 요단 강 건너편 가나안 땅에서의 전투들에서도 하나님이 도와 주실 것을 여호수아에게 확신시키고 있다.

'행하다'(עָשָׂה)라는 동사가 두 번 반복 사용되어 과거의 일(완료형 "행하신")과 미래의 일(미완료형 "행하실")을 보여주고 있다. 이 동사의 주어는 '아도나이'이다. 즉 아도나이께서 과거에 이미 요단 동편의 시혼과 옥과의 두 전투에서 이스라엘에게 승리를 주셨다. 이와 같이 미래에도 가나안 정복 전쟁에서 승리를 주실 것이 선언되었다.

22 [1]너희는 그들을[2] 두려워 말라, 왜냐하면 아도나이 너희의[3] 하나님, 그가 너희를 위해 싸우시기 때문이다.

본문 비교

1) 쿰란 사본(4QDeut^{m})은 접속사 "그리고"를 문장 서두에 갖고 있다 (ולא).
2) 70인경은 전치사 구 "그들로부터"(απ' αὐτῶν)로 번역한다.
3) 70인경(Rahlfs의 편집)은 1인칭 복수 '우리의'(ἡμῶν)로 말한다. Wevers 편집은 "너희의"(ὑμῶν)이다.

모세는 가나안 정복 전쟁을 두려워하지 말라고 권면한다. "그들을"은 가나안 땅에 거주하는 백성들이다. "너희는 두려워 말라"(לא תיראום)는 '너희는 두려워 말아야 한다'로도 번역된다. 부정사 '~말라'와 함께 사용된 이 동사 '두려워하다'(ירא)는 전쟁 앞에서 백성들의 심리적인 안정을 위해 자주 나오는 구이다. 가나안 첫 정복 시도 때에 모세는 이스라엘에게 '두려워 말라'고 말했고(신 1:21), 정탐꾼들의 보고에 마음이 녹아 버린 이스라엘 백성들을 안정시키기 위해 모세는 다시 '두려워 말라'고 말한다(신 1:29). 요단 동편의 바산 왕 옥과의 전투 전에 아도나이는 모세에게 '두려워 말라'고 말씀하셨다(신 3:2). 그리고 가나안 거민들을 '두려워 말라'고 권면하신다(신 7:18). 또한 가나안 땅에 거하며 이스라엘이 적군들과 싸우러 나갈 때 그 적들을 보고 두려워 말 것을 말한다(신 20:1). 모세가 신명기의 말씀을 마치고 이스라엘을 이끌고 요단 강을 건너 가나안 정복 전쟁을 치러야 할 새로운 지도자 여호수아에게 가나안 백성들을 '두려워 말라'고 말한다(신 31:6, 8). '두려워 말라' 라는 형식을 위해서 다음의 글을 참고하라(J. Begrich, "Das Priesterliche Heilsorakel," in *Gesammelte Studien zum Alten Testament*, München, 1964, 219-220).

"왜냐하면…때문이다." 이스라엘이 약속의 땅 정복 전쟁에서 왜 두려워 하지 말아야 하는지 그 이유가 설명되고 있다. 여기서 '아도나이께서 너희를 위해 싸운다'는 것은 아도나이의 전쟁을 말한다. 아도나이는 이스라엘이 출애굽할 때 이스라엘을 위해 이집트 군대와 싸우셨다(출 14:14, 25). 또한 가나안 정복 전쟁에서도 아도나이는 이스라엘을 위해 싸우실 것이다(신 1:30, 3:22). 아도나이는 여호수아의 가나안 정복 전쟁에서 이스라엘을 위해 싸우셨다(수 10:14, 10:42, 23:3,10).

'아도나이의 전쟁'YHWH's war이란 구는 민수기 21:14, 사무엘상 18:17, 25:28에 나타난다. 폰 라드는 '아도나이의 전쟁'보다 '거룩한 전쟁'holy war이라는 용어를 더 선호한다. 하지만 구약에서 '거룩한 전쟁'이라는 표현은 나오지 않는다. 여기에 대한 토론으로 다음의 글들을 참고하라[G. von Rad, Der Heilige Krieg im alten Israel, Göttingen, 1958, G. H. Jones, "'Holy War' or 'Yahweh War'," *VT* 25 (1975), 642-658, S. M. Kang, *Divine War in the Old Testament and in the Ancient Near East*, BZAW 177 Berlin, 1989].

4. 모세의 기도(3:23-29)

번역

23 그리고 내가 아도나이께 간구하였다. 그 때에, 말하기를,

24 오 주 아도나이여,

당신이 당신의 종에게 보여주기 시작하셨습니다,

당신의 위대함을 그리고 당신의 강한 손을,

어떤 신이 하늘 안에 그리고 땅 안에 있겠습니까?

누가 당신의 일들과 같이 그리고 당신의 강함같이 행하겠습니까?

25 제가 건너가게 해 주십시오, 기도합니다,

그리고 제가 요단 건너편에 있는 그 좋은 땅을 보게 해 주십시오,

이 좋은 산지와 레바논을.

26 그러나 아도나이께서 너희 때문에 나에게 진노하셨다,

그리고 그가 나를 듣지 않으셨다,

그리고 아도나이께서 나에게 말씀하셨다, 너에게 충분하다,

더 이상 이 일로 나에게 말하지 말라.

27 너는 비스가 정상에 올라가라, 그리고 너의 눈을 들어라,

서쪽으로 그리고 북쪽으로 그리고 남쪽으로 그리고 동쪽으로,

그리고 너의 눈으로 보라,

왜냐하면 네가 이 요단을 건너지 못할 것이기 때문이다.

28 그리고 여호수아에게 명령하라 그리고 그를 강하게 하라 그리고 그를 담대하게 하라,

왜냐하면 그가 이 백성 앞에서 건너갈 것이며

그가 그들에게 네가 볼 그 땅을 상속하게 할 것이기 때문이다.

29 그리고 우리가 벧 브올 맞은편 골짜기 안에 머물렀다.

주해

모세의 기도가 기록되었다. 요단 동편의 전투와 땅 분배가 끝난 후에 모세는 하나님께 자신도 가나안 땅에 들어가게 해달라고 기도한다. 23-25절은 모세의 간구 내용을, 그리고 26-28절은 모세의 기도에 대한 아도나이의 응답을 서술한다.

23 [1)]그리고 내가 아도나이께[2)] 간구하였다,[3)] 그 때에, 말하기를,

본문 비교

1) 마소라 사본에는 세투마(ס)가 있어 이 구절부터 새로운 단락이 시작된다.
2) "아도나이께"를 탈굼 옹켈로스는 "아도나이 앞에서"(קדם יי)로, 그리고 탈굼 네오피티는 "아도나이 앞에서부터"(מן קדם ייי)로 읽는다.
3) 탈굼 네오피티는 "내가 기도했다 그리고 자비를 간구했다"로 번역한다.

"간구하였다"는 엄숙한 요구로서 아도나이의 호의를 구하는 것이다. 모세는 요단 동편의 땅을 점령하기 위한 전투를 지휘했다. 그 전투들을 승리로 이끈 후에 르우벤, 갓 그리고 므낫세 반 지파에게 점령한 땅을 분배해 주었다. 이 과정에서 아마도 모세는 가나안 땅에 들어가고 싶은 마음이 생겼을 것이다. 약속의 땅을 보기 원했던 모세는 그 땅에 들어갈 수 있게 해 달라고 하나님께 탄원하고 있다.

"그 때에"는 두 전투를 마친 후일 것이다. 18절과 21절에도 '그 때에'가 사용되었다.

개역 성경은 "말하기를"을 생략한다.

24 오 주 아도나이여[1], 당신이 당신의 종에게 보여주기 시작하셨습니다, 당신의 위대함을 그리고 당신의 강한 손을[2], 어떤 신이 하늘 안에 그리고 땅 안에 있겠습니까? 누가 당신의 일들과 같이 그리고 당신의 강함같이 행하겠습니까?

본문 비교

1) "주 아도나이"(אדני יהוה)를 70인경은 같은 단어로 '주여, 주여'(κύριε κύριε)로 번역한다. 탈굼 옹켈로스와 탈굼 프쉬도 요나단은 "주 하나님"(70인경 사본 B 역시 κύριε ὁ θεός)으로 읽는다.

2) 70인경은 "당신의 강함을 그리고 당신의 능력을 그리고 강한 손을 그리고 높은 팔을"(τὴν ἰσχύν σου καὶ τὴν δύναμίν σου καὶ τὴν χεῖρα τὴν κραταιὰν καὶ τὸν βραχίονα τὸν ὑψηλόν)로 확대 해석한다.

"주 아도나이"는 신명기에서는 이곳에 그리고 9:26의 모세의 기도 가운데 나타난다(참고. 삼하 7:22, 렘 32:17). 이것은 모세와 아도나이 사이의 개인적인 관계를 보여준다. "주"는 주인 또는 주님을 의미한다. 모세는 아도나이를 주님이라고 부름으로 자신의 신분을 아도나이의 종으로 밝힌다. 그래서 모세는 자신을 "당신의 종"이라고 표현하고 있다.

이 구절에서 짝을 이루어 나오는 어구들이 "당신의 위대함"과 "당신의 강한 손" 그리고 "하늘 안에"와 "땅 안에" 그리고 "당신의 일들과 같이"와 "당신의 강함같이"로 두드러진다.

"강한 손"은 신인동형론적인 표현으로 아도나이의 강한 권세 또는 능력을 상징한다. 히브리어 '강한'과 '강함'은 서로 다른 단어지만 두 단어 모두 아도나이의 능력을 표현한다. 모세는 아도나이께서 자신의 강함을 보여주셨다고 고백한다. 이것은 출애굽 사건과 광야 여행 그리고 요단 동편의 전투들을 경험한 모세의 체험에서 나왔다.

아도나이의 능력은 다른 신과 비교될 수가 없다. 하나님은 이스라엘을 위해 역사 속에 개입하신다. 이스라엘 백성을 위한 출애굽, 광야 여정 인도, 요단 동편의 땅 정복 등 아도나이의 행한 일은 다른 어떠한 신들이 할 수 없는 일들이었다.

개역 성경은 2인칭 단수 '당신' 또는 '너'를 "주"로 번역하고 있다.

25 제가 건너가게 해 주십시오, 기도합니다, 그리고 제가 요단 건너편에 있는 그 좋은 땅을[1] 보게 해 주십시오,[2] 이 좋은 산지와 레바논을.[3]

본문 비교

1) 70인경과 벌게이트에는 "이 좋은 땅"이다.
2) 청원형 문장인 "제가 건너가게 해 주십시오, 기도합니다, 제가… 보게 해 주십시오"를 70인경은 의지적인 미래형 문장 "그러므로 건너가서 내가 볼 것이다"(διαβὰς οὖν ὄψομαι)로 번역한다.
3) 탈굼 옹켈로스와 탈굼 네오피티는 "레바논"을 '성전'의 산으로 이해한다. 시프레 신명기 28 역시 "레바논"을 '성전'으로 말한다.

"제가 건너가게 해 주십시오…그 좋은 땅을 보게 해 주십시오." 모세 기도의 실제적인 간구 내용이다. 모세는 요단 강을 건너 그 약속의 땅에 들어가기를 원했다. 24절과 25절에서 '보다'라는 동사가 각기 사용되었다. 모세는 이제까지 출애굽에서, 광야에서, 그리고 요단 동편의 정복 전쟁에서 아도나이의 능력을 보았다. 그래서 모세는 마지막으로 가나안 땅을 보기를 원했다. '좋은'이라는 형용사가 "좋은 땅"과 "좋은 산지"에 두 번 사용되어 가나안 땅을 이스라엘이 살기에 좋은 곳으로 소개한다(참고. 신 8:7-10).

가나안 땅을 본다는 것은 깊은 의미가 있다. 모세는 아브라함, 이삭 그리고 야곱에게 말씀하셨던 하나님의 약속의 성취가 이루어지는 것을 체험하고 싶었던 것이다.

26 그러나 아도나이께서 너희 때문에 나에게 진노하셨다[1], 그리고 그가 나를[2] 듣지 않으셨다, 그리고 아도나이께서 나에게 말씀하셨다, 너에게 충분하다, 더 이상 이 일로 나에게 말하지 말라.

본문 비교

1) 쿰란 사본(4QDeut[d])은 ויתעבר로 잘못 표기하고 있다(마소라는 ויתעבר). 70인경에는 "무시하였다"(ὑπερεῖδεν)이다.
2) 탈굼 네오피티는 "나의 기도의 소리"로, 그리고 탈굼 프쉬도 요나단은 "나의 기도"로 해석한다.

모세의 간청은 거절되었다. 거절 이유는 "너희 때문에" 즉 이스라엘 백성 때문이었다(참고. 1:37절). "나를 듣지 않으셨다"는 아도나이께서 모세의 요청을 허락하지 않았다는 것이다.

"더 이상 이 일로 나에게 말하지 말라"는 문자적으로 '이 일에로(또는 이 일에 관하여) 더 이상 나에게 말하는 것을 더하지 말라'이다. 하나님은 모세에게 가나안 입성 문제를 더 이상 거론하지 말 것을 명하신다.

27 너는 비스가[1] 정상에[2] 올라가라, 그리고 너의 눈을[3] 들어라, 서쪽으로 그리고 북쪽으로 그리고 남쪽으로 그리고[4] 동쪽으로, 그리고 너의 눈으로 보라, 왜냐하면 네가 이 요단을 건너지 못할 것이기 때문이다.

본문 비교

1) "비스가"에 대한 70인경의 번역 '레라크슈메누'(Λελαξευμένου)는 불분명하다. 아퀼라는 '파스가'(Φασγά)로 옳게 번역한다. 탈굼 옹켈로스는 '비스가'를 '산', '고지'로 해석한다.
2) 마소라 사본에는 전치사가 없는데 반해 사마리아 오경은 전치사 '~에', '~로'(אל)를 덧붙인다. 쿰란 사본(4QDeut[d])도 전치사 '~위

에'(על)를 삽입한다.

3) 70인경은 "너의"를 생략한다.

4) 쿰란 사본(4QDeut[d])은 접속사 "그리고"가 없다.

요단 강을 건너 약속의 땅에 들어가는 것 대신에 비스가 산 정상에서 그 땅을 바라보는 것이 모세에게 허용되었다. "비스가"는 느보 산의 정상이며, 요단 강 맞은편에는 여리고가 있다(신 34:1). 이것은 아바림 산지에 위치해 있다(신 32:49).

28 그리고 여호수아에게 명령하라 그리고 그를 강하게 하라 그리고 그를 담대하게 하라, 왜냐하면 그가 이 백성 앞에서 건너갈 것이며, 그가 그들에게 네가 볼 그 땅을 상속하게 할 것이기 때문이다.

모세는 요단 강을 건너갈 수가 없었다. 따라서 이스라엘을 인도할 새로운 지도자가 필요했다. 여호수아는 이스라엘의 새 지도자로 임명된다.

세 개의 명령형이 두드러진다: '명령하라', '강하게 하라,' '담대하게 하라.' 이제 여호수아는 이스라엘의 가나안 정복을 책임져야 할 지도자로 등장한다. 가나안 정복 전쟁을 위해서 지도자는 심리적으로 강하게 무장되어야 한다. 지도자가 강해야지 백성들이 그를 신뢰하고 따를 수 있기 때문이다.

신명기에서 모세로부터 여호수아에게 지도권 이양이 강조되었다(1:38, 3:28, 31:3-8). 여호수아는 이스라엘에게 약속의 땅을 상속시켜 줄 인물로서 등장한다. 신명기는 세대 교체를 강조하고 있다.

29 그리고 우리가 벧 브올 맞은편 골짜기 안에 머물렀다[1)].

본문 비교

1) 탈굼 네오피티와 탈굼 프쉬도 요나단은 "벧 브올"을 '바알 브올' 사건과 연결시키며, 골짜기 안에 진을 친 이유는 회개하기 위함이라고 말한다. 네오피티는 "그리고 우리는 우리가 우상 브올의 예배자들과 연합되었기 때문에, 우리의 허물들에 눈물을 흘리며 그리고 우리의 죄들을 고백하며, 골짜기 안에 머물렀다"고 설명한다. 탈굼 프쉬도 요나단 역시 "그리고 우리는 우상 브올의 예배자들에게 우리를 연합시킨 우리의 죄 때문에 울면서, 골짜기 안에 머물렀다"로 해석한다.

신명기 첫 세 장에 있는 이스라엘의 광야 여정 이야기의 마지막 질이다. 이스라엘은 벧 브올 맞은편 골짜기 안에 머무른다. 벧 브올은 모압 안의 느보 산 부근에 위치한다. 시혼의 땅이었으나 이스라엘이 빼앗아 르우벤 지파에게 주었다(수 13:20). 이 곳의 정확한 위치는 알려지지 않았다. 모세의 마지막 고별 설교가 주어진 곳이며(신 4:46), 모세가 장사된 곳이기도 하다(신 34:6). 벧 브올은 후에 이스라엘이 모압 여인들과 음행하고 그 신들에게 예배했던 바알 브올과 동일시되는 장소이다(Christensen, Labuschagne, Ridderbos, Tigay, Weinfeld). 벧 브올에 대해서 다음의 글들을 참고하라[F. M. Cross, "Reuben, First-Born of Jacob," *ZAW* 100 (1988), Supplement, 51-52, O. Henke, "Zur Lage von Beth Peor," *ZDPV* 75 (1959), 155-163].

참고 문헌

Bartlett, J. R., "Sihon and Og, Kings of the Amorites," *VT* 20 (1970), 257-277.

——, "The Conquest of Sihon's Kingdom: A Literary Re-Examination," *JBL* 97 (1978), 347-351.

Begrich, J., "Das Priesterliche Heilsorakel," in *Gesammelte Studien zum Alten Testament*, München, 1964, 219-220.

Cross, F. M., "Reuben, First-Born of Jacob," *ZAW* 100 (1988), Supplement, 51-52.

Greemberg, M., "On the Refinement of the Conception of Prayer in Hebrew Scriptures," *AJSR* 1 (1976), 71.

Henke, O., "Zur Lage von Beth Peor," *ZDPV* 75 (1959), 155-163.

Hübner, U., "Og von Baschan und sein Bett in Rabbat-Ammon (Deuteronomium 3,11)," *ZAW* 105 (1993), 86-92.

Jirku, A., "Rapa'u, der Fuerst der Rapa'uma-Rephaim," *ZAW* 77 (1965), 82-83.

Jones, G. H., "'Holy War' or 'Yahweh War'," *VT* 25 (1975), 642-658.

Kang, S. M., *Divine War in the Old Testament and in the Ancient Near East*, BZAW 177 Berlin, 1989.

Labuschagne, C. J., "On the Structural Use of Numbers as a Composition Technique," *JNSL* 12 (1984), 87-99.

Lohfink, N., "Darstellungskunst und Theologie in Dtn 1,6-3,29," *Bib* 41 (1960), 105-134.

——, "Wie stellt sich das Problem Individuum-Gemeinschaft in Deutero-nomium 1,6-3,29?" in *Studien zum Deuteronomium und zur deuteronomistischen Literatur* I (Stuttgart, 1990), 45-51.

Millard, A. R., "King Og's Bed and Other Ancient Ironmongery," in

Ascribe to the Lord, FS. P. C. Craigie, JSOTS 67, Sheffield, 1988, 481-492.

O'Kennedy, D. F., "Prayer in Moab (Dt 3:23-29): The Relationship between the Recorded Prayer and Its Historical Geographical Setting," *OTE* 11.2 (1998), 288-305.

Rad, G. von, *Der Heilige Krieg im alten Israel*, Göttingen, 1958.

Simons, J., "Two Connected Problems Relating to the Israelite Settlements: The Meaning of Proper Names in Dt III 16 and Some Other Geographical Texts," *PEQ* 79 (1947), 27-39, 80 (1948), 64-65.

신명기 4장

A New Translation with
Introduction
and Commentary

DEUTERONOMY

D E U T E R O N O M Y

신명기 4장

Deuteronomy 4

내용/구조

4장은 문체와 문법적인 면에서 같은 단어들과 구들이 반복 사용되며 유사한 표현들이 많이 나온다. 같은 단어들과 유사한 표현들이 자주 나오기 때문에 얼핏 보면 내용이 같은 것 같다. 하지만 자세히 분석해 보면 그 내용이 점차 확장되어 간다는 것을 발견할 수 있다.

1-3장은 주로 이스라엘의 여행 행로 중에 일어난 역사적 사건들을 다루었다. 이스라엘이 가나안 정복에 실패한 사건과 그로 인한 이스라엘의 광야 여행 그리고 신세대의 요단 동편 점령 사건들이 기록되었다. 이에 반하여 4장은 이스라엘이 시내 산에서 체험한 신현 사건들을 설명한다.

하나님은 시내 산에서 출애굽한 이스라엘에게 현현하셔서 그들에게 십계명을 직접 선포하시며 기록해 주셨다. 또한 모세를 통하여 여러 가지 법들을 말씀하셨다. 이 사건은 출애굽기 19-24장에 잘 서술되었다. 이 사건에 참여한 이스라엘은 옛 세대 즉, 출애굽을 경험한 세대였다. 하나님의 큰 일을 목도한 옛 세대는 불행하게도 가데스 바네아에서 약속의 땅을 점령하라는 하나님의 명령에 불순종했다. 그 결과로 그들은 약속의 땅에 들어가지 못하고 광야에서 죽게 되었다. 옛 세대는 죽고 신세대가 광야에서 성장하였다. 세대 교체가 이루어진 것이다.

옛 세대는 모두 죽었다. 이제 신세대는 요단 동편의 땅을 점령하고 요단 강을 건너 약속의 땅으로 진격하려고 한다. 그런데 모세는 이 신세대와 함께 약속의 땅에 들어가지 못하게 되었다. 그래서 모세는 이 새로운 세대에게 시내 산의 신현과 법 선포에 관해서 다시 들려주어야 할 필요를 느낀다. 모세는 출애굽 후 세대가 가나안 땅 안에서 어떻게 살아야 할 것인가를 구체적으로 설명하기 시작한다.

이스라엘의 하나님 아도나이는 시내 산에 임하셔서 직접 십계명을 선포하시고 다양한 법들을 말씀하셨다. 십계명에서의 핵심은 우상 숭배 금지 명령이다. 이스라엘이 가나안 땅 안에서 우상을 만들어 숭배할 경우 이스라엘의 미래는 암울해질 것이다. 약속의 땅에서 쫓겨나 다른 나라에 포로로 잡혀갈 것이기 때문이다. 4장의 주요 내용은 우상 숭배와 관련하여 시내 산 사건을 회고하며 동시에 이스라엘의 미래 역사를 조망하고 있다.

4장은 크게 두 부분, 1-40절과 41-49절로 나누어진다. 1-40절은 시내 산 사건과 관련하여 우상 숭배 금지라는 내용으로 서로 통일성을 이루고 있다. 하지만 41-49절은 앞의 1-40절과 내용이 서로 다르다. 41-43절은 요단 동편에 세워진 도피성에 관하여, 그리고 44-49절은 서론에 관하여 말한다.

4장은 먼저 하나님의 법규와 법령을 '들으라'는 명령으로 시작한다. 이스라엘이 이 법들을 잘 듣고 준행할 때 따라오는 여러 가지 유익들을 소개한다. 그들은 생명과 약속의 땅을 소유하게 되며(1-4절), 더 나아가 지혜와 지식을 얻게 된다(6절). 특히 지혜는 이스라엘을 다른 민족들과 구분 지어 주는 독특한 표지 역할을 한다(5-8절).

이스라엘에게 생명과 땅과 지혜를 주는 법규와 법령은 인간에게서 나온 것이 아니라 하나님이 직접 선포한 것으로 신적 기원을 갖는다. 이러한 사실은 고대 근동의 다른 나라들의 법전들과 구별된다. 이스라엘 주변의 다른 나라들은 왕이 법을 제정하여 선포하였다. 그러나 이스라엘에서는 상황이 다르다. 하나님이 법을 선포하셨기 때문이다. 하나님은 직접 시내 산에 강림하셨다. 이러한 신 현현은 불과 구름과 흑암 가운데 이루어졌다. 하나님은 불 가운데서 직접 말씀하셨는데 그 말씀이 바로 십계명이다. 하나님이 열 개의 말씀들을 직접 선언하셨고 친히 두 돌판 위에 써 주셨다(9-14절).

십계명의 핵심은 우상 숭배 금지 계명이다. 하나님은 이스라엘에게 우상 숭배를 금지하시며 하나님만을 섬길 것을 요구하신다. 직접 시내 산에 강림하셔서 인간과 말씀하신 하나님은 살아 계신 하나님이다. 이스라엘은 살아 계신 하나님만을 섬겨야 한다. 움직이지도 못하고 생각도 못하고 말도 못하는 우상을 섬겨서는 안 된다(15-19절).

시내 산에서 이스라엘과 말씀하신 하나님은 살아 계셔서 놀라운 기적으로 인간 역사에 개입하신다. 하나님은 인간 역사 한가운데에 들어오셔서 이스라엘을 이집트에서 구원하신다. 노예의 속박 상태에 있던 이스라엘에게 해방을 주시고 이스라엘을 이제 약속의 땅으로 들어가게 하신다. 하지만 모세는 이스라엘의 기업의 땅에 들어갈 수 없다(20-22절).

이스라엘은 시내 산에서 하나님의 법을 잘 따르겠다는 언약을 맺었다. 약속의 땅 안에서 이 언약을 기억해야 한다. 시내 산에서 하나님과 맺었던 언약을 잊어버리고 이스라엘이 우상을 만들어 숭배할 경우 하나님은 그들을 향하여 질투하여 심판하실 것을 분명히 하신다(23-24절).

우상 숭배는 이스라엘의 미래 역사와 밀접한 관련을 갖는다. 이스라엘은 이제 곧 약속의 땅 가나안 안으로 들어가게 된다. 얼마나 고대하고 바라보았던 땅이던가! 하지만 가나안 땅 안에서의 이스라엘의 미래는 희망으로 가득 차 있지 않다. 이스라엘은 하나님의 언약을 잊어버릴 것이며 하나님을 배반하여 우상을 만들어 숭배하게 될 것이다. 그 결과 이스라엘은 망하고 다른 나라에 포로로 잡혀갈 것이 예고되어 있다(25-28절).

이스라엘의 역사는 포로로 잡혀간 나라에서 끝나지 않는다. 이스라엘이 포로로 있는 곳에서 하나님을 기억하고 하나님께 돌아올 때, 하나님은 그들을 용서하시며 다시 맞아 주실 것이다. 이스라엘의 회개와 회복을 예고하고 있다(29-31절).

하나님은 이스라엘의 역사 가운데 행동하신다. 하나님의 역사적 행동들은 출애굽 사건과 시내 산 사건으로 계시되었다. 이스라엘의 하나님 아도나이는 역사 가운데서 한 민족을 다른 민족의 압제로부터 구원하신다. 그리고 시내 산에서 불 가운데서 말씀하신다. 이스라엘과 언약을 맺으신 하나님은 이스라엘을 구원하시는 아도나이이다. 이러한 역사적 행동들에서 이스라엘의 아도나이는 다른 신들과 비교할 수 없는 유일하신 하나님이라는 유일신 사상이 나오고 있다(32-35절).

이제 이스라엘은 하나님의 역사적인 행동들에 반응해야 한다. 이스라엘의 하나님 아도나이 외에는 다른 신이 없다는 것을 인정해야 하며 이스라엘은 가나안 땅 안에서 하나님이 주신 법을 지키며 살아가야 한다(36-40절).

위에서 언급했듯이 1-40절은 내용적으로 서로 연결되지만 41-49절은 1-40절로부터 구분된다. 시내 산 사건과 다른 역사적 사실(41-43절)이 나오며 서론과 같은 단락이 다시 나오기 때문이다(44-49절).

모세는 요단 동편의 땅의 세 성들을 도피성으로 지정한다. 무의식 중에 살인을 범한 자가 그 곳으로 피해 살 수 있도록 하기 위한 조치이다(41-43절).

그리고 다시 서론(1:1-5)과 유사한 본문이 나온다. 모세의 설교가 어디서, 언제 행해졌는지를 밝혀 준다(4:44-49).

4장의 단락을 나누기가 어렵지만 우리는 다음과 같이 4장의 내용을 나눌 수 있을 것이다.

1. 들으라 이스라엘아(4:1-4)

2. 지혜로운 백성(4:5-8)

3. 호렙 산 경험 회고(4:9-14)

4. 우상 숭배 금지(4:15-19)

5. 가나안 땅 입성 예고(4:20-22)

6. 우상 숭배에 질투하시는 하나님(4:23-24)

7. 이스라엘의 멸망과 포수(4:25-28)

8. 이스라엘의 회개(4:29-31)

9. 하나님의 큰 일: 출애굽과 시내 산 사건(4:32-35)

10. 하나님의 큰 일에 대한 이스라엘의 책임(4:36-40)

11. 요단 동편의 도피성(4:41-43)

12. 서론: 두 번째 모세 설교의 시간과 장소(4:44-49)

구조 분석

신명기 4:1-40은 같은 단어들과 구들의 반복 사용과 유사 단어들의 빈번한 사용으로 문체상의 통일성을 나타낸다. 내용 면에서도 1절과 40절은 서로 유사한 내용을 담고 있다. 이러한 특성이 4장의 구조 분석에 어려움을 주기 때문에 학자들마다 단락을 구분하는 것이 다르다. 여기서 학자들이 1-40절을 어떻게 분석하는지 소개하고자 한다(Christensen, 2001, 75; Labuschagne, 1987, 227).

스테이어나겔	리델보스	로핑크	브라우리크	라부샤흐네	크리스텐슨	김영욱
1-4	1-8	1-4	1-4	1-4	1-4	1-4
5-8		5-8	5-8	5-8	5-8	5-8
9-14	9-14	9-14	9-14	9-10	9-10	9-14
				11-14	11-14	
15-20	15-24	15-22	15-22	15-19	15-18	15-19
					19	20-22
21-24		23-24	23-31	20-22a	23-24	

스터이어나겔	리델보스	로핑크	브라우리크	라부샤흐네	크리스텐슨	김영욱
					22b-24	
25-28	25-28	25-31		25-28	25-28	25-28
29-31	29-31			29-31	29-31	29-31
32-40	32-35	32-40	32-40	32-35	32-34	32-35
					35-38	
	36-40			36-40	39-40	36-40

위의 분석은 라부샤흐네가 그의 주석에서 비교해 놓은 것이다. 이것을 다시 크리스텐슨이 자신의 책에 인용하였다. 여기에 실린 분석은 지면상 크래머의 것을 빼고 나의 분석을 첨가하였다.

크리스텐슨의 4:1-40의 동심원적 구조 분석

크리스텐슨은 4:1-40을 세 부분, 1-10, 11-24, 25-40절로 나누며 이것을 하나의 동심원적 구조로 분석하였다. 이 분석은 4장의 전체 내용을 한눈에 파악하는 데 도움을 주기 때문에 소개하고자 한다.

A	네가 그 땅 안에서 살기 위하여 아도나이의 명령들을 지켜라	1-4
B	이스라엘의 독특성이 토라 안에서 보여졌다	5-8
C	호렙에서 발생한 것을 잊지 않도록 주의하라	9-10
D	호렙에서 유래한 언약 규정(십계명)	11-14
E	어떤 형태의 새긴 우상도 허용되지 않는다	15-18
F	천체 숭배 금지	19
G	출애굽은 백성을 아도나이의 가족 소유로 만들었다	20
X	모세는 약속의 땅에 들어가지 못한다	21a
G′	가나안 입성은 땅을 이스라엘의 가족 소유로 만들 것	21b-22a
F′	우상이 허용되지 않음: 아도나이는 질투하는 하나님	22b-24
E′	네가 우상을 만들면 열방 중에 흩어질 것이다	25-28

D′	네가 아도나이를 찾고 돌아올 때, 그가 용서할 것이다	29-31
C′	출애굽 때에 아도나이께서 너를 위해 행하신 것을 기억하라	32-34
B′	출애굽과 가나안 입성에서 아도나이의 독특성이 보여졌다	35-38
A′	네가 그 땅 안에서 살기 위하여 아도나이의 명령들을 지켜라	39-40

크리스텐슨의 분석은 4장의 내용을 이해하는 데 아주 유용하다. 그리고 그의 분석을 잘 따라가면 A와 A′ 그리고 B와 B′ 등등의 내용이 서로 대칭된다는 것을 알 수 있다.

하지만 크리스텐슨의 분석의 유용성에도 불구하고 자세히 살펴보면 그가 이러한 동심원적인 구조를 만들기 위하여 인위적으로 구절들을 나누었음을 알 수 있다. A와 B는 4절씩 구분되었는 데 반해 F와 G는 한 절씩 그리고 X는 특이하게도 반 절이 사용되었고 G′ 와 F′ 는 인위적으로 한 구절의 반을 나누어서 분류해 놓고 있다.

1. 들으라 이스라엘아(4:1-4)

모세는 이스라엘에게 하나님의 법을 교육하는 자이다. 모세가 가르치는 법은 절대적인 규범성과 정경성을 갖는다. 그래서 이 법에 어떠한 것도 덧붙이거나 빼서는 안 된다.

1절에서는 "들으라"라는 명령이 주 동사이다. 이스라엘은 모세가 가르친 "법규들"과 "법령들"을 듣고 잘 준행할 때 여러 가지 유익한 것들을 누리게 된다. 이스라엘이 살 수 있고 약속의 땅에 들어가 그 땅을 정복할 수 있는 것은 하나님의 법에 순종하는 것에 근거한다. 바알 브올 사건은 하나님의 법에 순종할 때에 살 수 있다는 사실을 보여준다.

번역

1 그리고 이제 이스라엘아,
들으라 내가 너희에게 행하도록 가르치는 법규들과 법령들을,
너희가 살고 들어가고 점령하기 위하여,
아도나이 너희 조상들의 하나님이 너희에게 주시는 그 땅을.
2 너희는 내가 너희에게 명령하는 그 말씀에 덧붙이지 말아야 한다,
그리고 너희는 그것으로부터 감하지 말아야 한다,
내가 너희에게 명령하는 너희 하나님 아도나이의 명령들을 지키기 위하여.
3 너희 눈들이 바알브올에서 아도나이께서 행하셨던 것을 보았다,
왜냐하면 바알브올을 따라갔던 모든 사람,
너의 하나님 아도나이께서 너의 가운데서 그를 전멸시켰기 때문이다.
4 그러나 너희 하나님 아도나이께 붙어 있는 너희는,
너희 모두는 오늘날 살아 있다.

주해

1 그리고 이제 이스라엘아, 들으라 내가 너희에게[1] 행하도록 가르치는 법규들과 법령들을[2], 너희가 살고[3] 들어가고 점령하기 위하여 아도나이 너희 조상들의 하나님이 너희에게 주시는 그 땅을.

본문 비교

1) 70인경과 시리아 역은 여기에 "오늘날"이라는 단어를 삽입한다. 벌게이트는 2인칭 단수 "너에게"이다.
2) "법령들"을 탈굼 네오피티는 "심판의 명령" 즉 사법적 법령으로 해석한다.
3) 일부 70인경 사본은(B 963) 여기에 "그리고 너희가 많아지게 하기 위하여"(καὶ πολυπλασιασθῆτε)를 덧붙인다. 벌게이트는 2인칭 단수 "네가 살고"이다.

1절은 두 부분으로 나누어진다. 첫째 부분은 "그리고 이제 이스라엘아, 들으라 내가 너희에게 행하도록 가르치는 법규들과 법령들을"이며 두 번째 부분은 "너희가 살고 들어가고 점령하기 위하여 아도나이 너희 조상들의 하나님이 너희에게 주시는 그 땅을"이다. 두 번째 부분은 이스라엘이 하나님의 법규와 법령을 들어야 하는 목적을 설명한다. 즉 "들어라…법규들과 법령들을…살기 위하여 들어가기 위하여 점령하기 위하여…"이다.

명령형 "들으라"는 히브리어로 쉐마(שׁמע)이다. 모세는 이스라엘에게 법규들과 법령들을 들을 것을 명령한다. 이것은 그 법에 주의 또는 유의할 것을 즉 순종하라는 뜻을 내포하고 있다. 명령형 "들으라"는 목적어 없이 신명기 6:4, 9:1, 20:3, 27:9에, 그리고 목적이 '법규들과 법령들'과 함께 신명기 4:1, 5:1에 사용되었다.

이스라엘의 교육은 '쉐마'에서 시작한다. 하나님의 법규들과 법령들을 잘 듣는 것이 이스라엘 교육의 시작이다. '듣는 것'은 '가르치는 것'을 전제로 한다. 모세는 하나님의 법을 가르치는 선생으로 나다닌다.

'가르치는'(מלמד)은 '라마드'(למד) '가르치다''의 피엘piel 분사형이다. '라마드'가 칼 형일 때는 '배우다'이고 피엘 형일 때는 '가르치다'의 의미를 갖는다. '가르치고' '듣는 것'은 배우는 사람이 그것을 "행하도록" 하는 것이다. 교육이 탁상공론으로 끝나서는 아무런 의미가 없다. 배우는 것이 실생활에서 실천될 때 교육의 진가가 발휘되는 것이다.

"행하도록"(לעשׂות)은 '하다'(עשׂה)의 칼 부정사 연계형으로 '하기 위하여', '준행하도록', '지키기 위하여'라는 의미를 갖는다. 모세는 이스라엘 백성에게 "행하도록" 하나님의 법규들과 법령들을 가르친다. 이것은 이스라엘 백성들이 생활 속에서 행해야 할 것들이다. 하나님의 법을 듣고 끝나는 것이 아니라 실천해야 한다(참고. 롬 2:13).

히브리어 '라마드'는 신명기에 17회 나타나는데 그 가운데 피엘형 '가르치다'는 10회 그리고 칼형 '배우다'는 7회가 사용되었다. 이 구절들을 살펴보면 이스라엘의 교육 - 누가 누구에게 무엇을 가르치는지 혹은 누가 무엇을 배우는지 - 을 알 수 있다.

4:1　모세가 이스라엘 백성에게 법규들과 법령들을 가르친다.
4:5　모세가 이스라엘 백성에게 법규들과 법령들을 가르친다.
4:10　이스라엘 백성들이 아도나이 경외하는 것을 배운다.
4:10　이스라엘 백성들이 그들의 아들들에게 아도나이 두려워하는 것을 가르친다.
4:14　모세가 이스라엘 백성에게 법규들과 법령들을 가르친다.
5:1　이스라엘 백성이 법규들과 법령들을 배운다.
5:31　모세가 이스라엘 백성들에게 법규들과 법령들을 가르친다.
6:1　모세가 이스라엘에게 법규들, 법령들 그리고 명령들을 가르친다.
11:19　이스라엘이 그들의 아들들에게 하나님의 말씀을 가르친다.
14:23　이스라엘이 아도나이를 경외하는 것을 배운다.
17:19　왕이 아도나이 경외하는 것을 배운다.
18:9　이스라엘은 가나안 민족들의 가증한 것을 배우지 말아야 한다.
20:18　가나안 민족들이 이스라엘에게 가증한 것을 가르치지 않도록.
31:12　이스라엘과 이스라엘 내의 이방인이 율법을 배운다.
31:13　이스라엘 아들들이 아도나이 경외하는 것을 배운다.
31:19　이스라엘 아들들에게 노래를 가르치라.
31:22　모세가 이스라엘 아들들에게 노래를 가르친다.

위의 예에서 대부분의 경우 모세가 이스라엘에게 하나님의 법을 가르치며 이스라엘이 법을 배운다. 이스라엘은 또한 그의 아들들에게 이 법을 가르쳐야 할 책임이 있다. 하나님의 법을 배우는 것은 하나님을 경외하는 방법을 배우는 것이다.

이스라엘의 교육은 토라 교육이 핵심이다. 모세가 이스라엘에게 하나님의 법을 가르치는 데서 교육이 시작된다. 이스라엘의 가장들은 가정에서 아들에게 이 법을 가르쳐야 한다(잠언은 아버지가 아들에게 교훈하고 있는 형식을 갖고 있다. 잠 1:8, 10; 2:1; 3:1). 가정 교육을 통해서 하나님의 법이 대대로 전수되는 것이다. 교육의 핵심 내용은 이스라엘의 하나님 아도나이를 경외하는 것이다. 법을 배우고 가르치는 것은 곧 그들의 하나님 아도나이를 경외하는 방법을 교육하는 것이다. 이스라엘이 아도나이를 경외할 때, 이방 민족들의 가증한 우상 숭배를 배척할 수 있으며 아도나이 신앙을 순수하게 유지할 수 있다.

"법규들"(חקים)은 '호크'(חק)의 남성 명사 복수형이다. '호크'(חק)는 동사 '하카크'(חקק) '파다', '새기다', '자르다', '명령하다'에서 왔다. '호크'는 구약에서 약 127회 사용되었다. 이 단어는 다양한 의미를 내포하기 때문에 우리 말의 한두 단어로 그 의미를 잘 드러내기 어렵다. 따라서 이 단어가 쓰인 문맥에서 그 의미가 결정되어야 한다.

개역 성경이 이 단어를 번역한 것을 살펴보면 이 단어의 의미가 다양하게 사용되었다는 것을 잘 알 수 있다: '녹'(창 47:22), '법'(창 47:26), '규례'(출 12:24), '분깃'(출 29:28), '영'(시 2:7), '율례'[시 81:4(히브리어 81:5)].

여기서는 규정 지어진 또는 쓰인 어떤 것 즉, '법규', '규칙', '법'을 의미한다[이 단어에 대한 더 자세한 연구는 다음의 글들을 참고하라 *THAT* I, 626-633, *TWAT* III, 149-157, G. Braulik, "Die Ausdrücke für "Gesetz" im Buch Deuteronomium," *Bib* 51 (1970), 39-66, J. van der Ploeg, "Studies in Hebrew Law," *CBQ* 12 (1950), 250-252, P. Victor, "A Note on חק in the Old Testament," *VT* 16 (1966), 358-361].

"법령들"(מִשְׁפטים)은 '미쉬파트'(מִשְׁפט)의 남성 명사 복수형이다. '미쉬파트'(מִשְׁפט)는 동사 '사파트'(שׁפט) '재판하다,' '다스리다'에서 왔다. '미쉬파트'는 구약에서 422회 사용되었고 기본적으로 '재판'이라는 의미를 담고 있지만 이 단어 역시 다양한 의미를 담고 있기 때문에 이 단어가 쓰인 문맥에서 다양하게 번역될 수 있다.

개역 성경의 번역을 살펴보면 다음과 같다: '공의'(창 18:25, 사 42:1), '공평'(출 23:6, 사 1:21), '율례'(출 15:25), '식양'(출 26:30), '판결'(출 28:15), '규례'(레 5:10), '법도'(레 20:22), '법'(레 24:22), '재판'(신 1:17), '제도'(삼상 8:9), '습관'(삼상 27:11), '심판'(사 4:4) 등등.

여기서는 '법', '규정', '법령'이 적절할 것 같다[이 단어에 대한 더 자세한 연구는 다음의 글들을 참고하라: *THAT* II, 999-1009, *TWAT* V, 93-107, G. Braulik, "Die Ausdrücke für "Gesetz" im Buch Deuteronomium," *Bib* 51 (1970), 39-66, J. van der Ploeg, "Studies in Hebrew Law," *CBQ* 12 (1950), 248-250].

위의 두 단어 '법규들'(חקים)과 '법령들'(משפטים)[개역 성경은 단수로 "규례와 법도"로 번역]은 신명기에서 유사 동의어로 짝을 이루어 13회 사용되었다(신 4:1,5,8,14,44, 5:1,31, 6:1,20, 11:32, 12:1, 26:16,17). 그리고 '호크'의 여성 복수형 '법규들'(חקות)과 '법령들'(משפטים)은 2회 나타난다(신 8:11, 30:16). 이 단어들은 신명기 내에서 모세에 의해 가르쳐지고 선포된 하나님의 법을 말하는 데 주로 사용되었다. 즉 모세가 선포한 법의 개별적인 조항들을 말한다. 그래서 복수형으로 나오고 있다(G. Liedke, *Gestalt und Bezeic-hnung alttestamentlicher Rechtssäize*, Neukirchen-Vluyn, 1971, 13-14, N. Lohfink, *Das Hauptgebot*, Roma, 1963, 56-58).

하반절의 "~하기 위하여"(למען)는 이스라엘이 법규들과 법령들을 들어야 하는 목적을 설명한다. 세 개의 동사가 "~하기 위하여"에 걸려서 그 목적을 표현한다: "너희가 살고(살기 위하여) 들어가고(들어가기 위하여) 점령하기 위하여."

하나님의 법은 이스라엘 백성들의 생존과 밀접한 관련이 있다. 하나님의 법을 지키는 것은 첫째, 이스라엘이 그들의 생명을 유지할 수 있게 만든다. 하나님의 법규와 법령을 행하는 사람은 그것으로 살 수 있다(레 18:5). 둘째, 약속의 땅에 들어갈 수 있으며 셋째, 더 나아가 그 약속의 땅을 점령하기 위한 것이다.

"아도나이 너희 조상들의 하나님이 너희에게 주시는 그 땅"은 요단 서편의 약속의 땅을 의미한다. 이스라엘은 요단 동편을 점령하고 그 땅을 분배한 후 이제 요단 강을 건너 약속의 땅을 점령하려고 한다. 약속의 땅은 하나님의 선물이다. 왜냐하면 그 땅은 하나님이 이스라엘에게 '주시는 땅'이기 때문이다.

개역 성경은 "이스라엘아 이제 내가 너희에게 가르치는 규례와 법도를 듣고 준행하라 그리하면…들어가서 그것을 얻게 되리라"로 번역한다. 히브리어에서 명령형은 '준행하라'가 아니라 '들으라'이며 '준행하라'는 부정사로 "행하도록" 또는 "행하기 위해"로 번역해 주어야 한다. 그리고 "그리하면"은 첨가된 표현이며 "살 것이요…들어가서 그것을 얻게 되리라"는 목적을 표현하는 문장으로 이해되어야 한다.

2 너희는 내가 너희에게 명령하는 그 말씀에 덧붙이지 말아야 한다[1], 그리고 너희는 그것으로부터 감하지 말아야 한다, 내가 너희에게[2] 명령하는 너희 하나님 아도나이의 명령들을 지키기 위하여[3].

본문 비교

1) 사마리아 오경은 여기에 "오늘날"(היום)이라는 표현을 덧붙인다.
2) 70인경은 여기에 '오늘날'(σήμερον)을 삽입한다.
3) 70인경과 벌게이트는 명령형 "지켜라"로 번역하며 시리아 역은 "그러나 지켜라"로 번역한다.

모세가 가르치는 하나님의 말씀에 대하여 절대적 규범성과 정경성이 부여된다. "덧붙이다"는 '더하는 것', '추가하는 것'을 의미하며 "감하지"는 '감소하는 것', '줄이는 것'을 뜻한다. 모세는 하나님께 직접 말씀들을 들었기 때문에 모세가 이스라엘 백성에게 전하는 말씀은 신적 기원과 권위를 갖는다. 이 말씀은 이스라엘의 삶의 규범과 척도가 된다. 그래서 이 말씀에 덧붙이거나 빼는 것이 금지되고 있다. 하나님의 말씀에 가감하지 말라는 명령은 신명기 12:32(히브리어 13:1)에서도 발견된다(참고. 렘 26:2, 잠 30:5-6, 계 22:18-19 전 3:14).

"지키기 위하여"(לִשְׁמֹר)는 부정사 연계형으로 이스라엘이 하나님의 말씀을 가감하지 말아야 하는 목적을 설명한다: "아도나이의 명령들을 지키기 위하여."

이 구절에서 "내가 너희에게 명령하는 그 말씀"과 "내가 너희에게 명령하는 너희 하나님 아도나이의 명령"이 서로 병행을 이루고 있다. "말씀"은 1절의 "법규들과 법령들"을 의미한다. 또한 두 단어들 '말씀'과 '명령'은 1절의 '법규들과 법령들'의 유사어들이다.

1절의 "내가 너희에게 가르치는 법규들과 법령들"과 2절의 "내가 너희에게 명령하는 그 말씀"은 유사한 표현이며 문법적으로도 관계대명사 '아쉐르'(אשר)에 인도되며 '가르치는'(מְלַמֵּד)과 '명령하는'(מצוה)은 서로 단어는 틀리지만 피엘 분사형으로 병행을 이루고 있다.

개역 성경은 상반절을 너무 간략하게 "내가 너희에게 명하는 말을 너희는 가감하지 말고"로 번역하며 "그것으로부터"를 생략한다. 부정사의 번역을 명령형으로 "내가 너희에게 명하는 너희 하나님 여호와의 명령을 지키라"로 한다.

3 너희 눈들이 바알 브올[1]에서 아도나이께서[2] 행하셨던 것을[3] 보았다, 왜냐하면 바알 브올을 따라 갔던 모든 사람, 너의[4] 하나님 아도나이께서 너의 가운데서[5] 그를 전멸시켰기 때문이다.

본문 비교

1) "바알 브올"을 70인경은 모호하게 "베엘 페골"(Βεελφεγωρ)로 번

역한다. 탈굼 네오피티와 탈굼 프쉬도 요나단은 "브올의 우상들"로 해석한다.

2) 70인경은 "우리의 하나님"을 덧붙인다.

3) 70인경은 "모든"을 넣어서 "행하셨던 모든 것을"로 읽는다.

4) 70인경은 2인칭 복수 "너희의"로 번역한다.

5) "너의 가운데서"(מקרבך), 문자적으로 '너의 가운데로부터'를 70인경은 "너희로부터"(ἐξ ὑμῶν), 아퀼라는 "너의 내부로부터"(ἀπὸ ἐγκάτων υου), 심마쿠스는 "너의 가운데로부터"(ἐκ μέσου σου), 테오도치온은 "너희 가운데로부터"(ἐκ μέσου ὑμῶν)로 해석한다.

하나님의 법을 듣고 지키는 것은 이스라엘에게 '생명'을 주는 것이다(1절 참고). 이스라엘은 살기 위해서 하나님의 법규들과 법령들을 들어야 했다.

반대로 하나님의 법을 거역하고 불순종한 사람들에게 '죽음'이 온다. 이러한 사실을 역사적인 바알 브올의 사건으로 설명한다.

"바알 브올에서"(בבעל פעור). 여기서 전치사 '베'(ב)는 '~에서', '~ 때문에', '~에 관해'로 번역될 수 있다. 개역 성경은 "바알브올의 일을 인하여"로 번역한다.

바알 브올에서 '브올'은 지명과 관련된 이름이다. 이것은 '바알'이 보여주듯이 브올의 바알로 우상을 섬겼던 지역을 말한다.

바알 브올의 사건에서 우상을 섬기는 행위가 크게 두 가지로 나타난다(탈굼 네오피티와 탈굼 프쉬로 요나단은 "브올의 우상들의 예배자들"로 설명한다). 하나는 우상에게 절을 하며 희생 제사에 동참한 것이며 다른 하나는 성관계이다. 이스라엘이 싯딤에 머물렀을 때, 일부 이스라엘 사람들이 모압 여인들과 성 관계를 가지며 그 여인들과 함께 우상 숭배를 했다. 이 일로 인하여 하나님의 심판이 임하여 이만 사천 명이 죽었다(민 25장).

"너희 눈들이…보았다"라는 표현은 이스라엘의 경험을 상기시킨다. 이스라엘 백성은 바알 브올 사건을 직접 체험했을 뿐 아니라 우상을 섬겼던 우상 숭배자들의 종말도 지켜보았다.

"아도나이께서 행하셨던 것"은 아도나이께서 행하신 일로서 바알 브올에게 종속된 사람들에게 심판을 행하신 것을 의미한다.

4 그러나 너희 하나님 아도나이께 붙어 있는[1] 너희는, 너희 모두는 오늘날 살아 있다.

본문 비교

1) "붙어있는"을 70인경은 '몰두하는', '열중한', '헌신하는'(προσκείμενοι) 그리고 아퀼라는 '밀접히 붙어있는,' '신실하게 헌신하는'(προσκολλώμενοι)으로 번역한다.

"그러나"라는 등위 접속사가 이 구절이 3절과 대조를 이룬다는 것을 보여준다. 모압 여인들과 음행하며 우상을 숭배했던 사람들은 모두 죽었다. 그러나 하나님을 섬기는 사람들은 모두 살아 있다.

3절과 4절은 '죽음'과 '생명'이라는 반대 개념을 역사적인 경험을 통해서 이스라엘에게 설명하고 있다.

히브리어 원어에서는 "그러나 너희는"으로 "너희는"을 강조하고 있다. 즉 바알 브올 사건에 얽매이지 않고 하나님을 섬기는 살아 있는 사람들을 의미하는 것이다.

"붙어 있는"은 '달라 붙다', '들러 붙다', '결합하다', '부착하다,' '밀착하다'를 의미한다. 문자적인 의미 보다는 상징적으로 이스라엘 백성들이 하나님을 의지하고 하나님께 연합되어 있는 것을 말한다. 하나님께 붙어 있는 구체적인 방법은 문맥의 흐름에서 보면 하나님의 법을 듣고 지키는 것이다(참고. 1-2절). 여기서 아도나이와의 연합 사상이 나온다. 이것은 신약의 그리스도와의 연합 사상과 유사하다(참고. 요 15장).

"살아 있다"는 1절의 "살기"와 같은 단어이다. 하나님께 붙어 있는 것은 하나님의 법에 대한 순종과 충성을 뜻하며 그 결과는 생명이다. 하나님께 "붙어 있는" 사람들은 살았지만 바알 브올을 "따라갔던" 모든 사람들은 죽었다. 여기서 '우상 = 죽음'이며 '아도나이 = 생명'이라는 공식이 나온다. 이스라엘 백성들은 같은 신앙의 공동체에 속해 있었지만 어떤 선택을 하느냐에 따라 그 결과가 180도 다르게 나타났다.

2. 지혜로운 백성(4:5-8)

문법적인 명령형이 1-4절과 5-8절을 나눠주고 있다. 그 명령들은 1절의 '들으라'와 5절의 '보라'이다. 이 본문 역시 하나님의 법규와 법령을 지킬 것을 강조한다(5, 6절). 모세가 가르치는 법규들과 법령들을 지킬 때 이스라엘은 생명과 땅을 소유할 수 있고(2절), 더 나아가 지혜와 지식을 소유하게 된다(6절). 흥미롭게도 지혜는 이스라엘을 다른 민족들과 구분 지어 주는 독특한 표지 역할을 한다. 하나님의 법을 잘 지킬 때 주위의 다른 나라들은 이스라엘을 지혜로운 큰 민족으로 인식할 것이다.

1-4절과 5-8절은 두 부분으로 나누어져서 법규와 법령을 지킬 때 이스라엘이 얻을 수 있는 유익들을 언급한다.

번역

5 보라 내가 너희에게 법규들과 법령들을 가르쳤다,
아도나이 나의 하나님이 나에게 명령하셨던 대로,
그대로 행하도록,

너희가 그것을 점령하기 위해 그곳으로 들어가는 그 땅 가운데서.
6 그리고 너희는 지켜야 한다 그리고 행해야 한다,
왜냐하면 그것이 백성들의 눈들에 너희의 지혜와 너희의 분별력이 되기 때문이다,
그들이 이 모든 법규들을 들을 것이며 말할 것이다,
확실히 이 큰 민족은 지혜롭고 분별력이 있는 백성이다.
7 왜냐하면, 하나님이 그에게 가까이 한 어떤 큰 민족이 있느냐?
우리의 하나님 아도나이 같이, 우리가 그를 부를 때마다.
8 그리고 의로운 법규들과 법령들을 가진 어떤 큰 민족이 있느냐?
내가 오늘날 너희 앞에 두는 이 모든 법과 같이.

주해

5 보라[1] 내가 너희에게 법규들과 법령들을 가르쳤다,[2] 아도나이 나의 하나님이[3] 나에게 명령하셨던 대로, 그대로 행하도록,[4] 너희가 그것을 점령하기 위해 그곳으로 들어가는 그 땅 가운데서.

본문 비교

1) 2인칭 단수 명령형 "보라"를 사마리아 오경(ראו), 70인경, 탈굼 네오피티와 탈굼 프쉬도 요나단 그리고 탈굼 옹켈로스는 2인칭 복수 명령형으로 읽는다.
2) "내가 가르쳤다"(למדתי)를 70인경은 "내가 보였다"(δέδειχα)로 해석한다.
3) "아도나이 나의 하나님"(יהוה אלהי)을 70인경은 "주님"(κύριος)으로 번역한다.
4) 시리아 역은 "너희가 그것들을 행하도록"으로 읽는다.

1절에서 "들으라"라는 명령형이 나오는 데 반해 5절에서는 "보라"라

는 명령형이 주어졌다. "들으라"는 청각적인 면을, 그리고 "보라"는 시각적인 면을 지시하고 있다. 개역 성경은 "보라"라는 명령을 생략하고 있다.

모세가 이스라엘에게 가르쳤던 것은 "법규들"과 "법령들"이다. 1절의 내용과 유사하다.

"명령하셨던 대로"는 "명령하셨던 것을 따라", "명령하셨던 것같이"로 번역될 수 있다. 모세는 하나님이 그에게 명령하셨던 것을 따라서 또는 명령하셨던 그대로 이스라엘에게 '법규들'과 '법령들'을 가르쳤다.

"그대로 행하도록"은 "그렇게 행하도록" 즉, 교육 받은 대로 행하는 것을 말한다. 이것은 교육의 목표를 의미한다. 모세는 이스라엘이 교육 받은대로 실천하기를 원했다. '행하도록'은 1절에서도 사용되었다. 이것은 실천을 강조하는 것이다. 실천이 없는 교육은 무용지물이다. 듣기만 하고 끝난다면 교육에 아무런 의미가 없을 것이다(참고. 마 7:21-27).

"그 땅 가운데서"는 이스라엘이 법규들과 법령들을 어디서 실천해야 할 것인가를 분명히 한다. 이스라엘은 이제 요단 강을 건너 약속의 땅을 점령하기 위하여 그 땅에 침입하려고 한다(1절 참고). 그 약속의 땅에서 이스라엘은 법규들과 법령들을 지켜야 한다. 이렇게 약속의 땅과 신명기의 법들은 서로 밀접한 연관이 있다. 가나안 땅은 하나님이 주시는 선물이며 하나님의 관심이 머무는 곳이다(신 11:12). 그 땅을 점령하는 것은 이스라엘이 해야 할 과제였다. 하나님의 백성은 약속의 땅 안에서 하나님의 법을 따라서 살아가야 한다. 하나님의 법을 따라 살아가는 것은 하나님의 거룩한 백성의 신분을 유지하는 방법이다(출 19:5-6, 신 28:9).

6 그리고 너희는 지켜야 한다 그리고 행해야 한다,[1] 왜냐하면 그것이 백성들의 눈들에[2] 너희의 지혜와 너희의 분별력[3]이 되기 때문이다, 그들이 이 모든 법규들을 들을 것이며 말할 것이다, 확실히[4] 이 큰 민족은 지혜롭고 분별력이 있는 백성이다.

본문 비교

1) 탈굼 프숴도 요나단은 여기에 "법"을 첨가하여 "너희는 법을 행해야 한다"로 읽는다.
2) "백성들의 눈들에"를 70인경은 "모든 백성들 앞에"로 해석한다.
3) 탈굼 네오피티는 여기에 "너희의 총명"을 덧붙인다.
4) "확실히"를 70인경은 "보라"(ἰδοὺ)로 읽는다.

"너희는 지켜야 한다 그리고 행해야 한다"(신 7:12, 16:12, 26:16, 28:13)의 문법적인 형태는 칼 완료형이지만 명령의 의미가 내포되어 있다. 그래서 이것을 명령형 "지켜라 그리고 행해라"로 번역하는 현대 역본들이 많이 있다(ASV, KJV, NAS, NAU, RSV). 이것은 5절의 '법규들'과 '법령들'을 지켜야 할 것을 의미한다: "너희는 그것들(법규들과 법령들)을 지켜야 한다. 그리고 그것들을(법규들과 법령들) 행해야 한다." 유대인 번역 성경(NJPS)은 "그것들을 성실하게 준수하라"Observe them faithfully로, 그리고 다른 현대 역본(NIB와 Weinfeld)은 "그것들을 주의 깊게 준수하라"Observe them carefully로 번역한다.

"왜냐하면 그것이 백성들의 눈들에 너희의 지혜와 너희의 분별력이 되기 때문이다, 그들이 이 모든 법규들을 들을 것이며." 이 문장은 후반부의 문장을 관계 대명사 '아세르'(אשׁר)로 연결해서 '왜냐하면 그것이 이 모든 법규들을 듣는 백성들의 눈들에 너희의 지혜와 너희의 분별력이 되기 때문이다'로도 번역이 가능하다. 하지만 관계 대명사 '아세르'(אשׁר) 앞에 '아트나흐' 악센트가 있기 때문에 이 문장은 크게 두 부분으로 나눌 수 있다:

[a] 그리고 너희는 지켜야 한다 그리고 행해야 한다, 왜냐하면 그것이 백성들의 눈들에 너희의 지혜와 너희의 분별력이 되기 때문이다,

[b] 그들이 이 모든 법규들을 들을 것이며 말할 것이다, 확실히 이 큰 민족은 지혜

롭고 분별력이 있는 백성이다.

"백성들"은 이스라엘 외의 다른 민족들을 의미한다. 법규들과 법령들을 지키는 이스라엘의 모습은 다른 민족들에게 지혜와 지식이 있는 백성으로 보여지며 칭송을 받는다. 역사적으로 유대인들이 세계의 철학, 문학, 과학, 사회학 등에 끼친 영향을 생각해 보면, 하나님의 법을 지키는 것은 지혜와 밀접한 관련이 있다는 것을 알게 된다. 하나님의 법은 이스라엘의 지혜의 원천이었다.

"큰 민족"은 7절과 8절에서도 나타나고 있음에 주목하라. 이스라엘은 그 당시 고대 근동의 다른 나라들과 비교할 때 큰 민족이 아니었다. 하지만 이스라엘이 '큰 민족'으로 불리는 이유는 그들이 아도나이의 법규들과 법령들을 소유해서 그 말씀을 준수할 때 그들이 다른 민족들보다 지혜로워 지기 때문이다.

아도나이를 경외하는 것이 지혜와 지식의 근본이라는 것은 불변의 진리이다. 피조물인 인간이 창조주 하나님을 아는 것이 모든 지식과 지혜의 근본이라는 것은 두말할 필요가 없다. 하나님의 법을 따라서 살아갈 때 이스라엘은 지혜로운 백성이 될 수 있는 것이다.

"분별력"(בינת)은 여성 명사로 '이해', '통찰'을 뜻하며, "분별력이 있고"(נבון)는 동사 '빈'(בין) '분별하다', '식별하다'의 니팔 분사형이다.

"지혜와 분별력"은 모세가 이스라엘의 사법, 군사적인 조직을 정비할 때, 천부장, 백부장, 오십부장, 십부장을 뽑는 기준이기도 했다(신 1:13).

7 왜냐하면, 하나님이 그에게 가까이[1] 한 어떤 큰 민족이[2] 있느냐? 우리의 하나님 아도나이같이,[3] 우리가 그를 부를 때마다.[4]

본문 비교

1) "가까이"의 히브리어는 복수형이다. 그러나 70인경, 시리아 역, 탈굼 옹켈로스, 탈굼 네오피티, 탈굼 프쉬도 요나단은 단수형이다.
2) 탈굼 네오피티는 "나라"를 덧붙여 "어떤 큰 민족과 나라"로 읽는다.
3) 대마소라Mm에 따르면 "아도나이 같이"(כיהוה)는 네번 나온다(출 8:6; 신 4:7; 삼상 2:2; 시 113:5).
4) 탈굼 네오피티는 "우리가 그 앞에서 기도할 때마다 그는 우리에게 응답하셨다"로 해석한다.

"왜냐하면"(כי)은 6절에서 이스라엘이 갖는 지혜에 대한 설명을 해준다. 하나님의 법을 잘 순종할 때, 하나님이 이스라엘에게 가까이 해주시기 때문에 이스라엘은 지혜로운 민족이 될 수 있다는 것이다. 우리 개역 성경은 "왜냐하면"(כי)의 번역을 생략하고 있다.

"하나님이 그에게 가까이 한 어떤 큰 민족이 있느냐?"라는 질문 속에는 이스라엘 외에는 하나님이 가까이 한 민족이 없다는 대답을 전제하고 있다.

다시 6절과 같이 이스라엘을 "큰 민족"으로 표현하는 것에 주목하라. 이스라엘이 다른 민족들 눈에 큰 민족으로 칭송받을 수 있는 이유가 무엇인가? 그 대답은 간단하다. 이스라엘이 하나님의 법을 소유하며 그 법을 지키기 때문이다.

"가까이 한"이라는 표현이 이스라엘과 하나님 사이의 밀접한 관계를 설명한다. 하나님과 이스라엘 사이의 관계는 이스라엘이 하나님의 법들을 얼마나 잘 지키느냐에 달려 있다.

"우리가 그를 부를 때마다"는 번역하기가 어렵다. 문자적인 번역은 '모든 것 안에서 우리가 그를 부른다'이다. 이것은 기도의 의미를 내포한다.

이스라엘이 하나님께 기도할 때마다 하나님은 이스라엘에게 가까이 하신다. 이러한 밀접한 관계가 이스라엘을 큰 민족으로 유지시키는 것이다.

8 그리고 의로운 법규들과 법령들을 가진 어떤 큰 민족이[1] 있느냐? 내가 오늘날 너희 앞에 두는 이 모든 법과[2] 같이.

본문 비교

1) 탈굼 네오피티는 여기에 "나라"를 덧붙인다.
2) 탈굼 네오피티는 "이 법의 모든 법령들"로 읽는다.

7절과 같은 의문문이다. 상반절의 문장 구조 역시 7절과 유사하다.

필자는 위에서 어순을 끊어서 번역했지만 이 절은 다시 "그리고 내가 오늘날 너희 앞에 두는 이 모든 법과 같이 의로운 법규들과 법령들을 가진 어떤 큰 민족이 있느냐?"로도 번역할 수 있다.

"의로운 법규들과 법령들을 가진 어떤 큰 민족이 있느냐?"라는 질문 속에 7절과 같이 이스라엘 외에는 하나님의 의로운 법을 가진 민족이 없다는 대답을 전제하고 있다.

법규와 법령 앞의 형용사 "의로운"이 모세가 선포하는 법의 성격을 말해준다. 개역 성경의 번역 "그 규례와 법도가 공의로운 큰 나라가 어디 있느냐"에서 '공의로운'은 형용사로 '큰 나라'를 수식하는 것이 아니라 '규례와 법도'를 수식해야 한다.

"법규들과 법령들"은 2절의 '말씀,' '명령'과 같이 이 구절에서 '법'과 동의어로 나타난다. 이러한 사실은 전치사 '케'(כ) '~같이,' '~처럼'이 잘 보여준다: "이 모든 법과 같이 의로운 법규들과 법령들." 법규들과 법령들은 '모든 법'과 같은 의미이다. 즉 모든 법의 세세한 항목들을 법규들과 법령들이라는 말로 나타내고 있다.

이스라엘을 다른 민족들과 구별시켜 주는 것은 "법"이다. 모세가 가르치는 법들을 주의 깊게 지킬 때, 이스라엘은 다른 민족들과 구별되는 지혜로운 민족이 될 것이다(6절).

"내가 너희 앞에 두는"은 모세가 이스라엘에게 '가르치는' 또는 '설교하는'이라는 의미이다(1절과 5절 참고). 개역 성경은 "내가 너희에게 선포하는"으로 의역한다.

3. 호렙 산 경험 회고(4:9–14)

이스라엘이 법을 잘 준수할 때 그들에게 생명과 땅과 지혜를 줄 수 있는 법규들과 법령들은 어디에서 기원한 것인가 하는 문제를 다룬다. 고대 근동의 다른 주변 국가들 역시 법을 갖고 있었다. 이 법은 그 나라의 왕이 제정하고 선포한 것이다(예: 함무라비 법전). 이스라엘 주변 국가들의 사회 구조는 왕정 체제로서 왕이 법을 선포했지만 이스라엘은 왕정 체제가 아니었다. 이스라엘의 법은 한 나라의 왕이 선포한 것이 아니라 하나님이 선포한 것으로 신적 기원을 가지고 있다. 하나님은 이스라엘에게 법을 공포하기 위하여 직접 시내 산에 강림하셨다. 불과 구름 가운데서 십계명을 직접 선언하셨을 뿐만 아니라 직접 두 돌판 위에 써 주셨다. 모세는 단지 하나님의 대변인이었다. 모세는 과거에 있었던 이 율법 선포 사건을 이스라엘 신세대에게 회고시키며 가르치고 있다.

문법적으로 이 본문은 명령형 '조심하라', '지켜라'로 시작한다. 1절의 '들으라'와 5절의 '보라'와 문법적인 병행을 이루고 있다.

번역

9 오직 너 자신을 조심하라 그리고 너의 영혼을 잘 지켜라,

너는 너의 눈들이 보았던 그 일들을 잊지 않도록,
그리고 그것들이 너의 마음으로부터 떠나지 않도록,
너의 삶의 모든 날들에,
그리고 너는 그것들을 너의 아들들에게 그리고 너의 아들들의 아들들에게 알게 해야 한다.
10 네가 호렙에서 너의 하나님 아도나이 앞에 서 있던 날,
아도나이께서 나에게 말씀하셨을 때, 그 백성을 나에게 모으라,
그러면 내가 그들에게 나의 말들을 들려 주겠다,
그들이 나를 두려워하는 것을 배우기 위하여,
그들이 그 땅 위에 사는 모든 날들에,
그리고 그들이 그들의 아들들을 가르치기 위하여.
11 그리고 너희는 가까이 왔고 산 아래에 섰다,
그리고 그 산은 불에 타고 있었다, 하늘의 중심에까지,
어두움, 구름, 그리고 짙은 구름.
12 그리고 아도나이께서 그 불 가운데서 너희에게 말씀하셨다,
너희는 말씀들의 소리를 들었다,
그리고 음성 외에는 너희는 형상을 보지 못했다.
13 그리고 그는 너희에게 열 개의 말씀들을 행하도록,
명령하셨던 그의 언약을 너희에게 선언하셨다,
그리고 그는 두 돌판들 위에 그것들을 쓰셨다.
14 그리고 아도나이께서 나에게 명령하셨다, 그 때에,
너희에게 법규들과 법령들을 가르치도록,
너희가 그것들을 행하도록,
너희가 그곳으로 점령하기 위해 들어가는 그 땅 안에서.

주해

9 오직[1] 너 자신을 조심하라 그리고 너의 영혼을 잘 지켜라, 너는 너의 눈들이

보았던 그 일들을[2] 잊지 않도록, 그리고 그것들이 너의 마음으로부터 떠나지 않도록, 너의 삶의 모든 날들에, 그리고 너는 그것들을 너의 아들들에게 그리고 너의 아들들의 아들들에게 알게 해야 한다.

본문 비교

1) 70인경은 "오직"을 생략한다.

2) 70인경과 시리아 역은 여기에 "모든"을 덧붙인다.

명령형 "조심하라"와 "지켜라"의 두 동사들은 두 개의 "~하지 않도록"(פֶּן)과 잘 조화를 이루고 있다. 즉 이 구절은 이러한 내용이다. 이스라엘은 그들이 보았던 일을 잊어버리지 않도록 그리고 마음에서 떠나지 않도록 조심해야 한다.

"조심하라"와 "지켜라"는 히브리어로 같은 단어(שׁמר)이다. "조심하라"는 니팔 명령형이며 "지켜라"는 칼 명령형이다(70인경과 아람어 성서들은 각기 다른 단어로 번역한다). "너 자신을 조심하라"는 '너를(또는 너 자신을) 주의하라'로도 번역되며 "너의 영혼을 잘 지켜라"는 '너의 영혼을 주의 깊게(또는 신중하게) 지켜라'로도 해석된다. 또한 "조심하라"와 "지켜라"(שׁמר)는 6절의 "너희는 지켜야 한다"와 같은 단어이다.

왜 너 자신을 조심하며 너의 영혼을 잘 지켜야 하는가를 두 개의 불변화 접속사 "~하지 않도록"(פֶּן)이 설명한다.

첫째는 "너는 너의 눈들이 보았던 그 일들을 잊지 않도록" 하기 위함이다(70인경은 이것을 "잊지 말라"로 해석한다). '너희 눈들이 보았던 그 일들'은 이스라엘의 역사적인 체험을 뜻한다. '그 일들'이 무엇인지는 10절 이후에서 설명하고 있다. 이스라엘은 하나님이 직접 호렙 산에 불 가운데 임재하신 것을 보았다. 모세는 이 역사적인 사건을 상기시키는 것이다. 이스라엘이 갖고 있는 아도나이 신앙은 공중에 누각을 짓는 허황된 사상이나 이론, 사변적인 사색이나 철학에 근거한 것이 아니라 이스라엘이 직접 경험한 역사적인 체험에 근거한다.

둘째는 "그것들이 너의 마음으로부터 떠나지 않도록" 하기 위함이다(70인경은 이것을 "떠나지 않게 하라"로 해석한다). 이스라엘은 그들이 보았던 것들을 마음에 잘 간직하고 있어야 한다. 즉 잊어버리지 말고 잘 기억할 것을 의미한다.

'너 자신', '너의 영혼' 그리고 '너의 마음'은 여기서 유사 동의어로 쓰이고 있다.

"너의 삶의 모든 날들에"는 일평생을 의미한다. 이스라엘은 평생 동안 그들이 체험했던 것을 잊지 않고 기억해야 한다. 신앙 생활은 잠시 동안, 순간적으로 하는 것이 아니라 평생을 하는 것이다. 일시적으로 하나님의 말씀을 잘 간직하며 지킬 수 있다. 그러니 평생 하나님의 말씀을 기억하며 순종하는 것은 쉽지 않다. 우리는 이러한 예를 솔로몬 왕과 사울 왕에게서 볼 수 있다. 그들의 출발은 순조로웠다. 하지만 세월이 갈수록 그들의 순수했던 아도나이 신앙은 퇴색해 갔고 종말은 비극으로 끝나고 말았다.

"알게 해야 한다"의 동사는 사역형으로 교육을 의미한다. 이스라엘은 자신들이 경험한 것들을 잘 기억해야 할 뿐만 아니라 후손들에게도 가르쳐야 한다. 이렇게 할 때 아도나이 신앙이 잘 전수되고 유지될 수 있는 것이다. 교육은 세대가 바뀔 때 아도나이 신앙을 단절시키지 않고 잘 전수할 수 있는 수단이다.

개역 성경의 번역 "오직 너는 스스로 삼가며 네 마음을 힘써 지키라 두렵건대 네가 그 목도한 일을 잊어버릴까 하노라 두렵건대 네 생존하는 날 동안에 그 일들이 네 마음에서 떠날까 하노라"에서 '네 마음'은 '너의 영혼'을 의미하며 두 번의 "두렵건대 ~까 하노라"는 모호한 번역이다. 개역개정은 두 개의 불변화 접속사를 "그리하여 네가 눈으로 본 그 일을 잊어버리지 말라 네가 생존하는 날 동안에 그 일들이 네 마음에서 떠나지 않도록 조심하라"로 번역한다. "~하지 않도록"을 명령형으로 번역하고 있다.

10 네가[1)] 호렙에서 너의 하나님[2)] 아도나이 앞에 서 있던 날, 아도나이께서 나에
게 말씀하셨을 때,[3)] 그 백성을 나에게 모으라, 그러면 내가 그들에게 나의 말
들을 들려 주겠다, 그들이 나를 두려워하는 것을 배우기 위하여, 그들이 그 땅
위에 사는 모든 날들에, 그리고 그들이 그들의 아들들을 가르치기 위하여.

본문 비교

1) 70인경, 시리아 역, 탈굼 프쉬도 요나단에는 2인칭 복수 "너희"이다.
2) 일부 70인경 사본들(A M N L min), 시리아 역, 탈굼 프쉬도 요나단은 "너희의 하나님"으로, 그리고 일부 70인경 사본들(B 963 min)은 "우리의 하나님"으로 번역한다.
3) "아도나이께서 나에게 말씀하셨을 때"를 70인경은 "주님께서 나에게 말씀하셨던 집회의 날"(τῆ ἡμέρα τῆς ἐκκλησία ὅτε εἴςπεν κύριος πρό μϵ)로 해석한다.

"날"은 히브리어에서 문장 처음에 나와서 호렙 산에서 있었던 날을 강조하고 있다. 이 날은 이스라엘이 호렙 산에서 하나님으로부터 율법을 수여받았던 날이다. 문맥상 이것은 9절에서 이스라엘이 보았던 것의 구체적인 설명이다.

이스라엘은 그 날에 "아도나이 앞에" 서 있었다. 이스라엘의 역사 가운데서 온 백성이 하나님의 임재를 체험한 순간은 호렙 산을 제외하고는 없다. 호렙 산에서의 하나님의 임재는 이스라엘 역사 가운데 가장 결정적이며 역사적인 순간이었다. 하나님이 직접 인간의 역사 속에 찾아 오시며 그 영광을 가장 많은 사람들에게 드러내신 신현의 절정적인 날이기 때문이다.

아도나이는 모세에게 백성들을 모으라고 명령하신다. 그의 말씀을

들려 주기 위해서이다. "들려주겠다"는 사역형으로 하나님의 의지 표현이다. 백성들을 회집시켜서 그들에게 하나님의 말씀을 전달하시려는 것이다.

아도나이께서 말씀을 들려주는 목적은 히브리어 단어 '라마드'(למד)에서 나타난다. 이 단어는 동사의 형태에 따라 의미가 다른데, 칼형일 때는 '배우다'이며 피엘형일 때는 '가르치다'라는 의미를 갖는다. 여기서는 칼형 미완료이다.

하나님이 이스라엘에게 말씀을 들려주는 목적은 첫째 "그들이 나를 두려워하는 것을 배우기 위하여"이다. '두려워한다'는 것은 아도나이 하나님에 대한 인간의 근본적인 감정과 태도를 설명한다. 신앙은 하나님을 두려워하는 데서 출발한다. 이러한 감정에서 하나님을 경외하며 신뢰하며 예배하게 되는 것이다. 뒤따르는 "모든 날들"이라는 단어가 인상적이다. 이스라엘은 아도나이를 두려워하며 경외하는 법을 그들이 땅 위에 사는 날 동안 즉, 평생 동안 배워야 한다는 것을 의미한다.

둘째는 "그들이 그들의 아들들을 가르치기 위하여"이다. 여기서 '가르치다'는 '배우다'와 같은 단어 '라마드'(למד)이다. 여기서는 피엘형이 사용되었다. 이스라엘 사람들은 먼저 자신이 아도나이를 두려워하는 것을 배워야 한다. 그리고 그들의 아들들에게 즉, 후손에게 이러한 것들을 가르쳐야 한다. 아도나이 신앙이 교육을 통하여 후손에게 전수되기를 바라는 것이다. 신명기에서 교육은 아도나이의 신앙이 후세에 전달되는 중요한 수단으로 강조되어 있다.

이 구절에는 히브리어로 세 개의 관계 대명사 '아쉐르'(אשר)가 나오는데, 첫 번째와 세 번째는 앞에 명사 '날'과 '모든 날들'을 수식하기 위한 것이다. 그런데 문제는 두 번째 관계 대명사이다. 이것은 첫 번째와 세 번째 관계 대명사와 용법이 다르다. 관계 대명사 '아쉐르'의 사용 용도는 다양한데, 여기서는 문맥의 흐름에 따라 전절의 목적을 표현하고 있다(Joüon-M, § 168 f, Waltke-O'Connor, 638-639).

"그들의 아들들을 가르치기 위하여"는 교육을 나타내는 9절의 "너는 그것들을 너의 아들들에게 그리고 너의 아들들의 아들들에게 알게 해야 한다"와 병행을 이루고 있다.

11 그리고 너희는 가까이 왔고 산 아래에 섰다, 그리고 그 산은 불에 타고 있었다, 하늘의 중심에[1]까지,[2] 어두움, 구름, 그리고 짙은 구름.[3]

본문 비교

1) 70인경과 벌게이트는 "중심"을 생략한다.
2) "하늘의 중심에까지"를 탈굼 옹켈로스, 탈굼 네오피티, 탈굼 프쉬도 요나단은 "하늘 가까이까지"(עד צית שמיא)로 해석한다.
3) 일부 70인경 사본들(B L min)은 "큰 음성"(φωνή μεγάλη)을 덧붙인다.

아도나이께서 호렙 산에 현현하신 사건을 구체적으로 묘사한다. 이스라엘은 하나님의 말씀을 듣기 위하여 호렙 산에 모였고, 하나님은 불과 구름 가운데서 그 산에 강림하셨다. 이 현현 사건은 출애굽기에 더 자세히 기록되어 있고(19:17-18) 여기서 모세는 이 사건을 회고하여 이스라엘 후세대에게 상기시키고 있는 것이다.

하나님이 현현하실 때 나타났던 동반 현상들이 "불, 어두움, 구름, 짙은 구름"으로 묘사되었다. '짙은 구름'은 '무거운 구름'으로 어두움과 흑암을 나타내기도 한다.

하나님의 응답, 임재, 현현의 징표로 사용된 '불'과 '구름'은 구약에서 자주 발견된다. 아브라함이 하나님과 언약을 맺을 때, 불은 하나님의 약속을 확실시하는 증거로서 쪼개 놓은 고기 사이로 지나갔다(창 15:17). 하나님이 모세를 부르실 때도 하나님은 불타는 가시나무에 나타나셨다(출 3:2). 이스라엘을 억압하고 핍박하는 이집트에 대하여 불은 하나님의 능력과 심판으로서 사용되었다(출 9:23). 이스라엘이 출애굽하여 광야를 여행할 때에, 하나님은 낮에는 구름으로 그리고 밤에는 불로 그들의 갈 길을 인도하셨다(출 13:21-22). 성막이 지어졌을 때, 낮에는 구름이, 밤에는 불이 성막 위에 있었다(출 9:15-16). 다윗이 인구조사의 일로 인하여 오르난의 타작 마당에서 번제와 화목제를 드렸을 때, 하늘에서 불이 임하였다. 그래서 다윗이 그곳을 성전 터로 지정했다(대상 21:26-22:1). 솔로몬이 성전을 봉헌하며 기도를 마쳤을 때 역시 불이 내려와서 번제물을 불살랐고(대하 7:1) 아도나이의 영광의 구름이 성전에 가득하였다(왕상 8:10-11). 또한 불은 갈멜산에서 바알의 선지자와 대결했던 엘리야 선지자의 기도 응답으로 하늘로부터 번제물에 떨어졌다(왕상 18:38). 불은 아도나이의 영광의 형상에 대한 주요 표현이다. 가장 자세한 기록은 에스겔 1장에서 찾아볼 수 있다.

"하늘의 중심에까지"는 바로 하늘에까지 또는 하늘 마음에까지를 뜻하며, 이는 호렙 산에 불이 붙어 그 불이 하늘까지 치솟고 있는 것을 설명한다. 불이 하늘과 호렙 산을 연결해 주고 있는 것이다. 그래서 이스라엘은 하늘로부터 들려오는 하나님의 음성을 들을 수 있었던 것이다(4:36).

신명기는 아도나이께서 시내 산에 강림하실 때에 나타났던 현상으로 '불', '어두움', '구름' 그리고 '짙은 구름'을 말하는 반면, 출애굽기는 '우뢰', '번개', '나팔 소리', '연기', '불', '짙은 구름'으로 더 자세하게 묘사한다(출 19:16, 18-19; 20:18; 24:16-17).

개역 성경의 번역 "그 산에 불이 붙어 화염이 충천하고 유암과 구름과 흑암이 덮였는데"에서 '덮였는데'는 첨가된 표현이고 "하늘의 중심에까지" 에서 '중심'이 생략되어 '충천하고'로 번역되었다.

12 그리고 아도나이께서 그 불 가운데서 너희에게 말씀하셨다, 너희는 말씀들의 소리를 들었다, 그리고 음성[1] 외에는 너희는 형상을 보지 못했다.

본문 비교

1) 탈굼 네오피티는 "그의 말씀의 음성"으로 번역한다.

모세는 시내 산의 신현을 회고할 때, '불'과 '말씀'이라는 두 단어로서 그 사건을 압축한다. 아도나이께서 불 가운데서 이스라엘에게 말씀하신 것이 시내 산 신현 사건이다.

하나님이 강림하실 때 동반한 현상으로 불이 강조되었다. '불'은 4장에서 7번 사용되었다[4:11, 12, 15, 24, 33, 36[2회)]. 불은 신현의 동반 현상으로 나타나며(4:11, 36), 하나님은 불 가운데서 이스라엘에게 말씀하시며(4:12, 15, 33, 36), 또한 그것은 하나님의 속성을 나타내는 표현 가운데 하나이다(4:24).

시내 산에서 강림하신 하나님의 이미지는 '불 가운데서 말씀하시는 하나님'이다. "불 가운데서"는 문자적으로 '불 가운데로부터'이며 '말씀하셨다'와 '말씀들'이 두드러진다.

이스라엘 사람들은 "불 가운데서 나오는 말씀"을 들었지만 그들은 말씀하시는 하나님의 어떠한 모습도 보지 못했다. 신비로운 현상이었다. 말씀은 들리는데 보이는 형상은 없었다. 사람들이 아무 형상도 보지 못했다는 사실은 중요하다. 왜냐하면 이것이 바로 우상 제조와 숭배를 금지하는 2계명의 배경이 되기 때문이다. 하나님은 인간에게 어떠한 형상으로 나타나지 않았기 때문에 이스라엘은 하나님을 대신하는 어떠한 형상도 만들어서는 안 된다.

하나님은 우리에게 형상으로 나타나시는 것이 아니라 말씀하신다. 말씀하신다는 것은 사고하고 인식하며 의사 소통한다는 것이다. 하나님은 어떠한 형상이나 구조물로 정형화된 분이 아니라 우리에게 다가오시고 말씀하시며 우리와 교제하시기를 원하는 것이다.

'불 가운데서 말씀하신 하나님'에서 '불'과 '말씀'은 목회적인 측면에서 우리에게 시사하는 바가 많다. 많은 목회자들이 '불'을 흔히 '성령의 능력'으로 간주한다(참고. 행 2:1-4). 그래서 이 능력을 사모하며 능력을 받기 위해 많은 기도를 한다. 이것은 참으로 좋은 모습이다. 하지만 하나님은 '불 가운데서 말씀'하셨다는 것을 기억해야 한다. 능력은 복음 전파를 위해 필요하다. 그러나 말씀이 수반되지 않는 능력은 잘못된 길로 빠질 수 있다. 예수님께서 공생애 기간에 많은 병자를 고치며 능력을 행하셨지만 동시에 하나님 나라의 복음을 전파하셨다는 사실을 기억해야 한다. 능력과 말씀은 균형 있게 같이 가야 한다. 능력을 사모하는 목회자들은 흔히 말씀 연구를 등한시하며, 반대로 말씀 연구를 강조하며 강해 설교 연구와 학술 세미나 등을 부지런히 참석하는 목회자들은 기도의 능력을 무시하기가 쉽다. 능력이 없는 말씀 선포는 사람들을 설득시키고 동의를 이끌어 낼 수는 있어도 사람을 변화시키기 어렵다. 왜냐하면 하나님의 나라는 말에 있지 않고 능력에 있기 때문이다(고전 4:20). 동시에 능력만 강조하며 말씀 사역을 등한시하는 사역은 그 불이 계속 탈 수 있도록 유지하는 장작이 없는 것과 마찬가지이다. 능력과 말씀이 조화를 이루며 함께 갈 때 교회가 세상 속에서 더 힘차게 성장할 수 있을 것이다. 호렙 산에 강림하신 우리 아도나이께서는 '불 가운데서 말씀'하셨다.

'소리'와 '음성'은 히브리어로 같은 단어(קוֹל)이다.

13 그리고 그는 너희에게 열 개의 말씀들을 행하도록 명령하셨던 그의 언약을 너희에게 선언하셨다, 그리고 그는 두 돌판들 위에 그것들을 쓰셨다.

시내 산에 현현하신 하나님이 하신 말씀을 밝히고 있다. 하나님은 열 개의 말씀들을 직접 선언하셨다. 이것이 바로 시내 산 언약이다.

"선언하셨다"(נגד)는 히필 미완료형으로 '선포하다', '포고하다', '알게하다'의 의미를 갖고 있다. 하나님이 이스라엘에게 직접 선언하신 것은 '그의 언약'이다.

'언약'(ברית)은 구약에서 약 285회 그리고 신명기에서 27회 사용되었으며, 신명기에서는 여기서 처음 발견된다. 아도나이께서 호렙 산에 강림하셔서 불 가운데서 말씀하셨다(12절). 불 가운데서 선언되었던 '말씀들'은 '언약'이며, 이것은 다시 '열개의 말씀들' 즉, 십계명으로 나타난다(12-13절). 따라서 시내 산 언약의 핵심은 십계명이라고 말할 수 있다.

"행하도록"이라는 표현이 말해주듯이 시내 산 언약은 이스라엘 사람들에게 부과된 의무와 책임을 뜻한다. 하지만 이것은 백성들이 하나님의 말씀을 지키겠다는 동의 후에 주어진 것이었다. 출애굽기에서 하나님은 십계명을 선포하시기 전에 이스라엘에게 언약을 지킬 것을 제안하셨다. 그 때 백성들은 하나님이 명령하신 것을 다 지키겠다고 약속하였다(출 19:4-8). 또한 시내 산에서 언약을 맺을 때에도 이스라엘은 하나님의 말씀을 지킬 것을 두 번씩이나 약속했었다(출 24:3, 7). 모세가 언약의 책을 읽었고 시내 산 언약이 문서화되었다는 것은 아주 특이한 일이다.

"행하도록"(לַעֲשׂוֹת)은 동사 '행하다'(עשׂה)의 칼 부정사이다. 이것은 '언약' 즉 '십계명'을 '행하는' 또는 '실행하는', '준수하는' 것을 말한다. 이 표현은 법의 실천과 관련되어 하나님의 법, 법규, 법령, 말씀, 그리고 명령이 행해져야 할 것을 강조한다. 이 단어는 신명기에서 아주 자주 사용되었다[신 4:1, 5, 13; 5:15, 32; 6:1, 3, 24, 25; 8:1; 11:32; 12:1, 32; 13:18; 15:5; 26:16; 27:26; 28:1, 15, 58; 29:29(히브리어 29:28); 31:12; 32:46].

'행하도록'과 관련해서 주목해야 할 것은 '하나님이 행하도록 명령하셨다'는 것이다.

"두 돌판들." 하나님의 말씀이 어디에 쓰였는지 즉 어떤 재료 위에 기록 되었는지를 밝힌다. 그 당시에는 문자를 기록할 수 있는 다른 재료들도 있었다. 흥미롭게도 십계명은 파피루스나 토판 또는 양피지 위에 쓰인 것이 아니라 돌 판 위에 쓰였다. 돌은 쉽게 부식되거나 썩지 않는다. 이러한 특성을 고려할 때 하나님이 왜 돌판 위에 열 개의 말씀들을 쓰셨는지를 추측할 수 있다. 하나님은 열 개의 말씀들이 잘 보존되고 지켜지기를 원하셨던 것 같다. 아도나이께서 십계명을 친히 두 돌판들 위에 쓰셨다. 여기서 '쓰셨다'는 '새겼다'라는 의미이다. 이것은 십계명 말씀의 독특성을 말한다. 십계명은 하나님이 친히 말씀하셨을 뿐만 아니라 직접 쓰신 말씀이었다. 이런 점에서 십계명은 독특하다. 십계명은 시내 산 언약의 정수이며 시내 산에서 선포된 하나님의 율법의 핵심이다.

십계명이 왜 두 돌판 위에 쓰였는가는 고대 근동의 관습에서 그 이유를 찾을 수 있다. 고대 근동에서 왕과 봉신 사이에 조약을 맺을 때 두 개의 문서를 준비한다. 한 개는 왕이 그리고 다른 한 개는 신하가 보관하는 것이다. 조약을 맺은 왕과 봉신은 각기 자신들이 섬기는 신들의 성소에 그 조약 문서를 보관하였다. 이러한 사실은 십계명의 두 돌판이 언약 궤에 보관되어 아도나이 성소에 안치된 것과 병행을 이룬다(더 자세한 설명을 위해서 메레디스 G. 클라인, 『성경의 권위의 구조』, 김의원 역, 크리스챤 다이제스트, 1994, 103-118을 참고하라).

14 그리고 아도나이께서 나에게 명령하셨다, 그 때에, 너희에게 법규들과 법령들을 가르치도록, 너희가 그것들을 행하도록, 너희가 그곳으로 점령하기 위해 들어가는 그 땅 안에서.

"명령하셨다"라는 동사가 13절에 이어 다시 나오고 있다. 하나님이 모세에게 명령하신 목적이 두 개의 부정사 구를 통해서 밝히 드러난다. 백성에게 법규들과 법령들을 "가르치도록" 그리고 그것들을 "행하도록" 명령하셨다. 이 법규들과 법령들은 이스라엘이 들어가서 점령할 땅 안에서 지켜 행해야 할 것들이었다. 신명기의 법들은 약속의 땅 안에서 준행되어야 할 법들이다.

4. 우상 숭배 금지(4:15-19)

십계명 가운데 우상에 관련된 명령이 1계명과 2계명에 나타나는데 이 구절들은 십계명의 2계명과 밀접한 관련이 있다.

우상 숭배의 금지 명령에는 시내 산에서 불과 구름 가운데 현현하신 하나님의 모습이 그 배경을 이루고 있다. 하나님은 직접 강림하셔서 이스라엘에게 말씀하셨고 계명들을 친히 써 주셨다. 그렇지만 이스라엘은 하나님의 어떤 형상도 보지 못했다. 비록 하나님의 모습이 눈에 보이지는 않았지만 신현을 통해서 이스라엘의 하나님은 인간과 교통하시는 살아 계신 신이라는 것이 입증되었다. 인격적으로 인간과 교제하시며 자신의 뜻을 십계명으로 표현하신 것이다. 이러한 살아 계신 하나님을 사람의 손으로 만든 움직이지도 못하고 생각도 못하고 말도 못하는 우상과 바꾸는 것을 금지하고 있다.

문법적으로 15절의 "조심하여야 한다"는 '조심하라'는 의미로 16절과 19절의 "~하지 않도록"을 지배한다. 즉 이스라엘은 우상을 만들지 않도록 주의해야 하며 우상을 섬기지 않도록 주의해야 한다.

번역

15 그리고 너희는 너희 영혼을 매우 조심하여야 한다,
왜냐하면 너희가 모든 형상을 보지 못했기 때문이다,
아도나이께서 호렙에서 불 가운데서 너희에게 말씀하셨던 그 날에.
16 너희가 부패하게 행동하지 않고
너희 자신을 위하여 새긴 우상, 모든 인물의 형상을 만들지 않도록,
남자 또는 여자의 모습.
17 땅에 있는 모든 짐승의 모습,
하늘에 나는 모든 날개 달린 새의 모습.

18 흙에 기는 모든 것의 모습,
땅 아래 물 속에 모든 고기의 모습.
19 그리고 너는 너의 눈들을 하늘로 들어,
네가 해와 달과 별들을, 하늘의 모든 무리를 보고,
네가 유혹되어서 네가 그것들에게 엎드리며 그것들을 섬기지 않도록,
아도나이 너의 하나님이 그것들을 온 하늘 아래의 모든 민족들에게 주셨다.

주해

15 그리고 너희는 너희 영혼을 매우 조심하여야 한다, 왜냐하면 너희가 모든[1)] 형상을 보지 못했기 때문이다, 아도나이께서 호렙에서[2)] 불 가운데서 너희에게 말씀하셨던 그 날에.

본문 비교

1) 70인경과 시리아 역은 "모든"을 생략한다.
2) 70인경과 탈굼 네오피티는 "산에서"라는 표현을 덧붙인다.

"조심하여야 한다"는 9절의 "조심하라"와 같은 단어(שמר)로 9절은 니팔 명령형이고 여기는 니팔 완료형이다. 내용은, 9-14절은 호렙 산 사건을 잊지 않도록 조심하라는 것이며 15-19절은 호렙 산에서 하나님의 형상을 보지 못했기 때문에 우상을 만들지 않도록 조심하라는 것이다.

"너희는 너희 영혼을 매우 조심하여야 한다"의 문법적인 형태는 니팔 완료형(נשמרתם)이지만 명령형으로 번역이 가능하다: '너희 영혼을 잘 지켜라' 또는 '너희 영혼을 매우 조심하라.' 크레이기Craigie의 번역이 흥미롭다: "So guard your desire very closely." 그는 "너의 영혼"을 "너의 욕구" 또는 "너의 욕망"으로 번역한다. 즉 우상을 만들려고 하는 이스라엘의 욕구 또는 바람을 뜻한다. 문자적인 번역은 아니지만 본문

의 의도를 잘 드러내고 있다.

"매우"라는 말이 '조심하라'는 말을 강조하고 있으며 문맥에 의해 '크게'', '몹시', '아주'의 의미를 갖는다.

"너희 영혼을"은 '너희 영혼을 위하여' 또는 '너희 자신을 위하여'라는 의미이며 "조심하여야 한다"는 '주의하여야 한다', '지켜야 한다'는 뜻도 갖는다.

왜 이스라엘이 조심하여야 하는가를 접속사 "왜냐하면"이 설명하고 있다. 하나님께서 이스라엘에게 나타나셔서 말씀하셨던 날에 이스라엘은 "모든 형상" 즉 하나님의 어떠한 형상 또는 모습도 보지 못했기 때문이다.

"그 날에"는 하나님께서 이스라엘에게 호렙 산에서 나타나셨던 날을 의미한다(참고. 출 19장). 모세는 지금 백성에게 아도나이께서 호렙 산에서 강림하셔서 말씀하셨던 그 날을 상기시키고 있다.

위의 번역에서 어순을 바꾸어 주면 더 잘 이해할 수 있을 것이다:

> "왜냐하면 아도나이께서 호렙에서 불 가운데서 너희에게 말씀하셨던 그 날에 너희가 모든 형상을 보지 못했기 때문이다."

개역 성경 "여호와께서 호렙 산 화염 중에서 너희에게 말씀하시던 날에 너희가 아무 형상도 보지 못하였은즉 너희는 깊이 삼가라"에서 '너희 영혼을'이라는 표현이 생략되었다.

> 16 너희가 부패하게 행동하지 않고[1] 너희 자신을 위하여 새긴 우상, 모든 인물의 형상을 만들지 않도록, 남자 또는 여자의 모습.

본문 비교

1) 70인경은 "너희가 부패하게 행동하지 않도록"(פן תשחתון)을 "너

희가 법 없이 행동하지 않도록"(μὴ ἀνομήσητε)으로 번역한다. 이스라엘의 부패한 행동은 우상을 만드는 것이다. 우상을 만드는 것은 바로 법을 어기는 것이기 때문에 법 없이 행동하지 않기를 요구하고 있는 것 같다. 하지만 테오도치온과 아퀼라는 히브리어를 문자적으로 번역한다(μὴ διαφθείρητε).

문법적으로 접속사 "~하지 않도록"(פֶּן)이 두 개의 동사 "부패하게 행동하다"와 "만들다"를 지배하고 있다.

"너희가 부패하게 행동하지 않도록"(פֶּן תַּשְׁחִתוּן)에는 '부패하다', '타락하다', '썩다', '망하다'의 의미가 내포되었다. 부패하게 행동하는 것은 타락한 행동이며 뒤에 나오는 표현 "너희 자신을 위하여 새긴 우상, 모든 인물의 형상을 만들지 않도록"이 잘 설명해 준다. 우상을 만드는 행위는 신앙적, 도덕적으로 부패한 행위이며 자신을 망치는 행동이다.

15절의 "너희는 너희 영혼을 매우 조심해야 한다"는 16절과 관련해서 다음과 같이 해석된다. '이스라엘은 우상을 만드는 부패한 행동을 하지 않도록 주의해야 한다' 또는 '부패하게 행동하지 않도록 조심하라.'

호렙 산에서 하나님이 강림하셨을 때에 이스라엘은 하나님과 관련한 "모든 형상"을 보지 못했다. 이제 그 모든 형상에 어떠한 종류들이 포함되는지를 열거한다.

"새긴 우상"은 나무나 돌로 새기거나 깎아서 만든 또는 금속을 녹여서 만든 형상물을 의미한다. 이어서 '새긴 우상'의 형상물에 속하는 것들을 나열한다: "모든 인물의 형상", "남자", "여자"의 모습.

개역 성경의 "두렵건대 스스로 부패하여 자기를 위하여 아무 형상대로든지 우상을 새겨 만들되 남자의 형상이라든지, 여자의 형상이라든지"라는 번역에서 '두렵건대'와 '이라든지'는 첨가된 표현이며 '부패하여'와 '만들되'에 '~하지 않도록'이란 표현을 덧붙여 주어야 한다. 개역개정은 "우상을 새겨 만들지 말라"로 번역한다.

[17] 땅에 있는 모든 짐승의 모습, 하늘에 나는 모든 날개 달린 새의 모습.

우상의 모습 가운데 짐승과 새의 모습도 포함된다. 성경에서 짐승의 모습 가운데 대표적인 우상으로는 광야에서 대제사장 아론이 만든 황금 송아지 형상을 들 수 있다(출 32장). 북 왕국 이스라엘의 초대 왕인 여로보암은 이 황금 송아지의 형상을 다시 만들어 벧엘과 단에 세웠다(왕상 12:25-33).

개역 성경의 '이라든지'는 첨가된 표현이다.

[18] 흙에 기는 모든 것의 모습, 땅 아래 물 속에 모든 고기의 모습.

우상의 모습 가운데 파충류와 어류도 포함된다. "흙에 기는 것"으로는 파충류를 꼽을 수 있을 것이다. 여기서 우리는 모세가 만든 놋뱀을 생각해 볼 수 있다. 모세가 놋뱀을 만들었을 때는 우상으로 만든 것이 아니었다. 하나님의 심판으로 불뱀에 물린 자들은 모세가 만들어 장대 위에 매어 단 놋뱀을 바라보고 살 수 있었다(민 21장). 하지만 이 놋뱀은 후에 이스라엘 사람들에 의해 우상으로 숭배되었다. 그래서 히스기야는 이 놋뱀을 부수어 버렸다(왕하 18:4).

[19] 그리고 너는 너의 눈들을 하늘로 들어, 네가 해와 달과 별들을, 하늘의 모든 무리를 보고, 네가 유혹되어서 네가 그것들에게 엎드리며 그것들을 섬기지 않도록, 아도나이 너의 하나님이 그것들을 온 하늘 아래의 모든 민족들에게 주셨다.

문법적으로 16절과 같이 접속사 "~하지 않도록"(פֶּן)이 5개의 동사들 '들다', '보다', '유혹되다', '엎드리다', '섬기다'를 지배하고 있다. 이 접속사 "~하지 않도록"은 15절의 "조심하여야 한다"와 연결된다. 즉 '우상들을 섬기지 않도록 조심하라'는 의미이다.

이제까지 각종 새긴 우상의 모습으로 살아 있는 생물을 언급했었다. 이제 하늘에 있는 천체 역시 숭배 대상으로 거론된다. 여기에 '해', '달', '별들'이 속한다. 실제로 이스라엘 역사 속에서 이 하늘의 행성들은 숭배 대상이었다(참고. 왕하 23:5, 11).

"주셨다"는 '나누다', '할당하다', '분배하다'란 뜻을 갖는다.

"네가 그것들에게 엎드리며 그것들을 섬기지 않도록, 아도나이 너의 하나님이 그것들을 온 하늘 아래의 모든 민족들에게 주셨다"는 원래 관계대명사로 인도되어 '네가 그것들에게 엎드리며 아도나이 너의 하나님이 온 하늘 아래의 모든 민족들에게 주셨던 그것들을 섬기지 않도록'으로도 번역된다. 위의 번역은 이 문장을 나눠 번역한 것이다(NJPS와 Weinfeld는 이 관계대명사를 나눠 번역한다).

5. 가나안 땅 입성 예고(4:20-22)

하나님은 이스라엘에게 법을 주시며 우상 숭배를 강하게 금지하신다. 이 하나님은 역사 속에서 행동하시는 분으로 이스라엘을 이집트에서 구원해 주실 뿐만 아니라 이스라엘을 약속의 땅으로 인도할 것이다. 출애굽 세대의 지도자인 모세는 출애굽 세대와 함께 약속의 땅에 들어가지 못하지만 출애굽 후세대는 요단 강을 건너 여행의 목적지인 가나안 땅에 들어갈 것이다.

번역

20 그리고 아도나이께서 너희를 취했다,
그리고 그가 철 용광로에서, 애굽에서 너희를 데려왔다,
그에게 기업의 백성이 되도록, 오늘날과 같이.

21 그리고 아도나이께서 너희의 말들 때문에 나에게 노하셨다,
그리고 그가 맹세하셨다 내가 요단을 건너지 못할 것이라고,
그리고 내가 아도나이 너의 하나님이 너에게 기업으로 주시는 그 좋은 땅에
들어가지 못할 것이라고.
22 왜냐하면 내가 이 땅 안에서 죽을 것이며,
내가 요단을 건너지 못할 것이기 때문이다,
그러나 너희는 건너가서 이 좋은 땅을 점령할 것이다.

주해

20 그리고 아도나이[1)]께서[2)] 너희를 취했다,[3)] 그리고 그가 철 용광로에서, 이집트에서 너희를 데려왔다, 그에게 기업의 백성이 되도록, 오늘날과 같이.

본문 비교

1) 70인경에는 "아도나이" 대신에 "하나님"이 주어이다. 일부 70인경 사본들은 "주 하나님"이다.
2) 탈굼 네오피티는 여기에 "주님의 말씀이 너희를 구별하셨다"를 덧붙인다.
3) 탈굼 옹켈로스는 "주님이 너희를 그의 경외에 가까이 데려왔다"로 번역한다.

이 구절은 16-19절의 우상을 만들고 숭배하는 것과 대조를 이루고 있다. 그래서 70인경은 '그러나'로 번역했다. 히브리어 접속사 '와우'(ו)는 '그러나'(δέ)로도 해석될 수 있다. '그러나'로 번역하는 현대 역본들도 많다(ASV, NAS, NIV, NRS, NKJ).

말도 못하고 사고도 못하고 움직이지도 못하는 우상과는 달리 이스라엘의 하나님은 이스라엘의 역사 속에 적극적으로 개입하시며 간섭하시는 하나님이시다. 이스라엘의 역사 속에 계시된 하나님의 행위는 출

애굽 사건에서 절정을 이룬다.

전치사 '민'(מִן) '~에서', '~으로부터'가 두 개의 구 "철 용광로에서"와 "이집트에서"로 나와서 서로 병행을 이룬다. 이 전치사 구들은 이스라엘이 이집트에서 노예로 있었던 상황을 설명한다. "철 용광로"라는 비유적 표현이 이스라엘이 이집트에서 생활했던 비참한 노예 생활을 설명한다.

"데려왔다"(יָצָא)는 '에서 나오다'의 히필(사역)형으로 '나오게 하였다'라는 의미이다. 이것은 구약의 구원을 표현하는 동사 가운데 하나이다. 하나님은 이집트에서 노예로 있던 이스라엘 백성을 나오게 하셨다. 이스라엘을 구원해 내셨다는 의미이다. 구약의 아도나이 신앙은 하나님의 역사적인 구원 행위인 출애굽 사건 위에 세워졌다. 하나님은 노예를 구원하여 자신의 기업의 백성을 삼으셨다. "기업"은 '소유', '상속', '유산'이란 의미를 갖는다.

21 그리고 아도나이께서 너희의 말들 때문에 나에게 노하셨다, 그리고 그가 맹세하셨다[1] 내가 요단을 건너지 못할 것이라고, 그리고 내가 아도나이 너의 하나님이[2] 너에게 기업으로 주시는 그 좋은 땅에[3] 들어가지 못할 것이라고.

본문 비교

1) 사마리아 오경과 탈굼 사마리아 오경은 "그리고 그가 맹세하셨다"를 생략한다.
2) 70인경은 "너의"를 생략하고 "하나님"으로 읽는다.
3) 70인경은 "좋은"이라는 말을 생략한다.

이 구절은 가데스 바네아에서 있었던 이스라엘의 반역 때문에 하나님의 진노가 모세에게 임한 것을 말한다.

"너희의 말들 때문에"는 하나님이 모세에게 분노하신 이유를 설명한다. "너희의 말들"은 '너희의 일들', '너희의 행동들', '너희의 보고들'이라는 의미를 담고 있다. 70인경은 '너희의 말들'을 가데스 바네아에서 있었던 이스라엘의 불평으로 해석하는 것 같다. 신명기 1:27-28에는 그 때 있었던 이스라엘의 불평과 원망을 보고하고 있다. 이러한 이스라엘의 불평 때문에 모세 역시 옛 세대와 함께 약속의 땅에 들어가지 못하게 되었다. 신명기는 모세가 가나안 땅에 들어가지 못한 이유 중 하나가 이스라엘 백성들 때문이라고 강조한다(신 1:37, 3:26).

"기업"이라는 단어가 20절에 이어 다시 나오고 있다. 여기서는 가나안 땅을 이스라엘의 기업으로 표현하고 있다.

22 왜냐하면 내가 이 땅 안에서 죽을 것이며, 내가 요단을 건너지 못할 것이기 때문이다, 그러나 너희는 건너가서 이 좋은 땅을 점령할 것이다.

모세가 왜 약속의 땅에 들어가지 못하는지를 접속사 "왜냐하면"으로 설명한다. 모세는 약속의 땅 밖에서 죽을 것이기 때문에 요단 강을 건너가지 못할 것이다. 모세는 요단 강을 건너가지 못할 것이지만 "그러나 너희는" 즉, 출애굽 후세대는 들어갈 것이다.

'요단 강을 건넌다는 것'은 곧 약속의 땅에 입성하는 것이다. 약속의 땅을 21절과 마찬가지로 "좋은 땅"으로 묘사한다. 가나안 땅은 실제로 요단강이 흐르는 좋은 땅이다. 이 지역은 비옥한 초생달 지역으로 불린다.

6. 우상 숭배에 질투하시는 하나님(4:23-24)

시내 산에서 불과 구름 가운데 나타나신 하나님은 우상 숭배 금지를 강하게 천명하셨다. 우상 숭배 금지에 대한 계명은 언약으로 표현되었다. 이제 이스라엘이 약속의 땅에 들어갈 것인데 그 땅 안에서 하나님의 언약을 지켜야 한다. 시내 산에서 하나님과 맺었던 언약을 잊어버리고 우상을 만들어 숭배할 경우 하나님은 이스라엘을 향하여 질투하실 것을 분명히 하신다. 우상 숭배를 심판하는 하나님은 소멸하는 불로 표현되었다.

번역

23 너희 자신을 조심하라,
너희는 그가 너희와 함께 맺었던 너희 하나님 아도나이의 언약을 잊지 않고,
너희 자신을 위해 너의 하나님 아도나이께서 금지하셨던 새긴 우상, 모든 형상을 만들지 않도록.
24 왜냐하면 아도나이 너의 하나님은 삼키는 불이시며,
그는 질투하는 하나님이기 때문이다.

주해

23 너희 자신을 조심하라, 너희는 그가 너희와 함께 맺었던 너희 하나님[1] 아도나이의 언약을 잊지 않고 너희 자신을 위해 너의 하나님[2] 아도나이께서 금지하셨던 새긴 우상, 모든 형상을 만들지 않도록.

본문 비교

1) 일부 70인경 사본들(N 963 LO min)은 1인칭 복수 "우리 하나님"이다.
2) 벌게이트는 "너의 하나님"을 생략한다. 시리아 역 탈굼 네오피티와 탈굼 프쉬도 요나단은 2인칭 복수 "너희의 하나님"이다.

다시 "조심하라"는 명령이 주어진다. 9절은 호렙 산 사건을 잊지 않도록 조심하라는 것이며, 15-19절은 호렙 산에서 하나님의 형상을 보

지 못했기 때문에 우상을 만들지 않도록 조심하라는 것이다. 이 절은 15-19절과 유사하지만 더 구체적으로 아도나이의 언약을 잊지 않도록 조심하며 더 나아가 우상을 만들지 않도록 조심하라는 명령이다.

"너희 자신을"은 문자적으로 '너희를'이다. 15절에서는 "너희 영혼을"이었던 반면 여기서는 "너희 자신을"으로 나온다.

"조심하라"는 니팔 명령형으로 '주의하라', '지키라'의 의미도 갖는다. 이것은 15절의 "조심하여야 한다"와 같은 단어(שמר)로, 15절은 니팔 완료인 데 반해 여기서는 명령형이다. 9절에서도 니팔 명령형 "너 자신을 조심하라"가 사용되었다.

접속사 "~하지 않도록"(פן)이 두 개의 동사 '잊다'와 '만들다'를 지배하면서 이스라엘이 무엇에 조심하여야 하는지를 설명한다. 이스라엘은 첫째 하나님과 맺은 언약을 잊지 않아야 하며 하나님이 금지하신 우상을 만들지 않아야 한다. 여기서 언약과 우상을 만드는 것이 서로 병행을 이루면서 시내 산 언약의 본질이 무엇인지를 드러낸다. 시내 산 언약은 십계명으로 나타났으며 십계명에서 1계명과 2계명이 핵심을 이루고 있다. 즉 우상 숭배를 강하게 금지하고 이스라엘의 하나님 아도나이만을 섬길 것을 요구한 것이다.

24 왜냐하면 아도나이 너의 하나님은 삼키는 불[1)]이시며, 그는 질투하는 하나님[2)]이기 때문이다.

본문 비교

1) 탈굼 네오피티는 "불, 삼키는 불"로 표현한다. 즉 '끌 수 없는 불'이라는 개념으로 이해한다.
2) 탈굼 네오피티는 "그리고 질투로 보복하는 자"(ופורען בקנא)란 표현을 덧붙인다.

하나님은 호렙 산에서 이스라엘 백성 앞에서 불과 구름으로 현현하셨는데 흥미롭게도 그 하나님의 본성을 "삼키는 불" 즉, '소멸하는 불'로 설명하고 있다. 삼키는 불이란 모든 것을 집어삼키는 것으로 불이 격렬하게 탈 때 모든 것을 태우는 것을 말한다.

"삼키는 불"과 병행을 이루는 표현이 "질투"이다. "질투"(קנא)는 '열정', '열심'이라는 의미도 갖고 있다. '질투'는 깊은 감정에서 나오는 것이다. 마음이 뜨거워질 때 또는 열정적이 될 때의 상태이다.

"삼키는 불"이 외형적인 면을 나타낸다면 '질투'는 내적인 감정을 드러낸다. 삼키는 불이 상징적으로 보여 주듯이 하나님의 백성인 이스라엘이 우상 숭배를 할 때 그들을 향해 하나님은 맹렬한 불로서 심판하실 것이다. 우상 숭배에 대한 하나님의 감정이 불과 질투로 나타난 것이다.

7. 이스라엘의 멸망과 포수(4:25-28)

약속의 땅 안에서 이스라엘이 하나님의 언약을 잊어버리고 배교할 때 주어지는 결과를 설명한다. 이스라엘이 하나님을 떠나 우상을 만들어 섬기면 이스라엘은 그 땅에서 멸망할 것이며 더 나아가 그 땅에서 쫓겨나 다른 나라로 포로로 잡혀갈 것이 예고되었다.

번역

25 네가 아들들과 아들들의 아들들을 낳고,
너희가 그 땅 안에서 늙고,
너희가 부패하게 행동하며, 너희가 새긴 우상, 모든 형상을 만들며,
너희가 그를 성나게 하여 아도나이 너의 하나님의 눈들 안에 악을 행할 때에.
26 내가 오늘날 너희를 대하여 하늘과 땅을 증인으로 부른다,

너희가 거기로 점령하기 위해 요단을 건너가는 그 땅에서 속히 확실하게 망할
것이라고.
너희는 그 위에서 날들을 길게 하지 못할 것이다,
왜냐하면 너희는 확실히 멸망될 것이기 때문이다.
27 그리고 아도나이께서 너희를 백성들 가운데 흩을 것이다,
그리고 너희가 민족들 가운데서 적은 수로 남겨질 것이다,
아도나이께서 너희를 쫓아 버리실 곳에서.
28 그리고 너희는 거기서 신들을, 사람의 손들의 작품을 섬길 것이다,
보지도 못하고 듣지도 못하고 먹지도 못하고 냄새 맡지도 못하는 나무나 돌을.

주해

25 네가[1] 아들들과 아들들의 아들들을[2] 낳고, 너희가 그 땅 안에서 늙고, 너희가
부패하게 행동하며, 너희가 새긴 우상, 모든 형상을 만들며, 너희가 그를 성나
게 하여 아도나이 너의[3] 하나님의 눈들 안에 악을 행할 때에.

본문 비교

1) 사마리아 오경, 탈굼 옹켈로스, 탈굼 네오피티, 탈굼 프쉬도 요나단, 시리아 역, 벌게이트는 2인칭 복수 "너희"로 번역한다. 히브리어 마소라 사본이 2인칭 단수 '네'가 복수 '너희'로 바뀌어 주어가 일치되지 않기 때문에 많은 사본들이 복수형을 취하고 있다.
2) 70인경은 "너의"라는 단어를 첨가하여 "너의 아들들의 아들들"이다.
3) 사마리아 오경, 70인경, 시리아 역, 탈굼 프쉬도 요나단, 벌게이트는 2인칭 복수 "너희"로 읽는다.

문법적으로 25절은 접속사 "~때"(כִּי)에 인도되는 전제절이다. 이스라엘이 약속의 땅에서 살면서 하나님을 떠나 배교할 때의 상황을 표현한다. 70인경은 이것을 조건절 "만일 ~면"('Εάν)으로 해석한다.

"네가…아들들의 아들들을 낳고…늙고"는 이스라엘이 약속의 땅에 정착해서 오랜 세월이 지난 후를 전제로 하고 있다. 모세는 가나안 땅에서의 이스라엘의 미래 역사를 조망하고 있다.

"부패하게 행동하며"는 16절에서도 사용되었던 단어이다. 이스라엘의 타락을 말하는데 하나님을 떠나 배교하는 행위를 묘사한다. 이스라엘의 배교는 우상을 만들어 숭배하는 것으로 나타난다. 이것은 시내 산에서 하나님과 맺은 언약을 어기는 행위이다. 이러한 행위는 하나님의 눈에 "악"으로 규정된다. 이 악한 행위는 하나님의 진노를 촉발한다.

'악을 행할'과 '모든 형상을 만들며'는 서로 병행을 이룬다. 여기서 사용된 동사는 히브리어로 같은 단어(עשׂה)이다. 하나님 앞에서 악을 행하는 것은 우상을 만드는 것이다.

모세는 계속해서 우상 숭배에 대한 경고와 함께(23절) 각종 우상의 종류들을 언급하며(16-19절) 우상 숭배에 대한 역사적 실례를 거론했었다(3절). 이제 모세는 약속의 땅 안에서 만일 이스라엘이 우상 숭배를 하면 어떻게 될 것인가 즉, 이스라엘 민족의 미래의 흥망성쇠를 자세히 설명하고 있다. 우상 숭배는 이스라엘의 미래 역사와 밀접한 관련이 있다는 것을 보여주는 것이다.

26 내가 오늘날 너희를 대하여 하늘과 땅을 증인으로 부른다, 너희가 거기로 점령하기 위해 요단을 건너가는 그 땅에서 속히[1] 확실하게 망할 것이라고. 너희는 그 위에서 날들을 길게 하지 못할 것이다, 왜냐하면 너희는 확실히 멸망될 것이기 때문이다.

본문 비교

1) 70인경은 "속히"를 생략한다.

문법적으로 25절은 전제절이며 26절은 귀결절이다. 이스라엘이 약속의 땅에서 우상 숭배를 할 때의 결과가 26절에 나타난다.

모세는 이스라엘의 우상 숭배에 대하여 하늘과 땅을 의인화시켜 증인으로 세우고 있다(참고. 신 30:19, 31:28). 하늘과 땅은 "너희가…확실하게 망할 것이라고" 증거하는 것이 임무이다. 우상 숭배에 대한 미래의 결과를 예고하는 것이다. 패망의 지름길은 우상 숭배이다.

"너희는 그 위에서 날들을 길게 하지 못할 것이다"에서 날들이 마치 고무줄 같은 인상을 준다. 여기서 "날들"은 '너희의 날들'을 의미한다. 약속의 땅 안에서의 삶은 고무줄처럼 늘어나고 줄어들 수 있다. 이스라엘이 약속의 땅 안에서 하나님의 언약을 잘 지켜서 살면 날들은 늘어날 것이며, 반대로 이스라엘이 하나님의 언약을 잊어버리고 우상 숭배를 하면 그들의 날들은 줄어들 것이다. 약속의 땅 안에서 사는 날들이 짧아지는 것이다.

우상 숭배에 대한 결과를 부정사 절대형을 두 번씩이나 사용하여 강조하고 있다: "확실하게 망할 것이…너희는 확실히 멸망될 것이기 때문이다." 이스라엘의 국가적인 운명은 우상 숭배를 하느냐 안하느냐에 달려 있다. 우상 숭배를 하면 이스라엘 국가에 암운이 드리우고 반대로 하나님을 잘 섬기면 국가적 번영이 기다리고 있다.

27 그리고 아도나이께서 너희를 백성들[1] 가운데 흩을 것이다, 그리고 너희가 민족들 가운데서 적은 수로 남겨질 것이다, 아도나이께서 너희를 쫓아 버리실 곳에서.

본문 비교

1) 70인경과 벌게이트는 "모든 백성들"로 번역한다.

이스라엘의 우상 숭배에 대한 하나님의 심판이 계속 이어진다. 이스라엘은 국가의 멸망과 더불어 이방 민족들 가운데 흩어져 살게 되는 디

아스포라의 신세가 될 것이다. 더 나아가 이스라엘 백성의 숫자도 줄어들 것이다. 하나님의 심판으로 국가는 멸망하고 더불어 백성의 수는 감소된다. 하지만 "적은 수"라는 표현에서 알 수 있듯이 이스라엘이 완전히 망하지는 않는다. 비록 우상 숭배로 인하여 하나님의 심판을 받았지만 하나님의 은혜로 남은 자들이 있을 것이다. 하나님의 심판 가운데서도 은혜의 길을 열어 놓으시는 것이다.

28 그리고 너희는 거기서 신들[1]을, 사람의 손들의 작품[2]을, 섬길 것이다[3], 보지도 못하고 듣지도 못하고 먹지도 못하고 냄새 맡지도 못하는 나무[2]나 돌[2]을.

본문 비교

1) 70인경과 시리아 역은 "다른 신들"로 읽고 탈굼 옹켈로스, 탈굼 네오피티, 탈굼 프쉬도 요나단은 "우상"으로 번역한다.
2) 70인경은 이것들을 복수형으로 읽는다.
3) 탈굼 옹켈로스는 마소라 사본과 다른 해석을 취한다: "너희는 우상을 섬기는 백성을 섬길 것이다."

하나님의 심판으로 이스라엘은 포로로 잡혀간 나라에서 그 나라 사람들의 우상을 섬기게 된다. 우상의 특징은 사람들의 손으로 만든 작품이라는 사실이다. 사람들은 자신들이 생각하는 우상의 존재를 자신의 손으로 조각하며 형상화해 놓는다. 사람의 손으로 만들어진 우상은 보지도 못하고 듣지도 못한다. 우상의 존재는 나무나 돌로 만든 것이며 그 이상도 이하도 아니고 단지 돌과 나무일 뿐이다.

보지도 못하고 듣지도 못하고 먹지도 못하고 냄새 맡지도 못한다는 표현은 시내 산에 강림하셔서 이스라엘과 마주 대하여 대화를 나누신 살아 계신 하나님과 대조를 이루고 있다. 이방 민족들의 신들은 나무와 돌이지만 이스라엘의 하나님은 살아 계신 분이시다.

우상의 허무함에 대하여 이사야 선지자는 이렇게 말한다: "그들의 부어만든 우상은 바람이요 허탄한 것뿐이니라"(사 41:29).

8. 이스라엘의 회개(4:29-31)

국가로서 이스라엘이 멸망하고 그 백성은 다른 나라에 포로로 잡혀간 상황에서, 소망이 없는 상태에서 이스라엘이 하나님을 기억하고 전심으로 하나님께 돌아올 때 다시 희망의 싹이 돋아나게 된다. 이스라엘이 회개하며 하나님께 돌아온다면 하나님은 그들에게 신실하게 응답하실 것이다. 하나님은 그들의 조상들과 했던 약속을 기억하시고 이스라엘의 기도에 귀를 기울이신다.

번역

29 그리고 너희는 거기에서 너의 하나님 아도나이를 찾을 것이다,
그리고 너는 그를 발견할 것이다
네가 너의 온 마음과 너의 온 영혼으로 그를 추구할 때.
30 너의 고통 가운데서, 그리고 이 모든 일들이 너를 발견할 것이다,
마지막 날들에, 그리고 너는 너의 하나님 아도나이께 돌아올 것이다
그리고 너는 그의 음성을 들을 것이다.
31 왜냐하면 아도나이 너의 하나님은 자비로운 하나님이기 때문이다,
그는 너를 버리지 않으시며, 그는 너를 멸망시키지 않으시며,
그는 그가 그들에게 맹세하셨던 너의 조상들의 언약을 잊지 않으신다.

주해

29 그리고 너희는[1] 거기에서 너의[2] 하나님 아도나이를 찾을 것이다, 그리고 너는

[3] 그를 발견할 것이다 네가 너의 온 마음과 너의 온 영혼으로 그를 추구할 때.

본문 비교

마소라 사본은 동사의 주어 인칭이 복수에서 단수로 바뀌고 있다. 이 인칭의 수 변화에 관해 사본들마다 달리 읽는 경우가 있다.

1) 사마리아 오경과 벌게이트는 2인칭 단수 "너"이다.

2) 70인경과 탈굼 네오피티는 2인칭 복수 "너희"를 갖고 있다.

3) 70인경, 탈굼 네오피티와 시리아 역은 2인칭 복수 "너희"로 읽는다.

"그리고"는 28절과 연결해서 '그러나'로도 해석이 가능하다. 이스라엘이 포로의 상황에서 우상들을 섬기게 될 것이다. 그러나 그곳에서 하나님을 찾게 될 때 하나님의 회복의 은총을 맛볼 수 있는 것이다.

하나님의 심판은 항상 열려 있다. 하나님은 부패한 이스라엘을 심판하기도 하시지만 또한 회복시키기도 하신다. 27절의 '적은 수'에서 나타났듯이 이스라엘이 아주 망한 것은 아니었다. 그 적은 수의 이스라엘이 회개하고 하나님께 돌아올 때 하나님은 그들을 받아 주신다. 이스라엘이 포로로 끌려간 곳에서 하나님을 찾을 때 그들은 하나님을 발견할 수 있다.

이스라엘이 하나님을 찾을 때 그들의 온 마음과 온 영혼으로 찾아야 한다. 히브리어 어순을 따라 번역한 이 문장을 한국어 어순에 맞게 바꾸어 놓으면 더 잘 이해할 수 있을 것이다: "그리고 네가 너의 온 마음과 너의 온 영혼으로 그를 추구할 때 너는 그를 발견할 것이다."

사람이 하나님을 찾고 추구할 때 하나님을 발견하는 것이다. 이러한 사실은 예수님의 교훈에서도 엿볼 수 있다. 기도에 관한 교훈에서 예수님은 찾는 사람이 찾을 것이라고 말씀하셨다(마 7:7-8).

'~때'로 번역된 접속사 '키'(כִּי)는 '~한다면'으로도 번역이 가능하지만('if'로 번역하는 현대 역본들도 있다: KJV, NAS, NIV, NJK, NRS,) 문맥은 조건보다는 상황을 더 의미하는 것 같다. 70인경도 '~때'(ὅταν)로 번역하고 있다(개역개정 "만일 마음을 다하고 뜻을 다하여 그를 찾으면").

개역 성경은 "만일 마음을 다하고 성품을 다하여 그를 구하면"으로 번역한다. 이 번역은 문자적인 번역이 아니라 의역이다. 히브리어는 전치사구(בכל לבבך ובכל נפשך)로서 '너의 온 마음과 너의 온 영혼으로'이다. 소유격 인칭 대명사 2인칭 '너의'가 생략되었고 '온' 또는 '모든'이 동사로 번역되었다.

"온"은 '모든'을 의미하며 "온 마음"과 "온 영혼"이라는 단어들이 보여 주듯이 하나님은 이스라엘에게 100% 헌신과 순종을 요구하신다.

"찾다"와 "추구하다"는 유사 동의어로 서로 병행을 이루고 있다. 탈굼 네오피티는 "찾다"를 '기도하다'로 해석한다. "추구하다"는 '찾다', '구하다'란 의미를 포함한다. 이스라엘이 하나님을 '찾고 추구할 때' 그들이 하나님을 발견할 수 있다.

30 너의 고통 가운데서,[1] 그리고 이 모든 일들이 너를 발견할 것이다, 마지막 날들에, 그리고 너는 너의 하나님 아도나이께 돌아올 것이다, 그리고 너는 그의 음성을 들을 것이다.

본문 비교

1) 히브리어 어순과는 달리 사마리아 오경과 70인경은 "너에게 고통이 있을 때에"를 29절 마지막에 두고 있다.

"너의 고통 가운데서"는 70인경의 번역(ἐν τῇ θλίψει σου)을 따른 것이다. 히브리어 '바찰 레카'(בצר לך)는 문자적으로 "너에게 고통 가운데"이며 그 의미는 '네가 고통 가운데 있을 때에'(현대 역본들 가운데 이러한 번역을 취하는 역본들이 있다: ASV, KJV, NAS, NIB, NIV, NKJ, RSV)이다. 즉 하나님의 심판으로 이스라엘이 포로 생활을 하는 상황을 의미한다.

개역 성경의 번역 “이 모든 일이 네게 임하여 환난을 당하다가”는 모호하다.

“이 모든 일들”은 ‘이 모든 말들’로도 번역이 가능하다. 즉 25-29절에서 이스라엘의 포로 생활을 언급한 말씀들일 수 있다. 우상 숭배를 할 때 하나님은 이스라엘을 열국 가운데 흩으실 것을 말씀하셨다. 그 말씀이 이루어져서 현실로 나타날 때의 상황을 “이 모든 일들”로 표현한다.

“이 모든 일들이 너를 발견할 것이다”는 그 말씀들이 사실로서 이스라엘에게 일어날 것임을 뜻한다. 하나님의 말씀은 어떤 추상적인 사상이나 이론이 아니다. 실제 인간의 실존적인 상황 속에서 실현되며 현실화된다. 하나님의 말씀은 좋은 일만 성취되는 것이 아니라 나쁜 일도 성취된다.

‘발견하다’는 감추어졌던 것이 드러나는 것으로 말씀이 현실의 삶 속에서 실현되는 것을 뜻한다. 개역 성경은 그래서 “임하여”로 번역한 것 같다. ‘발견하다’는 동사가 29절에 이어 다시 사용되었다.

“마지막 날들”은 종말론적인 표현으로 이스라엘의 포로기 마지막 때를 가리키는 것같다. 그 마지막 때에 이스라엘은 하나님을 찾고 돌아오게 될 것이다.

“돌아올 것이다”(שׁוב)는 이스라엘의 회개를 의미한다. 이것은 가던 방향을 멈추고 180도 회전하는 것이다. 여기서 돌아올 때 그 방향이 중요하다. 우상으로 향하던 이스라엘이 방향을 바꾸어 180도 회전해서 아도나이 하나님께 돌아오는 것이다. 돌아오는데 180도 회전을 해야지 360도 회전을 하면 도로 제자리이다.

“너는 그의 음성을 들을 것이다”는 우상 숭배를 하다가 아도나이께 돌아온 사람들의 특징이다. 아도나이의 신앙을 갖는 사람들은 아도나이의 음성을 듣는 자들이다. 아도나이의 음성을 듣는다는 것은 이스라엘의 순종을 말한다. 이스라엘은 이제 하나님의 음성을 듣고 그 말씀대로 행하며 순종하는 것이다. 하나님의 음성을 듣는 것은 하나님을 경외하는 자세에서 나온다. 하나님을 두려워하는 사람들은 하나님의 음성을 듣고 순종한다. 개역 성경은 '음성'을 '말씀'으로 잘못 번역하고 있다.

> 31 왜냐하면 아도나이 너의 하나님은 자비로운 하나님이기 때문이다. 그는 너를 버리지 않으시며, 그는 너를 멸망시키지 않으시며, 그는 그가 그들에게 맹세하셨던 너의 조상들의 언약을 잊지 않으신다.

하나님의 성품을 설명한다. 24절에서 하나님은 우상 숭배를 하는 자들에게 "삼키는 불"과 "질투하시는 하나님"으로 소개되었다. 심판하시는 하나님의 모습이 강조된 것이다. 하지만 여기서는 "자비로운" 즉 인정과 동정심이 많은 하나님으로 나타난다. 하나님의 자비로운 성품은 회개하고 돌아오는 자들을 다시 맞아 주시는 것에서 나타난다. 인간은 자신을 배신하고 떠난 사람을 다시 맞아들이기가 어렵지만 하나님은 그들을 다시 맞아 주시고 용서하신다.

하나님의 자비로우신 성품은 계속된 구절 가운데서 구체적으로 나타난다. 첫째, 하나님은 이스라엘을 버리지 않으신다는 것이다. 하나님은 이스라엘을 심판 가운데 내버려두시고 돌보지 않는 분이 아니시다. 이스라엘이 하나님을 전심으로 찾고 나아올 때 외면하지 않으신다. 둘째, 하나님은 이스라엘을 멸망시키지 않으신다. 하나님은 이스라엘의 배교로 그들을 심판하시고 다른 나라의 포로로 끌려가게 내버려두셨지만 그들을 아주 멸망시키신 것은 아니다. 포로로 잡혀간 곳에서 하나님의 은혜로 이스라엘은 적은 수가 남아 있을 수 있었다. 셋째, 하나님은 이스라엘의 조상들과 했던 언약을 기억하시는 분이다. 이스라엘은 하나님과 맺었던 언약을 잊어버리고 우상 숭배를 하며 다른 길로 나아갔지만 하나님은 그 언약을 잊어버리지 않으신다. 인간은 약속을 지키지 않지만 하나님은 말씀하신 그 약속을 지키시는 분이시다. 이러한 사실들이 하나님의 자비로운 성품을 나타내고 있다는 것이다.

"조상들의 언약"은 이스라엘의 족장들, 아브라함, 야곱, 이삭과 맺었던 언약을 의미한다. 오랜 세월이 지났음에도 불구하고 하나님은 족장들에게 했던 약속을 잊지 않으시고 기억하시는 것이다(창 15:6-7, 22:16, 18, 26:5).

9. 하나님의 큰 일: 출애굽과 시내 산 사건(4:32-35)

아도나이께서 이스라엘을 위해 역사 속에서 행하신 두 가지의 큰 일들이 소개되고 있다. 먼저 아도나이께서 이집트에서 노예로 고난 받는 이스라엘을 구원하신 것이며 시내 산에서 자신의 뜻을 법으로 계시하시기 위해 직접 불 가운데 임하셔서 말씀하신 것이다. 이러한 일들을 행하신 목적은 아도나이 그가 이스라엘의 하나님이라는 것을 이스라엘에게 알게 하기 위함이다.

출애굽 사건과 시내 산 계시는 아도나이께서 이스라엘을 위해 행하신 역사적 행동들이며 유일신 하나님 사상의 근원이 되고 있다. 이 두 사건들은 이스라엘에게 아도나이는 유일하신 이스라엘의 하나님이라는 것을 알게 하기 위함이다. 따라서 이스라엘은 아도나이 외의 다른 신들을 모두 거부해야 한다.

번역

32 왜냐하면, 이제 너는 네 앞에 있었던 과거의 날들에 물어보라,
하나님이 땅 위에 사람을 창조하셨던 날 이후로,
그리고 하늘의 끝에서 하늘의 끝까지,
이 큰 일과 같은 어떤 것이 있었느냐?

또는 그와 같은 어떤 것이 들렸었느냐?

33 어떤 백성이 불 가운데서 말씀하시는 하나님의 음성을 들었느냐?
네가 들었고 살았던 것같이.

34 또는 어떤 신이 그를 위해 한 민족을 다른 민족 가운데서 가서 취하려고 시도했느냐?
시도들로, 징조들로, 그리고 기적들로, 그리고 전쟁으로,
그리고 강한 손으로, 그리고 뻗은 팔로, 그리고 큰 두려움들로,
아도나이 너희의 하나님이 이집트에서 너의 눈들 앞에서 너희를 위하여 행하셨던 모든 것과 같이.

35 너, 너는 보게 되었다 아도나이 그가 하나님이다는 것을 알기 위하여,
그 외에 다른 이가 없다.

주해

32 왜냐하면[1], 이제 너는[2] 네 앞에 있었던 과거의 날들에 물어보라, 하나님이 땅 위에 사람[3]을 창조하셨던 날 이후로, 그리고 하늘의 끝에서 하늘의 끝까지,이 큰 일과 같은 어떤 것이 있었느냐?[4] 또는 그와 같은 어떤 것이 들렸었느냐?

본문 비교

1) 70인경과 벌게이트는 접속사 "왜냐하면"을 번역하지 않았다.
2) 70인경, 시리아 역 그리고 탈굼 네오피티는 2인칭 복수 "너희는"이다.
3) 탈굼 네오피티는 "첫 번째 사람"으로 읽는다.
4) 히브리어 הנהיה "있었느냐"는 의문사와 היה의 니팔 완료 3인칭 남성단수이다. 사마리아 오경은 이것을 잘못 끊어 הן היה로 읽고 있다.

이 구절은 31절과 마찬가지로 접속사 "왜냐하면"으로 문장을 시작한

다. 하지만 내용은 새로운 주제로 옮겨간다. 31절이 하나님의 자비로운 속성을 말하는 반면 32절은 하나님이 하신 큰 일을 다루고 있다.

32, 33, 34절은 의문사를 갖고 있는 의문문으로 구성되어 있는 것이 특징이다.

"과거의 날들"은 문맥상 천지 창조 이후의 시간들을 의미하는데, 왜냐하면 "하나님이 땅 위에 사람을 창조하셨던 날 이후로"라는 표현이 뒤따라 나오기 때문이다. "과거의 날들"은 30절의 "마지막 날들"과 대조를 이루고 있다. "물어보라"는 '질문하라'는 의미이다. 개역성경은 '상고하여 보라'로 의역한다.

"이 큰 일"은 33절과 34절에서 시내 산 사건과 출애굽 사건으로 나타난다. 하나님이 이스라엘을 위해 인간 역사 속에서 행하신 기이한 일들은 창조 이후 보편 역사 속에서 이스라엘이 들어 본 적이 있는지 물어보라는 것이다. 물론 이 질문은 하나님께서 이스라엘을 위해 행하신 큰 일들을 들어본 일이 없다는 대답이 전제되었다.

이스라엘의 역사가 구원 역사 또는 구속사로 불리는 이유가 여기에 있다. 이스라엘의 역사는 다른 나라들의 역사와 같이 단순한 역사가 아니다. 왜냐하면 천지를 창조하신 하나님이 이스라엘을 위해 역사 속에서 친히 말씀하시며 행동하시고 그들을 구원하셨기 때문이다. 하나님이 역사속에 들어오셔서 행동하셨다. 이러한 하나님의 구속 행위들은 다른 나라에서 찾아볼 수 없는 전무후무한 일들이며 독특한 역사적 행동이다.

출애굽 사건과 시내 산 계시는 신학적으로 이스라엘 역사에 아주 중요한 사건이다. 출애굽 사건은 하나님이 이스라엘을 하나님의 백성으로 선택한 사건의 절정을 이루며, 시내 산 계시는 하나님의 백성으로서의 이스라엘이 하나님과 언약을 맺는 것이다. 하나님과 이스라엘이 시내 산에서 언약을 맺음으로 이스라엘은 하나님의 백성이라는 독특한 신분을 갖게 되었다. 이 땅 위에 많은 백성들이 있지만 구약 역사에서 이스라엘만이 하나님의 백성으로 선택을 받았고 하나님과 언약을 맺었다.

33 어떤 백성이 불 가운데서 말씀하시는 하나님[1]의 음성을 들었느냐? 네가 들었
고[2] 살았던[3] 것같이.

본문 비교

1) 사마리아 오경, 70인경, 탈굼 네오피티, 탈굼 프쉬도 요나단은 "살아 계신 하나님"으로 읽는다.
2) 쿰란 사본(4QDeut^{m}), 시리아 역 그리고 탈굼 네오피티와 탈굼 프쉬도 요나단은 2인칭 복수 "너희"이다.
3) 히브리어는 인칭이 2인칭에서 3인칭으로 변화가 있다: "네가 들었고 그가 살았던"이다. 그러나 70인경, 벌게이트는 2인칭 단수 이고 시리아 역과 탈굼 네오피티는 2인칭 복수이다.

32절의 "이 큰 일"에 대한 구체적이고 역사적인 사건을 말한다. 즉 시내 산에 강림하신 하나님이 이스라엘에게 법을 선포하신 사건이다.

"어떤 백성"에서 '어떤'은 히브리어에 없는 번역상 넣어준 표현이다. 원래 정관사가 없기 때문에 '한 백성'이다.

"어떤 백성이 불 가운데서 말씀하시는 하나님의 음성을 들었느냐"라는 수사학적 질문에는 이스라엘 외에는 이 세상의 어떤 백성도 듣지 못했다는 대답이 전제되었다. 이스라엘 백성은 하나님과 관계를 맺는 면에 있어서 다른 민족들보다 독특한 신분과 위치에 있었다. 세상에는 많은 백성들이 있지만 이스라엘 백성만이 불 가운데서 말씀하시는 하나님의 음성을 들었던 것이다. 이스라엘의 독특한 하나님에 대한 경험인 것이다.

34 또는 어떤 신이 그를 위해 한 민족을 다른 민족 가운데서 가서 취하려고 시도했

느냐? 시도들로, 징조들[1]로, 그리고 기적들로, 그리고 전쟁으로, 그리고 강한 손으로, 그리고 뻗은[2] 팔로, 그리고 큰 두려움들[3]로, 아도나이 너희의 하나님이 이집트에서 너의[4] 눈들 앞에서 너희를 위하여[5] 행하셨던 모든 것과 같이.

본문 비교

1) 70인경과 시리아 역은 "그리고"를 덧붙인다.
2) 70인경은 "높은"으로 해석한다.
3) 사마리아 오경, 70인경, 시리아 역, 탈굼 네오피티와 탈굼 프쉬도 요나단은 "큰 광경들"로 해석한다.
4) 사마리아 오경과 시리아 역은 2인칭 복수 "너희의 눈들"이다.
5) 70인경과 시리아 역은 "너희를 위하여"를 생략한다.

33절은 시내 산 사건을, 그리고 34절은 출애굽 사건을 말한다. 즉 32절의 "이 큰 일"은 시내 산 사건과 출애굽 사건으로 구성되었다. 이 두 사건들은 이스라엘의 아도나이 신앙의 근간을 이루고 있다.

"어떤 신"에서 '어떤'은 문맥을 위해서 넣어준 표현이다. 히브리어는 '한 신'으로 해석될 수 있다.

"다른 민족"에서 '다른'은 문맥을 위해 넣어준 표현이다.

"시도했느냐?"는 '시험했느냐' 또는 '감히~했느냐'라는 의미를 담고 있다.

이 수사학적 질문 "또는 어떤 신이 그를 위해 한 민족을 다른 민족 가운데서 가서 취하려고 시도했느냐?"는 이런 일을 역사 속에서 행한 신이 없다는 답변을 전제하고 있는 의문문이다. 이스라엘의 역사 속에서 간섭하시는 하나님만이 그의 백성과 함께 하시며 그들의 역사에 구체적으로 개입하신 분이시다.

"시도들"은 하나님이 출애굽 때 하신 일들을 말한다. 이'시도들'과 같이 나오는 동의어들은 '징조들'과 '기적들'이다. 하나님께서 이스라엘을 이집트에서 구원하시기 위해 행하신 구속 행위들이 바로 "징조들"과 "기적들"이다. 하나님께서 바로와 이집트에게 행하신 10재앙과 출애굽 사건을 뜻한다. "징조"와 "기적"은 출애굽 사건을 설명하는 문맥에서 자주 같이 사용된 단어들이다(출 7:3, 신 6:22, 7:19, 26:8, 29:3, 34:11).

'시도들', '이적들', '징조들'과 '큰 두려움들'은 복수형이다. 그런데 개역 성경은 단수형으로 번역했다.

"전쟁"은 홍해 앞에서 하나님께서 이스라엘을 위해 대신 싸우신 '아도나이의 전쟁'을 의미한다(출 14:13-14).

"강한 손"과 "뻗은 팔"은 신인동형론적인 표현으로 하나님의 능력을 나타낸다(신 4:34, 5:15, 7:19, 11:2, 26:8). 출애굽 사건에서 이스라엘을 이집트의 군사적 세력에서 구원할 수 있는 하나님의 능력과 권세는 강한 손과 편 팔로 표현되었다.

"너의 눈들 앞에서"라는 표현은 이스라엘의 생생한 경험을 묘사한다. 출애굽 사건은 어떤 꾸며낸 소설 이야기가 아니라 역사적이고 체험적인 사건이라는 것이다. 하나님은 이스라엘을 이집트에서 구원하시기 위해 인간들이 볼 수 있는 초자연적인 능력을 행하셨다.

35 너,[1] 너는 보게 되었다 아도나이 그가 하나님이다[2]는 것을 알기 위하여, 그 외에 다른 이가 없다.

본문 비교

1) 70인경은 2인칭 남성 단수 "너"를 생략하고 목적을 나타내는 접속사 '호스테'(ὥστε)를 넣었다.
2) 70인경은 "너의 하나님 주님 그가 하나님이다"로 읽는다.

"너, 너는 보게 되었다"에서 2인칭 남성 단수 '너'가 강조되었다. 즉 이스라엘이 출애굽 사건과 시내 산의 아도나이 강림 사건을 통하여 보게 된 것을 말한다.

34절의 "너의 눈들 앞에서"와 이 구절의 "보게 되었다"는 이스라엘의 체험을 강조한다. 이스라엘은 역사 속에서 이스라엘을 위하여 행동하시며 말씀하시는 하나님을 보며 체험한 것이다.

이러한 일들의 목적은 "아도나이 그가 하나님이다는 것을 알기 위하여"이다. 히브리어 어순을 우리말 어순으로 바꾸면 이해하기가 더 쉽다: '너는 아도나이 그가 하나님이다는 것을 알기 위하여 보게 되었다.'

"아도나이 그가 하나님이다"는 히브리어에서 동사가 없는 문장이기 때문에 '~이다'는 동사를 넣어서 번역해 주어야 한다. 유대인 번역 성경은(NJPS) 독특하게 이 문장을 해석한다: "주님 홀로 하나님이다"(the LORD alone is God). 이러한 번역은 웨인펠드Weinfeld에게서도 볼 수 있다(YHWH alone is God). 하지만 이러한 번역은 문자적인 번역이 아니라 신학적인 번역이다.

개역 성경은 "그가"를 생략하고 "여호와는 하나님이시요"로 번역한다.

"그 외에 다른 이가 없다"는 '아무도 없다' 즉, '그 외에 어떤 신도 없다'는 의미이다. 하나님 외에는 아무 다른 신이 없다고 선언된다. 다른 신의 존재를 인정하지 않는다. 이는 이스라엘의 유일신 사상을 표현하고 있다(참고. 신 4:39, 6:4, 7:9, 10:17, 사 45:5, 6, 14, 18, 21, 22, 46:9).

10. 하나님의 큰 일에 대한 이스라엘의 책임(4:36-40)

이 본문은 앞의 본문(32-35절)의 사상들이 반복되고 있다. 하지만 이 반복은 단순한 반복이 아니라 사상이 점층적으로 반복, 확대되고 있는 것이다. 시내 산 사건과 출애굽 사건을 말하고 동시에 출애굽 사건의 동기인 선택 사상을 밝힌다. 그리고 이 하나님의 큰 일들의 목적은 이스라엘을 가나안 땅으로 인도하기 위함이다. 출애굽, 시내 산 사건 그리고 가나안 입성 사건을 통해서 이스라엘은 하나님 외에는 다른 신이 없음을 알아야 한다. 더 나아가 이스라엘은 이제 가나안 땅 안에서 하나님이 가르쳐 주신 법규와 법령을 이행해야 할 책임이 있다. 이 법들을 지킬 때 이스라엘에게 복이 약속되어 있다.

번역

36 하늘로부터 그가 너에게 그의 음성을 듣게 하였다, 너를 훈계하기 위하여,
그리고 그 땅 위에서 그가 너에게 그의 큰 불을 보게 하였다,
그리고 너는 그 불 가운데서 그의 말씀들을 들었다.
37 그가 너의 조상들을 사랑했기 때문에,
그가 그 후에 그의 씨를 선택했고,
그가 그의 얼굴과 그의 큰 능력으로 너를 이집트에서 데려왔다.
38 너보다 더 강하고 큰 민족들을 네 앞에서 쫓아내기 위하여,
너를 들여보내기 위하여,
너에게 그들의 땅을 기업으로 주기 위하여, 이 날과 같이.
39 그리고 너는 오늘날 알아야 한다,
그리고 너는 너의 마음에 두어야 한다 아도나이 그가 하나님인 것을,
위로 하늘에 그리고 아래에 땅 위에,
다른 이가 없다.
40 그리고 너는 내가 오늘날 너에게 명령하는 그의 법규들과 그의 명령들을 지켜야 한다,
이것이 너와 너 후의 너의 아들들에게 좋을 것이다,
그리고 네가 아도나이 너의 하나님이 너에게 주시는 그 흙 위에서 날들을 길게 하기 위하여, 모든 날들에.

주해

36 하늘로부터 그가 너에게 그의 음성[1]을 듣게 하였다, 너를 훈계하기 위하여, 그리고 그 땅 위에서 그가 너에게 그의 큰 불을 보게 하였다, 그리고 너는 그 불 가운데서 그의 말씀들을 들었다.

본문 비교

1) 70인경은 "그의 음성"을 주어로(ἀκουστὴ ἐγένετο ἡ φωνὴ αὐτοῦ) 간주하지만 일부 사본들은(A F M V) 목적격으로 번역한다(ἀκουστὴ ἐγένετο τὴν φωνὴν αὐτοῦ).

다시 시내 산의 계시 사건이 거론된다. 시내 산 사건은 '하늘'에서 청각적인 '음성'과 '땅'에서 시각적인 '불' 두 가지로 나누어진다. 시내 산에서의 신현 사건은 오순절 성령강림 사건과 현상적인 면에서 유사하다. 성령이 임하실 때 "하늘로부터 급하고 강한 바람같은 소리"와 "불의 혀같이 갈라지는 것들이 그들에게 보"였기 때문이다(행 2:2-3). 오순절 성령강림 사건도 청각적인 '소리'와 시각적인 '불'로 나타났다.

첫째, 하나님은 하늘에서 그의 음성을 이스라엘에게 들려 주셨다. 하나님께서 하늘에서 자신의 음성을 들려 주신 목적은 이스라엘을 훈계하기 위해서이다. "훈계하기 위하여"는 '가르치다', '교육하다'로 엄한 교육인 훈련, 징계의 의미를 담고 있다. 하나님은 큰 불과 구름으로 위엄 있고 장엄한 모습으로 시내 산에 강림하셔서 이스라엘에게 자신의 법을 말씀하셨다. 이러한 선언은 두려움을 불러일으키는 엄한 가르침이다.

둘째, 땅 위에서 큰 불을 보게 하셨다. 4:11에 따르면 이 불은 시내 산에서 하늘까지 연결되었기 때문에 하늘로부터 하나님의 음성을 들을 수 있었다. 모세는 그의 설교에서 시내 산 사건을 회상하는데 계속 "불 가운데서 말씀하시는 하나님"의 모습을 강조하고 있다(4:12, 15, 33,

36).

'그의 음성'은 다시 '그의 말씀들'로 표현되었다. 개역 성경은 "그 말씀"으로 단수형으로 번역한다.

'큰 불'은 32절의 '큰 일'과 37절의 '큰 능력'과 서로 의미가 통한다.

37 [1]그가 너의 조상들을 사랑했기 때문에, 그가 그[2] 후에 그의[2] 씨를[3] 선택했고,
그가 그의 얼굴과 그의 큰 능력으로 너를 이집트에서 데려왔다.

본문 비교

1) 여기서는 번역하지 않았지만 히브리어 본문에는 "그리고 아래에"(ותחת)라는 단어가 있다. 문맥에 맞추어 이 단어를 번역하기 어렵다. BHS는 36절의 끝 문장과 연결해서 "너는 불 가운데서 그의 말씀들을 들었다 그리고 너는 살아 있다"(ותחי)로 고칠 것을 제안한다. 70인경은 이 단어를 번역하지 않았다.
2) 마소라 사본은 3인칭 단수인 데 반해 사마리아 오경, 70인경, 탈굼 옹켈로스, 탈굼 네오피티, 시리아 역, 벌게이트는 3인칭 복수 "그들의", "그들"을 갖고 있다.
3) 70인경은 여기에 "너희를"를 덧붙이며 일부 사본들은(L min) "모든 민족들로부터 너희를"로 해석한다.

출애굽의 동기가 무엇인지를 밝힌다. 하나님이 이스라엘의 조상들을 사랑하셨기 때문에 이스라엘을 이집트에서 이끌어 내셨다. 여기서 조상들이 누구인지를 말하지 않지만 일반적으로 아브라함, 이삭, 야곱을 지칭한다(참고. 신 1:8, 6:10, 9:5, 27, 29:13, 30:20, 34:4). 탈굼 프쉬도 요나단은 아브라함과 이삭을 언급하며 "그의 씨를" 야곱의 아들들로 해석한다.

'선택하다'(בחר)는 '고르다', '선정하다'라는 의미로 하나님이 이 땅

위의 많은 백성들 가운데서 이스라엘을 선정하신 것을 말한다. 하나님께서 이스라엘의 조상들을 사랑하셨기 때문에 그들의 후손을 선택하셨다. 이스라엘의 조상들에 대한 하나님의 사랑이 이스라엘을 선택하신 동기로 밝혀진다. 하나님이 이스라엘을 선택하셨다는 것은 구체적으로 출애굽 사건을 통하여 나타난다. 출애굽 사건이 보도된 출애굽기에서 '선택하다'(בחר)라는 단어가 사용되지 않았다. 하지만 하나님께서 이스라엘을 구원하신 출애굽 기사가 자세하게 설명되었다. 선택이라는 단어는 나오지 않지만 선택 사건 자체와 사상은 이미 존재한 것이다. 신명기는 그 출애굽 사건을 하나님의 선택 사건으로 명확하게 규정 짓는다.

"얼굴"은 하나님의 현존 또는 임재를 의미한다. 이는 하나님 자신이 몸소 또는 직접 이스라엘의 구원 역사에 개입하신 것을 뜻한다. 미드라쉬 타나임은 하나님이 이스라엘을 이집트에서 해방시킨 사건에는 어떤 중보자도 없었다고 말한다. 즉 천사나 대리인이 이스라엘을 이집트에서 구원하신 것이 아니라 거룩하신 자인 하나님이 직접 일하신 것이다.

개역 성경은 "그의 얼굴"의 번역을 생략하고 있다.

"큰 능력"은 34절의 다양한 용어들 - 시도, 징조, 기적, 전쟁, 강한 손, 뻗은 팔, 큰 두려움 - 로 설명될 수 있을 것이다.

"데려왔다"는 '나오다'(יצא)의 히필형(사역 능동형)으로 '나오게 하다', '이끌어 내다'는 의미이다. 이는 구약의 구원 사건인 출애굽을 표현하는 중요한 동사이다(창 15:14, 신 26:8). 이스라엘의 출애굽을 표현하는 다른 동사로 '인도하다', '구해내다'(נצל 출 3:8)와 '구원하다'(ישע 출 14:30)가 있다(구약에 나타난 구원에 관하여 다음의 책을 참고하라 A. R. Hulst, C. van Leeuwen, *Bevrijding in het Oude Testament*, Kampen, 1981, 출애굽과 관련해서는 18-32를 보라).

38 너보다 더 강하고 큰 민족들을 네 앞에서 쫓아내기 위하여, 너를 들여 보내기 위하여, 너에게 그들의 땅을 기업으로 주기 위하여, 이 날과 같이[1].

본문 비교

1) 70인경은 "이 날과 같이"를 자유롭게 "네가 오늘 소유한 것과 같이"로 번역한다.

세 개의 부정사 연계형 어구들이 37절의 하나님이 이스라엘을 출애굽 시키신 목적이 무엇인지를 드러내고 있다.

첫째, 이스라엘보다 더 강하고 큰 민족들인 가나안 족속들을 쫓아내기 위해서이다. "쫓아내기 위하여"는 '몰아내기 위하여' 또는 '점령하기 위하여'이다. 이스라엘이 가는 땅에는 이미 다른 민족들이 정착하여 살고 있었다. 이 민족들은 이스라엘보다 숫자가 더 많은 백성들이었다(참고. 신 7:1).

둘째, 이스라엘을 그 땅 안으로 들여보내기 위해서이다. 이것은 이스라엘의 여행 목적지를 설명한다. 이스라엘이 이집트에서 나와서 가나안 땅을 향하여 행진했다. 이것은 가나안 땅에 들어가기 위해서였다.

셋째, 더 나아가 이스라엘이 그 땅을 기업으로 차지하기 위해서이다. 이 땅은 하나님이 이스라엘 조상들에게 그들의 후손들에게 주시기로 약속했던 땅이다.

39 그리고 너는 오늘날 알아야 한다, 그리고 너는 너의 마음에[1] 두어야 한다 아도나이[2] 그가 하나님인 것을, 위로 하늘에 그리고 아래에 땅 위에, 다른 이가 없다.[3]

본문 비교

1) 사마리아 오경은 전치사 אל을 על으로 읽는다.
2) 70인경은 "아도나이" 뒤에 "너의 하나님"을 덧붙인다.
3) 70인경은 "다른 이가 없다"에 35절과 같이 "그 외에"(οὐκ ἔστιν ἔτι πλὴν αὐτοῦ)를 덧붙인다.

"그리고"는 '그러므로'의 의미를 갖는다. 36절의 시내 산 사건과 37절의 출애굽 사건 그리고 38절의 가나안 입성에 따른 결과를 설명한다.

"너는 오늘날 알아야 한다, 그리고 너는 너의 마음에 두어야 한다"는 문법적으로 칼 완료와 히필 완료이다. 이는 당위성을 가진다. 그래서 이것은 명령형으로도 번역될 수 있다: "알아라 오늘날 그리고 너의 마음에 두어라." 많은 현대 역본들이 명령형으로 번역했다(NJPS, KJV, NAS, NIB, NIV, NJB, RSV).

"알아야 한다"에서 알 수 있듯이 이스라엘은 올바른 신적 지식이 필요하다. 이스라엘의 하나님이 누구인가를 바로 깨달아야 한다. 이스라엘의 하나님은 아도나이이다. 올바른 신적 지식에 대한 강조는 35절에도 나타났다.

"너의 마음에 두어야 한다"(הֲשֵׁבֹתָ)는 '돌아오다'(שׁוּב)의 히필(사역 능동형)로 '되돌아가(오)게 하다'이다. 문자적인 의미는 너의 마음에 돌아오게 해야 한다'이다. 즉 '마음에 있게 해야 한다', '마음에 두어야 한다'라는 의미이다. 여기서 '숙고하다', '고려하다', '묵상하다'의 의미를 가질 수 있다. 70인경은 "마음에 새기다", "명심하다"로 번역한다(ἐπιστραφηση τῇ διανοίᾳ). 유대인 번역 성경(NJPS)은 '마음에 지켜라'(keep in mind)로 번역한다.

"너는 너의 마음에 두어야 한다 아도나이 그가 하나님인 것을"은 어순을 바꾸면 "너는 너의 마음에 아도나이 그가 하나님인 것을 두어야 한다"이다.

"아도나이 그가 하나님"을 유대인 번역 성경은(NJPS) 35절과 같이 "주님 홀로 하나님이다"(the LORD alone is God)로 번역한다. 개역 성경은 '오직'이라는 표현을 써서 "오직 여호와는 하나님이시요"로 번역했다. '오직'이라는 표현은 잘못된 번역이다.

하나님의 큰 행위들을 통해서 이스라엘은 하나님에 대한 지식을 소유할 수 있다. 구체적인 행동들에서 마음속의 생각과 목적이 나타나기 때문이다.

'알다'는 경험을 통해서 나오는 지식이다. 이스라엘은 출애굽 사건들을 통해서 '이스라엘의 하나님은 아도나이이다'라는 것을 알았다(출 7:5, 17, 8:10, 22, 9:16, 29). 이스라엘은 이 신적 지식을 깨달아야 할 뿐만 아니라 마음속 깊이 간직해야만 했다. 출애굽 사건을 통해서 계시된 하나님의 이름 아도나이는 다른 신들과 비교할 수 없다. 하늘과 땅 그 어디에서도 다른 신을 찾아볼 수 없다. 여기서 유일신 하나님 사상이 나오고 있다.

"다른 이가 없다"는 '아무도 없다' 즉, 하나님 외에는 '어떤 신도 없다'를 의미한다.

40 그리고 너는 내가 오늘날 너에게 명령하는 그의 법규들과 그의 명령들을 지켜야 한다. 이것이 너와 너 후의 너의 아들들에게 좋을 것이다. 그리고 네가 아도나이 너의 하나님이 너에게 주시는 그 흙 위에서 날들을 길게 하기 위하여, 모든 날들에.

39절과 연결되어 아도나이를 아는 올바른 지식은 이제 하나님의 법을 지키는 것으로 나아간다. 하나님께서 주신 법을 이행하는 것은 이스라엘의 책임으로 간주된다.

"지켜야 한다" 역시 문법적인 형태는 칼 완료이지만 명령형 '지켜라'로도 번역될 수 있다. 하나님은 이스라엘을 출애굽시키셔서 그들에게 가나안 땅을 주기 원하셨다. 그리고 이제 하나님의 능력으로 이집트에서 구원받은 하나님의 백성인 이스라엘이 자신의 법을 지키기 원하시는 것이다.

'법규들'과 '명령들'은 하나님의 뜻이며 또한 하나님의 계시이다. 그래서 이스라엘은 하나님의 구속적인 행위들에 대한 응답으로서 이 법들을 지켜야 할 책임이 있는 것이다.

"이것이 너와 너 후의 너의 아들들에게 좋을 것이다." 여기서 "좋을 것이다"는 '잘될 것이다'로서 성공과 번영의 의미를 내포한다. 하나님의 법에 순종하는 것은 자신들과 또한 그 후손들에게도 좋은 결과를 가져온다.

하나님의 법을 지키는 것은 또 다른 목적이 있는데 그것은 하나님이 주시는 땅 위에서 "날들을 길게 하기 위해서"이다. 국가적으로는 번영을, 그리고 개인적으로는 장수를 의미한다. 이것은 그 약속의 땅 위에서 실현될 것이다. 여기서 알 수 있듯이 하나님의 법을 지키는 것은 무거운 짐이 아니라 인간 삶의 질을 높일 수 있는 큰 복의 통로이다.

11. 요단 동편의 도피성(4:41-43)

1-40절의 주제와는 달리, 41-43절에서 모세의 지도 하에 점령한 요단 동편의 땅에 도피성들이 지정된다. 도피성은 무의식 중에 이웃을 살해한 자들이 피해서 살 수 있는 곳이다. 요단 동편의 세 지파를 위해서 세 곳이 도피성으로 지정된다.

번역

41 그 때 모세가 세 성들을 구별하였다,
요단 건너편에서, 해 뜨는 곳에서.
42 무의식 중에 그의 이웃을 죽인 살인자가 그 곳으로 피할 수 있도록,
그리고 그는 과거에 그를 미워하지 않았다,
그리고 그는 이 성들의 하나에 피하여 살 수 있다.
43 르우벤인들을 위해 광야 안에, 평지 안에 베셀을,
그리고 갓인들을 위해 길르앗 안에 라못을,

그리고 므낫세인들을 위해 바산 안에 골란을.

주해

41 그 때 모세가 세 성들을 구별하였다, 요단 건너편에서, 해 뜨는 곳에서.[1]

본문 비교

1) 사마리아 오경은 방향을 지시하는 고대 목적격 어미 '헤'(ה)를 가지고 있지 않고 단어 "해" 앞에 정관사를 가지고 있다(מזרח השמש).

"구별하였다"는 여기서 '지정했다' 또는 '선정했다'는 의미이다. 모세는 요단 건너편에, 해 뜨는 곳 즉, 요단 동편의 땅에 도피성으로 세 곳을 정했다.

42 무의식 중에 그의 이웃을 죽인 살인자[1]가 그 곳으로 피할 수 있도록, 그리고 그는 과거에 그를 미워하지 않았다, 그리고 그는 이[2] 성들의 하나에 피하여 살 수 있다.

본문 비교

1) 마소라는 "살인자"(רוצח)에 정관사가 없는 데 반하여 사마리아 오경은 정관사(הרצח)를 갖고 있다.
2) 지시 형용사 "이것들"의 일반적인 사용은 '엘레'(אלה)이다. 마소라 사본은 정서법의 변형인 אל을 사용한 반면 사마리아 오경은 אלה을 가지고 있다.

이 구절은 칼 부정사 연계형으로 시작하면서 도피성을 선정하는 목적을 설명한다. 무의식 중에 살인을 행한 자가 피해서 살 수 있도록 하기 위함이다.

"무의식 중에"는 '알지 못하고' 또는 '사전에 준비하지 않고'의 의미를 갖는다. 이웃을 살해하는데 사전에 준비 또는 고려가 없이 우연히, 부지불식간에 행한 살인 행위를 말한다. 신명기 19:1-13은 이러한 살인의 경우의 예를 들어 설명한다. 도피성의 장로들은 살인한 자를 받아들일 것인지를 결정하며 그 살인자가 법정에 서서 재판을 받을 때까지 그 살인자를 보호해 준다. 또한 그 살인자는 대제사장이 죽기까지 그 도피성에서 살 수 있다(수 20장).

우연히 살인을 저지른 경우에 대한 부연 설명으로 그 살인자는 자기가 살해한 사람에게 과거에 어떤 적대감이나 미움을 갖고 있지 않았던 사람이라야 한다. 이런 사람만이 도피성으로 피하여 살아 갈 수 있는 것이다.

43 르우벤 인들을 위해 광야 안에, 평지 안에 베셀을, 그리고 갓 인들을 위해 길르앗 안에 라못을, 그리고 므낫세 인들을 위해 바산 안에 골란을.

도피성들이 지정된 장소 이름이 나오고 있다. 요단 동편의 세 지파들에게 각기 한 성씩 지정되었다.

도피성으로 베셀은 여호수아 20:8, 21:36에 나오며 성경 외에 모압 왕 메사Mesha의 비문에도 기록되었다. 학자들은 베셀을 현재 Medeba의 북서쪽 14킬로미터에 위치한 Umm al-'Amad로 또는 Medeba의 동쪽 5킬로미터에 위치한 Tell Jabul로 제안한다.

라못은 베셀과 같이 여호수아 20:8, 21:36에 언급되며 아람과 이스라엘 사이의 분쟁의 원인이 되기도 하였다(왕상 22장). 일반적으로 이곳은 현재 Tel RamithTell er-Rumeith로 간주된다.

골란 역시 여호수아 20:8, 21:27에 나온다. 이곳의 정확한 위치는 알려지지 않고 다만 Golan Heights 또는 Sahem el-Jawlan으로 추정된다.

12. 서론: 모세 설교의 시간과 장소(4:44-49)

모세의 두 번째 설교(5-26장)의 서론이다. 첫 번째 설교의 서론(1:1-5) 은 호렙 산에서 가데스 바네아까지 그리고 요단 동편의 점령의 일정을 담고 있었던 반면, 두 번째 설교의 서론은 간단하지만 출애굽에서부터 거론하며 요단 동편의 땅 점령을 거론한다.

번역

44 그리고 이것은 모세가 이스라엘 아들들 앞에 두었던 그 법이다.

45 이것들은 모세가 이스라엘 아들들에게 말했던 증거들과 법규들과 법령들이다,
그들이 이집트에서 나왔을 때.

46 요단 건너편에서 벳 브올 맞은편 골짜기 안에서,
헤스본에 살았던 아모리인들의 왕 시혼의 땅 안에서,
모세와 이스라엘의 아들들이 그를 쳐부수었다,
그들이 이집트에서 나왔을 때.

47 그리고 그들이 그의 땅을 그리고 바산 왕 옥의 땅을 점령했다,
요단 건너편에, 해 뜨는 곳에 있던 아모리인들의 두 왕들.

48 아르논 골짜기의 가장자리에 있는 아로엘에서부터,
그리고 시온 산까지, 그것은 헤르몬이다.

49 그리고 모든 아라바 요단 건너 동편에, 그리고 아라바 바다까지,
비스가 경사면 아래.

주해

44 그리고[1] 이것은 모세가 이스라엘 아들들 앞에 두었던 그 법이다.

본문 비교

1) 히브리어 마소라 사본은 접속사 '그리고'로 시작하는 반면에 70인경, 시리아 역, 벌게이트는 접속사 '그리고'가 없다.

신명기의 첫 표제어인 1:1은 "이것들은 그 말씀들이다"로 복수형으로 시작하는 데 반해 여기서는 "이것은 그 법이다"로 단수로 시작한다. 1:1이 모세가 이스라엘에게 선포했던 '말씀들'에 강조를 둔다면 이제 여기서는 '법'(토라)으로 그 말씀들이 구체적으로 무엇인지를 설명한다. 이것은 신명기 전체의 서론인 1:5의 "모세가 이 법 설명하기를 시작하였다"에 해당할 수 있다.

"두었던"은 모세의 설교 또는 선포를 의미한다. 여전히 모세는 설교자이며 이스라엘이 청중이다. 개역 성경은 "선포한"으로 의역한다.

45 이것들은 모세가 이스라엘 아들들에게 말했던 증거들과 법규들과 법령들이다, [1]그들이 이집트에서[2] 나왔을 때,

본문 비교

1) 일부 70인경 사본들은(B min, Rahlfs의 편집) 여기에 "광야 안에서"(ἐν τῇ ἐρήμῳ)를 덧붙인다.
2) 70인경은 "이집트의 땅에서"로 읽는다.

모세가 이스라엘 앞에 두었던 법이 무엇인지 다시 설명한다. "증거"는 '증언', '증명'의 뜻으로 모세가 이스라엘 백성들에게 증거했던 법들이다. "법규들"과 "법령들"은 계속 쌍을 이루어 나오는데(4:1, 5, 8, 14,) 여기서는 "증거들"이 첨가되었다. 히브리어는 복수형으로 나오는데, 개역 성경은 단수형으로 번역한다.

모세의 법이 선포된 시점은 이스라엘이 이집트에서 나왔을 때라고

설명한다. 출애굽 후에 모세의 법이 주어졌다는 것을 말한다. 법은 하나님의 구속적 행동인 출애굽 후에 주어졌다. 이러한 설명은 신명기 서론(1:1-5)에 나오지 않는다.

46 요단 건너편에서 벳 브올 맞은편 골짜기 안에서, 헤스본에 살았던 아모리 인들의 왕 시혼의 땅 안에서, 모세와 이스라엘의 아들들이 그를 쳐부수었다, 그들이 이집트에서[1] 나왔을 때.

본문 비교

1) 70인경은 "이집트의 땅에서"로 읽는다.

모세가 법을 이스라엘에게 선포한 장소와 역사적인 상황들이 설명된다. 모세의 지도 하에 요단 동편의 땅을 점령하고 머무른 곳이 벧 브올 맞은 편 골짜기였다(신 3:29). 이때는 요단 동편에 거하는 아모리 인들의 왕 시혼과 전투를 치른 후였다(신 2:26-37).

"이집트에서 나왔을 때"라는 구가 두 번씩이나 사용되어 강조되었다(45, 46절). 개역 성경은 "이 땅은 헤스본에…시혼에게 속하였더니"로 번역하는데 "이"와 "속하였더니"는 히브리어에 없는 표현들이다.

47 그리고 그들이 그의 땅을 그리고 바산 왕 옥의 땅을 점령했다, 요단 건너편에, 해[1] 뜨는 곳에 있던 아모리 인들의 두 왕들.

본문 비교

1) 일부 히브리어 사본들, 사마리아 오경, 탈굼 옹켈로스, 탈굼 프쉬도 요나단은 "해" 앞에 정관사(ה)를 갖고 있다.

46절에 이어 이스라엘이 점령한 지역을 계속 설명한다. 시혼 왕과의 전투 후에 이스라엘은 다시 바산 왕 옥과 전투를 치렀다. 이 전투에서도 승리를 거두어 바산을 점령했고 이스라엘의 기업의 땅으로 삼았다.

"두 왕들"은 헤스본의 왕 시혼과 바산 왕 옥을 가리킨다.

48 아르논 골짜기의 가장자리에 있는 아로엘에서부터, 그리고 시온[1] 산[2]까지, 그것은 헤르몬이다.

본문 비교

1) 마소라는 שיאן인데반하여 사마리아 오경은 שיחון으로 표기한다. 70인경의 "시온"의 이름은 Σηών이다. 그런데 흥미롭게도 헤스본의 아모리인의 왕의 이름 역시 Σηών이다. 이 두 단어 사이에 악센트만 달리하고 있다.
2) 70인경은 "산" 앞에 정관사를 가지고 있다.

"아르논 골짜기"는 아르논 강으로도 번역된다. 우기 때에만 물이 흐르는 강이며 물이 없을 때에는 골짜기이다. 이것을 '와디'Wadi라고 부른다. 아르논 강은 사해 바다 중간 부분에서 동편으로, 모압 광야 쪽으로 흐른다. 여기서부터 헤르몬까지는 모세의 지도 하에 점령한 요단 동편의 땅의 경계이다. "시혼"은 "헤르몬"의 다른 이름이다.

49 그리고[1] 모든 아라바 요단 건너 동편에, 그리고 아라바 바다[2]까지, 비스가 경사면 아래.

본문 비교

1) 70인경과 벌게이트는 "그리고"를 생략한다.
2) 사마리아 오경은 "아라바 바다" 뒤에 "염해"(ים המלח)를 덧붙인다. 70인경은 "아라바 바다까지"를 생략한다. 오리겐의 헥사플라는 이

것을 지적하고 있다.

계속 요단 동편의 점령지역에 대한 자세한 설명을 더한다. "아라바"는 '초원', '평지', '평야'의 의미를 갖고 있다. 지형적으로 요단 강가의 양편은 저지대로서 초원 지대이다. "아라바 바다"는 사해를 가리킨다.

참고 문헌

Auld, A. G., "Cities of Refuge in Israelite Tradition", *JSOT* 10 (1978), 26-40.

Barr, J., "Theophany and Anthropomorphism in the Old Testament", *VT* 7, Leiden, 1960, 31-38.

Bee, R. E., "A Study of Deuteronomy Based on Statistical Properties of the Text", *VT* 29 (1979), 1-22.

Begg, C., "The Literary Criticism of Deut 4,1-40", *ETL* 56 (1980), 10-55.

Boer, P. A. H. de, "Some Observations on Deuteronomy VI 4 and 5", in *Von Kanaan bis Kerala*, AOAT 211, FS. J. P. M. van der Ploeg O. P., Neukirchen-Vluyn, 1982, 45-52.

Braulik, G., "Weisheit, Gottesnaehe und Gesetz - Zum Kerygma von Deuteronomium 4,5-8", in G. Braulik (ed.), *Studien zum Pentateuch*, FS. W. Kornfeld, Wien, 1977, 165-195.

———, "Literarkritik und archaeologische Stratigraphie Zu S. Mittmanns Analyse von Deuteronomium 4,1-40", *Bib* 59 (1978), 351-383.

———, "Deuteronomium 4. Literarische Analyse und theologische Interpretation, von Dietrich Knapp", *RB* 96 (1989), 266-286.

Brongers, H. A., "Bemerkungen zum Gebrauch des Adverbialen

We'ATTAH im Alten Testament", *VT* 15 (1965), 289-299.

Brueggemann, W., "Isaiah 55 and Deuteronomic Theology", *ZAW* 80 (1968), 191-203.

———, "Trajectories in Old Testament Literature and the Sociology of Ancient Israel", *JBL* 98 (1979), 161-185.

Dawe, D. G., "Deuteronomy 4:32-40", *Int* 47 (1993), 159-162.

Dohmen, C., "Heisst lms Bild, Statue?" *ZAW* 96 (1984), 263-266.

Dummermuth, F., "Biblische Offenbarungsphuänomene", *ThZ* 21 (1965), 1-21.

Emerton, J. A., "The Etymology of *HISTAHAWAH*", *OTL* 20, Leiden, 1977, 41-55.

Fishbane, M., "Varia Deuteronomica", *ZAW* 84 (1972), 349-352.

Gerleman, G., "Nutzrecht und Wohnrecht", *ZAW* 89 (1977), 313-325.

Greenberg, M., "hcn in Exodus 20: 20 and the Purpose of the Sinaitic Theophany", *JBL* 79 (1960), 273-276.

Habel, N. C., "Appeal to Ancient Tradition as a Literary Form", *ZAW* 88 (1976), 253-272.

Hallo, W. W., "Cult Statue and Divine Image: A Preliminary Study", in *Scripture in Context II*, Indiana, 1983, 1-17.

Holladay, W. L., "The Identification of the Two Scrolls of Jeremiah", *VT* 30 (1980), 452-467.

Hyldahl, N. "A Reminiscence of the Old Testament at Romans I. 23", *NTS* 2 (1955), 285-288.

Jacobsen, T., "The Graven Image", in *Ancient Israelite Religion*, FS. F. M. Cross, Philadelphia, 1987, 15-32.

Johnson, M. D., "The Paralysis of Torah in Habakkuk I 4", *VT* 35 (1985), 257-266.

Klein, H., "Der Beweis der Einzigkeit JAHWES bei Deuterojesaja", *VT*

35 (1985), 267-273.

Kline, M. G., "The Two Tables of the Covenant", *WTJ* 22 (1959), 133-146.

Knierim, R., "Das Erste Gebot", *ZAW* 77 (1965), 20-39.

Koch, K., "Zur Geschichte der Erwaehlungsvorstellung in Israel", *ZAW* 67 (1955), 205-226.

Kreuzer, S., "Zur Bedeutung und Etymologie von *HISTAHAWAH/YSTHWY*", *VT* 35 (1985), 39-60.

Link, C., "Das Bilderverbot als Kriterium theologischen Redens von Gott", *ZThK* 74 (1977), 58-85.

Lohfink, N., "Verkuendigung des Hauptgebots in der juengsten Schicht des Deuteronomiums (Dt 4,1-40)", in *Studien zum Deuteronomium und zur deuteronomistischen Literatur I*, Stuttgart, 1990, 167-191.

Mayes, A. D. H., "Deuteronomy 4 and the Literary Criticism of Deuteronomy", in *A Song of Power and the Power of Song*, Indiana, 1993, 195-224.

Mendenhall, G. E., "Election", *IDB* II, 76-82.

Morgenstern, J. "Biblical Theophanies", *ZA* 25 (1911), 139-193.

Mueller, H., "Die Kultische Darstellung der Theophanie", *VT* 14 (1964), 183-191.

Nicholson, E. W., "The Decalogue as the Direct Address of God", *VT* 27 (1977), 422-433.

Otto, E., "Deuteronomium 4: Die Pentateuchredaktion im deutero-nomiumsrahmen", in *Das Deuteronomiu und seine Querbeziehungen*, 196-222.

Rabinowitz, I., "'AZ Followed by Imperfect Verb-Form in Preterite Contexts: A Redactional Device in Biblical Hebrew'" *VT* 34 (1984),

53-62.

Rofe, A., "The Monotheistic Argumentation in Deuteronomy IV 32-40: Contents, Composition and Text", *VT* 35 (1985), 434-445.

Schmidt, W. H., "Auspraegungen des Bilderverbots? Zur Sichtbarkeit und Vorstellbarkeit Gottes im Alten Testament", in *Das Wort und die Woerter*, FS. G. Friedrich, Stuttgart, 1973, 25-34.

Schnutenhaus, F., "Darstellung der Theophanie in Israels Gottesdienst durch Toene, Rauchwolke und Licht?" *JLH* 8 (1963), 80-83.

Shafer, B. E., "The Root bhr and Pre-Exilic Concepts of Chosenness in the Hebrew Bible", *ZAW* 89 (1977), 20-42.

Talstra, E., "Towards a Distributional Definition of Clauses in Classical Hebrew", *ETL* 63 (1987), 95-105.

Tsevat, M., "The Prohibition of Divine Images According to the Old Testament", in *Wuenschet Jerusalem Frieden IOSOT Congress Jerusalem 1986*, Frankfurt am Main, 1988, 211-219.

Vanoni, G., "Anspielungen und Zitate innerhalb der hebraeischen Bibel. Am Beispiel von Dtn 4,29: Dtn 30,3 und Jer 29,13-14", in W. Gross, ed., *Jeremia und die deuteronomistische Bewegung*, Weinheim, 1995, 383-395.

Vischer, W., "Du sollst dir kein Bildnis machen", in *Antwort*, FS. K. Barth, Zuerich, 1956, 764-722.

신명기 5장

A New Translation with
Introduction
and Commentary

DEUTERONOMY

D E U T E R O N O M Y

신명기 5장

Deuteronomy 5

내용/구조

4장과 5장의 내용은 시내 산 사건을 뒤돌아보고 있다. 4장은 시내 산의 신현과 법 계시를 근거로 하여 우상을 만들고 숭배하는 것을 강력하게 금지한다. 하나님은 이스라엘이 노예로 있을 때에 그들을 해방시키셨으며 더 나아가 그들이 지켜야 할 법을 시내 산에 강림하셔서 친히 말씀하신 분이시다. 그래서 하나님은 이스라엘에게 그들의 하나님인 아도나이만을 섬길 것을 요구하신다. 이 명령을 거역하며 이스라엘이 우상 숭배를 한다면 하나님은 그들을 심판하셔서 다른 나라에 포로로 잡혀가게 할 것이다. 이스라엘의 미래는 우상 숭배를 금하며 이스라엘의 하나님만을 섬기라는 명령에 잘 순종하는가 안 하는가에 따라서 그 번영과 멸망이 결정된다.

4장에는 시내 산 사건의 신현과 우상 숭배 금지 그리고 우상 숭배와 관련한 이스라엘 민족의 미래가 기술되었던 반면에, 5장은 시내 산 경험의 구체적인 내용으로 십계명과 신현에 대한 이스라엘의 반응을 서술한다. 십계명은 하나님이 직접 현현하셔서 말씀하신 것이다. 이러한 십계명의 모든 말씀들이 5장에서 자세하게 기록되었다. 하나님의 뜻이 십계명을 통하여 구체적으로 명문화되어 이스라엘의 역사 속에 나타난 것이다.

5장의 구조는 단순하다. 십계명(5:6-21)은 호렙 산 사건에 둘러싸여 나타난다(5:1-5, 22-33).

1. 호렙 산의 광경(5:1-5).
2. 십계명(5:6-21).
3. 호렙 산에서의 모세의 중보 사역(5:22-33).

1. 호렙 산의 광경(5:1-5)

5장의 핵심은 십계명이다. 열 개의 말씀들을 말하기 전에 먼저 십계명이 주어졌던 호렙 산의 상황을 보도한다. 그리고 왜 모세가 하나님과 이스라엘 사이의 언약의 중보자 역할을 하게 되었는지 그 이유를 밝히고 있다.

번역

1 그리고 모세가 모든 이스라엘을 불렀고 그가 그들에게 말했다,
들으라 이스라엘아 내가 오늘날 너희 귀에 말하는 법규들과 법령들을,
그리고 너희는 그것들을 배워야 한다,
그리고 너희는 그것들을 행하는 데 주의해야 한다.
2 아도나이 우리의 하나님이 우리와 호렙에서 언약을 맺었다.
3 아도나이께서 우리의 조상들과 이 언약을 맺지 않았다,
그러나 우리와, 우리, 이들, 오늘날 여기에 살아 있는 우리 모두와.
4 정면으로 아도나이께서 불 가운데서 산에서 너희와 말씀하셨다.

5 내가 아도나이와 너희 사이에 서 있었다, 그 때에,
너희에게 아도나이의 말씀을 선언하기 위하여,
왜냐하면 너희가 불 앞에서 두려워했으며
너희가 그 산에 올라가지 않았기 때문이다, 말하기를.

주해

1 그리고 모세가 모든 이스라엘을 불렀고 그가 그들에게 말했다, 들으라 이스라엘아 내가 오늘날[1] 너희 귀에 말하는 법규들과 법령들을, 그리고 너희는 그것들을 배워야 한다, 그리고 너희는 그것들을 행하는 데 주의해야 한다.

본문 비교

1) 쿰란 사본(4QDeut[j])과 70인경은 지시 형용사 "이"(הזה)를 덧붙인다.

새로운 단락이 시작된다. 마소라 사본 역시 4:49 후에 페투카(פ)를 두어 5:1부터 새로운 본문이 시작된다는 것을 말한다.

"모세가 모든 이스라엘을 불렀고…말했다"는 모세가 온 이스라엘 회중을 소집했고 그들에게 설교하기를 시작했다는 것을 의미한다. 이스라엘을 소집한 모세는 그들이 지켜야 할 법들을 선언한다.

"들으라 이스라엘아"는 '쉐마 이스라엘'이다. 호격 '이스라엘아'는 온 이스라엘 사람들이 모인 가운데 법들이 선언되었음을 밝혀 준다. '들으라'의 목적어는 "법규들과 법령들"이다. 즉 '법규들과 법령들을 들으라'는 것이다(4:1의 주해를 참고). 개역 성경은 명령형 "들으라"를 "듣고"로 번역한다.

이스라엘이 해야 할 것은 먼저 법규들과 법령들을 "배워야"(למד)한다. 모세의 책임은 이스라엘에게 법규와 법령을 가르치는 것이었고(4:1, 5) 이스라엘은 그것들을 배워야 했다. 이스라엘의 교육은 토라 교육이

었다(교육에 대하여 4:1의 주해 참고). 법규와 법령을 배우는 것과 더불어서 이스라엘은 아도나이를 경외하는 것을 또한 배워야 했다(신 4:10; 14:23).

"배워야 한다"는 문법적으로 칼 완료이지만 명령형으로도 번역이 가능하다. 유대인 번역 성경은 이것을 명령형으로 번역한다: "Study them"(NJPS; Weinfeld; 현대 영어 역본 NIV와 NJB도 명령형으로 번역; 하지만 70인경은 미래 직설법으로 번역).

하나님의 법을 그저 배우는데만 그쳐서는 안 된다. 하나님의 법은 지적 만족을 위한 것이 아니라 삶의 실존적인 상황 가운데서 지켜져야 할 것이다. 하나님의 말씀은 연구 대상을 넘어서 인간 삶의 지침이 된다.

"너희는 그것들을 행하는 데 주의해야 한다"는 '너희는 그것들을 성실하게(또는 주의 깊게, 신중히) 지켜야 한다"는 의미이다.

"주의해야 한다" 역시 칼 완료이지만 명령형으로도 번역이 가능하다. 유대인 번역 성경은 이것을 다시 명령형으로 번역한다: "observe them faithfully"[NJPS;참고. Weinfeld "observe them carefully"; 70인경은 미래 직설법으로 번역하지만 일부 70인경 사본들(A 963 C f)은 명령형으로 번역한다].

2 아도나이 우리의[1] 하나님이 우리와[1] 호렙에서 언약을 맺었다.[2]

본문 비교

1) 70인경은 2인칭 복수 "너희의"와 "너희와"를 갖고 있다.

2) 쿰란 사본(8QPhyl)은 עכרת로 잘못 표기하고 있다.

모세가 선언하는 법규들과 법령들이 어디에서 어떻게 기원했는지를 밝힌다. 그 법들은 호렙 산에서 하나님이 이스라엘과 맺은 언약에서 기원한다(참고. 신 4:13-14). 흥미로운 사실은, 본문이 아도나이가 언약을 "우리와" 호렙에서 맺었다고 선언하는 것이다 (언약에 관해서는 서론 6.4. 시내 산 언약과 모압 언약 참고).

3 [1)]아도나이께서 우리의[2)] 조상들과 이 언약을 맺지 않았다, 그러나 우리와[2)], 우리[2)], 이들[3)], 오늘날 여기에 살아 있는 우리[2)] 모두와.[4)]

본문 비교

1) 쿰란 사본(1QPhyl, 4QPhyl[J])은 접속사 "그리고"를 갖고 있다.
2) 70인경은 2절과 같이 2인칭 복수형을 갖고 있다. 마소라 사본이 2-3절에서 1인칭 복수 "우리"를 사용하다가 4절에서 2인칭 복수 "너희"를 사용한다. 이러한 히브리어의 인칭 변화를 70인경의 번역자는 의도적으로 일치시킨 것 같다(Wevers).
3) 70인경은 "이들"을 생략한다.
4) 마소라는 היום כלנו חיים인 데 반하여 쿰란 사본들의 표기는 각기 다르다. 4QDeut[n]은 היום כלנו חיים היום이고 4QPhyl[gj]는 כלנו חיים היום이고 8QPhyl은 כלנו חיים으로 서로 다르다.

"아도나이께서 우리의 조상들과 이 언약을 맺지 않았다"는 하나님께서 시내 산 언약을 누구와 맺었는가를 밝힌다. "언약을 맺다"는 문자적으로 '언약을 자르다'이다(언약에 대해서는 서론 참고).

"조상들"은 문자적으로 "아버지들"이다. 여기서 "조상들"이 누구인지가 토론의 대상이 된다. 이것을 이스라엘의 족장들인 아브라함, 이삭, 야곱으로 해석하는 학자들이 있다(Driver; Keil-Delitzsch; Ridderbos; Tigay; Vonk). 이 해석 역시 가능하다. 다른 하나의 해석은 "조상들"을 출애굽 세대로 보는 것이다(Bertholet; Labuschagne; Thompson; Weinfeld).

양 견해를 다 수용하는 해석도 있다. 유대인 학자 이븐 에스라Ibn Ezra

는 "우리 조상뿐만 아니라 우리와도 역시 이 언약을 맺었다"라고 해석한다. 여기에 대한 해석은 다음 문장에서 밝혀진다.

출애굽 세대는 범죄한 세대로 하나님의 심판을 받아 가나안 땅에 들어가지 못하고 광야에서 죽었다. 시내 산에서 맺은 언약은 이 출애굽 세대와 관련이 없다.

"우리와, 우리, 이들, 오늘날 여기에 살아 있는 우리 모두와"에서는 히브리어 동사가 생략되어 있다. 이 문장은 '아도나이는 우리 조상들과 이 언약을 맺지 않고 살아 있는 우리 모두와 맺었다'라는 것이다(개역성경은 동사를 넣어서 번역했다: "이 언약은 여호와께서 우리 열조와 세우신 것이 아니요 오늘날 여기 살아 있는 우리 곧 우리와 세우신 것이라"). 이 문장에서 "우리"에 대한 강조가 두드러진다. 여기서 "우리"는 "살아 있는" 사람으로 간주된다. 살아 있는 사람은 현재 세대 즉 출애굽 후세대를 뜻한다. 출애굽 후세대를 말함으로써 자연히 "조상들"은 광야에서 죽은 출애굽 세대를 암시한다. 따라서 위의 "조상들"은 출애굽 세대를 의미하는 것 같다.

"조상들"이 출애굽 세대라는 해석은 문맥에 의해서 밝혀진다. 3절의 "이 언약"은 호렙 산 언약이다. 2절에서 시내 산 언약은 호렙 산에서 맺어졌음을 말한다. 그리고 3절에서 시내 산 언약은 조상들과 맺지 않았다고 말한다. 당연히 시내 산 언약은 이스라엘의 족장들과 관련이 없다. 여기서 우리는 이스라엘의 조상들과 맺은 언약과 시내 산 언약의 차이점을 고려해야 한다. 이스라엘의 조상들이 맺은 언약은 후손과 땅을 주시겠다는 하나님의 약속과 맹세의 측면이 강하다. 하지만 시내 산 언약은 이스라엘 백성편에서의 의무와 책임이 따른다. 이 의무와 책임이 따르는 시내 산 언약을 조상들과 맺지 않고 살아 있는 우리와 맺었다는 것은 범죄와 불순종으로 인하여 광야에서 죽은 출애굽 세대는 이 시내 산 언약과 관련이 없고 살아있는 새로운 세대와 관련이 있다는 것이다. 덧붙여서 "이 언약"은 문맥상 1절에서 모세가 선포하는 "법규들과 법령들"과 관련이 있다. 법 규정과 관련이 있는 시내 산 언약은 당연히 이스라엘의 조상들인 아브라함, 이삭과 야곱과 관련이 없다. 이 법적인 언약은 이스라엘의 출애굽 세대들과 관련이 있다.

시내 산 언약은 출애굽 세대와 맺었던 것이지만 이 언약은 이스라엘 모든 사람들에게 적용된다. 출애굽 후세대들은 시내 산 언약을 맺을 당시에 20세 미만이었거나 태어나지 않았던 사람들이 대부분이다. 여기에 모세와 여호수아와 갈렙이 포함될 수 있다. 그래서 모세는 "살아 있는 우리"를 강조하고 있는 것이다. 시내 산 언약은 이제 출애굽 후세대에게도 유효하며 출애굽 후세대의 삶을 통제하는 법으로 기능한다.

시내 산 언약은 출애굽 후세대에게도 연속성과 유효성을 갖고 있다. 또한 "오늘날"이라는 표현에서도 알 수 있듯이 모세는 이 시내 산 언약을 출애굽 후세대의 삶 속에 현재화 또는 상황화시키고 있다(서론 9.1. 과거의 사건들과 '오늘' 참고).

4 정면으로 아도나이께서 불 가운데서 산에서[1)] 너희와 말씀하셨다.

본문 비교

1) 한 히브리어 사본, 쿰란 사본, 한 70인경 사본(A)은 "산에서"를 생략한다.

호렙 산에서 언약을 맺었을 당시의 상황을 설명하고 있다.

"정면으로"(פנים בפנים)는 문자적으로 '얼굴을 대하여 얼굴'이며 '마주보고,' '얼굴과 얼굴을 대하고'의 의미를 갖는다(참고. 출 33:11; 신 34:10). 사람이 얼굴을 마주 보며 이야기 하는 것과 같이 하나님이 이스라엘과 이야기 했다는 것이다. 시내 산에 임하신 하나님은 이스라엘과 마주 보고 정면으로 말씀하셨다. 하나님과 그의 백성 이스라엘 사이의 친밀한 관계를 설명하는 표현이다. 여기서 알 수 있는 것은 이스라엘이 누렸던 특권과 하나님 백성으로서의 신분이다. 이스라엘은 하나님의 백성으로서 그리고 언약의 당사자로서 이 세상과 인간의 창조주이신 하나님과 마주 서서 정면으로 하나님의 말씀을 들었다(참고. 신 4:33).

"불 가운데서"는 4:11의 주해를 참고하라.

5 [1]내가 아도나이와 너희 사이에 서 있었다, 그 때에, 너희에게 아도나이[2]의 말씀[3]을 선언하기 위하여, 왜냐하면 너희가 불 앞에서 두려워 했으며 너희가 그 산에 올라가지 않았기 때문이다, 말하기를.

본문 비교

1) 쿰란 사본(4QDeut^{n}), 사마리아 오경, 70인경, 시리아 역은 문장 서두에 접속사 "그리고"를 가지고 있다.
2) 쿰란 사본(4QDeut^{n})과 시리아 역은 "아도나이 너희의 하나님"을 덧붙인다.
3) 쿰란 사본(4QDeut^{n}), 사마리아 오경, 70인경, 벌게이트, 시리아 역은 복수형 "말씀들"로 읽는다.

호렙 산에서 하나님과 이스라엘 사이의 언약을 맺을 때의 모세의 역할을 설명한다. 그 당시 모세는 하나님과 이스라엘 사이의 중보자 역할을 담당했다. 모세가 중보자 역할을 한 것은 이스라엘 백성에게 아도나이의 말씀을 선언하기 위함이었다.

모세가 중보자 역할을 한 이유가 두 가지로 설명된다. 첫째, 이스라엘 백성이 불을 두려워했기 때문이다. 둘째, 그 불로 인하여 이스라엘이 산 위로 올라가려 하지 않았기 때문이다(참고. 출 20:18-21).

이스라엘은 아도나이의 현현의 동반 현상인 불 앞에서 두려워했다. 이 불은 신적 영광의 한 현상이었다. 4장과 5장에서 신현의 현상으로 계속 불을 강조하고 있음에 주목해야 한다(신현의 현상으로서의 불은 다음 본문들을 살펴보라. 시 18:8, 겔 1:26-28, 단 7:9-10).

얼핏 보면 4절과 5절 사이에 모순이 있는 것 같다. 4절에서는 하나님께서 직접 말씀하셨고 5절에서는 모세가 대신 아도나이의 말씀을 전했기 때문이다. 하지만 이것은 순서적인 것이다. 5장의 기록을 살펴보면 십계명은 하나님이 이스라엘에게 직접 말씀했고(5:6-21) 그 말씀을 들은 백성들이 모세에게 중보 역할을 부탁했음을 볼 수 있다(5:22-33). 이것은 출애굽기의 기사와도 잘 일치하고 있다(20:1-21).

2. 십계명(5:6-21)

이 본문은 시내 산에서 주어진 열 개의 말씀들을 보도한다. 십계명은 구약에서 출애굽기 20:1-17과 신명기 5:6-21 두 곳에 기록되었다. 출애굽기의 십계명이 출애굽 세대에게 주어졌다면 신명기의 십계명은 출애굽 후세대인 새로운 세대에게 다시 주어진 것이다.

신명기의 십계명은 출애굽기의 십계명과 비교할 때 약간의 변화를 갖고 있다. 이러한 점이 시내 산 언약이 출애굽 후세대에게 연속성을 가짐과 동시에 역사적으로 현재화와 상황화되었음을 보여준다(참고. 5:2-3).

십계명Decalogue이라는 명칭은 2세기의 초대 교부인 클레멘츠Clements Alexandrinus에 의해 처음 사용되었다. 하지만 그 명칭은 성경 본문에서 기원한 것이다.

십계명은 "열 개의 말씀들"(עשׂרת הדברים)로 하나님께서 직접 이스라엘 백성에게 선포하신 "언약"(ברית)이다(신 4:13). 그래서 이것을 "언약의 말씀들"(דברי הברית)로 부르기도 한다(출 34:28). 하나님은 이 언약을 두 돌판 위에 양면으로 기록하셨다(출 32:15). 하나님은 친히 "하나님의 손가락"으로 기록하셨고 이 두 돌판은 "증거의 두 돌 판"(출 31:18) 또는 "언약의 돌판들"(신 9:9)로 명칭된다. 이 두 돌판 위에 기록된 것은 또한 "법"(תורה)과 "계명"(מצוה)으로 불렸다(출 24:12). 사실 첫 번째 돌판은 이스라엘이 금 송아지를 만들어 우상 숭배를 하였을 때 모세가 던져서 깨뜨렸다. 후에 하나님의 자비하심으로 언약이 회복되고 모세는 두 돌판을 다시 만들었다. 이 두 돌판은 모세가 만든 법궤에 보관되었고 이 법궤는 지성소에 안치되었다. 그래서 법궤 역시 언약궤(신 31:25) 또는 증거궤(출 40:5)로 불린다.

십계명의 특성을 다음과 같이 요약할 수 있다.

1) 십계명의 독특한 점은 하나님이 직접 시내 산에서 불 가운데서 현현하셔서 말씀하셨고 또한 친히 써 주셨다는 점이다. 십계명이 시내 산 언약으로 그리고 법으로 불리기 때문에 이것은 시내 산에서 선포된 법들의 "근본적인 법"이며 "전체 법들의 요약"으로 간주될 수 있다.
2) 십계명(신 5:6-21)은 2인칭 단수 "너"로 나오지만 십계명을 둘러싸고 있는 구절들(5절과 22절)은 2인칭 복수 "너희"로 나온다. 이는 십계명의 선포가 집합적인 이스라엘 회중을 상대로 주어졌지만 그 계명들의 책임성은 회중 개개인에게 있음을 뜻한다.
3) 십계명은 하나님께서 직접 선포하셨을 뿐만 아니라 그것을 직접 두 돌판 위에 써 주셨다(신 5:22). 하나님은 언약의 파트너인 이스라엘과 인격적인 대화를 나누셨고 동시에 하나님 자신의 뜻과 의도를 명확하게 글로 남기셨다. 말은 쉽게 잊혀지고 사라져 가지만 글은 오랫 동안 남아 있을 수 있다. 하나님의 말을 직접 들은 사람들은 죽어서 역사 속에서 사라지지만 하나님의 글은 남아 있고 말을 듣지 못한 사람들에게도 글이 대신 말하며 증거한다. 그리고 십계명이 기록되어 있는 돌 역시 쉽게 부식되지 않는다는 사실이다.

4) 십계명은 어떤 추상적이고 이상적인 법들을 말하지 않고 한 사회 속에서 인간의 삶에 적용되는 아주 구체적이고 실제적인 법들이다.
5) 십계명의 내용은 두 부분으로 나누어지는데 첫 번째는 하나님과 관련해서 주어졌고(7-15절) 두 번째는 사람과 관련해서 주어졌다(16-21절). 다른 구분으로 10계명을 5계명씩 나눌 수 있다. 흥미롭게도 이 구분에서 1-5계명에는 '아도나이'(너의 하나님)가 나오는데 반해 6-7계명에는 나오지 않는다.
6) 모세 오경 안의 대부분의 법들은 상황과 관련해서 주어지는 데 반해 십계명은 어떠한 상황과 시간에 관계 없이 무조건적 명령으로 주어졌다.
7) 모세 오경에서 많은 법들이 계명들을 어겼을 시 받는 형벌을 기록하고 있다. 그러나 십계명은 이 계명들을 어겼을 시에 주어지는 어떤 구체적인 처벌 규정들을 담고 있지 않다.
8) 십계명 가운데 2가지 계명은 긍정적으로 주어졌고(안식일 계명과 부모 공경 계명) 나머지는 부정적으로 주어졌다.
9) 우상 숭배 금지 명령인 2계명과 안식일 계명인 4계명은 매우 긴 반면에 다른 계명들은 상대적으로 매우 짧다. 이러한 사실은 십계명이 2계명과 4계명을 강조하고 있다는 사실을 보여준다.
10) 십계명은 열 개의 말씀들이다. 하지만 이 열 개의 말씀들의 구분이 명확하지 않다. 개신교는 6절을 십계명의 서론으로 간주하는 데 반해 유대교는 이것을 1계명으로 간주하며 개신교의 1계명과 2계명을 합쳐서 2계명으로 간주한다. 어거스틴의 분류를 따라서 로마 가톨릭과 루터교는 개신교의 1계명과 2계명을 1계명으로 간주하며 개신교의 10계명을 둘로 나누어 9계명과 10계명으로 계산한다.

번역

6 나는 이집트의 땅에서, 노예의 집에서 너를 데리고 온 아도나이 너의 하나님이
다.

7 다른 신이 너에게 있어서는 안 된다, 내 앞에서.

8 너는 너를 위해 새긴 우상, 위로 하늘에 그리고 아래 땅에
그리고 땅 아래 물에 있는 모든 형상을 만들어서는 안 된다.

9 너는 그것들에게 절해서는 안 되며 그것들을 섬겨서도 안 된다,
왜냐하면 나, 아도나이 너의 하나님은 질투하는 하나님이요,
조상들의 죄를 아들들 위에, 그리고 삼대 위에 그리고 사대 위에,
나를 미워하는 자들에게 벌하시는 자이기 때문이다.

10 그리고 수천대에게 인자를 행하시며,
나를 사랑하는 자들에게 그리고 나의 계명을 지키는 자들에게.

11 너는 너의 하나님 아도나이의 이름을 헛되이 취해서는 안 된다,
왜냐하면 아도나이는 그의 이름을 헛되이 취하는 자를 무죄하게 여기시지 않
을 것이기 때문이다.

12 안식일을 거룩하게 지켜라,
너의 하나님 아도나이께서 너에게 명령하셨던 대로.

13 너는 육 일을 일할 것이며 너의 모든 일을 할 것이다.

14 그리고 칠 일은 너의 하나님 아도나이에게 안식이다,
너는 어떤 일도 해서는 안 된다,
너 그리고 너의 아들과 너의 딸 그리고 너의 남종과 너의 여종
그리고 너의 소와 너의 당나귀 그리고 너의 모든 가축
그리고 너의 문들 안에 있는 너의 체류자,
너의 남종과 너의 여종이 쉬기 위하여, 너와 같이.

15 그리고 너는 네가 이집트의 땅에서 종이었다 그리고 아도나이
너의 하나님이 거기에서 강한 손과 뻗은 팔로
너를 데리고 나왔다는 것을 기억해야 한다,

그러므로 아도나이 너의 하나님이 너에게 그 안식일을 지키도록 명령했다.
16 너의 아버지와 너의 어머니를 공경하라,
너의 하나님 아도나이께서 너에게 명령하셨던 대로,
너의 날들이 연장되도록 그리고 이것이 너에게 잘 되도록,
아도나이 너의 하나님이 너에게 주신 땅 위에서.
17 너는 살인해서는 안 된다.
18 그리고 너는 간음해서는 안 된다.
19 그리고 너는 도둑질해서는 안 된다.
20 그리고 너는 너의 이웃에 대해 거짓 증거해서는 안 된다.
21 그리고 너는 너의 이웃의 아내를 탐내서는 안 된다,
그리고 너는 너의 이웃의 집을 원해서두 안 된다,
그의 들 그리고 그의 남종과 그의 여종, 그의 소와 그의 당나귀,
그리고 너의 이웃에게 속한 모든 것을.

주해

6 [1]나는[2] 이집트의 땅에서, 노예의 집에서 너를 데리고 온 아도나이 너의 하나님이다[3].

본문 비교

1) 탈굼 네오피티는 탈굼 옹켈로스나 탈굼 프쉬도 요나단이 갖고 있지 않는 긴 삽입 문장을 갖고 있는데, 거룩하신 자의 입에서 나온 횃불과 같은 말씀이 언약의 돌판을 새겼다고 보도한다.
2) 70인경에서 신명기 5:6에는 동사가 없는데 출애굽기 20:2에는 동사 "~이다"(εἰμι)가 있다.
3) 마소라 사본의 악센트는 6절 끝에 아트나흐를 두어서 7절과 연결시키고 있다. 요셉푸스는 6절과 7절을 첫 번째 말씀으로 간주하며 이것은 '하나님은 하나이시다'라고 가르친다고 설명한다(*Jewish*

Antiquities III, 91). 와인필드도 6절과 7절을 1계명으로 묶고 있다.

먼저 십계명을 선언하시는 분이 누구인지를 밝히고 있다. "나는 아도나이 너의 하나님이다"(אנכי יהוה אלהיך)는 동사가 없기 때문에 동사 '~이다'를 넣어서 번역해 주어야 한다. "나, 아도나이는 너의 하나님이다"로도 번역할 수 있다. "나는"이라는 1인칭으로 하나님이 직접 자기 자신을 소개하시며 자신의 이름을 "아도나이"로 그리고 이스라엘과의 관계에 대해서는 "너의 하나님이다"로 말씀하신다. 이 문장은 하나님이 직접 자기 자신을 밝히시기 때문에 하나님의 자기 소개eine Selbstvorstellungsformel 형식으로 이해할 수 있다. 하나님이 이스라엘 백성에게 나타나셔서 먼저 하나님 자신을 소개하시는 것이다.

하나님이 직접 자기 자신을 밝히시는 '자기 소개'는 다양하게 나타난다: "나는 너의 방패이다"(창 15:1), "나는 아도나이이다"(창 15:7), "나는 전능한 하나님이다"(창 17:1), "나는 너의 아버지 아브라함의 하나님이다"(창 26:24), "나는 아도나이 너의 조상 아브라함의 하나님 그리고 이삭의 하나님이다"(창 28:13).

이러한 다양한 하나님의 자기 소개 형식 가운데 하나님의 이름을 밝히는 "나는 아도나이이다"는 중요한 신학적인 의미를 갖는다. "하나님"(אלהים)이 일반 신들 즉, 이스라엘 주위의 다른 국가들이 섬기는 다른 신들을 지칭할 때도 쓰인 용어인 반면 "아도나이"(יהוה)는 이스라엘의 하나님을 가리킬 때 사용된 고유 명사이다. 하나님은 십계명을 말씀하시기 전에 자신의 이름을 "나는 아도나이 너의 하나님이다"로 소개하신다. 이름을 소개하는 것은 중요하다. 특히 이 이름은 출애굽과 관련해서 "아도나이"의 이름의 의미가 충분히 밝혀졌기 때문이다.

"나는 이집트의 땅에서, 노예의 집에서 너를 데리고 온 아도나이 너의 하나님이다." 십계명을 선언하시는 하나님은 이스라엘을 출애굽시키신 하나님이시다. "아도나이"란 이름은 출애굽과 관련해서 큰 의미를 갖는다.

하나님은 아브라함에게 가나안 땅을 주시기 위하여 그를 갈대아 우르에서 이끌어 내셨다고 말씀하셨다. 그리고 그 땅 약속과 관련해서 자신의 이름을 "나는 아도나이이다"로 소개하셨다(창 15:7). 가나안 땅에 대한 약속은 이삭(창 26:23-24)과 야곱(창 28:10-22)에게도 반복되었다. 야곱에게도 "나는 아도나이이다"라는 하나님의 이름이 소개되었다(창 28:13). 족장들에게 하나님의 이름 "아도나이"는 가나안 땅을 후손들에게 주시겠다는 약속과 관련되어 나타났다.

이 약속은 이제 모세에 의해 성취된다. 이스라엘 백성이 이집트에서 노예로 고난을 당하자 하나님은 모세를 부르셨다. 불티는 가시나무에서 하나님은 자신을 "나는 너의 조상의 하나님, 아브라함의 하나님, 이삭의 하나님, 야곱의 하나님"으로 소개하시며(출 3:6, 13-15) 이스라엘을 출애굽시키실 계획을 말씀하신다. 모세에게 나타나신 하나님은 어떤 다른 새로운 신이 아니라 모세에게 친숙한, 모세가 익히 들어서 알고 있는 조상들의 하나님이었다.

모세가 하나님의 소명을 받고 이스라엘을 구원하기 위하여 아론과 함께 바로에게 갔다. 모세는 이스라엘의 하나님이 나타나셨기 때문에 광야에서 희생 제사를 드려야 한다고 바로에게 말한다. 바로는 "아도나이를 알지 못한다"고 이스라엘을 보내기를 단호하게 거절한다(출 5:1-2). 그러고는 그가 더 무거운 고역으로 이스라엘을 괴롭게 하자, 이스라엘의 대표들도 모세와 아론을 원망한다. 이 일로 인해 모세도 하나님께 불평 조로 기도한다(출 5:6-23). 그러자 하나님은 자신의 이름을 다시 "나는 아도나이이다"로 소개하시며 이스라엘을 구원하실 것을 약속하신다(출 6장). 하나님은 아브라함, 이삭, 야곱에게 가나안 땅을 주기로 약속하셨고 자신의 이름을 "아도나이"로 소개하셨다. 하지만 그 이름이 갖는 의미를 그들에게 보여주시지 않았다. 이제 하나님은 약속을 성취하시는 하나님으로서 “나는 아도나이이다”라고 소개하신다. 하나님은 이제 이스라엘과 특별한 관계를 맺으신다. 하나님은 이스라엘을 하나님의 백성으로 인정하시며 이스라엘의 하나님이 되시는 것이다(출 6:7). 그리고 이스라엘을 출애굽시키시며 약속의 땅을 주시는 하나님으로서 자신의 이름을 “아도나이”로 계시하신다(출 6:6-8).

하나님은 완강한 바로에게 10가지 재앙으로 찾아오시며 그를 심판하신다. 계속되는 10가지 재앙 속에서 하나님은 자신의 이름을 “나는 아도나이이다”로 선언하신다. 이집트 인들과 이스라엘 인들에게 이스라엘의 하나님은 ‘아도나이’라는 것을 알리기 위함이었다. 신적 지식은 두 가지 형식으로 나타난다. 첫째 “나는 아도나이이다라는 것을 아는 것”(ידע כי אני יהוה)이며(출 6:6; 7:5, 17; 8:22; 10:2 참고. 9:29, 30; 11:7), 둘째 “아도나이 하나님과 같은 분이 없다는 것을 아는 것”(ידע כי אין כיהוה אלהים)이다(출 8:10; 9:14). 이스라엘은 초자연적인 능력으로 그들을 구원하시며 보호하시는 분이 바로 아도나이이시다는 것을 알아야 했다. ‘아도나이를 알지 못한다’고 선언했던 바로 역시 아도나이를 바로 알아야 했다.

하나님의 이름은 출애굽 사건 속에서 “아도나이”로 계시된다. 하나님의 구속 행위에 대한 반응으로 이스라엘은 그들을 이집트에서 구원하시는 하나님 아도나이께 예배를 드려야 한다. 그래서 그들은 광야로 희생 제사를 드리러 가게 해달라고 바로에게 요구한다. 10재앙을 다 채우고 나서야 출애굽한 이스라엘은 그들의 하나님 아도나이께 예배를 드리러 시내 산으로 향한다. 시내 산에서 하나님은 그들에게 불과 구름으로 나타나시며 하나님의 뜻을 십계명으로 말씀하신다. 십계명을 말씀하시기 전에 그들에게 법을 주시는 분이 바로 출애굽을 시키신 “아도나이”라고 다시 말씀하시는 것이다. 이스라엘의 신 명칭인 “아도나이”에는 이름의 의미와 능력이 계시된 것이다. 그래서 우리는 하나님의 자기 소개 형식 “나는 아도나이이다”를 하나님의 자기 계시(eine Sich-

Offenbaren)로 말할 수 있다(참고. K. Elliger; W. Zimmerli의 논문 "Ich bin Jahwe"와 그의 책 10-15).

"이집트의 땅"은 "노예의 집"으로 규정된다. "이집트의 땅에서 노예의 집에서 데리고 왔다"는 짧은 문구는 이스라엘이 어디에서 구원 받았는가를 보여주는 이스라엘의 역사적 신앙고백이다. 출애굽 사건은 이스라엘이 아도나이 신앙을 가질 수 있는 가장 핵심적인 역사적 구원 사건이다. 노예에서의 해방은 이스라엘에게 육체적으로 자유의 신분을 가져다주었다. 그리고 영적인 면에서 이스라엘을 구원하신 분은 외국의 강력한 군사력을 갖고 있는 위대한 왕이 아니라 이스라엘의 하나님 아도나이이시다. 아도나이께서 직접 이스라엘 역사에 개입하시고 간섭하셔서 노동과 부역으로 지친 이스라엘에게 쉼과 자유를 주셨다. 출애굽을 통해서 이스라엘과 하나님의 관계는 특별하게 맺어진다. 이스라엘은 하나님의 선택된 백성이 된 것이다.

7 [1]다른 신[2]이 너에게 있어서는 안 된다. 내 앞에서[3].

본문 비교

1) 쿰란 사본(1QPhyl)은 접속사 '키'(כִּי)를 문장 서두에 갖고 있다.
2) 히브리어의 "다른 신"은 문법적인 형태로 복수형인 "다른 신들"이다. 탈굼 옹켈로스, 탈굼 네오피티, 탈굼 프쉬도 요나단, 팔레스타인 탈굼은 단수형인 "다른 신"으로 번역한다.
3) "내 앞에서"(עַל פָּנָי)는 문자적으로 "내 얼굴 위에"이다. 70인경도 이것을 "나의 얼굴 앞에" 또는 "내 앞에"(πρὸ προσώπου μου)로 읽는다. 하지만 출애굽기 20:3에서 70인경은 "나 외에"(πλὴν ἐμοῦ)로 읽는다. 벌게이트도 다르게 번역한다: "coram me"(출 20:3), "in conspectu meo"(신 5:7).

"다른 신이 너에게 있어서는 안 된다"(לא יהיה לך אלהים אחרים)는 문법적으로 특이한 형태를 가지고 있다. 왜냐하면 '이흐에'(יהיה There shall be)에서 칼 미완료 동사의 주어는 가주어로 단수이지만 뒤따르는 주어 "다른 신(들)"은 문법 형태상 복수이기 때문이다(אלהים אחרים). 그리고 '레카'(לך)는 문자적으로 '너에게'(to you)이다. "다른 신(들)"을 단수로 취급하면 동사의 주어와 일치하기 때문에 어려움이 사라진다. 사실 "엘로힘"(אלהים)은 형태상 복수이지만 단수로 취급되는 경우가 있다(참고. 창 1:14, 16, 17).

70인경에는 동사의 주어가 3인칭 복수형이기 때문에(οὐκ ἔσονταί σοι θεοὶ ἕτεροι) 문법적으로 어려움이 없다. 아람어 성서들은 이것을 단수로 번역한다(본문 비교 2). 부버Buber 역시 단수로 번역한다(Nicht sei dir andere Gottheit; 참고. Joüon § 148a; Ges-K § 132h).

대부분의 현대 영어 번역본들은 "You shall have no other gods"(문자적인 번역은 "There shall not be to you other gods"이다)로 주어를 '너'로 번역한다(NAS, NIB, NIV, NKJ, NRS, RSV).

개역 성경은 '위하는'을 첨가하며 '다른'을 생략했다: "나 외에는 위하는 신들을 네게 있게 말지니라."(개역개정 "나 외에는 다른 신들을 네게 두지 말지니라")

"다른 신"은 6절의 "아도나이"와 정면으로 대조된다. "다른 신"은 이스라엘 주변에 있는 다른 민족들이 섬기는 신들이다(신 6:14). 따라서 이 "다른 신"은 '외국 신'으로도 이해될 수 있다. 하나님은 이 다른 신을 따라가서 섬기는 자들에게 엄중한 경고를 하신다(신 7:4; 11:16; 13:6-7, 13-14).

"내 앞에서"(참고. 본문 비교 3)에 대하여 왈키와 오코노는 "나와 반대의 위치에"over against me로 번역한다. 이것은 '너는 나와 반대의 위치에 또는 나와 대면하여 다른 신들을 가져서는 안 된다'는 의미이다(Waltke-O, 218).

하우트만은 더 흥미로운 해석을 한다. "내 앞에서"는 장소적인 의미가 있다는 것이다. 성별된 장소에서 아도나이는 그와 함께 다른 신들의 형상이 세워지는 것을 허락하지 않는다는 것이다. 즉 아도나이는 그의 성소에 다른 신들의 우상을 세워 놓고 섬기는 것을 허용하지 않는다(C. Houtman, *Exodus* 3, COT, Kampen, 1996, 41).

8 너는 너를 위해 새긴 우상, 위로 하늘에 그리고 아래 땅에 그리고 땅 아래 물에 있는 모든[1] 형상을 만들어서는 안 된다.

본문 비교

1) 출애굽기 20:4은 "그리고 모든"으로 접속사 '그리고'(ו)를 갖고 있다. 하지만 마소라 사본은 신명기 5:8에 "그리고"를 생략한다. 일부 히브리어 사본들, 쿰란 사본(4QDeut^{n}), 사마리아 오경, 시리아역, 탈굼 옹켈로스, 탈굼 프쉬도 요나단은 신명기 5:8에 "그리고"를 갖고 있다. 70인경 역시 "그리고 이니다"(οὐδέ)로 번역한다.

7절의 '다른 신(들)'이 무엇인지를 설명한다. 이스라엘 주변의 이방국가들은 그들 자신의 신들을 가지고 있었다.

"새긴 우상"(פסל)은 나무나 돌로 새기거나 깎아서 만든 조각물을 의미하며 또한 금속을 녹여 만든 주조물까지도 포함한다(신 4:16, 23, 25; 27:15). 우상은 제의의 대상이며 종교적인 목적으로 제조되었다.

"형상"(תמונה)은 '눈에 보이는 모습, 형상, 형체'를 의미한다(신 4:12, 15, 16, 23, 25). "모든 형상"은 '어떠한 형상'이라는 의미를 갖고 있으며 하늘, 땅, 물 속에 있는 모든 형상들을 포함한다(참고. 신 4:16-19).

"만들어서는 안 된다"는 우상 제조를 강하게 금지하고 있다. 이스라엘은 어떠한 형상의 우상도 만들어서는 안 된다. 우상의 제조를 금지하고 있는 것은 이스라엘이 시내 산에서 강림하신 아도나이의 형상을 보지 못했기 때문이다. 그들은 단지 불 가운데서 말씀하시는 하나님의 음성만 들었을 뿐이다.

9 너는 그것들에게 절해서는 안 되며 그것들을 섬겨서도[1] 안 된다, 왜냐하면 나, 아도나이 너의 하나님은 질투하는 하나님이요, 조상들의 죄를 아들들 위에, 그리고[2] 삼대 위에 그리고 사대 위에, 나를 미워하는 자들에게 벌하시는 자이기 때문이다.

본문 비교

1) 쿰란 사본(1QPhyl, 4QDeut^{n}, 4QPhyl^{bj})은 마소라 사본의 תעבדם을 תעובדם로 읽는다.
2) 일부 히브리어 사본들, 70인경, 시리아 역, 쿰란 사본(4QDeut^{n}), 벌게이트는 "그리고"를 생략한다. 출애굽기 20:5에도 접속사 "그리고"가 없다.

8절에서는 우상을 만드는 것을 금지하며 여기서는 우상을 섬기는 행위를 금지한다. 우상에게 "절을 하는 것"은 우상에게 인사하는 것으로 '허리를 굽히'거나 '머리를 숙이'는 것을 의미한다. 우상을 존경과 경외의 대상으로 간주하는 행위인 것이다.

"섬기다"는 '경배하다', '예배하다'의 의미로 사용되었다.

이러한 우상 숭배를 금하는 이유를 접속사 "왜냐하면"이 설명한다. 하나님은 우상을 숭배하는 자들에게 "질투하는 하나님"이기 때문이다(참고. 신 4:24). 또한 하나님은 우상에게 강한 질투를 하신다.

"조상들"은 문자적으로 '아버지들'이다. 아버지들의 죄에 대한 책임을 아들들에게서 물으신다는 것이다. 아버지들의 죄가 아들들의 삼대 또는 사대까지 영향을 미치는 모습을 볼 수 있다. 삼대와 사대라는 표현에서 알 수 있는 것은 이스라엘의 사회 체제가 대가족 중심의 사회라는 것이다. 예로 고라의 범죄를 들 수 있다. 고라의 반역으로 인하여 아들들과 작은 자들까지 다 벌을 받았던 것을 볼 수 있다(민 16:27). 아버지의 범죄는 그 가족 전체에게 영향을 끼친다.

여기서 "조상들의 죄"는 문맥에서 알 수 있듯이 우상 숭배이다. 아버지가 우상 숭배를 할 때 그 죄악의 영향이 자녀들 삼, 사대까지 미치는 것이다. 하지만 이 아버지의 죄가 자동적으로 또는 기계적으로 삼, 사대까지 영향을 미치지는 않는다. 이것은 삼, 사대에 대한 부연 설명에서 알 수 있다.

"조상들의 죄를 아들들 위에, 그리고 삼대 위에 그리고 사대 위에, 나를 미워하는 자들에게 벌하시는 자이기 때문이다." 이 구절에서 "아들들 위에"는 "나를 미워하는 자들에게"와 병행을 이룬다. 자식들 가운데 아버지의 우상 숭배의 죄를 본받아 아도나이를 미워하는 자들에게 하나님의 심판이 임하게 되는 것이다. 이 표현은 아버지의 죄에 대한 벌이 자식들에게 기계적으로 전가되지 않는다는 것을 보여준다. 따라서 각 사람은 자신의 죄로 인하여 죽는다는 말씀의 원리가 여기서 적용된다(신 24:16). 아버지가 신 포도를 먹었을 때 아들의 이가 시지 않겠다는 것이다(참고. 겔 18:2).

우상 숭배를 하는 악한 아버지의 아들이라도 그 아들이 하나님을 향하여 선한 뜻을 품고 살아갈 때 아버지의 죄에 대한 심판을 피할 수 있다. 이러한 경우를 우리는 여로보암의 아들 아비야에게서 볼 수 있다(왕상 14:1-18). 여로보암은 금 송아지를 만들어 단과 벧엘에 세움으로 온 이스라엘을 범죄케 한 왕이지만 그의 아들 아비야는 하나님을 향하여 선한 뜻을 품었다는 좋은 평가를 받았다.

"벌하시는 자"(פקד)는 '벌하다', '방문하다'의 칼 분사형이다.

10 그리고[1] 수천대에게 인자를 행하시며, 나를 사랑하는 자들에게 그리고 나의[2] 계명을 지키는 자들에게.

본문 비교

1) 쿰란 사본(4QDeut^n)은 "그리고"를 생략한다.

2) 마소라 사본의 본문에는 "그의 계명"(מצותו)으로 나온다. 하지만 케레에는 "나의 계명"(מצותי)으로 기록되었다. 일부 히브리어 사본들, 쿰란 사본(4QDeut^n), 사마리아 오경, 아람어 성서들, 70인경, 마소라 사본의 출애굽기 20:6은 "나의 계명"(מצותי)으로 읽는다.

"그리고"는 "그러나"로도 번역이 가능하다. 9절에는 우상 숭배자들에 대한 하나님의 심판 의지가 기록되었다면, 반대로 10절에는 하나님을 사랑하는 자들에 대한 하나님의 은혜 의지가 기록되었다.

"수천 대"는 9절의 "삼, 사대"와 두드러진 대조를 이룬다. 하나님의 심판과 분노는 잠깐이지만 하나님의 은혜와 인애는 한없이 길다.

"인자"(חסד)는 다양하게 번역될 수 있는 단어이다(구약에서 245회 사용). 70인경은 대부분 이 단어를 '자비'(ἔλεος로 번역하며(213회) 그밖에 '의'(δικαιοσύνη-8회 / δικαιος-1회), '영광'(δόξα 사 40:6), '소망'(ἐλπις 대하 35:26), '동정'(οἰκτιρμός 렘 31:3)으로 다양하게 번역한다.

개역 성경 역시 '은혜'(창 20:13), '후대'(삼하 16:17), '인자'(민 14:18-19), '자비'(사 54:8), '우의'(렘 2:2), '인애'(렘 9:24) 등으로 다양하게 번역한다.

위의 사실에서 알 수 있듯이 이 단어 '헤세드'는 우리말의 한, 두 단어로 그 뜻을 명확히 드러낼 수 없다. 기본적으로 '좋음'goodness, '친절'kindness등의 뜻을 담고 있다. 이 구절의 문맥에서 알 수 있듯이 하나님의 친절함과 호의는 천대까지 이어진다. 이는 하나님의 변함없는 사랑과 은혜를 잘 표현하고 있다(참고. *THAT* I, 600-621; *TWAT* III, 48-71).

"수천 대"와 "삼, 사대"의 대조는 이스라엘이 황금 송아지로 범죄한 후에 하나님이 모세에게 자신의 이름을 선포하셨을 때 발견된다. 하나님의 인자는 수천 대에까지 미치지만 하나님의 심판은 삼, 사대로 그칠 것을 말씀하신다(출 34:5-7; 참고. 신 7:9-10).

"행하시며"는 "보이시며"의 뜻을 갖는다. 하나님은 은혜를 누구에게 보이시는가? 하나님의 사랑은 기계적으로 내려가는가? 여기에 대한 설명은 "나를 사랑하는 자들에게"와 "나의 계명을 지키는 자들에게"라는 표현에서 나타난다. 하나님의 인자는 수천 대에 이어지지만 이 인자와 은혜는 하나님을 사랑하며 하나님의 계명을 지키는 자들에게 이어진다. "나를 사랑하는 자들에게"는 9절의 "나를 미워하는 자들에게"와 대조를 이루며 구체적으로 하나님의 계명을 지키는 자들로 나타난다. "나의 계명을 지키는 자들"은 십계명의 말씀들을 지키는 자들이다. 십계명의 말씀들은 우상 숭배 금지를 포함하고 있다. 하나님을 사랑하는 것은 말로 하는 것이 아니라 하나님의 명령과 계명들을 지킴으로 하는 것이다. 하나님의 말씀을 지키는 자들이 바로 하나님을 사랑하는 자들이다.

하나님을 사랑한다는 것은 하나님의 말씀을 지키는 것으로 증명되어야 한다. 예수님께서도 이 땅 위에 계실 때에 예수님을 사랑하는 사람이 예수님의 말씀을 지킬 것이라고 선언하셨다(요 14:23).

우리는 수천 대에 이르기까지 인자를 베푸시는 하나님의 은혜 의지를 다윗의 왕조에서 찾아볼 수 있다. 다윗은 하나님의 말씀을 순종하며 그의 법을 따랐던 왕이었다. 이러한 다윗에게 하나님은 그의 후손들이 왕위에 오를 것을 약속하셨다. 다윗이 죽은 후에 다윗의 후손들은, 몇 명의 선한 왕들은 제외하고, 다윗의 길을 본받지 않았다. 그들의 죄악에도 불구하고 다윗의 왕국이 유지될 수 있었던 것은 다윗에게 약속한 하나님의 언약 때문이었다. 하나님은 자신의 약속을 다윗을 위하여 다윗의 후손들에게 지키셨다(참고. 삼하 7; 시 89).

개역 성경은 복수형 "나를 사랑하는 자들에게 그리고 나의 계명을 지키는 자들"을 단수형으로 번역한다: "나를 사랑하고 내 계명을 지키는 자에게."

[11] 너는 너의 하나님 아도나이의 이름을 헛되이[1] 취해서[2]는 안 된다. 왜냐하면 아도나이는 그의 이름을 헛되이[1] 취하는[2] 자를[3] 무죄하게 여기시지 않을 것이기 때문이다.[4]

본문 비교

1) 벌게이트는 첫 번째 "헛되이"를 "속임"frustra으로 그리고 두 번째 "헛되이"를 "헛된 일에 대하여"super re vana로 번역한다.
2) 탈굼 옹켈로스와 탈굼 프쉬도 요나단은 "맹세하다"로 해석한다.
3) 쿰란 사본(4QPhyl[jo], 4QMez[a])과 탈굼 프쉬도 요나단은 "모든 자를"로 읽는다.
4) 마소라는 11절과 12절 사이에 세투마 "닫힌"(ס)가 있는데 반하여 쿰란 사본(4QDeut[n])은 세투마가 없다.

세 번째 계명은 하나님의 이름의 오용과 남용을 금지한다. "헛되이"는 '거짓으로', '무익하게'를 의미한다. 하나님의 이름을 근거 없이 또는 비실제적인 데 잘못 사용하는 것이다.

"취하는"은 입술로 가져가는 것으로 하나님의 이름으로 말하는 것을 의미한다.

하나님의 이름을 "헛되이 취하는" 경우를 하나님의 이름으로 거짓 맹세하는 것에서 볼 수 있다. 아람어 성서들은 이 구절을 "거짓으로 맹세하지 말라"로 해석한다(참고. 본문 비교 2). 이러한 해석은 유대인 번역 성경에서도 찾아볼 수 있다: "You shall not swear falsely by the name of the Lord your God"(NJPS).

이스라엘 사람들은 하나님의 이름으로 맹세하는 경우가 자주 있었다. 엘리야나 오바댜도 살아 계신 하나님의 이름으로 맹세했다(왕상 18:10, 15). 하나님의 이름으로 맹세하는 것은 허용되었지만(신 6:13) 거짓 맹세하는 것은 금지되었다(레 19:12).

더 나아가 여기서 하나님의 이름을 모욕하는 경우를 생각해 볼 수 있다. 이집트 사람인 아버지와 이스라엘인인 어머니 사이에서 태어난 사람이 다른 이스라엘 사람과 싸우다가 아도나이의 이름을 훼방하고 저주한 사건이 일어났다. 이 사람에 대한 판결은 돌로 쳐 죽이는 것이었다(레 24:10-16). 하나님의 이름을 모독하는 것은 죽음의 심판을 받았다.

"무죄하게 여기시지"를 70인경은 "깨끗하게 여기지 않을 것이다"로 해석한다.

이 계명과 관련한 예로는 현대의 서구 사람들이 예수님(Jesus)의 이름을 욕으로 사용하는 경우이다. 영화 속에서 이러한 장면이 많이 등장하기 때문에 우리 나라의 젊은이들도 무분별하게 따라하는 모습을 볼 수 있다. 우리들의 구원자이신 예수님의 이름을 속이로 사용하는 이 세대가 참으로 안타까울 뿐이다.

12 안식[1)]일을 거룩하게 지켜라[2)], 너의 하나님 아도나이께서 너에게 명령하셨던 대로[3)].

본문 비교

1) 70인경은 복수형 "안식들"(τῶν σαββάτων)로 번역한다.
2) "지켜라"(שָׁמוֹר)의 문법적인 형태는 칼 부정사 절대형이지만 이것은 명령형으로 번역될 수 있다[참고. J. D. W. Watts, "Infinitive Absolute as Imperative and the Interpretation of Ex. 20:8," *ZAW* 74 (1962), 141-45]. 70인경 역시 이것을 명령형으로 읽는다(φύλαξαι). 나쉬 파피루스는 "기억하라"(זכור)이다. 출애굽기 20:8의 마소라 사본은 '기억하라'(זכור)이지만 사마리아 오경은 '지켜라'(שמור)이다.
3) 나쉬 파피루스와 쿰란 사본(4QPhyl[g])에는 "너의 하나님 아도나이께서 너에게 명령하셨던 대로"가 없다. 출애굽기 20:8에는 "너의 하나님 아도나이께서 너에게 명령하셨던 대로"는 없다.

1계명부터 3계명까지는 부정적으로 주어졌던 반면 4계명은 긍정적으로 "안식일을 거룩하게 지켜라"로 시작한다. 그리고 부정적으로 "너는 어떤 일도 해서는 안 된다"(14절)로 주어진다.

안식일에 대한 계명은 5:12-15까지이다. 이 4계명이 출애굽기 20장의 본문과 비교할 때 가장 변화가 많다(각 절에 대한 본문 비교를 참고). 신명기 5:12-15은 12-14절과 15절 두 부분으로 나뉠 수 있다.

"안식일" 개념은 하나님의 창조 사역에서 시작한다. 하나님은 6일 동안 우주 만물과 인간을 만드시고 7일에 쉬셨다. 하나님은 그 날을 거룩하게 하시고 복 주셨다(창 2:1-3). '거룩'의 개념이 일상적인 것으로부터 구별하며 물러선다는 것을 고려할 때, 안식일은 일상적인 일로부터 분리하여 물러서는 날이다. 이래서 하나님은 6일 동안의 일로부터 물러나셔서 쉬셨던 것이다.

안식일이 제도화되어 이스라엘에 나타난 것은 만나 사건 때이다(출 16장). 이스라엘이 출애굽을 한 후 여행을 시작하였을 때 양식이 없었다. 양식이 부족하여 원망이 자자할 때 하나님은 그들에게 만나를 주신다. 하늘에서 양식을 비처럼 주시는 이적을 행하신 것이다. 그리고 하나님은 이스라엘 백성을 시험하신다. 6일째 되는 날에 다음날을 위하여 갑절을 거두어 보관할 것을 명령하신다. 그리고 이 명령을 지키는지 안 지키는지 시험하신다. 이때 하나님은 이 명령을 가리켜 "나의 법"에 순종하는지 불순종 하는지 지켜볼 것을 말씀하신다(출 16:4). 백성들은 안식일을 위하여 6일째 되는 날 갑절의 만나를 거두어야 했다. 이것이 안식일 계명과 법이었다(16:28). 안식일은 날마다의 생활 즉, '만나를 거두는 것'에서 물러나는 날이었다.

안식일은 십계명 가운데서 아주 독특한 계명이다. 왜냐하면 다른 계명들은 신앙적이며 도덕적, 윤리적인 데 반하여 안식일 계명은 신앙이 생활 가운데 표현되어 날로서 제도화된 계명이기 때문이다. 안식일은 칠 일 가운데 하루를 구별하여 쉬는데 이것은 주기적이다. 안식일이 제도화되어 일상 생활에서 7일 가운데 하루가 구별되었기 때문에, 온 국민이 쉬기 때문에 하나님의 법이 일상 생활에서 눈에 보일 수 있었다. 그리고 이 날에는 해서는 안 되는 것으로 일이 있고 해야 할 것으로 하나님 예배가 있다(14절 주해 참고).

이 계명이 특별한 까닭은 안식일이 하나님과 이스라엘 사이의 영원한 언약의 표징이기 때문이다. 십계명은 하나님과 이스라엘 사이의 언약이다(신 4:13). 그런데 십계명 가운데서 안식일 계명은 하나님과 이스라엘 사이의 "영원한 언약"이다(출 31:12-17). 안식일을 지키는 것은 시내 산 언약인 십계명이 계속 유효하며 효력을 발생한다는 것이다. 이 안식일은 7일에 한 번씩 주기적으로 지켜진다. 이 주기적으로 지켜지는 안식일 계명에서 이스라엘은 하나님과 이스라엘 사이의 언약 관계를 확인하며 하나님께서 하신 일들인 창조 사역과 이스라엘을 이집트에서 구속하신 구속 사역을 기억하는 것이다. 이래서 안식일은 하나님과 이스라엘 사이의 '표징'이 되는 것이다(출 31:13, 17).

"지켜라"라는 명령에서 풍기는 뉘앙스는 '계속해서 주의하라' 또는 '계속해서 지켜라'이다. 병행 본문인 출애굽기의 십계명 본문에는 "기억하라"(20:8)로 나온다. 이것은 이미 있던 것을 기억 또는 상기하라는 것이다. 즉 안식일이 이미 존재했다는 것을 전제한다(출 16장의 만나 사건 참고).

"거룩하게"(לקדשו)는 문자적으로 "그것을 거룩하게 하기 위하여"이다. 즉 안식일을 일상의 6일과 구별하기 위함이다. 6일 동안은 일하고(13절) 7일에는 일을 금하고 쉬는 것이다(14절).

안식일을 지키는 것은 인간이 세운 규례대로 지키는 것이 아니라 "너의 하나님 아도나이께서 너에게 명령하셨던 대로" 즉, '하나님이 명령하신 것 같이' 또는 '하나님이 명령하신 것을 따라서' 지키는 것이다.

13 너는 육일을 일할 것이며 너의 모든 일을[1] 할 것이다.

본문 비교

1) 쿰란 사본(4QDeut^{n}, 4QPhyl^{bj})은 직접 목적어 את를 갖고 있다.

안식일에 쉬기 위해서 6일 동안 일상적인 생업의 일들을 할 수 있다. 7일 주기 가운데 6일 동안이 일할 수 있는 기간으로 주어진다.

14 그리고 칠일은[1] 너의 하나님 아도나이에게 안식이다. 너는 어떤 일도 해서는 안 된다[2], 너 그리고 너의 아들과 너의 딸 그리고[3] 너의 남종과 너의 여종 그리고[4] 너의 소와 너의 당나귀[5] 그리고 너의 모든[6] 가축 그리고 너의 문들 안에 있는 너의 체류자, 너의 남종과 너의 여종이 쉬기 위하여, 너와 같이.

본문 비교

1) 마소라 사본에는 "그리고 일(날)"(ויום)이지만 일부 히브리어 사본들, 쿰란 사본과 나쉬 파피루스에는 전치사를 넣어 "그리고 일(날) 안에"(וביום)이다.

2) 쿰란 사본, 나시 파피루스는 "그 안에" 즉, '날 안에'(ב(ו)ה) 그리고 사마리아 오경, 70인경, 시리아 역, 벌게이트도 역시 "그 안에" 즉, '날 안에'(בו)를 덧붙인다.

3) 한 히브리어 사본, 쿰란 사본, 사마리아 오경, 70인경, 시리아 역 그리고 마소라 사본의 출애굽기 20:10은 "그리고"를 생략한다.

4) 한 히브리어 사본, 쿰란 사본, 나시 파피루스, 사마리아 오경, 70인경은 "그리고"를 생략한다.

5) 마소라 사본의 출애굽기 20:10은 "너의 소와 너의 당나귀"를 생략한다.

6) 쿰란 사본(4QDeut^{n})은 "그리고 모든"을 생략한다. 특히 이 사본은 접속사 "그리고"를 자주 생략하는 모습을 볼 수 있다: "그리고 너의 아들과 너의 딸 그리고 너의 남종과 여종 그리고 너의 소나

당나귀 그리고 너의 모든 가축 그리고 너의 체류자."

마소라 사본: ובנך ובתך ועבדך ואמתך ושורך וחמרך וכל בהמתך וגרך
4QDeut^{n} : בנך בתך עבדך ואמתך שורך וחמרך ובהמתך גרך

안식일은 하나님께 속한 날이다. "칠일은 너의 하나님 아도나이에게 안식이다"에서 '아도나이에게'(ליהוה)는 '아도나이를 위한', '아도나이의'로도 번역이 가능하다. 시간의 목적지를 말한다. 안식은 아도나이를 향한 날이다. 7일 주기는 하나님을 향하고 있다. 이것은 하나님이 창조 사역을 마치시고 7일째 되는 날 쉬셨기 때문이다. 하나님과 이스라엘 사이의 언약의 표인 안식일은 하나님 중심적이다. 이스라엘의 달력은 하나님을 기억하는 날로 향하고 있다.

"너는 어떤 일도 해서는 안 된다"는 13절의 육일 동안 "모든 일"을 할 수 있다와 대조를 이루고 있다. "어떤 일"과 13절의 "모든 일"은 같은 히브리어 단어이다. 여기서 "어떤 일" 즉, "모든 일"이 무엇인지는 규정되어 있지 않다. 다른 책에 보면 '만나를 거두는 것'(출 16:26-28), '불을 피우는 것'(출 35:3), '나무 하는 것'(민 15:32-36), '밭 가는 것'과 '추수하는 것'(출 34:21), '짐을 지는 것'(렘 17:19-27), '장사하는 것'(느 10:31; 암 8:5) 등을 말하고 있다. 안식일에 일을 금하는 것은 하나님이 일에서 쉬셨기 때문이다.

안식일은 일상의 모든 일에서부터 쉬며 하나님께 경배하는 날이고 (겔 46:3) 성소와 하나님의 사람에게 나아가는 날이다(왕하 4:23; 사 1:13; 66:23). 안식일에는 일년 되고 흠 없는 숫양 둘로 안식일 번제와 소제와 전제를 드리며(민 28:9-10) 아도나이 앞에 빵을 드리는 날이다 (레 24:7-8).

일상 생활에서 쉬는 것은 모든 종들과 짐승들, 심지어 체류자들에게까지도 해당된다. 인간과 짐승들이 노동으로부터 쉬며 하나님이 행하신 일을 생각하는 날이다(15절 참고).

시간이 흐르면서 유대교에서 안식일에 해서는 안 되는 규례들이 더해졌다. 유대인들은 성경 본문에서 말하고 있지 않는 수많은 규례들을 "일"이라는 항목에 첨가하여 안식일 계명을 무거운 짐으로 변경시켰다. 안식일에 먹고 마실 것을 준비하는 행위, 물을 긷는 행위, 아내와 동침하는 행위, 사업에 관해 이야기하는 것, 여행을 떠나는 것, 금식하는 것, 전쟁을 하는 것, 짐승을 돕는 행위 등등(희년서 2:17-33; 50:8-12; 마카베우스1서 2:32-3)을 금하고 있다. 안식일에 해서는 안 되는 일들에 대한 규례는 유대교에서 점점 늘어났다. 인간이 세운 규례들이 구약 성경에서 나오는 규례들보다 더 무겁고 중요한 것으로 인식되었다(더 자세한 연구를 위해서는 다음의 책 양용의, 『예수와 안식일 그리고 주일』, 서울:이레서원, 2000을 참고). 그래서 예수님께서 공생애 기간 중에 안식일에 대한 인간의 규례들을 비판하셨던 것을 볼 수 있다(마 12:1-13; 막 3:1-6).

15 그리고 너는 네가 이집트의 땅[1)]에서 종이었다 그리고 아도나이 너의 하나님이 거기에서 강한 손과 뻗은 팔로 너를 데리고 나왔다는 것을 기억해야 한다, 그러므로 아도나이 너의 하나님이 너에게 그 안식일을 지키도록[2)] 명령했다[3)].

본문 비교

1) 시리아 역과 벌게이트는 "이집트에서"로 "땅"을 생략한다.

2) 마소라는 לעשות인데 반하여 쿰란 사본(4QDeut[n])은 לשמור로 단어가 다르다(70인경, 벌게이트, 시리아 역 역시). 70인경과 쿰란 사본(4QPhyl[bo])은 "그리고 그것을 거룩하게 하기 위하여"를 덧붙인다.

3) 출애굽기 20:11은 신명기 5:15과 판이하게 다르다. 출애굽기 20:11을 번역해 보면 다음과 같다: " 왜냐하면 아도나이께서 6일에 하늘과 땅과 바다와 그것들 안에 있는 모든 것을 만드셨고 칠일에 쉬셨기 때문이다, 그러므로 아도나이께서 안식일을 복 주셨

고 그것을 거룩하게 하셨다."

4계명에서 출애굽기 본문과 가장 많은 차이를 보이고 있다(참고. 본문 비교 3). 출애굽기는 하나님의 창조 사역에 근거해서 안식일에 쉴 것을 말하는 반면, 신명기는 하나님의 구속 사역인 출애굽 사건에 근거해서 안식일을 지킬 것을 명령하고 있다.

"기억해야 한다"(זכרת)의 문법적인 형태는 칼 완료이지만 명령형으로 번역이 가능하다: "그리고 기억하라 너는 네가 이집트의 땅에서 종이었다 그리고 아도나이 너의 하나님이 거기에서 강한 손과 뻗은 팔로 너를 데리고 나왔다는 것을"(NJPS; Buber; Weinfeld).

안식일에 기억하며 마음에 두어야 할 것은 첫째, 이스라엘의 과거 신분 상태이다. 이스라엘은 과거에 노예의 신분이었다. 둘째, 하나님이 이스라엘 백성을 출애굽시켜 구원하셨다는 것을 기억해야 한다. 하나님은 이스라엘을 노예의 신분에서 해방시켜 주셨다. 이스라엘을 구원하신 하나님은 십계명 서론에서도 소개되었다(6절).

그렇다면 여기서 한 가지 질문이 생긴다. 출애굽기의 창조 사역과 신명기의 구속 사역과의 신학적인 연관성은 어떻게 되는가? 여기에 대한 답변은 안식에 있다. 출애굽기에 보면 하나님이 6일 동안 일하시고 7일에 쉬셨다. 7일째 되는 날에 육체적인 노동에서 물러나신 것이다. 신명기의 이스라엘 구속 역시 같은 맥락에서 생각해 볼 수 있다. 이스라엘은 이집트에서 노예였다. 노예는 혹독한 노동과 무거운 부역에 시달렸다. 심한 일 때문에 진정한 쉼과 안식을 누리지 못했다. 하나님이 이스라엘을 구속하신 것은 육체적인 노동에서 안식과 해방을 가져다준 것이다. 출애굽 사건은 노예의 신분에서 자유민으로, 노동에서 안식으로 나아가는 사건이다. 하나님이 6일 동안 일하시고 7일째 되는 날 쉬셨듯이 출애굽을 통하여 하나님의 백성인 이스라엘도 이집트의 혹독한 노동으로부터 진정한 안식을 누릴 수 있었다. 하나님의 백성인 이스라엘은 하나님의 구원 사역으로 안식에 참여하게 된것이다. 따라서 창조와 구속은 서로 배치되는 개념이 아니라 서로 상호 보완적이다.

출애굽기의 십계명이 출애굽 세대에게 주어졌다면 신명기의 십계명은 출애굽 후세대에게 주어졌다. 출애굽을 경험한 세대는 불순종으로 인하여 광야에서 죽어갔다. 출애굽 후세대는 출애굽 당시에 어린 아이였거나 아직 태어나지 않은 백성들이다. 모세는 이들에게 하나님의 언약을 다시 설명하면서 출애굽의 구속 사건을 강조한 것이다. 출애굽 구속 사건은 진정한 안식에 참여하는 것이요 노예의 신분에서 해방을 얻는 사건이다. 안식일을 지키면서 이스라엘은 육체적인 노동을 그치고 안식한다. 그러면서 하나님께서 이스라엘에게 구원을 베푸신 행위를 기억하는 것이다.

안식일을 준수해야 할 근거가 창조에서 구속으로 변했다. 이것은 안식이라는 점에서 연속성을 갖지만 또 하나 잊지 말아야 할 것은 변화이다. 이러한 사실이 안식일 계명은 변할 수 있다는 것을 암시한다. 결국 구약에서 신약으로 넘어갈 때 안식일은 폐지되면서 주일로 완성되어 간다. 예수 그리스도께서 십자가와 부활 사건으로 새로운 종말론적인 하나님의 백성을 창조하신다. 예수의 십자가와 부활을 받아들이는 새로운 하나님의 백성들은 새로운 피조물이 되며 예수 안에서 진정한 안식을 누리게 된다. 예수의 십자가와 부활 사건은 종말론적인 새로운 백성을 창조하며 그 백성에게 죄와 사망으로부터의 안식과 쉼을 주는 구속 사건이다. 이 사건을 기념하며 예배하는 날이 주일이다. 안식일이 주일로 변한 것이다. 여기서 구약의 안식일과 신약의 주일은 연속성을 갖는다. 안식일의 신학적 사상인 창조와 구속 사건은 예수의 십자가와 부활 사건에서 완성된다. 이것은 안식일과 주일의 연속성이다. 동시에 안식일의 제도들이 폐지되면서 주일과 불연속성을 갖게 된다. 먼저 안식일과 주일은 날이 다르다. 그리고 이스라엘이라는 국가가 없어지면서 제도화된 안식일도 폐지된다. 그 한 예가 안식일을 범했을 경우

받는 벌이었다. 구약에서 안식일에 일을 해서 계명을 어겼을 경우 돌로 쳐 죽임을 당했다(민 15:32-36). 하지만 신약에서 주일에 일을 했다고 해서 죽이지는 않는다. 여기에 신약과 구약의 불연속성이 있다. 구약에서 안식일은 제도화된 법이었지만 신약에서 주일은 제도화된 법으로 나타나지 않는다. 그래서 신약에는 주일에 대한 자세한 규정들이 나오지 않는 것이다. 이런 의미에서 십계명 가운데 신약에서 불연속성을 띠는 계명이 바로 안식일 계명이다.

안식일 계명은 십계명에서 가장 특이한 계명이라고 이미 설명했다. 십계명은 언약이며 이 언약은 시내 산 언약 또는 옛 언약이라고 부른다. 십계명 가운데서 안식일 계명은 영원한 언약이었다. 여기서 영원은 무한대의 시간을 의미하지 않고 긴 시간을 뜻한다. 이 옛 언약은 새 언약이 옴으로 변하는 것이다. 십계명은 신약에서도 여전히 유효한 연속성이 있지만 옛 것은 새 것이 옴으로 변하는 불연속성도 있다. 이러한 사실은 구약의 율법이 신약과의 관계에서 갖는 연속성과 불연속성이다.

이러한 변화는 예수님의 행적에서도 엿볼 수 있다. 예수님은 그의 공생애 기간에 안식일에도 많은 병자들을 고쳐 주셨다. 이 일로 인하여 유대인들과 큰 마찰을 일으켰다(마 12:1-14; 요 5:1-18). 예수님의 이러한 행위는 변화를 예고하신 것이다. 예수님이 이 땅에 오심으로 구약의 법은 변화되며 완성으로 나아간다(마 5:17). 더 나아가 예수님은 십계명을 "하나님 사랑"과 "이웃 사랑"으로 요약하신다(마 22:34-40). 이 요약에서 볼 수 있듯이 십계명은 신약에서도 여전히 연속성을 갖는다.

"그러므로"는 앞 구절에 대한 결론을 가져온다. 이스라엘을 출애굽시킴으로 구속하신 바로 그 "아도나이 너의 하나님이 너에게 그 안식일을 지키도록 명령했다"는 것이다.

16 너의 아버지와 너의 어머니를 공경하라, 너의 하나님 아도나이께서 너에게 명령하셨던 대로[1], 너의 날들이 연장되도록[2] 그리고 이것이 너에게 잘 되도록[3],

아도나이 너의 하나님이 너에게 주신 땅 위에서.

본문 비교

1) 나쉬 파피루스와 쿰란 사본(4QPhyl[g])은 "너의 하나님 아도나이께서 너에게 명령하셨던 대로"를 생략한다. 마소라 사본의 출애굽기 20:12에 "너의 하나님 아도나이께서 너에게 명령하셨던 대로"는 나오지 않는다.
2) 나쉬 파피루스와 70인경은 어순이 뒤바뀌어 "이것이 너에게 잘 되도록 그리고 너의 날들이 연장되도록"으로 나온다.
3) "이것이 너에게 잘 되도록"은 쿰란 사본(4QDeut[n])에는 나오는데 쿰란의 다른 사본(4QPhyl[g])에는 나오지 않는다. 이것은 출애굽기 20:12와 유사하다. 마소라 사본의 출애굽기 20:12에 "이것이 너에게 잘 되도록"은 나오지 않지만 70인경에는 나온다.

5계명은 십계명이 두 부분으로(1-4계명은 하나님에 관해, 그리고 5-10계명은 인간에 관해) 나뉘는 두 번째 부분의 첫 계명이며 4계명과 유사하게 긍정적으로 시작한다. 더욱 4계명과 유사한 점은 4계명과 같이(12절) "너의 하나님 아도나이께서 너에게 명령하셨던 대로"라는 표현이 나온다는 것이다. 이러한 점을 반영하기라도 하듯이 레위기 19:3에서 "부모를 경외하라"는 "안식일을 지키라"는 명령과 병행을 이루어 나오고 있다. 필로Philo는 5계명이 하나님에 관한 계명과 인간에 관한 계명의 경계선이라고 말한다(*The Decalogue* XXII 106-7).

"공경하라"(כבד 피엘 명령형)는 '영예롭게 하라', '존중하라', '존경하라'의 뜻을 가지고 있는 명령이다. 부모를 공경한다는 것은 부모의 가르침에 따르는 것 즉, 순종하는 것이 우선 순위에 올 수 있다.

"부모를 공경하라"는 명령은 부모이기 때문에 자녀들이 존경하며 부모의 말에 순종해야 하는 것 외에도, 신명기에서 강조하는 부모, 특히 아버지의 책임과 관련해서 더 깊이 생각해 볼 수 있다. 가정에서 아버지는 자녀에게 하나님의 말씀을 전하며 교육하는 자이다. 부모는 자녀에게 하나님의 법을 가르쳐야 한다. 부지런히 자녀를 교육하는데 하나님의 법을 가르치며 하나님 경외하는 법을 가르쳐야 한다(4:9-10; 6:7, 20-25; 11:19). 부모는 자녀에게 하나님의 말씀을 가르치는 자이기 때문에 자녀는 특별히 부모에게 순종하며 존경해야 한다. 자녀에게 하나님의 말씀이 잘 전수될 때 후세대에게 아도나이 신앙이 잘 유지, 보존, 전달되며 부모가 늙었을 경우 자녀로부터 존경과 보호 등을 받을 수 있게 된다.

언약의 책에서 자식이 부모에게 패역한 행위를 하는 경우에 단호한 심판을 선언한다. 자녀가 부모를 때리는 행위와 자녀가 부모를 저주하는 것은 사형에 해당한다(출 21:15, 17; 레 20:9). 또한 자녀가 부모의 말에 순종하지 않을 경우도 돌로 쳐 죽임을 당하게 된다(신 21:18-21). 부모를 경홀히 여겨 불명예스럽게 하는 경우는 저주를 받게 된다(신 27:16).

부모를 공경하라는 명령은 부모를 욕하지 않는 것, 부모를 때리지 않는 것, 부모의 재산을 빼앗지 않는 것 등으로 넓게 적용될 수 있다.

현대 사회는 과학과 의학이 발달하면서 점차 고령화 사회로 접어들고 있다. 현대 사회가 점차 핵가족화됨으로 인해 더 이상 가정에서 부모를 모시지 않으려고 한다. 노인을 모시는 것과 노인 사회 복지는 이제 중요한 사회 문제 가운데 하나이다. 이러한 상황에서 부모 공경의 계명은 우리에게 시사하는 바가 많다.

십계명 가운데 유일하게 명령에 대한 구체적인 보상이 기록되었다. 부모를 공경하라는 명령은 두 개의 목적을 갖는다. 첫째는 "너의 날들이 연장되도록"이다. "연장되다"(ארך)는 히필형(사역 능동)으로 '길어지다'이다. 이 동사는 신명기에 12회(히필형) 사용되었다. 대부분이 하나님의 법과 교훈에 관련되어 하나님의 말씀에 순종하며 지킬 때 '날이 길어진다'(신 4: 40, 5:33, 6:2, 11:9, 17:20, 32:47). 즉 오래 살 수 있게 되는 것이다. 하지만 반대로 우상을 만들어 섬기게 되면 '날이 길지 못하게 된다'(신 4:26, 30:18). 마치 시간이 고무줄처럼 늘어났다 줄었다 하는 것 같다. 하나님의 말씀에 순종할 때 장수의 복을 받는 것이다. 둘째는 "잘 되도록"이다. "잘 되다"(יטב 칼형)는 "좋게 되다"이다. 개역 성경은 "복을 누리리라"로 번역하지만 '복 주다'는 다른 히브리어 동사 '바락'(ברך)이 있다. '잘 되다'는 번영을 의미한다. 이러한 번영은 하나님이 주신 땅 위에서 누리게 되는 것이다.

부모를 공경하라는 계명에 순종할 때 그 자녀들은 엄청난 복을 받는데, 장수와 번영을 누리게 된다(참고. 엡 6:1-3).

17 너는 살인해서는 안 된다.[1)]

본문 비교

1) 일부 사본들, 나쉬 파피루스와 한 70인경 사본(A)은 순서가 바뀌어 나온다. 간음-살인-도둑질 순으로 기록되었다. 필로(Philp, *The Decalogue* XII 52) 역시 이러한 순으로 기록한다. 하지만 요셉푸스(Josephus, *Jewish Antiquities* III 92)는 마소라 사본의 순서를 따르고 있다.

탈굼 네오피티와 탈굼 프쉬도 요나단은 더 자세한 설명을 덧붙인다. 살인자가 되지도 말고 살인자의 동료도 되지 말고 살인자들은 이스라엘 회중에 보이지 말 것을 말한다.

부정적으로 주어진 매우 짧은 계명이다. 목적어가 나오지 않아서 살인의 대상이 구체적이지 않고 보편적으로 나오고 있다.

하나님은 인간을 하나님의 형상을 따라 창조하셨다(창 1:26-27). 따라서 인간이 인간을 살해하는 것은 하나님의 형상을 파괴하는 행위로 심각한 범죄이다. 원시 역사 속에서 최초의 살인 사건은 가인이 그의 동생 아벨을 죽인 것이다. 하나님은 인류 최초의 살인자 가인에게 찾아가 그를 심판하시며 친히 형벌을 주었다(창 4:10-12). 하나님이 인간을 자신의 형상대로 만드셨기 때문에 살인자를 눈감아 주시지 않으신다. 하나님은 살인한 자를 친히 찾아가 벌 주실 것을 선언하신다. 하나님이 보수자이다(창 9:5-6).

살인 죄에 대한 심판은 단호하다. 이스라엘의 법은 살인한 사람을 사형에 처하도록 규정하고 있다(출 21:12, 레 24:17, 민 35:30-34, 신 19:11-13). 하지만 원한이 없이 무의식 중에 실수로 살인을 한 경우는 도피성에 피해서 살 수 있다(신 4:41-43, 19:1-10).

'살인하지 말라'는 계명은 단순하지만 모든 인간들에게 적용되는 보편적인 명령이 될 수 있다. 현대 사회는 물론이고 이 지구 역사 속에서 얼마나 많은 살인 범죄가 행해지고 있는가! 현대 영화의 가장 중요한 소재 가운데 하나가 살인 아닌가! 이 단순한 하나님의 명령에 인간이 순종한다면 이 땅 위에 진정한 평화가 실현될 것이다.

예수께서는 이 말씀을 더욱 철저화, 내면화시킨다. 형제에게 화내지 말고 욕하지 말고 원망 들을 만한 일을 하지 말라고 말씀하신다(마 5:21-26).

18 그리고[1] 너는 간음해서는 안 된다.[2]

본문 비교

1) 일부 히브리어 사본들, 나쉬 파피루스, 쿰란 사본(4QDeut^{n}), 사마리아 오경, 70인경, 시리아 역, 탈굼 프쉬도 요나단 그리고 마소라 사본의 출애굽기 20:14은 접속사 "그리고"를 생략한다.
2) 탈굼 네오피티와 탈굼 프쉬도 요나단은 더 자세한 설명을 덧붙인다. 간음하는 자가 되지도 말고 간음하는 자의 동료도 되지 말고 간음한 자들은 이스라엘 회중에 보이지 말 것을 말한다.

성적 범죄를 금하고 있는 계명으로 매우 짧게 부정적으로 주어졌다. 한 남자가 자신의 부인 또는 약혼녀 외에 다른 여인과 성 관계를 갖는 것을 금한다. 여기서 누구와 간음하지 말라는 표현은 구체적으로 나오지 않는다. 따라서 성 관계를 갖는 여인의 신분이 결혼한 여인인지 처녀인지는 알 수 없다. 아마도 다른 사람의 아내와 간음하는 것을 금하는 것 같다(참고. 신 20:22-29).

간음은 가정적인 문제를 넘어서 사회에 악 영향을 끼치는 반사회적인 행위이다. 상대 여자가 원하지 않는 성 관계였을 경우 간음은 그 여자에게 육체적, 정신적인 피해를 가져다준다. 더 나아가 그 여자의 남편에게 영향을 끼쳐 그 가정을 위기에 몰아넣게 된다. 또한 간음을 행한 자는 물론이거니와 간음한 남자의 아내에게도 큰 정신적인 충격을 안겨주어 가정의 심각한 문제를 초래한다.

이스라엘의 법은 간음을 심각하게 다루고 있다. 다른 사람의 아내와 간음하는 경우는 그 두 사람 모두 사형에 처해지게 된다(레 20:10).

간음 죄를 범한 대표적인 사람은 다윗 왕이다. 다윗은 밧세바가 우리아의 아내였다는 것을 알고도 그녀를 왕궁으로 데려와 성 관계를 가졌다(삼하 11:2-4). 이런 다윗의 범죄는 결국 우리아를 죽이는 일로 발전되었다. 나단 선지자는 다윗의 범죄를 사형에 해당한다고 선언한다(삼하 12:5-7). 하지만 다윗의 회개로 인하여 다윗은 죽음을 면하게 된다(삼하 12:13-14). 다윗의 간음은 다윗 개인의 범죄로 그치지 않았다. 밧세바에게 태어난 아들이 죽었고 간음 죄로 인하여 하나님의 심판으로 다윗의 왕권은 큰 위기를 맞게 되며 나라 전체가 압살롬의 반역으로 고초를 겪게 되었다(삼하 12:10-12, 15:1-19:8).

'간음하지 말라'는 계명은 짧지만 그 적용 범위는 엄청나게 넓다. 현대 사회의 특징 가운데 하나는 성의 자유를 추구하는 점이다. 영화, 소설, 드라마 등 모든 문화 사업에서 성에 대한 주제는 큰 부분을 차지한다. 소설과 드라마에서 결혼한 사람들의 불륜 관계가 아름답게 미화되는 일은 이제 일반적인 일이 되어 버렸다. 성 윤리가 무너지면서 많은 사람들이 성의 자유와 즐거움을 추구한다. 성의 기쁨을 만끽하려고 합법적인 성 관계를 갖기보다는 부정과 불륜의 관계를 더 즐기는 것이 현대 사회의 분위기이다. 서울과 서울 주변의 가까운 지역에 왜 그리 많은 모텔들과 여관들이 들어서 있는가? 이것은 우리 사회의 타락한 성적 범죄의 현상을 반증하는 것이다. 또한 인터넷에서 음란 사이트들이 우후죽순처럼 생겨나고 있다. 이메일을 통하여 하루에도 몇 건씩 음란 사이트 광고를 받아 보고 있는 것이 우리 현실이 되었다. 음란 사이트를 통하여 우리 사회의 청소년들이 음란의 영에 물들어 가고 있다. 경제가 성장하면서 성적인 즐거움을 추구하며 성 타락이 점점 더 심해가는 이 현실을 위해 크리스천들이 더 깨어 기도해야 할 것이다.

기독교인들이 순결한 신앙을 지키며 살아가기에는 너무나도 많은 유혹의 손길이 우리를 기다리고 있는 것이 현대 사회이다. 성도들은 이 세속적인 성 문화에서 깨어 있어 성적 유혹의 덫에 걸리지 않도록 주의하여야 한다.

성적 범죄의 유혹으로부터 자신을 잘 지켜낸 인물은 요셉이다(창 39장). 요셉은 바로의 시위 대장인 보디발의 집에 노예로 팔려가게 되었다. 그 곳에서 성실하게 일을 하여 주인의 신임을 얻게 된다. 그러나 보디발의 아내가 요셉의 외모를 보고 성 관계를 갖자고 유혹한다. 보디발의 아내의 유혹은 단 한 번에 그친 것이 아니라 끈질겼다. 먼저 그녀는 눈짓을 하면서 성관계를 갖자고 유혹한다(7절). 이러한 유혹에 요셉은 하나님 앞에서 큰 악을 행할 수 없다고 단호하게 말하며 보디발의 아내의 유혹을 거절한다(9절). 하지만 그녀는 날마다 요셉에게 성 관계를 갖자고 요구한다. 그녀의 날마다 계속된 구애 공세에 요셉은 듣지도 아니하며 함께 있지도 아니한다(10절). 요셉의 거절에도 불구하고 그녀는 포기하지 않고 좋은 기회를 노리고 있었다. 요셉이 일을 보러 집 안에 들어왔을 때, 때마침 아무도 없었다. 그러자 그녀는 요셉의 옷을 잡고 늘어지며 침대로 가자고 유혹한다. 그러자 요셉은 그의 옷을 벗어 버리고 그녀로부터 도망을 쳤다(12절). 죄는 끈질기고 줄기차게 요셉을 유혹했다. 하지만 요셉은 하나님 앞에서 자신의 신앙의 순결을 지켰다.

예수님께서는 이 계명을, "여자를 보고 마음에 음욕을 품는 자마다 마음에 이미 간음하였다"(마 5:28)라고 더 철저화시키며 내면화시키신다. 십계명은 구체적인 행위를 금한 반면 예수님은 마음속에서 일어나는 음욕까지 경계하라고 말씀하신 것이다. 흔히 '배꼽 아래의 반란'으로 일컬어지는 남성들의 성욕은 기독교인들의 경계 대상 제1호이다.

19 그리고[1)] 너는 도둑질 해서는 안 된다[2)].

본문 비교

1) 일부 히브리어 사본들, 나쉬 파피루스, 쿰란 사본(4QDeut^{n}), 사마리아 오경, 70인경, 시리아 역, 탈굼 프쉬도 요나단 그리고 마소라 사본의 출애굽기 20:15은 접속사 "그리고"를 생략한다.
2) 탈굼 네오피티와 탈굼 프쉬도 요나단은 더 자세한 설명을 덧붙인다. 도둑질하는 자가 되지도 말고 도둑질하는 자의 동료도 되지 말고 도둑질한 자들은 이스라엘 회중에 보이지 말 것을 말한다.

부정적으로 주어진 짧은 계명으로 도둑질의 대상이 구체적으로 나오지 않는다. 일반적으로 도둑질은 타인의 물건이나 재산을 빼앗는 것이다.

"도둑질하다"(גנב)는 '훔치다', '빼앗다'의 뜻을 갖는다. 이 계명과 유사한 말씀은 "너희는 도적질하지 말며 속이지 말며 서로 거짓말하지 말며"(레 19:11)이다. 도둑질의 예로 야곱의 아내 라헬이 그녀의 아버지 라반의 우상 드라빔을 훔친 것을 들 수 있다(창 31:10, 30, 32).

언약의 책에서 '소'나 '양'을 훔쳤을 경우 소는 다섯 배 그리고 양은 네배로 갚을 것을 명하고 있다(출 22:1). 사람을 도둑질하여 팔거나 자기가 그 사람을 이용하는 경우(개역 성경은 "후린", "후려다가"로 번역) 즉, 인신매매를 하는 사람은 사형에 해당된다(출 21:16, 신 24:7).

알트는 이 계명을 열 번째 계명과 구별하여 사람을 유괴하는 것으로 이해한다. 그에 따르면 여덟 번째 계명은 인간의 자유를 훔치는 것이며 열 번째는 집과 재산을 훔치는 것이라고 한다(A. Alt, 333-340). 하지만 "도둑질하다"(גנב)라는 동사의 사용을 살펴볼 때 이 알트의 견해는 인위적인 구분이다.

20 그리고[1] 너는 너의 이웃에 대해 거짓[2] 증거해서는 안 된다.[3]

본문 비교

1) 일부 히브리어 사본들, 나쉬 파피루스, 쿰란 사본(4QDeut^{n}), 사마리아 오경, 70인경, 시리아 역, 탈굼 프쉬도 요나단 그리고 마소라 사본의 출애굽기 20:16은 접속사 "그리고"를 생략한다.
2) 사본들 사이에 사용된 단어가 다르다.(שׁוא는 마소라, 사마리아 오경, 나쉬 파피루스, 4QDeut^{n}, 그러나 שׁקר는 XQPhyl^{n}, 70인경). 여기서 히브리어 단어는 שׁוא이 쓰였고 출애굽기 20:16은 שׁקר이 쓰여서 서로 다르다. 하지만 그 의미는 같다.
3) 탈굼 네오피티와 탈굼 프쉬도 요나단은 더 자세한 설명을 덧붙인다. 거짓 증거하는 자가 되지도 말고 거짓 증거하는 자의 동료도 되지 말고 거짓 증거한 자는 이스라엘 회중에 보이지 말고 거짓 증거하는 자와 연합하지 말 것을 말한다.

일부 학자들은 절 수를 구분하는 데 있어서 17절부터 20절까지를 다음과 같이 17절 한 절로 계산하기도 한다.

17 너는 살인해서는 안 된다.

그리고 너는 간음해서는 안 된다.

그리고 너는 도둑질해서는 안 된다.

그리고 너는 너의 이웃에 대해 거짓 증거해서는 안 된다.

'거짓 증거하지 말라'는 증인으로서 거짓말을 하지 말라는 것이다. 증인은 이웃 간의 시비 문제나 법정의 재판에서 큰 역할을 한다. 증인의 발언은 곧 그 재판에 결정적인 증거가 되기 때문이다. 언약의 책은 무고한 사람을 죄인으로 만들려는 악한 계획에 참여하여 악의 있는 증인이 되는 것을 금한다(출 23:1). 또한 증인으로 나서서는 자기가 본 것이나 알고 있는 것을 말해야 할 책임이 있다(레 5:1). 사람을 사형시킬 경우 한 사람의 증인으로는 절대 죽이지 못하며 두 사람이나 세 사람의 증거가 있어야 한다(신 17:6). 법정에서 다른 사람을 해하려고 거짓 증인으로 나섰다가 발각되는 경우 그 죄를 뒤집어쓰게 된다(신 19:16-19).

거짓 증거의 대표적인 예로 우리는 나봇의 포도원 사건을 들 수 있다(왕상 21장). 이스라엘의 왕 아합은 나봇의 포도원이 갖고 싶었다. 이러한 아합의 욕구를 충족시켜 주기 위해 그의 아내 이세벨은 거짓 증인들을 내세워 나봇이 하나님과 왕을 저주하였다고 증거하게 했다. 거짓 증인들로 인해 나봇은 돌에 맞아 죽고 그 포도원은 아합이 차지하게 되었다.

21 그리고[1)] 너는 너의 이웃의 아내[2)]를 탐내서는 안 된다, 그리고[3)] 너는 너의 이웃의 집[2)]을 원해서도[4)] 안 된다, 그의 들[5)] 그리고[6)7)] 그의 남종과 그의 여종,[8)] 그의 소와 그의 당나귀,[9)] 그리고 너의 이웃에게 속한 모든 것을[10)].

본문 비교

1) 일부 히브리어 사본들, 사마리아 오경, 나쉬 파피루스, 쿰란 사본(4QDeut^{n}), 70인경, 시리아 역, 탈굼 프쉬도 요나단 그리고 마소라

사본의 출애굽기 20:17은 접속사 "그리고"를 생략한다.

2) 사마리아 오경, 탈굼 사마리아 오경과 마소라 사본의 출애굽기 20:17은 서로 순서가 바뀌어 "집"이 먼저 나오고 "아내"가 나중에 나온다.

3) 70인경, 시리아 역, 벌게이트 그리고 마소라 사본의 출애굽기 20:17은 접속사 "그리고"를 생략한다.

4) 마소라 사본의 단어들 "탐내다"(חמד)와 "원하다"(אוה)는 서로 의미는 유사하지만 단어가 다르다. 사마리아 오경은 이 두 곳에 같은 단어 "탐내다"(חמד)를 쓰며 70인경 역시 같은 단어인 "탐내다", "원하다"(ἐπιθυμέω)를 사용한다.

5) 마소라 사본의 출애굽기 20:17은 "그의 들"을 생략한다.

6) 한 히브리어 사본, 쿰란 사본과 사마리아 오경은 "그리고"를 생략한다.

7) 시리아 역은 "그의 포도원"을 덧붙인다.

8) 일부 히브리어 사본들, 카이로 게니자 단편, 70인경, 시리아 역은 "그리고"를 덧 붙인다.

9) 70인경은 여기에 "모든 그의 짐승"을 갖고 있다.

10) 탈굼 네오피티와 탈굼 프쉬도 요나단은 흥미로운 설명을 덧붙인다. 탐하는 자가 되지도 말고 탐하는 자의 동료도 되지 말라고 한다. 특히 네오피티는 탐욕의 죄로 인해 구름이 하늘로 올라가서 비가 오지 않고 기근이 세상에 온다고 말한다.

열 번째 계명은 탐욕에 대한 경고를 하고 있다. 6계명부터 9계명까지는 인간의 구체적인 행위에 대한 계명인 데 반해 열 번째 계명은 행위의 근원이 되는 인간 내부의 심리 상태를 말한다.

6계명부터 10계명은 살인 - 간음 - 도둑질 - 거짓 증거 - 탐욕으로 점차적인 단계가 있다. 살인은 인간의 육체와 영혼을 다 포함하는 생명을 빼앗는 것이고 간음은 인간의 몸을, 도둑질은 재산을, 거짓 증거는 입을, 그리고 탐욕은 마음을 말하는 것으로, 살인에서부터 탐욕에 이르는 점차적으로 내려오는 등급을 갖고 있다. 생명에서 마음으로 내려간다. 하지만 반대로 탐욕은 인간의 마음에서 거짓 증거 즉 입으로, 재산으로, 몸으로 그리고 인간의 생명으로 올라가는 순서이다. 인간의 마음에서부터 생명까지 점차적으로 확대되는 범죄 행위의 단계를 표현하고 있다. 즉 마음의 동기에서 구체적인 실행의 가장 큰 범죄인 생명을 빼앗는 살인으로 표면화되어 간다 .

또한 6계명부터 10계명은 접속사 "그리고"로 연결되어 있는데 이는 마치 체인으로 이 계명들을 서로 묶어 놓은 것 같다.

"이웃의 아내"는 '간음하지 말라'는 계명과 유사하다. 하지만 차이점으로 간음이 구체적인 행위를 말한다면 '이웃의 아내를 탐하지 말라'는 마음의 동기, 인간 내면의 세계와 구체적인 계획 등을 포함한다.

'탐하다'는 '바라다', '원하다'는 뜻으로 갖고 싶어하는 것 또는 원하는 것을 말한다. 다윗이 밧세바를 취하는 과정도 사실은 마음의 충동에서 시작해서 구체적인 간음의 행위로 나아갔다. 밧세바의 목욕하는 모습이 아름다웠다. 그러자 다윗은 이 여인에 대한 정보를 수집하고 유부녀인 것을 알고도 자기의 왕궁으로 데려온다. 그리고 성 관계를 갖고 돌려보낸다. 이 사건은 결국 밧세바의 남편 우리아를 전쟁에서 죽게 하는 살인으로 일단락된다(삼하 11장). 탐욕이 간음을 하게 만들었고 결국 살인 죄를 범하는 단계로 나아간 것이다.

"이웃의 집"은 "이웃의 아내"와 병행을 이루고 있다. "집"은 여기서 '재산'을 뜻하며 포괄적인 의미를 담고 있다. '이웃의 집' 즉, 재산에 대한 구체적인 것으로 '들', '하인들', '짐승들' 등이 소개되고 있다.

'이웃의 집을 원하지 말라'는 '이웃의 아내를 탐하지 말라'와 짝을 이루며 '도둑질하지 말라'는 계명과 일면 의미가 통하는 것이 있다.

"원하다"는 '탐내다'와 유사한 단어로 '갈망하다'의 뜻을 갖는다.

3. 호렙 산에서의 모세의 중보 사역(5:22-33)

시내 산에 현현하신 하나님이 직접 이스라엘 백성에게 불 가운데서 십계명을 선포하셨다. 이 장엄한 광경에 이스라엘 백성들은 무서움과 두려움을 갖게 되었다. 그래서 그들은 모세에게 하나님의 말씀을 듣고 대신 전해달라는 요청을 한다. 이 요청에 따라 모세가 하나님과 이스라엘 사이에 중보 역할을 하게 된다.

번역

22 아도나이께서 이 말씀들을 모든 너희 회중에게 산에서 말씀하셨다,
불, 구름, 그리고 짙은 구름 가운데서, 큰 음성으로,
그리고 그는 더하지 않으셨으며, 그는 그것들을 두 돌판들 위에 쓰셨다,
그리고 그가 그것들을 나에게 주셨다.
23 그리고 이것이 있었다,
너희가 어두움과 불에 타고 있는 그 산 가운데서 그 음성을 들었을 때,
그리고 너희가 나에게 나아왔다, 너희 지파들의 모든 두령들과 너희 장로들이.
24 그리고 너희가 말했다,
보라 아도나이 우리의 하나님이 우리에게 그의 영광과 그의 위대함을 보이셨다,
그리고 우리가 그의 음성을 불 가운데서 들었다,
이 날 우리가 하나님이 사람과 말씀하셨던 것을 보았다, 그리고 그는 살아 있다.
25 그리고 이제, 왜 우리가 죽어야 하는가?
왜냐하면 이 큰 불이 우리를 삼켜버릴 것이기 때문이다,
만일 우리가 더 이상 아도나이 우리의 하나님의 음성을 듣는다면,
우리는 죽을 것이다.
26 왜냐하면, 불 가운데서 말씀하시는 살아 계신 하나님의 음성을 들은 모든 육체 가운데 누가 우리와 같이 살아 있느냐?

27 너는 가까이 가라 그리고 들으라
아도나이 우리의 하나님이 말하는 모든 것을,
그리고 너, 너는 우리에게 말해야 한다
아도나이 우리의 하나님이 너에게 말하는 모든 것을,
그리고 우리는 들을 것이며, 우리는 행할 것이다.
28 그리고 아도나이는 너희 말들의 소리를 들으셨다,
너희가 나에게 말할 때에,
그리고 아도나이는 나에게 말했다
내가 그들이 너에게 말했던 이 백성의 말들의 소리를 들었다,
그들이 말했던 모든 것을 그들이 잘 하였다.
29 오 이런 그들의 마음이 그들에게 있었으면,
나를 두려워하는 것과 나의 모든 계명들을 지키는 것이 모든 날들에,
이것이 그들과 그들의 아들들에게 잘 되기 위하여, 영원히!
30 가라, 그들에게 말하라,
너희는 너희를 위하여 너희 장막들로 돌아가라.
31 그러나 너는 여기 내 곁에 서 있으라,
그리고 내가 너에게 말할 것이다
네가 그들을 가르쳐야 할 모든 계명과 법규들과 법령들을,
그리고 그들이 내가 그들에게 점령하도록 주는 그 땅 안에서
행할 것이다.
32 그리고 너희는 행하는 데 주의해야 한다,
아도나이 너희 하나님이 너희에게 명령하셨던 대로,
너희는 우로나 좌로나 치우치지 말아야 한다.
33 아도나이 너희 하나님이 너희에게 명령하셨던 그 모든 길 안에서
너희는 걸어야 한다,
너희가 살고 너희에게 잘 되고 너희가 날들을 연장하기 위하여,
너희가 점령하려는 그 땅 안에서.

주해

22 아도나이께서 이 말씀들을 모든 너희 회중에게 산에서 말씀하셨다, 불,[1] 구름,
그리고 짙은 구름 가운데서, 큰 음성으로, 그리고 그는 더하지 않으셨으며, 그
는 그것들을 두 돌[2]판들 위에 쓰셨다, 그리고 그가 그것들을 나에게 주셨다.

본문 비교

1) 쿰란 사본(4QDeut^{n}, XQPhlyt^{2}), 사마리아 오경과 70인경은 "어두움"(חֹשֶׁךְ)을 덧붙이는데, 이것은 신명기 4:11과 같다.
2) 쿰란 사본은 "돌"에 정관사(האבנים)를 덧붙인다.

십계명이 수여졌던 상황을 설명하고 있다. "이 말씀들"은 십계명을 의미하며, "회중"은 호렙 산에 모여서 하나님의 말씀을 듣던 이스라엘 사람을 가리킨다(신 4:10, 9:10, 10:4, 18:16). 십계명은 호렙 산에서 이스라엘 백성들에게 선포되었던 말씀들이다.

하나님이 시내 산에 현현하실 때 나타났던 동반 현상들은 '불', '구름', '짙은 구름'이다(참고. 신 4:11). '짙은 구름'은 무거운 구름으로 '진한 어두움'을 나타내기도 한다. 유대인 번역 성경은 "불과 진한 구름"으로 번역한다(NJPS "the fire and the dense clouds", Weinfeld "the fire and the cloud and thick mist").

"큰 음성으로"는 문자적으로 "큰 음성"이다. 문맥에 맞추어 "~으로"를 넣어서 번역했다. 십계명을 말씀하신 하나님의 음성은 사람에게 두려움을 주는 '큰 음성'이었다.

"그는 더하지 않으셨으며"는 '그는 더 이상 말씀하지 않았다'는 의미이다. 십계명 외에 더 이상 말씀하지 않았다는 것이다.

아람어 성서들(옹켈로스, 네오피티, 프쉬도 요나단)은 "그는 더하지 않으셨으며"를 "그는 그만두지 않으셨다", "그는 멈추지 않으셨다"로 해석한다. 즉 하나님이 쉬지 않고 십계명을 말씀하셨다는 것이다. 탈무드

는 사람은 쉬지 않고 계속 말할 수 없으나 거룩하신 하나님은 쉬지 않고 계속 말씀하실 수 있다고 설명한다(b. Sanh. 17a).

"쓰셨다"는 돌 위에 '새겼다'는 의미이다. 하나님이 돌 위에 십계명을 쓰신 것은 돌이 부식되거나 훼손되지 않고 오래 보존될 수 있기 때문일 것이다. 하나님의 말씀을 오래 보관할 수 있기 위한 것이다.

23 그리고 이것이 있었다, 너희가 어두움[1]과 불에 타고 있는 그 산 가운데서 그 음성을 들었을 때, 그리고 너희가 나에게 나아 왔다, 너희 지파들의 모든 두령들과 너희 장로들이.

본문 비교

1) 한 히브리어 사본(Kenn 84)과 70인경은 "어두움" 대신 "불"로 읽는다. 다른 히브리어 사본들(Kenn 81, 109)은 "그 불 그 어두움"으로 읽는다.

번역이 쉽지 않은 문장이다. "그리고 이것이 있었다"(וַיְהִי)는 동사 היה의 와우 연속 미완료이며 '이것이 발생했다', '이것이 일어났다'의 뜻을 갖는다.

"너희가 들었을 때"(כְּשָׁמְעֲכֶם)는 전치사 '케'(כְּ)에 칼 부정사 연계형이 와서 '~때'로 번역할 수 있다(Waltke-O, 205, 604).

"너희가 어두움과 불에 타고 있는 그 산 가운데서 그 음성을 들었을 때"의 히브리어(כְּשָׁמְעֲכֶם את הקול מִתּוֹךְ החשך וההר בער באֵשׁ)에서, 전치사 구 '미토크 하호섹 베하할'(מִתּוֹךְ החשך וההר)은 "어두움과 그 산 가운데서"로, 그리고 '그 산'은 '보엘 바에스'(בער באֵשׁ)가 수식하는데, '보엘'은 '바알'(בער)의 칼 능동 분사로 '불에 타고 있는'으로 번역이 가능하다. 이런 번역을 취하고 있는 것은 영Young이다: "And it cometh to pass as ye hear the voice out of the midst of the darkness, and of the mountain burning with fire"(YLT).

유대인 번역 성경은 특이하다. "그리고 이것이 있었다"를 생략하며 "불에 타고 있는 그 산"은 "너희가 어두움에서부터 그 음성을 들었을 때, 그 산이 불에 타고 있는 동안"으로 번역한다: "When you heard the voice out of the darkness, while the mountain was ablaze with fire"(NJPS, Weinfeld역시 같은 번역을 취한다). 유대인 학자 부버Buber는 다음과 같이 번역한다: "이것이 일어났다, 너희가 어두움 가운데서 음성을 들었고 그 산이 불에 타올랐을 때"(Es geschah, wie ihr das Erschallen mitten aus der Finsternis hörtet und der Berg war im Feuer entzündet).

시내 산은 불에 타고 있었고 이스라엘 백성은 그 어두움 가운데서 나오는 하나님의 말씀을 들었을 때, 즉 들은 후에 이스라엘 백성의 대표들이 모세에게 나아왔다.

24 그리고 너희가 말했다[1], 보라 아도나이 우리의 하나님이 우리에게 그의 영광과 그의 위대함을[2] 보이셨다, 그리고 우리가 그의 음성을 불 가운데서 들었다, 이 날 우리가 하나님이[3] 사람과 말씀하셨던 것을 보았다, 그리고 그는 살아 있다.

본문 비교

1) 쿰란 사본은 "그리고 너희, 너희가 말했다"로 읽는다.
2) 70인경은 "그의 위대함"을 생략한다. 오리겐의 헥사플라는 "그리고 그의 위대함"(καὶ τὴν μεγαλωσύνην αὐτοῦ)을 덧붙인다(Field).
3) 쿰란 사본은 "아도나이"로 읽는다.

23절과 연이어서 백성들의 대표들이 나아와서 모세에게 말한다. "보라"(הֵן)는 지시 부사로 어떤 행위에 대한 주의를 상기시키는 역할을 한다. 개역 성경은 이 "보라"를 생략한다(일부 현대 영어 역본들 역시 생략한다: NAB, NIB, NIV, NJB).

"보라"라는 지시 부사로 주의를 상기시키는 사건은 신 현현이다. "보이셨다"는 하나님이 신현과 말씀으로 자신을 호렙 산에서 계시하신 것이다. 신 현현은 불, 구름, 어두움으로 나타났다(22-23절). 이것을 "그의 영광과 그의 위대함"으로 표현한다. '위대함'은 '큰'으로 22절의 '큰 음성'의 '큰'과 같은 단어이다. 개역 성경은 '위엄'으로 의역하고 있다. 유대인 번역 성경은 "그의 영광과 그의 위대함"을 "장엄한 현존"His majestic Presence으로 번역한다(NJPS).

"보았다"는 이스라엘 백성의 체험을 말한다. 이스라엘이 본 것은 하나님의 영광과 장엄함이며 하나님이 사람과 대화를 나눈 것이었다. 여기서는 단순히 눈으로 본다는 것 그 이상의 의미를 말한다. 이스라엘은 하나님이 사람에게 말씀하셨다는 것을 보고 깨닫고 인식한 것이다.

동사들의 사용이 흥미롭다. 보라"로 호렙 산 사건에 주목을 끌고 나서 "보이셨다"로 하나님의 계시 행동을 말한다. 하나님의 계시 행동을 '보았다'로 인간의 반응이 서술되었다.

"그는 살아 있다"에서 "그"는 하나님과 말씀을 나눈 사람을 뜻한다. 이스라엘 백성은 하나님과 직면하여 불 가운데서 나오는 하나님의 말씀을 들었다. 이 놀라운 광경을 목격하고도 아직도 살아 있다는 것이다.

25 그리고 이제, 왜 우리가 죽어야 하는가? 왜냐하면 이 큰 불이 우리를 삼켜 버릴 것이기 때문이다, 만일 우리가 더 이상 아도나이 우리의 하나님의 음성을 듣는다면, 우리는 죽을 것이다.

"왜 우리가 죽어야 하는가?"는 수사학적 의문문으로 '우리는 죽지 않아야 한다'는 이스라엘 사람들의 바람을 담고 있다. 70인경은 문자적인 번역이 아니라 그 의미를 살리는 번역인 "우리로 죽게하지 말라"(μὴ ἀποθάνωμεν)를 취한다. 유대인 번역 성경도 히브리어를 문자적으로 번역하지 않고 70인경과 같게 번역한다: "Let us not die"(NJPS).

"불"에 대한 강조가 많다(4, 5, 22, 23, 24절). "이 큰 불"은 하나님의 신현의 광경으로 '두려운 불', '장엄하고 웅장한 화염'을 의미한다. '큰'이 계속 사용되었다. 22절에서는 '큰 음성' 그리고 24절에서는 '그의 위대함'이 나오고 여기서는 '큰 불'이 나온다.

"삼켜 버릴 것이다"는 문자적으로 '먹어버릴 것이다'으로 큰 불이 태울 것을 태워버리는 것을 뜻한다. 여기서는 큰 불이 이스라엘 사람들을 집어 삼킬 것 같기 때문에 '멸망시킬 것이다', '죽일 것이다'라는 뜻을 갖는다.

"만일 우리가 더 이상 아도나이 우리의 하나님의 음성을 듣는다면, 우리는 죽을 것이다"는 '큰 불'과 '큰 음성' 앞에서 이스라엘 백성이 갖는 경외심과 공포심을 표현한다. "더 이상…듣는다면"은 십계명 후에 계속해서 하나님의 말씀을 듣는 것을 말한다. "우리는 죽을 것이다"는 하나님의 말씀을 계속 들었을 때의 결과를 뜻한다. 이스라엘 사람들은 하나님을 본 사람은 죽는다고 생각했다(삿 6:22-23).

26 왜냐하면, 불 가운데서 말씀하시는 살아 계신 하나님[1]의 음성[2]을 들은 모든[3] 육체 가운데 누가 우리와 같이 살아 있느냐?

본문 비교

1) 쿰란 사본(חי אלהים)은 마소라 사본(אלהים חיים)과 단어의 순서가 바뀌어 있고, 형용사 "살아 계신"이 마소라 사본은 복수인 데 반하여 쿰란 사본(4QDeut^{n} 그러나 4QPhyl^{J}와 XQPhyl^{2}는 복수 חיים 이며 4QPhyl^{h}는 חי를 생략한다)은 단수이다.
2) 쿰란 사본은 목적어 표시인 את를 덧붙인다.
3) 70인경은 "모든"을 생략한다. 오리겐의 헥사플라는 "모든"(πᾶσα)

을 보충한다(Field).

25절과 연관된 사상을 수사학적 의문문으로 표현한다. 장엄한 신현과 불 가운데서 나오는 하나님의 음성을 듣고는 인간은 살아 있을 수 없다는 것을 가정한다. 하지만 이스라엘은 불 가운데서 말씀하시는 하나님의 음성을 듣고 살았다. 하나님의 음성을 듣고 살아 있는 사람은 이스라엘밖에 없다는 것이다.

"살아 계신 하나님." 하나님이 살아 계시다는 것은 불 가운데서 말씀하신 것으로 증명된다. 살아 있지 않고는 말을 할 수 없기 때문이다. 살아 계신 하나님은 인간의 손으로 새긴 우상과 대조된다(5:8). 사람의 작품인 우상은 말할 수도 없고 움직일 수도 없다(참고. 4:28). 이스라엘의 하나님은 죽은 하나님이 아니라 살아 계신 하나님이다: "아도나이는 진리의 하나님이요, 그는 살아 계신 하나님이요 영원한 왕이다"(렘 10:10).

27 너는 가까이 가라 그리고 들으라 아도나이 우리의 하나님이 말하는[1] 모든[2] 것을, 그리고 너[3], 너는 우리에게 말해야 한다 아도나이 우리의 하나님이 너에게 말하는 모든 것을, 그리고 우리는 들을 것이며, 우리는 행할 것이다.

본문 비교

1) 마소라 사본의 동사는 "그가 말하다"(יאמר)인 데 반해 쿰란 사본(4QDeut^{n})은 뜻은 같지만 다른 동사 ידבר를 사용한다. 쿰란 사본들(4QDeut^{n}, 4QPhyl^{J}), 70인경(A), 시리아 역, 벌게이트는 여기에 "너에게"를 덧붙인다.
2) 70인경은 "모든"을 생략한다.
3) 마소라 사본의 "그리고 너"(ואת)는 인칭 대명사 2인칭 단수 여성인 데 반해 사마리아 오경과 쿰란 사본(XQPhyl^{2})은 2인칭 단수 남성(ואתה)을 갖고 있다.

이스라엘 백성들이 모세에게 요구하는 내용이 기록되었다. 그들은 모세에게 중보자 역할을 부탁한다. 모세의 역할은 하나님이 말씀하시는 모든 것을 듣고 그것을 백성에게 전달해 주는 것이다. 즉 하나님 말씀의 전달자이다.

"너는 가까이 가라"에서 이스라엘 백성의 소망이 담겨 있다. 그들은 장엄한 신현의 불이 무서워서 그 산에 가까이 갈 수가 없었다(5절). 하나님께 가까이 갔다가는 그 불에 타 죽을 것 같았기 때문이다(25절). 그래서 모세에게 중보의 역할을 요청한 것이다.

'너' 2인칭 단수에 대한 강조가 있다. 하나님의 말씀을 듣고 이스라엘 백성에게 전달할 사람은 '너' 모세밖에 없었다. 이러한 면에서 모세는 하나님과 이스라엘 사이의 중보 사역을 감당했다.

"우리는 들을 것이며, 우리는 행할 것이다"는 이스라엘의 마음 자세를 설명한다. 모세가 하나님의 말씀을 듣고 와서 이스라엘에게 전달할 것이다. 그러면 이스라엘은 듣고 순종할 것이다. 하나님의 장엄한 임재를 체험한 이스라엘은 하나님의 말씀에 순종할 준비가 되어 있었다.

28 그리고 아도나이는 너희 말들의 소리를 들으셨다, 너희가 나에게 말할 때에, 그리고 아도나이는 나에게 말했다 내가 그들이 너에게 말했던 이[1] 백성의 말들의 소리를 들었다, 그들이 말했던 모든 것을 그들이 잘하였다.[2]

본문 비교

1) 시리아 역은 지시 형용사 "이"를 생략한다.

2) 70인경은 동사 "그들이 잘하였다"(היטיבו)를 부사 "옳게"(ὀρθῶς)로 번역한다. 하지만 70인경과는 달리 아퀼라와 테오도치온은 히브리어를 문자적으로 "그들이 잘하였다"(ἠγάθυναν)로 번역한다.

하나님은 이스라엘이 모세에게 요청한 것을 들으시고 반응하신다. 이스라엘이 모세에게 하나님의 말씀을 중간에서 전달해 줄 것을 요청한 것에 대해 하나님은 긍정적으로 생각하셨다. 또한 하나님은 그들이 말하고 행동한 것이 잘했다고 그들을 칭찬하셨다.

> 29 오 이런 그들의 마음이 그들에게 있었으면[1], 나를 두려워하는 것과 나의 모든[2] 계명들을 지키는 것이 모든 날들에, 이것이 그들과 그들의 아들들에게 잘 되기 위하여, 영원히!

본문 비교

1) 마소라 사본(והיה לבבם זה להם)과 쿰란 사본(4Q158)의 읽기에 차이가 있다. 쿰란 사본은 접미사 "그들의"가 없고 "이런 마음"에 정관사를 갖고 있다(והיה הלבב הזה להמה).
2) 히브리어 사본들 간에 약간의 차이가 있다. 한 사본(Ken 69)은 "모든"(את כל)을 그리고 다른 사본(Ken 1)은 단지 목적어 표시(את)를 생략한다. 사마리아 오경, 쿰란 사본(4QDeut^{n}, 4QPhyl^{J}, XQPhyl^{2})과 70인경에도 '모든'이 없다.

히브리어 관용어구가 나와서 번역하기가 쉽지 않다. "오"(מי יתן)는 문자적으로 "누가 줄 것인가?"이다. 이것은 히브리어의 특이한 관용 어구로 바람과 소망을 표현하는 감탄 의문문이다(민 11:29, 신 28:67, 삿 9:29 Joüon § 163d, 참고. Ges-K § 151ab). 70인경은 미래 직설법 "누가 줄 것인가?"로 문자적으로 번역한다(τις δώσει).

이스라엘 백성들이 모세에게 요청한 것을 들으신 하나님의 반응이다. 하나님의 바람은 "이런 그들의 마음이" 항상 있기를 바라는 것이다. 즉 "하나님을 경외"하는 것과 "하나님의 계명"을 지키는 마음이다. 하나님을 두려워하는 마음은 구체적으로 그들의 삶 속에서 하나님의 계명을 순종하며 실천하는 것이다.

"모든 날들에" 즉, 그들의 평생이다. 하나님은 하나님을 두려워 하는 것과 그의 말씀에 순종하는 생활이 인간 삶의 모든 날들에 있기를 바라신다. 큰 불과 큰 음성을 들은 이스라엘 백성들의 마음에 하나님에 대한 두려움과 경외심이 일어났다. 이러한 마음이 평생 지속되기를 바라는 것이다. 우리는 신앙 생활을 한두 해 잘하는 것으로 끝나지 않고 평생토록 잘해야 한다.

"잘되기 위하여"는 목적을 표현한다. 하나님의 말씀을 잘 지킬 때 이스라엘 백성들은 두고 두고 오는 세대의 후손들이 잘 되는, 번영하는 복을 받게 될 것이다.

30 가라,[1)] 그들에게 말하라, 너희는 너희를 위하여 너희 장막들로 돌아가라.

본문 비교

1) 쿰란사본(4QPhyl^{h}), 벌게이트, 시리아 역, 탈굼 네오피티는 "그리고"를 갖고 있다.

신현의 현상인 장엄한 불로 인해 백성들은 두려움에 사로잡혀 있었다. 그래서 그들은 하나님의 말씀을 직접 듣기보다는 모세를 통하여 듣기를 원했다. 하나님은 이러한 백성들의 요구를 받아들여서 하나님의 말씀을 듣기 위해 모인 백성들이 호렙 산에서 그들의 천막으로 돌아가는 것을 허락하신다.

"가라 그들에게 말하라"는 하나님이 모세에게 백성에게 가서 말하라고 하신 말씀이다.

"너희를 위하여"라는 표현은 이러한 백성들의 요구가 그들 자신을 위한 것임을 표현한다.

31 그러나 너는 여기 내 곁에 서 있으라, 그리고 내가 너에게 말할 것이다 네가 그들을 가르쳐야 할 모든[1] 계명과[2] 법규들과 법령들을[3], 그리고 그들이 내가 그들에게 점령하도록 주는 그 땅 안에서 행할 것이다.[4]

본문 비교

1) 70인경과 탈굼 프쉬도 요나단은 "모든"을 생략한다. 오리겐의 헥사플라는 히브리어 사본과 같게 하기 위하여 "모든"(πάσας)을 덧붙인다(Field).
2) 일부 히브리어 사본들과 쿰란 사본(4QDeut^{j}, 4QPhyl^{b})과 사마리아 오경은 "그리고"를 생략한다.
3) 쿰란 사본(4Q158)은 여기에 "그리고 그 백성은 각자 그의 장막으로 돌아갔다 그리고 모세는 앞에 서 있었다"를 덧붙인다.
4) 70인경은 명령형으로 번역한다: "행하게 하라"(ποιείτωσαν).

"그러나 너는 여기 내 곁에 서 있으라." 30절에 이어 하나님의 말씀이 계속된다. 백성들은 각기 장막으로 돌아가는 것이 허용되었으나 모세는 하나님 곁에 남아 있어야 했다.

모세가 하나님 곁에 머물러 있어야 했던 이유는 십계명 외에 다른 말씀들을 하나님으로부터 들어야 했기 때문이다. 모세는 하나님께 법들을 듣고 백성들에게 하나님의 법을 가르쳐야 했다. 그 법들은 백성들이 약속의 땅 안에서 준행해야 할 말씀들이었다.

"그 땅 안에서 그것들을 행할 것이다." 하나님은 이스라엘 백성을 출애굽 사건으로 하나님의 백성으로 선택하였다. 더 나아가 그들을 하나님의 약속의 땅으로 인도하며 그 땅을 그들에게 선물로 주실 것이다. 약속의 땅에 들어가기 전에 하나님은 그들이 지켜야 할 법을 주셨다. 이스라엘은 하나님의 법을 가지고 약속의 땅으로 들어가게 된다. 이제 이스라엘은 그 약속의 땅 안에서 하나님의 법을 지키며 살아가야 한다.

약속의 땅은 하나님의 법이 준수되어야 할 장소이다. 이렇게 하나님의 약속은 하나님의 법과 서로 밀접하게 연결되었다.

32 그리고 너희는 행하는 데 주의해야 한다, 아도나이 너희[1] 하나님이 너희에게[2] 명령하셨던 대로[3], 너희는[4] 우로나 좌로나 치우치지 말아야 한다.

본문 비교

1) 70인경은 단수 "너의"로 읽는다.
2) 70인경은 "너희에게"를 생략한다(Wevers 편집), 랄프Rahlfs 편집은 "너에게"를 갖고 있다.
3) 쿰란 사본(XQPhyl[13])은 "명령하셨던 모든 것을"로 읽는다.
4) 70인경은 2인칭 단수 "너"이다(일부 70인경 사본들의 B V bt는 복수이다).

"주의해야 한다"는 문법상 칼 와우 연속 완료형이지만 명령형 '주의하라', '조심하라', '지켜라'의 번역이 가능하다(NAB, NJB, NIB, NIV, NJPS 등등). 여기서는 뒤에 칼 부정사 연계형 '행하는데'(לַעֲשׂוֹת)라는 표현이 나오기 때문에 주의하라로 번역하는 것이 나을 것 같다.

모세가 가르치는 교훈을 지키는 것은 하나님이 "명령하셨던 대로" 또는 "명령하셨던 것을 따라서" 실천하는 것이다. 말씀을 따라가는 것은 우측으로나 좌측으로나 "치우치지" 않는 것이다. 즉 정도에서 벗어나 다른 길로 가서는 안 된다.

33 아도나이 너희[1] 하나님이 너희에게[2] 명령하셨던 그 모든 길 안에서[3] 너희는 걸어야 한다, 너희가 살고[4] 너희에게 잘되고 너희가 날들을 연장하기 위하여 너희가 점령하려는 그 땅 안에서.

본문 비교

1) 70인경은 단수 "너의"를 갖고 있다.

2) 70인경은 "너희에게"를 생략한다(Wevers 편집). 랄프Rahlfs 편집은 "너에게"를 갖고 있다. 이것은 일부 사본들(B F V)에서 기인한다.

3) 70인경은 "~따라서"로 번역한다.

4) 70인경은 "그가 너에게 쉼을 주기 위하여"로 번역한다.

"길"은 비유적인 표현이다. '길'은 문자적으로 '도로'를 의미하지만 이스라엘이 가야 할 삶의 기준과 표준을 길로 비유한 것이다. 사람이 길을 따라 걸어가듯이 마찬가지로 하나님이 명령하신 말씀을 따라서 살아가라는 것이다. 히브리어는 "길 안에서"인 데 반해 70인경은 "길을 따라서"로 해석한다.

"너희가 살고 너희에게 잘되고 너희가 날들을 연장하기 위하여"는 하나님의 말씀을 따라 사는 삶이 결실해야 할 세 가지 목표를 보여 준다. "~하기 위하여"(למען)가 세 개의 동사들을 지배하는데, 이것을 구체적으로 표현하면 "너희가 살기 위하여 그리고 너희에게 잘되기 위하여, 그리고 너희가 날들을 연장하기 위하여"이다. 말씀을 따라 사는 것은 이스라엘에게 생명을 가져다주고 번영과 복을 주며 약속의 땅에서의 장수와 나라의 존속을 가져다 준다.

참고 문헌

Alt, A., "Das Verbot des Diebstahls im Dekalog," in *Kleine Schriften zur Geschichte des Volkes Israel* I, München, 1953, 333-340.

Auerbach, E., "Das Zehngebot - Allgemeine Gesetzes-Form in der Bibel," *VT* 16 (1966), 255-276.

Albertz, R., "Hintergrund und Bedeutung des Elterngebots im Dekalog," *ZAW* 90 (1978), 348-374.

Andreasen, N. E., "Recent Studies of the Old Testament Sabbath Some Observations," *ZAW* 86 (1974), 453-469.

Braulik, G., "Das Deuteronomium und die Geburt des Monotheismus," in *Gott, der einzige. Zur Entstehung des Monotheismus in Israel*, Freiburg, 1985, 115-159.

Brekelmans, C., "Deuteronomy 5: Its Place and Function," in *Das Deuteronomium*, 164-173.

Bright, J., "The Apodictic Prohibition: Some Observations," *JBL* 92 (1973), 185-204.

Clines, D. J. A., "The Ten Commandments, Reading from Left to Right," in J. Davies, ed., *Words Remembered, Texts Renewed*, JSOTS 195, Sheffield, 1995, 97-112.

Dexinger, F., "Das Garizimgebot im Dekalog der Samaritaner," in G. Braulik, ed., *Studien zum Pentateuch*, FS. W. Kornfeld, Wien, 1977, 111-133.

Dus, J., "Herabfahrung Jahwes auf die Lade und Entziehung der Feuerwolke," *VT* 19 (1969), 290-311.

Eerdmans, B. D. "Der Sabbath," in *Vom Alten Testament*, FS. K. Marti, Giessen, 1925, 79-83.

Elliger, K., "Ich Bin der Heer - euer Gott," in *Kleine Schriften zum Alten Testament*, München, 1966, 211-231.

Fensham, F. C., "An Ancient Tradition of the Fertility of Palestine," *PEQ* 98 (1966), 166-167.

Fohrer, G., "Das sogenannte apodiktische formulierte Recht und der Dekalog," *KuD* 11 (1965), 49-74.

Gammie, J. G., "The Theology of Retribution in the Book of Deuteronomy," *CBQ* 32 (1970), 1-12.

Golka, F. W., "Schwierigkeiten bei der Datierung des Fremd-Goetterverbotes," *VT* 28 (1978), 352-354.

Graupner, A., "Zum Verhaeltnis der beiden Dekalogfassungen Ex 20 und Dtn 5," ZAW 99 (1987), 308-329.

Hartman, L., "The Enumeration of the Ten Commandments," *JBL* 7 (1945), 105-108.

Herrmann, W., "Goetterspeise und Goettertrank in Ugarit und Israel," *ZAW* 72 (1960), 205-216.

Horst, F., "Der Diebstahl im Alten Testament," in *Gottes Recht*, München, 1961, 167-175.

Huffmon, H. B., "The Fundamental Code Illustrated: The Third Commandment," in *Pomegranates Golden Bells Indiana*, 1995, 363-371.

Hulst, A. R., "Bemerkungen zum Sabbatgebot," in *Studia Biblica et Semitica*, FS. Th. C. Vriezen, Wageningen, 1966, 152-164.

Kapelrud, A. S., "The Prophets and the Covenant," in *In the Shelter of Elyon*, FS. G. W. Ahlstroem, Sheffield, 1984, 175-183.

Keszler, W., "Die Literarische, Historische und Theologische Problematik des Dekalogs," *VT* 7 (1957), 1-16.

Klein, H., "Verbot des Menschendiebstahls im Dekalog?" *VT* 26 (1976), 161-169.

Kremers, H., "Die Stellung des Elterngebotes im Dekalog," *EvT* 21 (1961), 145-161.

Kuhl, C., "Die 'Wiederaufnahme' - ein literarkritisches Prinzipl" *ZAW* 64 (1952), 1-11.

Lang, B., "The Social Organization of Peasant Poverty in Biblical Israel," *JSOT* 24 (1982), 47-63.

——, "Du sollst nicht nach der Frau eines anderen verlangen. Eine neue Deutung des 9. und 10. Gebots," *ZAW* 93 (1981), 216-224.

Levin, C., "Der Dekalog am Sinai," *VT* 35 (1985), 165-191.

L'Hour, J., "Formes litteraires, structure et unite de Deuteronome 5-11," *Bib* 45 (1964), 551-555.

Lohfink, N., "Zur Dekalogfassung von Dt 5," in *Studien zum Deuteronomium und zur deuteronomistischen Literatur* I, Stuttgart, 1990, 193-209.

———, "Die These vom 'deuteronomischen' Dekaloganfang - ein fragwuerdiges Ergebnis atomistischer Sprachstatistik," in G. Braulik, ed., *Studien zum Pentateuch*, FS. W. Kornfeld, Wien, 1977, 99-109.

Lopez, F. G., "Analyse Litteraire de Deuteronome, V-XI," *RB* 84 (1977), 481-522.

———, "Analyse Litteraire de Deuteronome, V-XI (fin)," *RB* 85 (1978), 5-49.

Loretz, O., "Das "Ahnen-und Goetterstatuen-Verbot" im Dekalog und die Einzigkeit Jahwes. Zum Begriff des Goettlichen in Altorientalischen und Alttestamentlichen Quellen," in W. Dietrich and M. A. Klopfenstein, ed., *Ein Gott allein?* OBO 139, Goettingen, 1993, 491-527.

Mathys, F., "Sabbatruhe und Sabbatfest," *ThZ* 28 (1972), 257-262.

Merendino, R. P., "Zu Dt. V-VI. Eine Klärung," *VT* 31 (1981), 80-83.

Moran, W. L., "The Conclusion of the Decalogue (Ex 20,17 = Dt 5,21)," *CBQ* 29 (1967), 543-554.

Mutius, H. G. von, "Zwei Bibletextvarianten bei Bachja Ibn Pakuda (Jes. xxvi 8, Deut. v 21)," *VT* 30 (1980), 234-236.

Otto, E., "Alte und neue Perspektiven in der Dekalogforschung," in *Kontinuum und Proprium*, Wiesbaden, 1996, 285-292.

———, "Der Dekalog als Brennspiegel israelitischer Rechtsges-

chichte," in *Kontinuum und Proprium*, Wiesbaden, 1996, 293-303.
Patrick, D., "The First Commandment in the Structure of the Pentateuch," *VT* 45 (1995), 107-118.
Peckham, B., "The Composition of Deuteronomy 5-11," in *The Word of the Lord Shall Go Forth*, FS. D. N. Freedman, Philadelphia, 1983, 217-239.
Phillips, A., "The Decalogue: Ancient Israel's Criminal Law," in *A Song of Power and the Power of Song*, Indiana, 1993, 225-246.
Stade, B., "Ein Land, wo Milch und Honig fliesst," *ZAW* 22 (1902), 321-324.
Stamm, J. J., "Sprachliche Erwaegungen zum Gebot 'Du sollst nicht toeten'," *ThZ* 1 (1945), 81-90.
Tigay, J. H., "Conflation as a Redactional Technique," in *Empirical Models for Biblical Criticism*, Philadelphia, 1985, 53-89.
Tsevat, M., "The Basic Meaning of the Biblical Sabbath," *ZAW* 84 (1972), 447-459.
Schmidt, W. H., *Das erste Gebot. Seine Bedeutung für das Alte Testament*, München, 1969.
Veijola, T., "Die Propheten und das Alter des Sabbatgebots," in *Prophet und Prophetenbuch*, FS. O. Kaiser, Berlin, 1989, 246-264.
Watts, J. D. W., "Infinitive Absolute as Imperative and the Interpretation of Exodus 20 8," *ZAW* 74 91962), 141-145.
W. Zimmerli, *Grundriss der alttestamentlichen Theologie*, Stuttgart, 1975.
——, "Ich bin Jahwe," in *Gottes Offenbarung. Gesammelte Aufsätze*, München, 1969, 11-40.

신명기 6장

A New Translation with
Introduction
and Commentary

DEUTERONOMY

D E U T E R O N O M Y

신명기 6장

Deuteronomy 6

내용/구조

6장부터는 모세를 통하여 주어지는 구체적인 하나님의 말씀들이다. 하나님은 직접 십계명을 선포하셨다. 그러자 하나님의 영광 때문에 두려움에 사로잡힌 이스라엘 백성은 모세에게 중재자가 되어 하나님의 말씀을 대신 전해 달라고 요청한다. 하나님은 이 요청을 받아들여 모세를 부르신다. 이스라엘은 이제 모세를 통하여 전해지는 하나님의 명령들을 듣게 된다. 그들이 하나님의 법에 순종할 때, 약속의 땅 안에서 장수와 번영과 번성의 복을 받게 될 것이다(1-3절).

모세를 통해 전달되는 하나님의 명령은 "들으라 이스라엘아"로 시작하며 이스라엘의 하나님 아도나이는 "한 아도나이이다"라고 선언한다. 이 선언은 이스라엘 하나님의 특성인 유일성과 독특성을 밝히고 있다. 더 나아가 하나님을 사랑하라는 대명령이 주어진다(4-5절). 이 명령은 십계명의 2계명과 밀접한 관련이 있다(참고. 5:10). 이스라엘 백성들이 전인격적으로 준수해야 할 명령은 온 마음과 온 힘으로 하나님을 사랑하는 것이다. 이 명령은 추상적인 것이 아니라 구체적인 삶 속에서 실천하는 것으로 나타나야 한다(6-9절).

가나안 땅은 이스라엘에게 축복의 땅이다. 하지만 이 땅의 복이 이스라엘을 영적으로 나태하게 하는 유혹이 될 수 있다. 이스라엘이 가나안 땅의 풍요로운 삶에 젖어 하나님의 명령을 잊어버리기 쉽다. 가나안 땅의 풍성한 소산을 먹고 배부를 때가 이스라엘이 영적으로 가장 조심해야 할 때이다(10-12절). 모든 것에 부족함이 없을 때 나태해져서 아도나이를 잊어버리기 쉬울 뿐 아니라 다른 신을 섬기려는 유혹을 받을 수도 있다. 이러한 유혹에 대하여 모세는 강하게 경고하며 이방 신을 섬기는 것을 금지한다. 이스라엘이 다른 신을 섬긴다면 하나님은 이스라엘을 향하여 질투하시며 이스라엘을 심판하실 것이다(13-15절).

하나님의 명령을 지키는 것은 미래의 후손에게도 가르쳐야 한다. 후손들이 이 법들이 갖고 있는 의미가 무엇이냐고 질문할 때를 대비해야 한다. 후손들을 위해 하나님의 명령과 법이 나오게 된 배경과 역사적인 상황을 설명해야 하며 그들이 이 명령에 순종할 때 얻게 되는 결과들을 말해야 한다(20-25절).

따라서 우리는 다음과 같이 6장의 내용을 분석할 수 있다.

1. 모세에 의해 전달되는 하나님의 명령(6:1-3).
2. 아도나이를 사랑하라(6:4-9).
3. 배 부를 때 조심하라(6:10-15).
4. 아도나이를 시험하지 말고 그의 명령을 지켜라(6:16-19).
5. 하나님의 명령의 의미(6:20-25).

1. 모세에 의해 전달되는 하나님의 명령(6:1-3)

모세가 전달하는 하나님의 명령들이 시작된다. 5:32-33과 유사하게 하나님의 명령에 대한 이스라엘의 순종을 강조한다. 순종은 이스라엘에게 장수, 번영, 복을 약속하며, 이스라엘의 번성을 확신한다. 이스라엘은 이러한 유익들을 약속의 땅 안에서 누릴 수 있다.

번역

1 그리고 이것은 너희를 가르치기 위하여 아도나이 너희 하나님이 명령하셨던 명령, 법규들과 법령들이다,
너희가 그것을 점령하기 위하여 거기로 건너가는 땅 안에서 행하도록.
2 네가 아도나이 너의 하나님을 경외하기 위하여,
내가 너에게 명령하는 모든 그의 법규들과 명령들을 행함으로,
너와 너의 아들과 너의 아들의 아들이, 너의 삶의 모든 날들에,
그리고 너의 날들이 연장되기 위하여.
3 그리고 너는 들어야 한다 이스라엘아 그리고 너는 행하는 데 주의해야 한다,
이것이 너에게 잘되기 위해, 그리고 너희가 매우 많아지기 위해,
아도나이 너의 조상들의 하나님이 너에게 말했던 대로, 젖과 꿀이
흐르는 땅(안에서).

주해

1 그리고[1)] 이것은[2)] 너희를 가르치기 위하여 아도나이 너희[3)] 하나님이 명령하셨던 명령[4)], 법규들과[5)] 법령들이다, 너희가 그것을 점령하기 위하여 거기로 건너가는[6)] 땅 안에서 행하도록[7)].

본문 비교

1) 쿰란 사본들(4QPhyl^{m}, XQPhyl^{2})은 접속사 "그리고"를 생략한다.
2) 70인경은 복수형 "이것들"로 읽는다.
3) 일부 70인경 사본들은(A B M) "너희"가 아니라 "우리의"를 갖고 있다.

4) 70인경은 복수 "명령들"이다.

5) 일부 히브리어 사본들, 70인경과 시리아 역은 "법규들" 앞에 접속사 "그리고"를 갖고 있다.

6) 마소라(사마리아 오경, 4QPhyl[h], 벌게이트)는 עברים인데 반하여 쿰란 사본(4QPhyl[bm], 8QPhyl, XQPhyl[2]), 70인경, 시리아 역은 באים이다.

7) 70인경과 쿰란 사본(4QPhyl[m])은 "이렇게 행하도록"으로 읽는다.

모세는 백성들로부터 하나님의 말씀을 듣고 전달해 달라는 요청을 받았다. 이제 그 요구대로 하나님의 말씀을 들은 모세가 백성에게 전달하기 시작한다.

"이것은 너희를 가르치기 위하여 아도나이 너희 하나님이 명령하셨던 명령, 법규들과 법령들이다"는 모세가 하나님께로 전해 들은 말씀들의 표제어이다. 모세가 하나님의 말씀을 받은 이유는 백성들을 가르치기 위해서이다. 또한 이 말씀들은 이스라엘이 점령하려고 들어가는 땅 안에서 실천되어야 할 것이다.

개역 성경은 복수형인 '법규들과 법령들'을 단수형으로 '규례와 법도'로 번역한다. '법규와 법령'에 관해서는 4:1을 참고하시오.

2. 네가[1] 아도나이 너의[1] 하나님을 경외하기 위하여, 내가 너에게 명령하는[2] 모든[3] 그의 법규들과[4] 명령들을 행함으로, 너와 너의 아들과 너의 아들의 아들이[5], 너의 삶의 모든 날들에, 그리고 너의 날들이 연장되기 위하여.

본문 비교

1) 70인경은 복수 "너희"와 복수 소유격 "너희의"이다.

2) 쿰란 사본들(4QPhyl[Jm], XQPhyl[2])과 70인경은 "오늘날"을 덧붙인다.

3) 쿰란 사본(XQPhyl[13])은 "모든"을 생략한다.

4) 쿰란 사본(XQPhyl[2])은 "그의 법령들"을 덧붙인다.

5) 70인경과 벌게이트는 "너의 아들들과 너의 아들들의 아들들"로 복수형이다.

"~하기 위하여"(למען)가 문장 처음에 나와서 1절과 연결시키고 있다. 모세가 가르치는 법들은 이스라엘 백성으로 하여금 하나님을 경외하게 하기 위한 목적을 갖고 있다. 이스라엘이 하나님을 두려워하고 존경하는 것은 추상적이고 이론적인 것이 아니라 구체적으로 삶 속에서 그들이 하나님의 법들을 지키는 것이다.

"행함으로"(לשמר)는 부정사 연계형으로 번역하기가 까다롭다. 부정사 연계형의 용법이 다양하기 때문이다. 베버Wevers는 이 부정사를 하나님을 경외하는 것의 결과로 해석한다. 즉 이스라엘이 하나님을 두려워한다면 모든 그의 법들을 지킬 것이라는 것이다. 하지만 내 판단으로는 앞의 주동사를 보충 설명하는 것 같다(참고. Waltke-O, 608-9). 즉 하나님을 두려워하는 것은 구체적으로 하나님의 법들을 지킴으로 나다나는 것 같다(RSV, Christensen).

"너와 너의 아들과 너의 아들의 아들." 하나님의 법은 오고 오는 모든 세대들에게도 해당된다. 모세의 가르침을 받는 출애굽 후세대뿐 아니라 이스라엘의 후손들도 하나님의 법을 지키며 순종해야 한다.

"너의 삶의 모든 날들에"는 '살아 있는 동안'을 의미한다. 평생에 하나님을 두려워하며 그의 법을 지킬 것을 말한다. 사울과 솔로몬의 경우를 생각하면 평생에 하나님을 잘 경외하는 것이 얼마나 중요한가를 알 수 있다.

하나님의 명령에 순종하는 것은 날들을 길게 하기 위한 것이다. 하나님의 법을 지킬 때 이스라엘은 개인적으로 오래 사는 장수의 복을 누리게 되며 국가적으로 약속의 땅 안에서 오랫 동안 존속할 수 있게 되는 것이다.

[3] 그리고 너는 들어야 한다 이스라엘아 그리고 너는 행하는데 주의해야 한다, 이
것이 너에게 잘 되기 위해[1], 그리고 너희가[2] 매우 많아지기 위해, 아도나이 너
의 조상들의 하나님이 너에게 말했던 대로[3], 젖과 꿀이 흐르는 땅(안에서)[4].

본문 비교

1) 관계 대명사 '아쉐르'(אשר)에 인도되는 절이다. 쿰란 사본(4QPhyl[h])은 여기에 전치사 '케'(כאשר)를 덧붙인다.
2) 사마리아 오경, 시리아 역, 벌게이트는 단수 "너"이다.
3) 70인경은 여기에 "주기로"를, 그리고 시리아 역은 "그가 너에게 주었다"를 덧붙인다.
4) 히브리어에는 "안에서"라는 표현이 없다. 문맥상 넣어서 번역하는 것이 나을 것 같다.

"그리고"는 '그러므로'의 의미를 가질 수 있다.

"너는 들어야 한다 이스라엘아 그리고 너는…주의해야 한다"의 문법 형태는 칼 완료형이지만 명령형으로 번역될 수 있다(70인경도 명령형): "들으라 이스라엘아 그리고 주의하라"(ASV, KJV, NIB, NIV, NKJ, NRS, RSV).

"너는 들어야 한다"는 '순종해야 한다'라는 의미를 담고 있다. "주의해야 한다"는 '조심해야 한다', '지켜야 한다'라는 뜻도 포함한다. 먼저 하나님의 말씀을 들어야 하며 그 후에 그 말씀을 행하는 데 주의해야 한다.

"이것이 너에게 잘되기 위해, 그리고 너희가 매우 많아지기 위해"는 관계 대명사 '아쉐르'(אשר)에 의해 인도되는 절들이다. 관계 대명사의 용법이 아주 다양한데 여기서는 매우 드문 용법으로 목적절을 표현한다(참고. 4:10; Joüon § 168f; Waltke-O, 638-9).

하나님의 법을 순종하고 지키는 것은 두 개의 목적을 갖고 있다. 첫

째는 이스라엘이 잘되기 위하여 즉 번영과 행복을 위해서이다. 둘째는 이스라엘이 수적으로 번성하기 위함이다. 하나님의 말씀은 단순한 윤리적, 도덕적 교훈이 아니라 인간의 실존적인 삶을 풍요롭게 하는 말씀이다. 이 말씀을 잘 지킬 때 인간 삶의 질이 달라질 수 있다.

"아도나이 너의 조상들의 하나님이 너에게 말했던 대로"는 이스라엘의 족장들에게 하나님이 약속했던 말씀대로라는 의미이다. 약속의 성취와 실현을 의미한다.

하나님의 약속의 성취는 약속의 땅 안에서, "젖과 꿀이 흐르는 땅" 안에서 이루어진다. 이 표현은 신명기의 다른 곳에서도 자주 발견된다(6:3; 11:9; 26:9, 15; 27:3; 31:20). 젖은 염소나 암소에서 얻는 우유이며 꿀 역시 벌꿀이나 과일에서 얻어지는 단것으로 자연의 산물이다.

"젖과 꿀이 흐르는 땅"이 무엇을 의미하는지에 대한 다양한 해석이 있다.

첫째, 신학적인 해석을 위한 표현이라는 견해이다. 고대 근동과 헬라 문헌에서 젖과 꿀은 신들의 음식으로 나온다. 이스라엘은 이것을 신학적인 실재를 표현하기 위해 빌어왔다. 이것은 다가올 하나님의 은혜의 행동을 표현하기 위한 신학적인 해석이다(G. A. F. Knight, 20). 하지만 "젖과 꿀이 흐르는 땅"이라는 표현이 신학적인 실재를 표현하는지는 분명하지 않다. 왜냐하면 젖과 꿀은 자연의 소산물이며 특히 젖은 유목민에게 필수적인 식량이기 때문이다.

둘째, 이 표현은 그 의미가 확대되었다는 의견이다. 이것은 원래 젖을 내는 가축들을 위한 목초지가 있는 복 받은 땅을 의미했다. 그러나 시간이 지남에 따라 인간의 수고의 결과로서 풍성한 수확을 나타내는 표현으로 그 의미가 확대되었다(U. Cassuto, *Exodus*, 34).

셋째, 축복 받은 땅에 대한 찬양을 표현한다(A. de Leeuw).

넷째, 셋째와 유사한 해석으로 낙원의 은혜가 가득한 땅으로 이해한다(E. Zenger, 48).

다섯째, 이스라엘 땅의 비옥함과 기름짐을 나타내는 속담적인 표현이다(Tigay).

여섯째, 다섯째와 비슷하게 가나안 땅의 풍성함을 가리키는 과장법이라는 것이다(C. Houtman, *Exodus* I, 337).

위의 설명들 가운데 셋째, 다섯째와 여섯째 견해가 가장 무난하다. 이 표현에서 문제가 되는 것은 "흐르는"이다. 젖과 꿀이 흐르는 땅은 그 땅의 풍성함과 비옥함을 과장되게 표현한 것 같다. 하지만 또한 하나님이 이스라엘에게 주기로 약속된 땅이기 때문에 축복 받은 땅인 것은 의심의 여지가 없다(땅에 관한 설명은 신 8:7-10을 참고).

2. 아도나이를 사랑하라(6:4-9)

'들으라'는 명령으로 시작하는 이 본문은 아도나이 신앙에 있어 중요한 명제를 진술한다. '아도나이를 사랑하라'는 위대한 명령이 주어진 것이다. 이스라엘은 하나님을 전인격적으로 사랑해야 한다. 하나님 사랑은 구체적으로 하나님의 명령을 지키는 것에서 드러난다. 이스라엘은 하나님의 명령을 마음속 깊이 간직해야 하며 동시에 사람이 항상 볼 수 있는 곳에 두어야 한다. 예수님께서도 '아도나이를 사랑하라'는 명령을 첫째 되는 계명으로 규정하셨다(막 12:29-30).

번역

4 들으라, 이스라엘아, 아도나이 우리의 하나님은 한 아도나이이다.
5 그리고 너는 아도나이 너의 하나님을 사랑해야 한다,
온 너의 마음으로 그리고 온 너의 영혼으로 그리고 온 너의 힘으로.
6 그리고 내가 오늘 너에게 명령하는 이 말씀들이 너의 마음에 있어야 한다.

7 그리고 너는 그것들을 너의 아들들에게 엄하게 가르쳐야 한다,
그리고 너는 그것들을 말해야 한다,
너의 집안에 네가 앉았을 때 그리고 네가 길에 걸을 때,
그리고 네가 누웠을 때와 네가 일어날 때.
8 그리고 너는 그것들을 기호로 너의 손 위에 묶어야 한다,
그리고 그것들이 너의 눈들 사이에 표로 있어야 한다.
9 그리고 너는 그것들을 너의 집의 문기둥들과 너의 문들 위에 기록해야 한다.

주해

4 [1]들으라, 이스라엘아, 아도나이 우리의 하나님은 한 아도나이이다.[2]

본문 비교

1) 70인경은 여기에 긴 삽입구 문장을 가지고 있다: "그리고 이것들은 주님이 이스라엘 아들들에게 광야 안에서 명령하셨던 법규들과 법령들이다, 그들이 이집트의 땅에서 나왔을 때"(καὶ ταυ̑τα τὰ δικαιώ̃ματα καὶ τὰ κρι̑ματα, ὅσα ἐνετείλατο κύριος τοι̑ς υἱοι̑ς 'Ισραὴλ ἐν τῃ̑ ἐρήμῳ ἐξελθόντων αὐτω̑ν ἐκ γη̑ς Αἰγύπτου). 히브리어 나쉬 파피루스 역시 70인경과 같은 문장을 가지고 있는데 "주님"을 "모세"로 읽는 것이 다르다.

2) 탈굼 네오피티는 긴 삽입 문장을 가지고 있다. 야곱이 이스라엘에게 질문한다. 아브라함의 조상들의 우상 또는 라반의 우상을 섬기겠느냐? 아니면 야곱의 하나님을 섬기겠느냐? 이 질문에 대해 이스라엘이 "들으라, 우리의 아버지 이스라엘아, 아도나이 우리의 하나님은 한 하나님이다"라고 답변한다. 탈굼 프쉬도 요나단 역시 네오피티보다는 짧은 야곱과 이스라엘의 질문 및 답변 형식으로 나온다.

"들으라, 이스라엘아"는 히브리어로 '쉐마 이스라엘'이다(참고. 4:1; 5:1). 명령형으로 이스라엘의 주의를 끌고 있다. "들으라"에 '순종하라'는 의미가 담겨 있다.

탈굼 네오피티와 탈굼 프쉬도 요나단은 "이스라엘"을 족장 중의 한 사람인 '야곱' 개인의 이름으로 간주한다. 하지만 이 해석은 문맥의 흐름에 맞지 않는 것 같다. 여기서 이스라엘은 집단적으로 국가적인 이스라엘을 의미한다.

"아도나이 우리의 하나님은 한 아도나이이다"는 히브리어로 동사가 없는 명사 문장으로(יהוה אלהינו יהוה אחד) 문자적인 번역은 "아도나이 우리의 하나님 아도나이 하나"이다. 따라서 이 문장은 동사를 넣어서 다음 네 가지 문장으로 번역이 가능하다.

1) "아도나이는 우리의 하나님이다, 아도나이는 하나이다"(C. H. Gordon, 198).
2) "아도나이는 우리의 하나님, 유일하신 아도나이이다"(NJPS; Ehrlich; Ibn Ezra; Ridderbos; Steuernagel; 유사한 번역으로 "우리의 하나님은 아도나이, 홀로 아도나이이다!" S. D. McBride, 274).
3) "아도나이 우리의 하나님은 한 아도나이이다"이다(Bertholet; Craigie; Driver; Keil-Delitzsch; Weinfeld).
4) "아도나이 우리의 하나님, 아도나이는 하나이시다"(유사한 번역으로 "아도나이, 아도나이 우리의 하나님은 유일하신 자이다" M. J. Dahood, "Ugaritic-Hebrew Parallel Pairs," In *RSP* 1:158, 361).

여기에 하나의 해석을 덧붙일 수 있는데, 이 번역은 해석이 첨가된 번역이다. "아도나이는 우리의 하나님, 하나로서 아도나이이다"(Holwerda; König; 참고. von Rad). 위 번역에서 2번과 3번이 가장 많은 지지를 받는다. 신명기에서 하나님의 명칭인 "아도나이 우리의 하나님"이 자주 나오는 것(23회)을 고려해 볼 때 3번의 해석이 무난한 것 같다. 개역 성경의 "우리 하나님 여호와는 오직 하나인 여호와시니"(개역개정은 "우리 하나님 여호와는 오직 유일한 여호와이시니")에서 "오직"은 첨가된 표현이다.

여기서 중요한 표현은 "한"(אחד)이다. 이 단어는 '하나', '유일한'의 뜻을 갖는다. 즉 '아도나이는 하나이시다' 또는 '아도나이는 유일하시다'는 의미로 이스라엘 하나님의 독특성을 표현한다. 고대 근동의 신들이 다신론이었다. 하지만 이스라엘의 하나님은 유일신 하나님이다. 이 구절은 "유일신론의 위대한 선언"이다(Driver). 이스라엘의 하나님은 유일하신 한 분이시며 다른 신들과 비교할 수 없는 분이다(참고. 4:35, 39; 10:17; 슥 14:9).

5 그리고 너는 아도나이 너의 하나님을 사랑해야 한다[1], 온 너의 마음으로 그리고 온 너의 영혼으로 그리고 온 너의 힘으로[2].

본문 비교

1) 탈굼 네오피티는 "주님의 법의 교훈을 사랑하라"로 읽는다. 탈굼 프쉬도 요나단은 자유로운 의역을 덧붙여 "너의 조상들의 참된 예배를 따라라 그리고 너의 하나님 주님을 사랑하라"로 해석한다.
2) 아람어 성서들(옹켈로스, 네오피티, 프쉬도 요나단)과 시리아 역은 히브리어의 "너의 힘"을 "너의 물질"로 해석한다. 시프레 신명기(32)와 랍비 전통들(랍비 Eliezer; 미쉬나 Ber. 9:5) 역시 '물질', '부', '돈'으로 해석한다.

"너는…사랑해야 한다"는 문법적으로 칼 완료형이지만 명령형으로도 번역될 수 있다(개역 성경은 명령형으로 번역).

유일하신 한 하나님을 섬기는 방법은 '하나님을 사랑하라'는 것이다.

사랑은 내면적인 감정뿐만이 아니라 행동까지도 포함한다. 사랑은 인간의 모든 마음을 점령한다. 여기서 사랑의 대상은 인간이 아니라 하나님이다. 하나님을 사랑하라는 것은 하나님께 대한 전적 충성과 헌신을 뜻한다.

하나님 사랑에 대한 주제는 신명기의 특징 가운데 하나이다[7:9, 10:12, 11:1, 13, 22, 13:4(개역 성경 13:3), 19:9, 30:6, 16, 20]. 하나님을 사랑하는 것은 십계명의 2계명에서도 나타났었다(출 20:6=신 5:10). 1-2계명이 하나님을 섬기는 방법을 우상 숭배에 대한 부정적 금지에 강조점을 두었다면 6:5-9은 하나님을 섬기는 방법을 긍정적으로 설명한다. 예수님은 신명기 6:4-5을 인용하여 모든 계명 가운데 크고 첫째 되는 계명이 '하나님을 사랑하는 것'이라고 정의하셨다(막 12:29-30, 마 22:37-38, 눅 10:27).

"온 너의 마음으로 그리고 온 너의 영혼으로 그리고 온 너의 힘으로"는 신명기에 자주 나타나는 표현으로(참고. 4:29, 10:12, 11:13, 13:4, 26:16, 30:2, 6, 10) 하나님을 사랑하는 구체적인 방법을 설명한다. "온"은 '모든'을 의미하며 세 개의 전치사 구가 병렬관계를 이루고 있다. 3개의 전치사 "~으로"(ב)는 수단과 방법을 설명한다(70인경은 전치사 ἐξ '~으로부터'를 사용하여 "온 너의 마음으로부터 그리고 온 너의 영혼으로부터 그리고 온 너의 힘으로부터"로 번역한다. 하나님을 마음과 영혼과 힘으로부터 우러나오는 것으로 사랑하라는 것이다). "마음", "영혼", "힘"은 전인격적인 표현이다. 인간의 모든 것들, 지성, 감정, 의지, 존재 자체, 에너지 등을 포함한다. 즉 인간의 모든 것으로 하나님을 사랑하라는 것이다. 이것을 보면 하나님은 인간에게 100%의 충성과 헌신을 요구하는 것이다. 이것은 하나님이 행하신 은혜로운 행위들에 대한 인간의 반응이다.

개역 성경의 번역 "너는 마음을 다하고 성품을 다하고 힘을 다하여"는 문자적인 번역이 아니라 의미를 살리는 번역이다.

6 그리고 내가 오늘 너에게 명령하는 이 말씀들이 너의 마음에[1] 있어야 한다[2].

본문 비교

1) 70인경은 "너의 마음 안에 그리고 너의 영혼 안에"로 읽는다.
2) 탈굼 프쉬도 요나단은 "너의 마음의 판에" 기록되어야 한다고 해석한다.

하나님을 사랑하는 구체적인 방법이 기록되었다. 하나님을 온 '마음'으로 사랑해야 하는데, 그 '마음'에는 다름 아닌 '말씀들'이 있어야 한다. "이 말씀들"은 십계명을 포함하여 모세를 통하여 주어지는 신명기의 법들을 의미할 수 있다.

"너의 마음에"는 문자적으로 "너의 마음 위에"이다. 말씀들이 마음에 있어야 한다는 것은 말씀들이 늘 마음의 관심사이며 기억해야 할 대상이라는 것이다. 십계명은 돌판 위에 새겨져 있었다. 하지만 그 말씀들은 이스라엘 사람들의 마음 위에 다시 새겨져야 했다.

이것은 예레미야의 새 언약을 상기시킨다. 새 언약에 따르면 하나님이 장차 세우실 새 언약은 인간의 마음 위에 기록될 말씀이다(렘 31:31-33).

7 그리고 너는 그것들을 너의 아들들에게 엄하게 가르쳐야 한다, 그리고 너는 그것들을 말해야 한다, 너의[1] 집안에 네가[2] 앉았을 때 그리고[3] 네가[2] 길에 걸을 때, 그리고[4] 네가[2] 누웠을 때와 네가[2] 일어날 때.

본문 비교

1) 사마리아 오경, 쿰란 사본(4QPhyl[co])과 70인경은 "너의"를 갖고 있지 않다.
2) 70인경은 2인칭 "네가"를 생략한다.
3) 사마리아 오경은 접속사 "그리고"가 없다.

4) 일부 히브리어 사본들, 사마리아 오경, 벌게이트는 접속사 "그리고"를 가지고 있지 않다.

6절과 연결하여 하나님의 말씀들이 마음에 있게 하기 위한 구체적인 방법들을 설명한다.

"엄하게 가르쳐야 한다"(이와 같은 번역을 취하는 독일어 성경은 다음과 같다 : ELB, ELO, LUO, LUT, SCH)는 '사난'(שׁנן), '날카롭게 하다', '갈다'의 피엘(강의 능동) 완료형으로 '날카롭게 또는 엄하게 가르치다'이다(BDB, 1041, Ges-B, 852). '의식 또는 기억을 날카롭게' 하는 것이다. 이것은 엄한 가르침을 통해 아들들에게 감명을 주는 것 또는 인상을 각인시키는 것이다. 일부 학자들은 이 단어를 '반복하다'로 해석하기도 한다(HAL IV, 1484, Craigie, 이런 번역을 취하는 독일어 성경은 EIN이며 불어 성경들은 FBJ와 TOB이다). 이 해석 역시 결론은 같다. 즉 '반복' 교육을 통해서 감명을 주는 것으로(Labuschagne) 하나님의 말씀들을 마음에 간직하기 위한 교육 방법이다.

"말해야 한다"는 대화(Thompson)나 암송(NJPS, Weinfeld)을 의미할 수 있다. 말씀들을 말하는 데 시간과 장소에 구애받지 않는다. 집에 앉아 있을 때는 집에 머무는 것을, 길을 갈 때는 외출 중이나 여행할 때를, 누웠을 때는 밤에 잠을 자는 것을, 그리고 일어날 때는 아침에 기상하는 것을 의미한다. 집에 있는 것과 길을 가는 것은 집 안에 있을 때와 집 밖에 있을 때를, 그리고 누운 것과 일어나는 것은 잠을 잘 때와 일어날 때를 의미하는 것으로 서로 쌍을 이루고 있다. 이것은 항상을 의미한다. 시간과 장소에 상관없이 항상 반복해서 하나님의 말씀을 이야기하며 암송할 것을 말한다.

8 그리고 너는 그것들을 기호로 너의 손[1] 위에 묶어야 한다. 그리고 그것들이 너의 눈들 사이에 표[2]로 있어야 한다.

본문 비교

1) 일부 히브리어 사본들, 쿰란 사본(4QPhyl°)과 사마리아 오경은 복수형 "너의 손들"로 읽는다. 탈굼 프쉬도 요나단은 '왼 손'으로, 그리고 탈굼 네오피티는 '팔'로 해석한다.
2) "표"(טטפת)는 '끈'band 또는 '이마 장식'frontlets이다. 70인경은 이것을 형용사 "움직이지 않는"(ἀσάλευτον)으로 번역한다. 시리아 역은 '표', '기호'로, 그리고 벌게이트는 "이리저리로 움직이다"(*movebuntur*)로 번역한다. 아람어 성서들(옹켈로스, 네오피티, 프쉬도 요나단)은 하나같이 '테필린'(תפילין)으로 해석한다. 이것은 유대인들이 머리에 다는 성구함을 의미한다(phylactery). 이것은 네모난 작은 가죽 상자로 그 속에 성경 구절이 적힌 양피지가 들어 있다. 성경 구절은 4개로 출애굽기 13:1-10, 11-16, 신명기 6:5-9, 11:13-21이다. 후에는 십계명도 들어갔다. 가장 오래된 테필린은 쿰란 공동체에서 발견되었다.

하나님의 말씀을 마음에 두기 위한 구체적인 방법으로 실 생활에서 실행할 수 있는 것이다. 한 가지는 하나님의 말씀을 인간의 몸에 두는 방법이며 다른 한 가지는 집에 말씀을 기록하는 것이다.

먼저는 말씀들을 기호로 손에 묶고 이마에 표로 두는 것이다. 여기서 중요한 것은 이러한 방법이 상징적인 것인가 아니면 실제적인 것인가 하는 것이다.

우선 이와 같은 말씀이 나오는 곳은 출애굽기 13:1-10, 11-16과 신명기 11:13-21이다. 출애굽기에서 이 말씀은 출애굽 때에 주어졌다. 출애굽 사건을 기념하는 무교절과 함께 이 사건들을 네 손의 기호와 네 미간의 표로 삼으라는 말씀이 주어졌다(13:9, 16). 출애굽의 해방 사건을 기념하고 기억하는 것이다. 여기서 출애굽 사건을 손의 기호와 미간의 표로 삼으라는 것은 다분히 상징적이고 비유적이다. 하지만 신명기는 출애굽기의 문맥과 다르다. 신명기는 두 곳 모두 말씀들을 기호와 표로 삼으라고 한다.

신명기의 문맥(6:4-9)은 문자적이며 실제적이다. 쉐마로 시작하는 본문에는 하나님을 사랑하라는 계명이 주어진다. 하나님을 사랑하는 구체적인 방법은 말씀을 마음에 두고(6절) 자녀들에게 가르치는 것이다(7절). 그리고는 더 구체적으로 말씀들을 손에 매고 이마에 두며(8절) 집 문설주와 문 위에 기록할 것을 말한다(9절). 하지만 8절에서 어느 말씀들을 어떻게 손에 매며 이마에 달 것인가 하는 구체적인 설명은 주어지지 않았다.

"눈들 사이에 표"에서 발전한 것이 탈무드 시대에 유대인들이 이마에 매달았던 성구함이다(참고. 본문 비교 2). 서기관들과 바리새인들(참고. 마 23:5), 쿰란 공동체와 다른 유대인들이 이것을 문자적으로 받아들였다. 하지만 모든 유대인들이 이것을 문자적으로 받아들이지 않았다. 우선 사마리아인들은 문자적인 해석을 거부했다(Menahot 42b, Gittin 45b). 아퀼라, 데오도치온과 70인경의 해석(참고. 본문 비교 2)도 비유적으로 하나님의 말씀은 움직이지 않고 고정되어 있어야 한다는 의미를 내포하고 있다. 다른 유대인 학자들도 잠언 1:9, 3:3, 4:9, 6:21, 7:3에 근거하여 하나님의 말씀이 우리 몸에 매여 있는 것과 같이 그 교훈들을 잘 기억해야 한다고 비유적으로 해석했다(Samuel ben Meir, Karaites).

9 그리고 너는[1] 그것들을 너의[2] 집의[3] 문기둥들과 너의[2] 문들 위에[4] 기록해야 한다.

본문 비교

1) 70인경은 복수 "너희"로 읽는다.

2) 70인경은 복수 "너희의"를 사용한다.

3) 사마리아 오경, 쿰란 사본(4QPhyl°), 70인경과 시리아 역은 복수

"집들"로 번역한다.

4) 한 히브리어 사본(Ken 69)은 전치사 "위에"를 생략한다.

하나님을 사랑하라는 계명의 마지막 실천 사항으로 사람이 사는 집의 문에 말씀들을 기록하라는 것이다. 집은 가정 공동체가 생활하는 공간이다. 특히 문은 가족 구성원들의 출입구이다. 문을 통해서 집으로 들어가며 밖으로 나갈 수 있다. 문기둥과 문 위에 하나님의 말씀을 기록함으로 가족들이 들어오며 나가며 항상 기록된 말씀들을 볼 수 있다. 이것은 말씀들을 보고 항상 기억하며 생활에 실천하기를 바라는 것이다.

집의 문 위에 말씀들을 기록하라는 것은 7절과 밀접한 관련이 있다. 집 안에 있을 때와 길로 나갈 때 역시 문을 통해야 한다. 그리고 누워 있을 때와 일어날 때도 집 안에서의 생활이다.

이 '문'은 성읍 문들도 포함할 수 있다. 성읍의 모든 주민들이 오고 가며 볼 수 있도록 성문 위에도 하나님의 말씀을 기록해야 한다.

3. 배부를 때 조심하라(6:10–15)

긍정적인 명령 '하나님을 사랑하라'는 말씀 후에, 배부를 때 '다른 신을 따라가지 말라'는 부정적인 명령이 주어진다. 이스라엘이 가나안 땅에 들어가서 그 땅의 풍요로움을 누릴 때 가나안 땅을 선물로 주신 아도나이를 잊지 않도록 조심해야 한다. 아도나이를 잊고 다른 신을 따라가서 섬기는 것은 하나님의 질투를 유발한다.

번역

10 그리고 이것이 있을 것이다, 아도나이 너의 하나님이 그가 너의 조상들, 아브

라함에게 이삭에게 그리고 야곱에게, 너에게 주기로 맹세하셨던 그 땅으로 너
를 들어가게 하실 때,
네가 짓지 않은 크고 좋은 성들.
11 그리고 네가 채우지 않은 모든 좋은 것들로 채워진 집들,
그리고 네가 파지 않은 파진 우물들,
네가 심지 않은 포도 나무들과 올리브 나무들,
그리고 네가 먹고 만족할 때,
12 조심하라 너 자신을,
너를 인도해 낸 아도나이를 너는 잊지 않도록
이집트의 땅으로부터, 노예들의 집으로부터.
13 너는 아도나이 너의 하나님을 두려워해야 하며 그를 섬겨야 한다,
그리고 그의 이름으로 너는 맹세해야 한다.
14 너희는 다른 신들을 따라가서는 안 된다,
너희 주위에 있는 그 백성들의 어떤 신들도.
15 왜냐하면 너의 가운데 있는 아도나이 너의 하나님은 질투하는 하나님이기 때
문이다,
너의 하나님 아도나이의 진노가 너에 대하여 타올라서
그가 지면에서 너를 멸망시키지 않도록.

주해

10 그리고 이것이 있을 것이다, 아도나이 너의 하나님이 그가 너의 조상들, 아브라함에게 이삭에게 그리고 야곱에게, 너에게 주기로 맹세하셨던 그 땅으로 너를 들어가게 하실 때, 네가 짓지 않은 크고 좋은 성들.

4-9절들이 하나님을 사랑하라는 계명을 말하는 반면 10-12절들은 하나님을 잊지 말라는 경고를 담고 있다. 10-11절은 '~때'(כִּי)로 인도되는 조건절이며 12절은 귀결절이다(참고. 수 24:13, 느 9:24-25).

하나님이 족장들에게 했던 약속이 성취될 때를 가정하고 있다. "들어가게 하실 때"(70인경은 가정법 과거이다: εἰσαγάγῃ)는 하나님이 이스라엘을 약속의 땅으로 '데려가실 때', 즉 약속이 성취될 때를 의미한다.

"크고 좋은 성들"은 하나님이 약속하신 땅에 있는 구체적인 것들이며 11절의 "집들", "우물들", "포도 나무들과 올리브 나무들" 역시 약속의 땅에 속한 것들에 대한 자세한 설명이다.

이스라엘이 가나안 거민과 전쟁을 할 때, 헤렘 전쟁으로 그들을 전멸시켜야 했다(참고. 신 20:16-18, 2:26-37). 호흡이 있는 사람들은 다 죽여야 했지만 성읍들, 집들과 나무들은 파괴하지 않고 그들이 차지할 수 있었다.

11 그리고[1] 네가 채우지 않은 모든 좋은 것들로 채워진 집들, 그리고[1] 네가 파지 않은 파진 우물들, 네가 심지 않은 포도 나무들과 올리브 나무들, 그리고 네가 먹고 만족할 때,

본문 비교

1) 사마리아 오경, 70인경, 벌게이트는 접속사 "그리고"를 생략한다.

11절은 10절과 함께 조건절에 속한다. 10절과 같이 11절도 하나님이 이스라엘 조상들에게 약속했던 땅에 대한 자세한 설명들이다.

"우물"(בּוֹר)은 '구덩이', '물통', '저수지'로도 번역될 수 있다. 여기서 우물은 우기에 비를 받아두기 위한 물 저장소이다. 이스라엘 지역의 대부분이 산지에 있었기 때문에 이런 물 탱크는 필수적이었으며 공용으로 쓰는 것과 개인용이 있었다.

"포도 나무"는 지중해 연안 국가들의 대표적인 과일이다. 포도는 날로 먹기도 하고 말려서 건포도로 먹기도 한다. 또한 포도즙과 포도주를 만들어 마시기도 한다. "올리브 나무"에서 나오는 올리브 기름은 먹기도 하

고, 요리하는 데 사용하기도 하며, 병을 고치기 위해 사용되는 등 다양하게 사용되었다. 포도 나무와 올리브 나무는 풍요로움을 상징한다.

"네가 먹고 만족할 때"는 문자적으로 "네가 먹을 것이며 네가 만족할 것이다"이다. 이 동사들은 10절의 '~때'(כִּי)에 지배를 받는 조건절이다. 이 구절은 신명기에 자주 나온다(8:10, 12, 11:15, 14:29, 26:12, 31:20).

12 조심하라 너 자신을, 너를 인도해 낸 아도나이[1]를 너는 잊지 않도록 이집트의 땅으로부터, 노예들의 집으로부터.

본문 비교

1) 일부 히브리어 사본들, 사마리아 오경, 70인경과 시리아 역은 "너의 하나님"을 덧붙인다.

12절은 10-11절들의 귀결절이다. 10-11절은 상황을 설명한다. 이스라엘이 약속의 땅에 들어가 그 땅의 소산물을 먹고 배부를 때, 즉 그 땅의 풍요에 젖어 있을 때 "조심하라"는 경고가 주어진다.

"조심하라"(הִשָּׁמֶר 니팔 명령형)는 '주의하라'는 뜻으로 이집트의 땅에서 이스라엘을 출애굽시켜 약속의 땅으로 인도한 이스라엘의 하나님 아도나이를 잊어버리지 않도록 주의하라는 것이다.

'아도나이를 잊지 말라'는 경고는 아주 기이하다. 아도나이는 이스라엘을 풍요로운 땅으로 인도한다. 그 결과로 이스라엘은 그 땅의 소산물을 먹고 마시며 즐거워한다. 그런데 이스라엘은 그 땅을 선물로 주신 그들의 하나님을 잊어버릴 상황에 처하게 될 수 있다는 것이다. 역설적인 결과가 나올 것을 경고하고 있는 것이다(참고. 신 8:11-14).

"너는 잊지 않도록"(פֶּן תִּשְׁכַּח)은 이집트에서 이스라엘을 구원하신 아도나이를 항상 기억할 것을 의미한다. 이스라엘이 가나안의 풍요로움에 빠져서 과거에 구속의 은총을 베풀어 주셨던 아도나이를 잊어버릴 수 있다는 것을 가정한다.

사람들이 잊어버리는 것은 중요하지 않은 것이다. 무시해도 될 만한 것을 잊어버리고 기억하지 않는다. 현재의 즐거움으로 인해 과거의 은혜를 잊어버리는 것이다. 이스라엘은 가나안의 풍요로움에 젖어서 과거에 은혜를 베푸셨던 아도나이의 구원 행위를 무시하고 잊어버릴 수 있다. 이러한 것을 조심하라는 것이다.

"조심하라"는 명령과 함께 "잊지 않도록"은 신명기에서 4회 나타난다. 이스라엘이 잊지 말아야 할 것은 그들이 "본 일들"(4:9), "아도나이의 언약"(4:23), "아도나이 너의 하나님"(8:11)이다.

"이집트의 땅"은 이스라엘에게 있어서 "노예의 집"이었다. 이집트에서 이스라엘의 신분은 노예로서 성을 건축하는 데 사용되는 벽돌을 굽는 일을 하였다(출 5장). 그러나 이제 이스라엘은 가나안 땅에서 자유인으로서 살아갈 수 있다. 이집트는 10절의 약속의 땅과 정반대되는 환경이다.

13 너는 아도나이 너의 하나님을 두려워해야 하며[1] 그를 섬겨야 한다[2], 그리고 그의 이름으로 너는 맹세해야 한다.

본문 비교

1) 한 70인경 사본(A)은 "두려워해야 한다"(φοβηθήσῃ) 대신에 "예배해야 한다"(λατρεύσεις를 갖고 있다. 이 구절이 인용된 신약의 마 4:10과 눅 4:8도 "예배해야 한다"로 읽는다).
2) 일부 히브리어 사본들과 70인경은 여기에 "그리고 너는 그에게 붙어 있어야 한다"를 갖고 있다. 이것은 신명기 10:20과 유사하다.

"두려워하다"는 '경외하다'의 뜻으로 하나님을 존경하며 존중하는 것이다. '아도나이를 두려워하다'(ירא את יהוה)는 신명기의 독특한 표현 가운데 하나로 자주 등장한다(4:10, 5:26, 6:2, 13, 24, 8:6, 10:12, 20, 13:5, 14:23, 17:19, 28:58, 31:12, 13).

"그를 섬겨야 한다"는 '예배하다'의 의미를 포함한다. 동사 '섬기다'(עבד)는 일반적으로 '일하다'의 뜻도 가지며 명사 '종', '노예'(עבד)와 어근이 같다. 12절의 "노예들의 집"에서 '노예'(עבד)는 이스라엘의 신분을 의미한다. 이스라엘은 이집트에서 노예로서 바로와 이집트를 위해 일했다(עבד). 하지만 아도나이는 이스라엘을 노예의 신분에서 해방시켰으며 자유를 주었다. 이제 이스라엘은 바로와 이집트 대신 '아도나이를 섬겨야 한다'(신 10:12, 20, 11:13, 13:5, 28:47). 이스라엘은 아도나이의 종이 된 것이다.

"그의 이름으로 너는 맹세해야 한다"는 아도나이께 대한 충성을 표현한다. 섬기는 신의 이름으로 맹세하는 것은 맹세한 내용을 그 섬기는 신의 권위 아래에 두는 것이며 자신의 신앙을 표현하는 것이다. 그래서 아도나이를 섬기는 이스라엘은 아도나이의 이름으로 거짓 맹세를 해서는 안 되며 다른 신의 이름을 불러서도 안 된다.

'아도나이를 두려워하는 것'은 심리적인 마음의 상태를 말하며 '그를 섬기는 것'은 외적인 태도와 자세를 말한다. 그리고 '그의 이름으로 맹세하는 것'은 구체적인 삶 속에서 신앙을 실천하는 것을 뜻한다(참고. Keil-Delitzsch).

문법적으로 미완료형인 이 문장을 유대인 번역 성경은 명령형으로 번역한다: "너의 하나님 주님만을 존경하라 그리고 다만 그를 예배하라 그리고 그의 이름으로만 맹세하라"(NJPS, 유사한 번역을 취하는 학자는 Weinfeld이며 명령형으로 번역하는 성경으로 NIB와 NIV가 있다).

14 너희는 다른 신들[1]을 따라가서는 안 된다, 너희 주위에 있는 그 백성들의 어떤 신들도.

본문 비교

1) 탈굼 옹켈로스와 탈굼 프쉬도 요나단은 '다른 신들'을 '민족들의 우상들'(טעות עממיא)로, 탈굼 네오피티는 '다른 우상들'(טעון אחרניין)로 이해한다.

십계명의 1-2계명과 관련이 있는 구절이다. 이스라엘은 아도나이 외에 다른 신을 두어서도 안되며 그 다른 신을 따라가서도 안 된다. '따라가다'(הלך אחרי)는 '~를 따라 걷다'로 누구의 뒤를 따라가는 것을 의미한다. 이것은 비유적인 표현으로 다른 신의 뒤를 따라가서 그 신을 섬기는 방법을 따라 숭배하는 것을 말한다. 다른 신은 이스라엘 주변 국가들이 섬기는 신들로 우상을 뜻한다.

15 왜냐하면 너의 가운데 있는 아도나이 너의 하나님은 질투하는 하나님[1]이기 때문이다. 너의 하나님 아도나이의 진노가 너에 대하여 타올라서 그가 지면에서 너를 멸망시키지 않도록.

본문 비교

1) 탈굼 네오피티는 "질투하시며 보복하시는 하나님"(אלה קניי ופורען)으로 이해한다.

다른 신들을 따라가서는 안 되는 이유가 설명되었다. 이스라엘의 하나님은 질투하시는 하나님이기 때문이다. 질투는 '열심', '열의'로서 뜨거운 감정이다. 그래서 불에 비유된다(참고. 신 4:24). 이스라엘에 대한 하나님의 사랑은 이스라엘이 다른 신을 섬길 때 질투로 나타난다. 하나님이 뜨거워지시는 것이다. 그래서 우상 숭배자들에게 진노가 타오르게 되며 그들을 전멸시키게 된다. 질투의 감정이 진노로 나타난다.

"아도나이의 진노"(אַף יהוה)는 신명기에 5회 나타나며 이스라엘이 다른 신 즉, 우상을 섬길 때 하나님이 진노하시며[6:15, 7:4, 11:17, 29:20(히브리어 29:19), 27(히브리어 29:26)] 이스라엘을 심판하신다. 다른 신을 섬기는 행위는 하나님과 맺은 언약을 파기하는 것이며 하나님의 음성에 순종하지 않는 행위이다(수 23:16, 삿 2:20).

하반절은 접속사 "~하지 않도록"(פֶּן)이 두 개의 동사 '타오르다'와 '멸망시키다'를 지배하기 때문에 "타올라서"는 '타오르지 않도록 그리고'이다.

상반절과 하반절의 어순을 바꾸면 뜻이 더 잘 통할 것 같다: "너의 하나님 아도나이의 진노가 너에 대하여 타올라서 그가 지면에서 너를 멸망시키지 않도록, 왜냐하면 너의 가운데 있는 아도나이 너의 하나님은 질투하는 하나님이기 때문이다"(Craigie는 어순을 바꾸어 위와 같이 번역한다).

4. 아도나이를 시험하지 말고 그의 명령을 지켜라(6:16-19)

출애굽 세대의 역사적인 실패를 거울 삼아서 하나님을 시험하지 말라는 부정적인 명령이 주어진다. 또한 긍정적으로 하나님의 명령을 확실하게 지킬 것을 당부한다. 하나님의 명령을 지키는 것은 아도나의 눈에 선한 행위이며 이스라엘에게 복을 보장한다.

번역

16 너희는 너희 하나님 아도나이를 시험해서는 안 된다,
너희가 맛사에서 시험했던 것과 같이.
17 너희는 너희 하나님 아도나이의 명령들을 확실히 지켜야 한다,
그리고 그가 너에게 명령했던 그의 증거들과 그의 법규들을.

18 그리고 너는 아도나이의 눈들 안에 옳고 선한 것을 행해야 한다,
이것이 너에게 잘되고 네가 들어가고
아도나이께서 너의 조상들에게 맹세하셨던 그 좋은 땅을 점령하기 위하여.
19 모든 너의 적들을 네 앞에서 몰아내기 위해, 아도나이께서 말씀하셨던 대로.

주해

16 너희는[1] 너희[2] 하나님 아도나이를 시험해서는 안 된다, 너희가 맛사에서 시험했던 것과 같이.

본문 비교

1) 70인경과 벌게이트는 2인칭 단수 "너"이다.
2) 70인경과 벌게이트는 2인칭 단수 "너의 하나님"이다.

역사적인 사건을 거론하여 예로 삼고 있다. 이스라엘이 출애굽한 후 르비딤에 도착했을 때 마실 물이 없었다(출 17:1-7). 그러자 이스라엘 백성은 모세와 다투며 물을 달라고 요구했다. 백성들의 요구는 하나님을 시험한 것으로 규정되었다(출 17:2). 백성들은 "아도나이께서 우리 가운데 계신가 아닌가"를 알고 싶었다(출 17:7). 하나님이 그들을 도와주실 것인가? 그들의 필요인 물을 공급하실 수 있는 능력이 있는가를 시험한 것이다.

흥미롭게도 출애굽기 구조 속에서 맛사에서 이스라엘이 하나님을 시험한 사건은 하나님이 이스라엘을 시험하신 만나 사건 후에 기록되었다(출 16장). 하나님은 이스라엘에게 하늘의 양식인 만나를 주시면서 안식일에는 너희가 만나를 얻지 못할 것이니 안식일 전날 안식일의 식량까지 두 배를 거두라고 하셨다. 그리고 이 명령을 하나님의 법으로 규정하셨다. 하나님은 이 법을 이스라엘이 지키나 안 지키나 시험하신 것이다(출 16:4, 28).

하나님이 인간을 시험하시는 것은 구약에서 자주 찾아볼 수 있다(출 15:25, 20:20, 신 8:2,16, 삿 2:22, 3:1, 4, 시 26:2). 하나님이 인간을 시험하시는 것은 그들의 믿음을 알아 보기 위해서이다.

하나님의 시험의 대표적인 사건으로 아브라함에게 이삭을 바치라는 시험을 들 수 있다(창 22장). 이 시험을 통해서 아브라함은 하나님의 시험을 통과하여 더 큰 복을 받게 되었다. 하나님은 시험을 통해서 인간이 하나님의 말씀을 지키나 안 지키나를 알아 보신다. 그리고 이 시험을 통과하는 사람들에게 더 큰 복을 주시는 것이다(신 8:16).

하지만 이스라엘이 하나님을 시험한 경우는 달랐다(민 14:21). 이스라엘은 욕심에 사로잡혀서 하나님이 그들을 도와 물과 양식을 줄 수 있는가를 알고자 했다(시 78:18, 41, 106:14). 하나님을 시험하는 것은 이스라엘이 완고한 마음을 갖고 있었다는 것을 말해준다(시 95:8-9). 그들은 하나님의 큰 이적과 기적으로 출애굽을 했다. 이미 하나님의 큰 능력과 은혜를 체험한 것이다. 그럼에도 불구하고 하나님의 능력과 은혜를 의심하며 다시 반복해서 하나님의 능력을 시험해 보았던 것이다. 하나님을 믿지 않는 완고하고 강팍한 마음을 갖고 있었기 때문에 하나님을 시험한 것이다.

신명기는 이러한 이스라엘의 마음에 '하나님을 시험하지 말라'고 경종을 울리고 있다. 그러고는 역사적인 실례로 맛사의 사건을 제시한다. "맛사"는 '시험'이라는 의미이다.

17 너희는[1] 너희[2] 하나님 아도나이의 명령들을 확실히 지켜야 한다, 그리고 그가 너에게 명령했던 그의 증거들과 그의 법규들을.

본문 비교

1) 70인경과 벌게이트는 단수 "너"이다.

2) 70인경은 "너희"를 생략한다(Rahlfs 편집은 "너의"를 갖고 있다).

"확실히 지켜야 한다"(שׁמור תשׁמרון)는 부정사 절대형 용법으로 확고한 의지나 단언을 설명한다. '꼭 해야 한다'는 의미로 당위성을 띤다(Joüon § 123h). 그래서 이 문장은 또한 명령형 '~을 지키는 데 확실하라', '~을 확실히 지켜라'로 번역되기도 한다(NIB, NIV, NJPS, Weinfeld, Waltke-O, 588).

"명령"(מצוה)은 여성 명사로 '계명'으로도 번역되며 동사 '명령하다', '부과하다', '짐을 지우다'(צוה)에서 파생되었다. 구약에서 181회 그리고 그 가운데서 신명기에서 복수형(מצות)은 12회, 단수형(מצוה)은 3회 나타난다. 인간의 명령을 나타내기도 하지만(왕상 2:43, 왕하 18:36) 신명기에서는 거의 하나님의 뜻과 권위를 표현하는 단어로 신적 명령을 나타낸다. 또한 이 단어는 다른 단어들과 함께 하나님의 법과 교훈을 나타내는데 사용된다. '명령(들)' + '법규들'(חקים 또는 חקות)는 15회(4:40, 5:31, 6:1, 2, 17, 7:11, 8:11, 10:13, 11:1, 26:17, 27:10, 28:15, 45, 30:10, 16), 그리고 '명령(들)' + '법령들'(משפטים)은 7회가 나타난다(5:31, 6:1, 7:11, 8:11, 11:1, 26:17, 30:16). '명령' 역시 법을 나타내는 단어군에 속한다(참고. 시 19:8-10, *THAT* II, 530-536, *TWAT* IV, 1085-1095, G. Liedke, 13-14).

"그가 너에게 명령했던 그의 증거들과 그의 법규들을"에서 동사 '명령하다'가 사용되었다. '명령하다'는 관계 대명사에 인도되어 '증거'와 '법규'를 수식하고 있다. 여기서도 알 수 있듯이 하나님의 '명령'이 '증거'와 '법규'와 같이 유사 동의어로 사용되고 있다. 개역 성경은 복수형인 '명령들, 법규들, 법령들'을 단수형으로 번역한다.

18 그리고 너는 아도나이의[1)] 눈들 안에 옳고 선한 것을 행해야 한다, 이것이 너에게 잘되고 네가 들어가고 아도나이께서 너의 조상들에게 맹세하셨던 그 좋은 땅을 점령하기 위하여.

본문 비교

1) 사마리아 오경, 70인경, 시리아 역은 "너의 하나님"을 덧붙인다 (70인경 의 B와 일부 사본들은 '너희의'이다. Rahlfs 편집을 보라).

하나님의 명령을 지키라는 17절에 연이어 선한 행위를 하라는 말씀이 주어진다. 유대인 번역 성경은 17절에 이어 18절도 '하라'는 명령형으로 번역한다(NJPS, 다음 성경 번역들 역시 명령형 NIB, NIV, NRS).

"아도나이 눈들 안에"(בעיני יהוה)는 '아도나이 앞에서', '아도나이 목전에'의 뜻을 갖는다. 전치사 '안에'가 있는 이 표현은 신명기에서 9회 발견된다. 항상 동사로 '아도나이 눈들 안에' + '행하다'(עשה)가 나오며 이스라엘의 행위를 설명한다. 이스라엘은 '아도나이 눈들 안에' '악' 또는 '옳은 것' 또는 '옳고 선한 것'을 행한다. '악'(רע)으로 규정되는 행위들은 4회 나오며, 그것들은 우상을 만드는 것(4:25), 금 송아지 사건(9:18), 언약을 어기며 다른 신을 섬기는 것(17:2), 모세가 죽은 후에 이스라엘의 배교(31:29) 행위이다. '옳은 것'(ישר)은 형용사로 3회 나오는데, 이 '아도나이 눈들 안에 옳은 것'은 피를 먹지 않는 행위(12:25), 하나님의 말씀과 명령에 순종하는 것[13:18(히브리어 13:19)], 그리고 원인을 알 수 없는 피살된 시체가 발견된 지역에서 그 시신을 하나님의 법에 따라 잘 처리하는 경우(21:9)로 규정된다. '옳은 것'은 두 곳에서 '선한 것'과 같이 사용되었다. 6:18에 '옳고 선한 것'(הישר והטוב)은 문맥상 하나님의 명령과 법을 지키는 것이며 12:28에 단어 순서가 바뀐 '선하고 옳은 것'은 피에 관한 하나님의 말씀을 지키는 것을 의미한다. 위 사실에서 알 수 있듯이 아도나이 눈 안에 선하고 옳은 행위는 하나님의 명령을 지키는 행위이다. "아도나이 눈들 안에"라는 표현은 하나님이 항상 이스라엘의 삶을 보고 계시다는 의미를 담고 있다. 이스라엘의 삶은 아도나이의 눈앞에 있는 것이다. 인간의 삶은 항상 '하나님 앞에' 있다[참고. 김영욱, "좋은 왕과 나쁜 왕에 대한 열왕기 기자의 평가 기준", 그 말씀, 2002(1), 37-39].

하반절은 목적을 표현하는 '~하기 위하여'(למען)가 3개의 동사 '잘되다', '들어가다', '점령하다'를 지배한다. 이 구절의 자세한 의미는 '이것이 너에게 잘되기 위하여 그리고 네가 들어가기 위하여 그리고 그 좋은 땅을 점령하기 위하여'이다.

19 모든 너의 적들을 네 앞에서 몰아내기 위해[1], 아도나이께서 말씀하셨던 대로.

본문 비교

1) 마소라 사본의 "몰아내기 위해"(להדף)는 전치사 '레'(ל)와 함께 한 '몰아내다'(הדף)의 길 부정사 연계형이다. 그러나 사마리아 오경은 "몰아내게 하기 위해"(להדיף)로 다른 동사 '몰아내다'(נדף)의 히필형이 사용되었다.

18절의 하반절과 연결된 문장이다. 여기의 부정사 "몰아내기 위해"는 앞절의 관계 대명사절의 "맹세하셨던"에 걸린다. 즉 "아도나이께서 너의 조상들에게 모든 너의 적들을 네 앞에서 몰아내기 위해 맹세하셨던 그 좋은 땅을 점령하기 위하여"의 뜻을 갖는다.

5. 하나님의 명령의 의미(6:20-25)

자녀들이 아버지에게 물어볼 수 있는 한 질문이 주어진다. 이 질문은 하나님의 명령과 법의 생성 기원과 법이 갖는 효율적 가치와 법을 지킬 때 얻을 수 있는 결과에 관한 것이다. 이 질문에 대해 하나님의 명령과 법이 나오게 된 배경과 역사적인 상황이 설명된다. 그리고 이 명령에 순종할 때 얻게 되는 결과들을 말한다. 마치 교리 문답과 같은 질문과 답변이 나온다.

번역

20 후에 너의 아들이 너에게 물을 때, 말하기를,
우리의 하나님이 너희에게 명령하셨던 그 증거들과 그 법규들과 그 법령들이 무엇이냐?
21 그리고 너는 너의 아들에게 말할 것이다,
우리는 이집트 안에서 바로의 노예들이었다,
그리고 아도나이께서 우리를 강한 손으로 이집트에서 데리고 나왔다.
22 그리고 아도나이께서 크고 비참한 징조들과 기적들을 주셨다,
이집트에 대하여, 바로에 대하여 그리고 그의 집의 모든 것들에 대하여,
우리 눈들 앞에서.
23 그리고 그가 우리를 거기에서 데리고 나왔다,
그가 우리를 들어가게 하기 위하여
그리고 그가 우리 조상들에게 맹세하셨던 그 땅을 우리에게 주기 위하여.
24 그리고 아도나이는 우리에게 명령하셨다 이 모든 법규들을 행하도록,
아도나이 우리의 하나님을 두려워하도록,
우리의 선을 위해 모든 날들에,
우리를 살리기 위해, 이 날과 같이.
25 그리고 이것이 우리에게 의가 될 것이다,
만일 우리가 이 모든 명령을 행하는 데 주의한다면,
우리의 하나님 아도나이 앞에서, 그가 우리에게 명령하셨던 대로.

주해

20 [1]후에 너의 아들이 너에게 물을 때, 말하기를, 아도나이 우리의 하나님이 너희에게[2] 명령하셨던 그 증거들과[3] 그 법규들과 그 법령들이 무엇이냐?

본문 비교

1) 한 히브리어 사본, 사마리아 오경, 70인경은 문장 서두에 "그리고 이것이 있을 것이다"(והיה)를 갖고 있다.

2) 70인경은 "우리에게"로 읽는다.

3) 일부 히브리어 사본들과 사마리아 오경은 "그리고"가 없다.

새로운 단락이 시작된다. 후세대들이 법규와 법령들의 의미와 중요성을 물을 것을 가정하고 있다. 20절은 후손들의 질문이다.

"후에"는 문자적으로 '내일'로 오는 시간을 의미한다. 이것은 미래를 가리키는 표현이다.

세 단어 "증거들", "법규들", "법령들"이 같이 나오는 경우는 이곳과 4:44 두 곳에서 나타난다. 이 세 단어들을 수식하는 문장은 "아도나이 우리의 하나님이 너희에게 명령하셨던"이다. 하나님이 이스라엘에게 부과하신 또는 지우신 명령은 법규와 법령으로 나타난다.

"무엇이냐?"는 '무슨 의미이냐?'이다. 이런 후세대들의 질문은 출애굽 본문에서도 나타난다. 유월절 예식에 대해서 이스라엘의 후손들이 예식의 의미를 물을 것을 전제하고 있다(출 12:26, 13:14).

개역 성경은 '너희에게'를 생략하고 '말씀'을 첨가하며 '증거, 규례, 법도'를 단수로 번역한다.

21 그리고 너는 너의 아들에게 말할 것이다, 우리는 이집트[1] 안에서 바로의 노예들이었다, 그리고 아도나이께서 우리를 강한 손으로[2] 이집트에서[3] 데리고 나왔다[4].

본문 비교

1) 70인경은 "이집트의 땅"으로 읽는다.

2) 70인경은 "강한 손"에 "높은 팔로"(ἐν βραχίονι ὑψηλῷ)를 덧붙인다.

3) 70인경은 "이집트에서"를 "거기로부터"(ἐκεῖθεν)로 이해한다.

4) 탈굼 네오피티는 "우리를 구속하셨다"를 덧붙인다.

"그리고"는 '그 때에'의 의미를 갖는다. 이스라엘의 후손이 법규와 법령에 대해서 물어 볼 때이다. 후손들의 질문에 대한 답변이 준비되어 있다. 답변은 자녀 교육을 위한 것이다(7절 참고).

질문에 대한 답변은 역사적 과거로 되돌아간다. 이스라엘은 이집트 땅 안에 있을 때에 그들의 신분은 노예였고 바로와 이집트를 위해 일해야만 했다(출 1:11, 5:1-9).

"그리고"는 '그러나'의 의미를 담고 있다. "우리는…바로의 노예들이었다. 그러나 아도나이께서 우리를…데리고 나왔다." 강조점은 아도나이의 행위에 있다. 노예의 신분에서 자유민으로 해방시켜 주신 분이 아도나이라는 것이다. 아도나이의 역사적인 행동 때문에 이스라엘은 한 국가로서 이 세상에 그 모습을 드러내게 되었다.

'이집트에서의 구원'은 이스라엘 초기 역사의 중심적인 사건일 뿐만 아니라 이스라엘의 역사 신앙 고백적인 사건이다. 이스라엘의 아도나이 신앙은 출애굽 사건이라는 역사적인 사건 위에 세워졌다.

22 그리고 아도나이께서 크고 비참한 징조들과 기적들을 주셨다, 이집트에 대하여, 바로에 대하여 그리고 그의 집의 모든 것들에 대하여[1], 우리 눈들 앞에서.

본문 비교

1) 70인경은 단순히 "그의 집에게"로 해석한다. 아람어 성서들(옹켈로스, 네오피티, 프쉬도 요나단)은 "그의 집의 모든 사람들에게"로 번역한다.

역사적인 하나님의 행위를 21절에 이어서 더 구체적으로 설명한다.

하나님의 행동은 "크고 비참한 징조들과 기적들"로 나타났다. 징조와 기적 앞에 붙은 두 개의 형용사가 특이하다. 우선 "크고"(גדלים)는 '큰', '거대한'이다. 이 '큰'은 하나님의 행위가 위대하고 경이롭다는 것이다. "비참한"(רעים)은 문자적으로 '악한'이다(개역개정은 "두려운"으로 의역한다). 이집트에게는 '비참한', '불행한' 또는 '파괴적인' 기적들이었다. 하나님께서 이집트에게 행하신 일들은 한편으로는 놀랍고 경이롭고 신비한 것이며 또 한편으로는 이집트에게 파괴적이고 비참하고 불행한 것이었다. 하나님의 놀라운 행위에 대해서는 출애굽기 7장부터 13장까지 읽어보라.

"우리 눈들 앞에서"는 하나님의 기적을 이스라엘이 직접 보고 겪은 역사적인 체험이라는 것을 말해준다.

23 그리고 그가[1] 우리를 거기에서 데리고 나왔다, 그가 우리를 들어가게 하기 위하여 그리고 그가[2] 우리 조상들에게[3] 맹세하셨던 그 땅을 우리에게 주기 위하여.

본문 비교

1) 일부 70인경 사본들(A F M V)은 주어를 "우리의 하나님 주님"으로 읽는다.
2) 한 히브리어 사본과 사마리아 오경은 주어를 "아도나이"로 그리고 일부 70인경 사본들(A F M O)은 "우리 하나님 주님"으로 읽는다.
3) 70인경은 여기에 "주기로"(δοῦναι)를 덧붙인다.

"데리고 나왔다"(הוציא)는 '나오다', '인도하다'(יצא)의 히필형(사역능동)으로 하나님의 행하신 일을 강조한다. 하나님이 이스라엘을 이집트에서 구원하신 것을 표현한다.

21절의 내용이 반복되면서 점차적으로 확대되어 출애굽의 목적을 설명한다. 하나님께서 이스라엘을 이집트에서 인도해 내신 목적은 첫째는 이스라엘을 가나안 땅으로 들여보내시기 위함이며, 둘째는 그 땅을 이스라엘에게 주기 위함이다.

24 그리고 아도나이는 우리에게 명령하셨다 이 모든 법규들을 행하도록, 아도나이 우리의 하나님을 두려워하도록, 우리의 선을 위해 모든 날들에, 우리를 살리기 위해,[1] 이 날과 같이.

본문 비교

1) 마소라는 חיה동사의 피엘형 לחיתנו인데 반하여 사마리아 오경은 ולהחיותנו로 히필형이다.

이스라엘에게 자유를 주신 하나님이 이스라엘에게 하나님의 법을 준행하기를 그리고 하나님을 경외하기를 명령하신다. 여기서 '이 모든 법규들을 행하는 것'과 '하나님을 두려워하는 것'은 동격이다. 즉 하나님을 경외하는 것은 하나님의 법을 지키는 것이다. 하나님을 경외하는 것, 두려워하는 것이 심리적이고 내적인 마음 상태라면 하나님의 법을 지키는 것은 인간의 행동을 드러내는 외적인 것이다.

하나님의 법에 순종하는 것은 이스라엘을 위한 것이다. "우리의 선을 위해"에서 "선"(טוב)은 '선한', '좋은'의 뜻으로 행복, 유익, 유쾌의 의미를 포함한다.

"모든 날들에"는 '항상'을 의미한다. 항상 유쾌하고 행복한 삶을 뜻한다.

"우리를 살리기 위해"는 하나님의 법을 준수하는 것이 이스라엘에게 생명을 가져다주는 것임을 말한다(신 4:1,4). 하나님의 법을 준수하고 지키는 것은 어떤 짐과 부담감이 아니다. 하나님의 법을 지키며 사는 것은 유쾌한 삶이며 행복한 삶인 것이다. 구약의 법은 외적으로 지워진 무거운 짐이 아니라 인간에게 행복과 생명을 가져다준다.

"이 날과 같이"는 모세가 이스라엘 후세대에게 설교하는 날을 의미한다. 하나님의 명령에 불순종하던 출애굽 세대는 죽었지만 그가운데서 하나님의 말씀에 순종했던 자들은 살아있다.

25 그리고 이것이 우리에게 의가 될 것이다, 만일 우리가 이 모든 명령을 행하는 데 주의한다면, 우리의 하나님 아도나이 앞에서, 그가 우리에게 명령하셨던 대로.

후손들의 질문에 대한 마지막 답변이다. 후손들은 하나님의 법들의 의미가 무엇이냐고 물을 것이다(20절). 그 때 대답할 말들은 다음과 같다 : 첫째 하나님이 큰 기적으로 우리를 이집트에서 해방시켰다(21-22절). 둘째 하나님이 이스라엘을 약속의 땅으로 인도하신다(23절). 셋째 하나님이 법규를 행하라고 명령하신다(24절). 마지막으로 그 법에 순종하는 것은 이스라엘에게 의가 될 것이다(25절).

히브리어 어순을 더 이해하기 쉽게 바꾸면 "만일 우리가 이 모든 명령을 행하는 데 주의한다면, 이것이 우리에게 의가 될 것이다"이다.

"의"(צדקה)는 이스라엘이 하나님의 법에 순종할 때 오는 '장점', 또는 '영예', '자랑거리' 등을 의미한다(NJPS, Weinfeld). 아람어 성서들(옹켈로스, 네오피티, 프쉬도 요나단) 역시 '장점', '덕'으로 번역한다(70인경은 '자비'). 이것은 단순히 하나님의 법을 지키는 데서 오는 행위 공적과 자랑거리 만을 의미하지 않는다. 하나님의 법을 지키는 것은 단순한 인간 행위만이 아니라 인간의 모든 것을 포함한다. 왜냐하면 하나님의 법을 지키는 것은 하나님을 사랑하는 것이기 때문이다(6:4-9). 하나님을 사랑하는 것은 인간의 마음과 영혼을 포함하는 행위이다. 따라서 "이것이 우리에게 의가 될 것이다"는 외적인 윤리적이고 도덕적인 행위와 더불어 하나님에 대한 인간의 마음과 영혼을 포함하는 전인격적인 충성과 헌신도 포함한다. 그래서 하나님의 법을 잘 준수할 때 하나님은 인간을 의인으로 간주해 주시는 것이다(Keil-Delitzsch).

참고 문헌

Aejmelaeus, A., "Participium Coniunctum as a Criterion of Translation Technique", *VT* 32 (1982), 385-393.

Andre, G., "'Walk', 'Stand', and 'Sit' in Psalm I 1-2", *VT* 32 (1982), 327.

Bade, W. F. "Der Monojahwismus des Deuteronomiums", *ZAW* 30 (1910), 81-90.

Bascom, R. A., "Adaptable for Translation: Deuteronomy 6.5 in the Synoptic Gospels and Beyond", in R. D. Weis and D. M. Carr, ed., *A Gift of God in Due Season*, JSOTS 225, Sheffield, 1996, 166-183.

Braulik, G., "Die Entstehung der Rechtfertigungslehre in den Bearbeitungs-schichten des Buches Deuteronomium", *ThPh* 64 (1989), 321-333.

Bornkamm, G., "Das Doppelgebot der Liebe", in *Geschichte und Glaube*, München, 1968, 37-45

Crenshaw, J. L., "Education in Ancient Israel", *JBL* 104 (1985), 601-615.

Falk, Z. W., "Forms of Testimony", *VT* 11 (1961), 88-91.

Golka, F. W., "Die Israelitische Weisheitsschule oder 'des Kaisers neue Kleider'", *VT* 33 (1983), 257-270.

Gordon, C. H., "His name is 'One'", *JNES* 29 (1970), 198-99.

Hadley, J. M., "The Khirbet El-Qom inscription", *VT* 37 (1987), 50-62.

Herrmann, W., "Jahwe und des Menschen Liebe zu ihm zu Dtn. VI 4", *VT* 50 (2000), 47-54.

Hermisson, H. J., "Gottes Freiheit - Spielraum des Menschen", *ZTK* 82 (1985), 129-152.

Hilhorst, A., "Deuteronomy's Monotheism and the Christians - The Case of Deut 6:13 and 10:20", in *Studies in Deuteronomy*, 83-92.

Hossfeld, F. L., "Die alttestamentliche Familie vor Gott", in *Freude am*

Gottes Dienst, Stuttgart, 1983, 217-228.

Janzen, J. G., "On the Most Important Word in the Shema (Deuteronomy vi 4-5)", *VT* 36 (1987), 280-300.

Knight, G. A. F., *Theology as Narrative a Commentary Book of Exodus*, Edinburgh, 1976.

de Leeuw, A., *Mozes Exodus 1-3, 15 verklaring van een Bijbelgedeelte*, Kampen, 1982.

Liedke, G., *Gestalt und Bezeichnung alttestamentlicher Rechtssätze*, WMANT 39, Neukirchen-Vluyn, 1971.

Lohfink, N., "Deuteronomy 6:24 wntyjl 'To Maintain us'", in M. Fishbane et. al.*"Sha'arei Talmon"* FS. S. Talmon Indiana, 1992, 111-119.

——, "Diese Worte sollst du summen", in *Studien zum Deuteronomium und zur deuteronomistischen Literatur* III, Stuttgart, 1995, 181-203.

——, "2 Koen 23,2 und Dtn 6,17", in *Studien zum Deuteronomium und zur deuteronomistischen Literatur* III, Stuttgart, 1995, 145-155.

Lopez, F. G., "Deut., VI et la Tradition-Redaction du Deuteronome", *RB* 85 (1978), 161-200.

——, "Deut., VI et la Tradition-Redaction du Deuteronome (fin)", *RB* 86 (1979), 59-91.

McBride, S. D., "The Yoke of the Kingdom: An Exposition of Deut. 6:4-5", *Int* 27 (1973), 273-306.

McKay, J. W., "Man's Love for God in Deuteronomy. Father/Teacher - Son/Pupil Relationship", *VT* 22 (1972), 426-435.

Meek, T. J., "Monotheism and the Religion of Israel", *JBL* 42 (1961), 21-43.

Merendino, R. P., "Die Zeugnisse, die Satzungen und die Rechte. Ueberlieferungsgeschichtliche erwaegungen zu Deut 6", in *Bausteine biblischer Theologie*, FS. G. J. botterweck Köln-Bonn, 1977, 185-208.

Moberly, R. W. L., "'YAHWEH IS ONE': The Translation of the Shema", in *Studies in the Pentateuch*, SVT XLI, Leiden, 1990, 209-215.

Nielsen, E., "Weil Jahwe unser Gott ein Jahwe ist (Dtn 6,4f)", in *Law, History and Tradition*, Kobenhavn, 1983, 106-118.

Perlitt, L., "Deuteronomium 6, 20-25: eine Ermutigung zu Bekenntnis", in *Deuteronomium Studien*, 144-156.

Peter, M., "Dtn 6,4 - ein monotheistischer Text?" *BZ* 24 (1980), 252-262.

Thompson, J. A., "Israel's 'Lovers'", *VT* 27 (1977), 475-481.

Tigay, J. H., "On the Meaning of T(W)TPT", *JBL* 101 (1982), 321-331.

Veijola, T., "Hoere Israel! Der Sinn und Hintergrund von Deuteronomium VI 4-9", *VT* 42 (1992), 528-541.

——, "Das Bekenntnis Israels. Beobachtungen zur Geschichte und Theologie von Dtn 6,4-9", *TZ* 48 (1992), 369-381.

Zenger, E., *Geistliche Schriftlesung. Das Buch Exodus*, Düsseldorf, 1978.

신명기 7장

A New Translation with
Introduction
and Commentary

DEUTERONOMY

D E U T E R O N O M Y

신명기 7장

내용/구조

7장은 가나안 땅 정복에 관하여 기술하며 가나안의 민족들과 그들의 종교를 전멸시키라는 명령을 주고 있다. 가나안 민족과 그들의 종교를 철지하게 파괴하라는 명령은 십계명의 1-2계명과 밀접한 관련이 있다.

이스라엘은 약속의 땅 정복을 위해 그 땅의 일곱 백성들을 전멸시켜야 했다. 가나안 정복 과정에서 이스라엘은 가나안 백성들과 언약을 맺거나 국제 결혼을 하는 것이 금지된다. 이스라엘은 그 땅의 민족들과 어떠한 관계도 맺지 말아야 하며, 더 나아가 그들의 종교와 그들의 예배 기구들을 철저하게 제거해야 한다. 가나안 백성들과의 관계 단절은 아도나이 신앙을 순수하게 보존하려는 의도에서 나온 것이다(7:1-5).

이스라엘이 가나안 백성들과 관계를 단절하며 그들의 우상 숭배를 파괴해야 하는 이유는, 이스라엘은 거룩한 백성이며 하나님의 선택된 백성이기 때문이다. 하나님이 이스라엘을 하나님의 백성으로서 선택하신 것은 출애굽을 통해 이루어졌다. 하나님이 이스라엘을 사랑하셨고 조상들과 하신 약속을 성취하기 위하여 그들을 이집트에서 구원해 내신 것이다. 이제 이스라엘은 하나님의 선택된 거룩한 백성으로 하나님의 법도를 지켜야 한다(7:6-11).

하나님께서 이스라엘에게 지키라고 명령하신 법령을 행할 때 선한 결과를 가져온다. 이스라엘의 모든 삶은 하나님의 관심과 보호로 인해 가나안 땅 안에서 복을 받게 된다(7:12-15).

이스라엘이 가나안 땅을 정복하려고 할 때 그들의 마음에 어떻게 숫자가 더 많은 이 가나안 백성들을 몰아낼 것인가 하는 의혹이 생길 수 있다. 이러할 때 과거에 베푸셨던 하나님의 은혜를 잘 기억해야 한다. 과거를 기억하며 미래에도 도우시는 하나님을 의지할 때 가나안 땅을 정복할 수 있다. 이스라엘이 가나안 땅을 정복할 때 유념해야 할 것은 은과 금으로 만든 우상을 탐내서는 안 된다는 것이다(7:16-26).

우리는 신명기 7장을 다음과 같이 네 부분으로 나눌 수 있다.

1. 가나안 민족들과 그들의 종교를 제거하라(7:1-5).
2. 하나님의 선택된 백성 이스라엘(7:6-11).
3. 법령과 복(7:12-15).
4. 가나안 정복을 도우시는 하나님(7:16-26).

1. 가나안 민족들과 그들의 종교를 제거하라(7:1-5)

이스라엘이 가나안을 정복할 때 해야 할 일들을 설명한다. 이스라엘은 우선 가나안의 일곱 민족들을 완전히 전멸하는 헤렘 전쟁을 해야 하며 그 백성들과 어떠한 계약과 협정을 맺어서는 안 된다. 또한 그들과의 국제 결혼은 엄격하게 금지되며 가나안 민족들의 종교는 철저하게 파괴되어야 한다. 이 모든 일들은 이스라엘을 배교와 우상 숭배의 위험에서 보호하기 위한 조치들이다. 이 명령은 출애굽기 23:24, 32-33과

34:12-16과 유사하다.

번역

1 아도나이 너의 하나님이 네가 거기에 점령하려고
들어가는 그 땅에 너를 들어가게 하시고
그가 너 앞에서 많은 민족들을 쫓아 내실 때에,
헷 인들과 기르가스 인들과 아모리 인들과 가나안 인들과 브리스 인들과 히위 인들과 여부스 인들,
너보다 더 많고 강한 일곱 민족들.
2 아도나이 너의 하나님이 너의 앞에 그들을 주실 때에,
그리고 너는 그들을 쳐야 한다,
너는 그들을 완전히 전멸시켜야 한다,
너는 그들과 언약을 맺어서는 안 된다,
그리고 너는 그들을 불쌍히 여겨서도 안 된다.
3 그리고 너는 그들과 혼인해서는 안 된다,
너는 너의 딸을 그의 아들을 위해 주어서는 안 된다,
그리고 너는 그의 딸을 너의 아들을 위해 취해서는 안 된다.
4 왜냐하면 그가 너의 아들을 나를 따르는 데에서 돌이키게 할 것이며
그들이 다른 신들을 섬길 것이기 때문이다,
그리고 아도나이의 진노가 너희를 대하여 타오를 것이며
그가 너를 갑자기 멸망시키실 것이다.
5 그러나 너희는 그들에게 이렇게 행해야 한다,
너희는 그들의 단들을 파괴하고 그들의 주상들을 깨뜨리고,
너희는 그들의 아세라들을 찍고 그들의 새긴 우상들을 불로 태워야 한다.

주해

1 아도나이 너의 하나님이 네가 거기에 점령하려고 들어가는 그 땅에 너를 들어

가게 하시고, 그가 너 앞에서 많은[1] 민족들을 쫓아내실 때에, 헷 인과 기르가스 인과 아모리 인과 가나안 인과 브리스 인과 히위 인과 여부스 인, 너보다[2] 더 많고[3] 강한 일곱 민족들.

본문 비교

1) 70인경은 "크고 많은"(μεγάλα καὶ πολλά)으로 읽는다. 사본(B)은 "큰"(μεγάλα)으로 번역한다(Rahlfs 편집 참고).
2) 70인경은 2인칭 복수로 "너희보다"이다.
3) 일부 70인경 사본들(B V 963)은 "큰"(μεγάλα)으로 이해한다.

접속사 "~때"(כִּי)는 가나안 땅 점령 상황을 전제하는 문장을 인도하고 있다. 접속사 "~때"는 1절의 두 개의 절과 2절의 상반절을 지배한다. 이스라엘이 점령하려고 들어가는 땅에는 이스라엘 외에 이미 많은 민족들이 정착하여 살고 있었다. "많은"이라는 형용사가 두 번 사용되었다. 여기서는 일곱 민족을 제시하지만 하나님이 아브라함에게 약속하신 곳에서는 열 민족을 언급한다.

일곱 민족을 언급한 것은 아마도 칠이라는 숫자를 맞추기 위한 수사학적인 표현 같다. 왜냐하면 약속의 땅에 거하는 민족들의 숫자는 유동적이기 때문이다. 신명기 7:1과 같이 일곱 민족이 나오는 곳은 여호수아 3:10이며 여호수아 24:11에 여리고 사람과 함께 일곱 민족이 언급되었다. 하나님께서 아브라함과 세우신 언약에서 약속의 땅의 영토는 이집트 강에서 유브라데 강까지이며 그 땅에 거하는 민족은 겐, 그니스, 갓몬, 헷, 브리스, 르바, 아모리, 가나안, 기르가스, 여부스로 열 민족이다(창 15:18-21). 그리고 기르가스를 제외한 여섯 민족, 가나안, 헷, 아모리, 브리스, 히위, 여부스가 가장 많이 나온다(출 3:8, 17; 23:23; 33:2; 34:11; 신 20:17; 수 9:1; 12:8; 삿 3:5). 느헤미야에는 히위가 제외된 여섯 민족의 이름이 거론된다(9:8). 이는 아마도 가나안의 아들들 가운데 헷,

여부스, 아모리, 기르가스, 히위가 나오기 때문인 것 같다(창 10:16; 대상 1:14). 그 외에 다섯 민족, 가나안, 헷, 아모리, 히위, 여부스가 나오기도 하며(출 13:5) 세 민족, 히위, 가나안, 헷이 같이 기록되기도 한다(출 23:28).

“헷”은 아브라함 시대에 가나안 땅에 살고 있었다. 아브라함은 헷 사람 에브론에게서 사라의 묘지로 막벨라 굴을 샀고(창 23장) 에서는 헷 사람을 아내로 맞이했다(창 26:34; 36:2). 이들은 헤브론(창 23:19), 레바논에서 유브라데에 이르는 넓은 지역(수 1:4)과 벧엘(삿 1:22-26)에 거주했다. 이스라엘이 가나안을 점령했을 때 이들을 완전히 전멸하지 못했다. 그래서 다윗 왕의 사람들 가운데 헷 사람 아히멜렉(삼상 26:6)과 헷 사람 우리아(삼하 11:3)가 있었다. 헷 사람은 아마도 기원전 13-14세기에 건설되었던 아나톨리아와 시리아에 있던 제국과 같은 인종일 것이다. 이 인종의 한 그룹이 가나안 땅에 살았던 것 같다(참고. 왕상 10:29; 왕하 7:6).

“기르가스”에 대해서는 정보가 거의 없다. 항상 가나안 민족들을 기록할 때 같이 나오고 있다. 성경 외적인 자료인 우가릿 문헌에 그 이름이 나온다(F. Gröndanhl, 332).

“아모리”와 “가나안”은 가나안 땅에 거하는 민족들의 대표적인 이름이다. 더 자세한 설명은 1:7을 참고.

“브리스”에 대해서도 별로 정보가 없다. 일곱 민족이 거론될 때 같이 나온다. 벧엘과 아이 사이의 지역 에브라임 산지(창 13:7; 수 17:15)에 거했다.

“히위”는 야곱 시대에 밀접한 관련이 있었다. 야곱이 세겜에 거했을 때, 그 성의 왕자인 세겜이 야곱의 딸 디나를 강간했다. 이 일로 시므온과 레위가 그 성 사람들을 전멸시켰다(창 34장). 여호수아 시대에 히위 사람들인 기브온 거민은 여호수아와 이스라엘을 속여 동맹을 맺었다(수 9장; 수 11:19). 또한 히위 사람은 미스바 땅의 헤르몬(수 11:3)에 거주했다.

"여부스"는 산지(민 13:29; 수 11:3)와 예루살렘(수 15:8, 63)에 거주했다. 예루살렘은 유다 지역과 베냐민 지역의 사이에 있었다. 예루살렘 거민들이 워낙 강했기 때문에 유다와 베냐민 사람들은 예루살렘에 거하는 여부스 사람들을 쫓아내지 못했다(수 15:63; 삿 1:21). 이들은 다윗 시대까지 이곳에 살았다. 하지만 다윗이 이 성을 점령하고 다윗성이라고 불렀다(삼하 5:6-9). 후에 다윗이 인구 조사로 범죄했을 때 다윗은 예루살렘의 여부스 사람 아라우나 타작 마당에서 하나님께 희생 제사를 드렸다(삼하 24:16, 18). 다윗의 희생 제사에 하나님은 불로 응답하셨고 이곳은 다윗에 의해 하나님의 집으로 선정되었다(대상 21:18, 26-28; 22:1). 후에 솔로몬은 이곳에 예루살렘 성전을 지어 아도나이께 봉헌하였다(대하 3:1).

이스라엘이 가나안 정복 전쟁 때 헤렘 전쟁을 철저하게 수행하지 못했기 때문에 가나안 정복 이후에 가나안 거민들이 이스라엘과 함께 섞여 살게 되었다(삿 1장). 다윗 왕정을 지나 솔로몬 왕정 때 이스라엘이 강해져서 가나안 족속들을 완전히 제어할 수 있었다. 솔로몬은 많은 건축 공사를 진행하면서 남아 있던 아모리 사람, 헷 사람, 브리스 사람, 히위 사람, 여부스 사람을 노예로 삼았다(왕상 9:20).

형용사 '많고 강한'이 보여주듯이 이스라엘은 지금 그들보다 더 강한 민족들과 싸워서 그 약속의 땅을 차지해야 한다. 하나님이 약속하신 땅은 젖과 꿀이 흐르는 좋은 땅이지만 그 땅에 거하는 민족들은 숫자도 많고 키도 크고 강한 거민들이다. 그래서 출애굽 세대가 가데스 바네아에서 정탐꾼들의 보고를 받고 마음이 녹아 내렸고 그 첫 정복 전쟁에서 실패했었다(신 1:19-46).

위와 같은 사실은 우리에게 많은 영적인 깨달음을 준다. 하나님의 약속은 확실히 실현되고 성취된다. 하지만 이 약속의 성취를 위해서 많은 어려움과 환란에 동참해야 하며 넘어야 할 고비들이 있다. 이스라엘은 가나안 땅을 점령하기 위해서 그들보다 더 강한 적들과 싸워야 했다.

하나님은 이스라엘에게 그들 앞에 놓여 있는 현실보다 그들을 도우시는 하나님을 더 의지하고 신뢰하기를 원하신 것이다.

2 아도나이 너의 하나님이 너의 앞에[1] 그들을 주실 때에, 그리고 너는 그들을 쳐야 한다, 너는 그들을 완전히 전멸시켜야 한다, 너는 그들과 언약을 맺어서는 안 된다, 그리고 너는 그들을 불쌍히 여겨서도 안 된다.

본문 비교

1) 70인경은 "너의 앞에"를 "너의 손들 안에"(εἰς τὰς χεῖράς σου) 즉 '이스라엘의 능력 안에 또는 '이스라엘의 세력 안에'로 이해한다.

"주실 때에"는 문자적으로 '주실 것이다'이다. 2절에는 접속사 "~때에"(כִּי)는 나오지 않지만 1절에 이어 2절의 상반절이 전제절로 해석된다. '주실 것이다'는 '넘겨 줄 것이다'로 하나님이 일곱 민족을 이스라엘이 그들을 처리할 수 있는 능력 아래 주시는 것이다(본문 비교의 70인경의 번역 참고).

귀결절이 시작된다. "그리고 너는 그들을 쳐야 한다"는 하나님이 일곱 민족을 넘겨 주신 결과로 '그래서' 이스라엘이 그들을 칠 수 있는 것이다.

접속사 '그리고'가 없이 귀결절이 이어진다. "너는 그들을 완전히 전멸시켜야 한다"(החרם תחרים אתם)는 히필 부정사 절대형과 히필 미완료 문장으로 전멸시키는 행위를 강조하고 있다. 동사 '하람'(חרם)은 '바치다,' '금지하다', '죽이다', '파괴하다'의 뜻을 갖고 있다. 여기서는 부정사 절대형과 함께 '확실히 파괴하다' 또는 '완전히 죽이다'라는 의미이다. 이러한 전쟁을 헤렘 전쟁이라고 한다. 헤렘 전쟁을 하나님께 대한 헌신으로 여기는 것이다(참고. 신 2:33-34; 20:10-18).

"너는 그들과 언약을 맺어서는 안 된다"는 사람과 사람 사이에 맺는 언약, 협정, 약정을 의미한다(서론 "6.2.1. 사람들 사이에 맺은 언약"을 참고). 이는 '너는 그들과 언약을 맺지 말라' 또는 '너는 그들과 언약을 자르지 말라'라는 의미이다. 사람들끼리 언약을 맺는 경우는 족장시대에 이삭과 아비멜렉(창 26:28), 야곱과 라반(창 31:44)의 경우에서 볼 수 있다. 모세는 이스라엘에게 가나안 거민들과 어떠한 협정이나 계약을 맺어서는 안 된다고 말했다(참고. 출 23:32; 34:12). 이스라엘이 가나안 땅을 정복할 때, 이스라엘은 속아서 히위 사람들인 기브온 거민들과 언약을 맺었던 경우가 있다. 이스라엘과 기브온은 동맹 관계를 맺었고 이스라엘이 기브온을 멸망시키지 않는 조건으로 기브온은 이스라엘을 위해 노동력을 제공했다(수 9:3-15).

"그리고 너는 그들을 불쌍히 여겨서도 안 된다"는 이스라엘이 가나안 일곱 민족에게 취해야 할 자세와 태도로 그들에게 자비를 베풀어서는 안 된다는 것을 말한다. 심리적으로 그들을 긍휼히 여기거나 동정해서는 안 된다.

3 그리고[1] 너는[2] 그들과 혼인해서는 안 된다. 너는 너의 딸을 그의 아들을 위해 주어서는 안 된다. 그리고 너는 그의 딸을 너의 아들을 위해 취해서는 안 된다.

본문 비교

1) 일부 히브리어 사본들에는 접속사 "그리고"가 없다.

2) 70인경에는 복수형 "너희"가 주어이다.

계속해서 이스라엘이 가나안 땅 거민들에게 취해야 할 자세가 설명된다. 여기서 '결혼'은 이스라엘이 다른 민족들과 하는 국제 결혼을 의미한다.

가나안 거민들과의 결혼에 대한 거부는 이스라엘 족장들에게서도 발견된다. 이스라엘의 조상인 아브라함은 자신의 외아들 이삭을 위하여 가나안 여인이 아니라 자신의 족속 여인인 리브가를 며느리로 데려왔다(창 24장). 이삭 역시 야곱에게 가나안 여인을 아내로 맞이하지 말 것을 당부했다(창 28:1). 야곱의 딸 디나가 히위 사람 세겜에 의해 강간을 당했을 때, 히위 사람 하몰이 야곱과 그 아들들에게 서로 결혼을 하자고 제안했다(창 34:8-9). 하지만 이스라엘의 아들들은 이 제안을 받아들이지 않았다.

이스라엘은 가나안 정복 전쟁 시에 철저한 헤렘 전쟁을 수행하지 못했다. 그래서 그 땅 안에 가나안 민족들이 남아 있었다. 여호수아와 그의 세대들이 다 죽고 가나안 정복 전쟁을 체험하지 못한 세대가 일어났을 때, 그들은 하나님의 명령을 거역하고 그 땅의 거민들과 결혼하였고 그들의 신들을 따라 섬겼다(삿 3:1-7).

개역 성경의 번역 "그 딸로 며느리를 삼지 말 것"은 문자적인 번역이 아니라 의역이다.

4 왜냐하면 그가[1] 너의 아들을 나를 따르는 데에서 돌이키게 할 것이며 그들이[2] 다른 신들을[3] 섬길 것[4]이기 때문이다, 그리고 아도나이의 진노가 너희를 대하여 타오를 것이며 그가 너를 갑자기 멸망시키실[4] 것이다.

본문 비교

1) 아람어 성서들(옹켈로스, 네오피티)은 복수 "그들이"로, 그리고 탈굼 프쉬도 요나단은 "그들의 딸들이"로 읽는다.
2) 일부 히브리어 사본들, 4QpaleoDeut[r], 사마리아 오경, 70인경, 벌게이트에는 단수 주어 "그"이다.
3) 탈굼 옹켈로스와 탈굼 프쉬도 요나단은 "민족들의 우상들을"로 해석한다.
4) 탈굼 네오피티는 "섬기지 않도록" 그리고 "멸망시키지 않도록"으로 번역한다.

"왜냐하면"이 3절의 국제 결혼 금지에 대한 이유를 제시한다. "그가"가 누구를 가리키는지 해석하기 어렵다. 3절과 이어서 생각하면 "그녀가" 즉 일곱 족속의 딸이 더 좋을 것이다. 하지만 여기서 "그가"는 3절의 "그의 아들"과 "그의 딸"을 받아서 일반적으로 이방인의 대표로 간주하는 것 같다.

"나를 따르는 데에서 돌이키게 할 것이며"는 '아도나이를 따르는 데에서 떠나게 할 것이다'를 의미한다. 아도나이를 섬기는 신앙에서 배교하게 만드는 것이다. 여기서 더 한 걸음 나아가 "다른 신들을 섬기게" 할 것이다. 이러한 우상 숭배의 위험 때문에 국제 결혼을 금지하는 것이다. 이스라엘의 배교와 우상 숭배의 위험이 2절의 일곱 민족을 완전 멸절시키라는 명령을 설명해 준다.

국제 결혼을 통한 배교와 우상 숭배는 실제 이스라엘 역사 가운데 일어났다. 이스라엘이 가나안에 정착하여 옛 세대가 죽고 새로운 세대가 일어났다. 그들은 아도나이의 말씀에서 떠나 가나안 거민들과 서로 통혼하였고 그들의 신들을 따라 섬겼다(삿 3:5-7). 이 일로 인해 이스라엘은 하나님의 심판을 받게 되었다.

다른 하나의 예는 솔로몬 왕이다. 솔로몬은 많은 이방 여인들을 사랑했다. 그래서 그는 많은 이방 여인들을 아내로 맞아들였고 결국 그들이 솔로몬의 마음을 돌이키게 하여 우상 숭배의 길로 빠지게 되었다(왕상 11:1-8).

"그리고"는 '그 때'를 뜻한다. 이스라엘이 배교하며 우상 숭배를 할 때를 말한다. 이때에 "아도나이의 진노가 너희를 대하여 타오를 것이며 그가 너를 갑자기 멸망시키실 것이다." 하나님의 심판이 신속하게 이루어질 것을 "갑자기"가 잘 설명한다. 이는 '속히', '재빨리'의 의미를 담고 있다. 배교와 우상 숭배는 이스라엘이 망하는 지름길이다. 실제 이스라엘의 역사는 이스라엘과 유다가 망한 이유는 우상 숭배였다고 증거하고 있다(왕하 17, 25장).

5 그러나 너희는[1] 그들에게 이렇게 행해야 한다, 너희는 그들의 단들을 파괴하고 그들의 주상들을 깨뜨리고, 너희는 그들의 아세라들을 찍고 그들의 새긴 우상들을 불로 태워야 한다.

본문 비교

1) 사마리아 오경에는 단수 "너"이다.

가나안 민족의 종교 의식에 사용되는 물건들, 단, 주상, 아세라, 새긴 우상을 파괴시킬 것을 명한다(참고. 출 34:13).

단은 희생제사를 드리는 곳으로 돌이나 철로 만들어졌다. 여기서 단은 우상을 위해 희생 제사를 드리는 곳이다. 우상들을 위해 단을 세우는 것은 하나님께서 미워하시는 행위이다.

"주상"(מצבה)은 세워진 돌 기둥이다. 하나님을 위해 주상을 세우는 행위를 야곱에게서 찾아볼 수 있다. 야곱은 종교적인 목적으로 돌 기둥을 자주 세웠다. 야곱이 에서를 피해 라반에게 가던 길에 벧엘에서 꿈을 꾸었다. 그 꿈에서 깨어난 후에 자기가 베고 자던 돌을 세워서 주상을 만든다. 그리고 이 돌에 기름을 부어 거룩하게 한 후에 서원을 한다. 하나님이 자기를 지켜 주어서 고향으로 무사히 돌아오면 자기가 세운 돌이 하나님의 집이 될 것을 말하고 있다(창 28:18, 22; 31:13).

또한 외삼촌 라반과 언약을 맺은 후에 돌을 가져다 증거의 기둥으로 세웠고(창 31:45, 51) 라헬이 죽었을 때 돌 기둥으로 묘비를 삼았다(창 35:20; 비교 삼하 18:18).

모세 역시 시내 산에서 하나님과 언약을 맺을 때 열두 지파를 상징하는 열두 기둥을 세웠다(출 24:4).

위의 경우는 하나님을 경외하기 위한 행위로서 돌 기둥을 세운 것들이다. 하지만 반대로 가나안 민족들도 자신들이 섬기는 신들을 위해 돌 기둥을 세웠다. 종교적 의식의 하나였던 것이다. 이스라엘은 가나안 정복 시에 이 주상을 철저하게 파괴해야 했다. 다른 신들을 위한 돌 기둥은 우상, 새겨서 만든 어떤 이미지, 조각한 나무와 같이 숭배의 대상으로(레 26:1; 신 7:5; 12:3) 하나님이 미워하시는 대상이다(신 16:22). 그래서 모세의 법은 우상 숭배와 관련된 돌 기둥을 제거할 것을 명한다(출 23:24; 34:13; 참고. *TWAT* IV, 1064-1074).

"그들의 아세라들"(אשׁירהם)은 행운과 행복을 상징하는 가나안의 여신 '아세라'(אשׁירה)의 복수이다. 아세라는 어떤 형상으로 표현되었고(왕상 15:13; 왕하 21:7) 아세라의 선지자들도 있었으며(왕상 18:19) 아세라를 섬기기 위한 거룩한 용기들(왕하 23:4)과 집(왕하 23:7)을 갖추고 있었다. 이 여신의 상징으로 거룩한 나무 또는 나무로 된 장대가 세워졌다(왕상 16:33; 왕하 13:6). 아세라는 자주 바알과 같이 언급된다(삿 6:25; 왕하 17:16; 21:3).

2. 하나님의 선택된 백성 이스라엘(7:6-11)

이스라엘이 왜 가나안의 민족들을 전멸시키며 그들의 종교를 따라가서는 안 되는지에 대한 이유가 설명된다. 이스라엘은 많은 백성들 가운데서 하나님의 거룩한 백성으로 선택되었기 때문이다. 하나님은 이스라엘의 조상들에게 하셨던 약속을 지키기 위해서 이집트에서 이스라엘을 구원하심으로 이스라엘을 선택하셨다. 하나님은 자기를 사랑하는 자에게 천대까지 그 약속을 실행하시는 분이시다.

번역

6 왜냐하면 너는 아도나이 너의 하나님에게 거룩한 백성이기 때문이다.
아도나이 너의 하나님이 너를 선택하셨다. 그에게 보배로운 백성이 되도록,

지면 위에 있는 모든 백성들로부터.
7 모든 백성들보다 너희 숫자가 많기 때문이 아니다,
아도나이는 너희에게 달라 붙어 있었다 그리고 그가 너희를 선택하셨다,
왜냐하면 너희는 모든 백성들 중에서 가장 적기 때문이다.
8 그러나 아도나이는 너희를 사랑하기 때문에
그리고 그가 너희 조상들에게 맹세했던 그 맹세를 지키는 것 때문에
아도나이는 너희를 강한 손으로 데리고 나왔다,
그리고 그는 노예들의 집으로부터, 이집트의 왕 바로의 손으로부터 너를 구해냈다.
9 그리고 너는 아도나이 너의 하나님 그가 하나님이다는 것을 알아야 한다,
언약과 인애를 지키시는 신실하신 하나님,
그를 사랑하는 자들에게, 그의 계명들을 지키는 자들에게, 천대까지.
10 그러나 그를 미워하는 자들에게, 그의 얼굴들에 보수하시며, 그를 멸망시키기 위해,
그는 늦추지 않으신다 그를 미워하는 자에게, 그의 얼굴들에, 그가 그에게 보수하실 것이다.
11 그리고 너는 지켜야 한다 그 명령을
그리고 내가 오늘 그것들을 행하라고 명령한 법규들과 법령들을.

주해

6 왜냐하면 너는 아도나이 너의 하나님에게 거룩한 백성이기 때문이다,[1] 아도나이 너의 하나님이 너를[1] 선택하셨다, 그에게 보배로운 백성[2]이 되도록, 지면 위에 있는 모든 백성들로부터.

본문 비교

1) 히브리어 어순에는 "너를"이 이 절의 서두에 나온다. 일부 히브리어 사본들, 카이로 게니자 단편, 사마리아 오경, 70인경, 시리아 역

은 "너를" 앞에 접속사 "그리고"를 갖고 있다(참고. 신 14:2).
2) 탈굼 네오피티는 "그의 이름을 위한 한 특별한 소유 같은 사랑받는 백성"으로 해석한다.

왜 가나안 민족들의 종교 의식들을 파괴시켜야 하는지에 대한 이유가 설명된다. 이스라엘은 하나님의 거룩한 백성이기 때문에 가나안의 종교들을 따라가서는 안 된다는 것이다.

"거룩한 백성"(עם קדוש; 참고. 신 14:2, 21; 26:19; 28:9)은 출애굽기 19:6의 "거룩한 민족"(גוי קדוש)과 유사하다. 출애굽기 19:6의 상반절은 "그리고 너희, 너희는 나에게 제사장 나라와 거룩한 민족이 될 것이다"이다. 여기의 "거룩한 민족"과 "제사장 나라"는 종교적인 측면에서 이스라엘의 국가 상태를 의미한다. 이스라엘이 하나님의 거룩한 민족이 되기 위해서는 한 조건을 만족시켜야 한다. 그 조건은 하나님의 말씀에 순종하며 언약을 지키는 것이다. 이스라엘이 이 조건을 잘 수행할 때 "제사장 나라"와 "거룩한 민족"이 되는 것이다(출 19:5-6).

신명기는 "거룩한 백성"에서 인종적인 측면에 강조를 둔다. 신명기의 문맥은 가나안 일곱 백성들과 이스라엘을 구별하려는 의도에서 "거룩한 백성"이라는 신분에 초점을 맞춘다. 조건적인 문맥이 아니라 선언적이다. 이스라엘이 왜 가나안 일곱 백성들의 종교적인 의식을 없애야 하는지에 대한 이유를 제공하면서 이스라엘을 거룩한 백성으로 선언한다.

"아도나이 너의 하나님이 너를 선택하셨다"는 이스라엘의 "거룩한 백성"의 신분 상태를 보충 설명한다(선택 신학을 위해서는 서론을 참고).

"그에게 보배로운 백성이 되도록"은 하나님이 이스라엘을 선택하신 목적을 보여준다. 이스라엘은 하나님에게 "보배로운 백성"(עם סגלה; 참고. 신 14:2; 26:18)이다. '보배로운'은 '특별한'의 의미도 갖는다. 즉 이스라엘은 하나님의 특별한 소유이며 독특한 백성으로 사랑받는 백성이다. 이스라엘이 갖는 한 백성으로서의 독특한 신분을 '거룩한'과 '보배로운'이 잘 나타낸다.

"지면 위에 있는 모든 백성들로부터"는 하나님께서 많은 백성들 가운데 이스라엘 백성을 선택하셨다는 것을 보여준다. 이 세상에는 '많은 백성들'이 있다. 그 가운데서 이스라엘은 하나님에게 '거룩한 백성'이며 '보배로운 백성'이다.

7 모든 백성들보다 너희 숫자가 많기[1] 때문이 아니다, 아도나이는 너희에게 달라붙어 있었다 그리고 그가 너희를 선택하셨다, 왜냐하면 너희는 모든 백성들 중에서 가장 적기[2] 때문이다.

본문 비교

1) 탈굼 프쉬도 요나단은 "너희가 더 존귀하기 때문이 아니다"로 해석한다.
2) 탈굼 프쉬도 요나단은 "너희가 영적으로 더 겸손하며 더 친절하기 때문이다"로 해석한다.

히브리어 어순은 이해하기가 쉽지 않다. 어순을 바꾸어 의역해 보면 이해에 도움이 된다: '아도나이께서 너희에게 붙어 계시며 너희를 선택하신 것은 너희가 다른 어떤 백성들보다 숫자가 많기 때문이 아니다, 왜냐하면 너희는 모든 백성들 중에서 가장 적기 때문이다.'

"달라 붙어 있었다"(חשק)는 '부착하다', '연합하다'의 뜻이 있다. 이것은 비유적인 표현으로 여기서 '집착하다', '사랑하다', '기뻐하다' '원하다', '갈망하다'의 다양한 의미가 나온다(Christensen은 "YHWH set his love"로 Craigie는 "the Lord cared for"로 Weinfeld는 "YHWH desired"로 번역). 이는 이스라엘에 대한 하나님의 마음을 표현한 것이다. 하나님은 이스라엘을 강하게 원하시며 이스라엘을 편애하신다. 이스라엘을 사랑하시며 원하시는 것이다. 그래서 하나님은 이스라엘이 숫자가 적음에도 불구하고 선택하신 것이다.

8 그러나 아도나이는 너희를 사랑하기 때문에 그리고 그가 너희 조상들에게 맹
세했던 그 맹세를 지키는 것 때문에 아도나이는 너희를 강한 손으로[1] 데리고
나왔다, 그리고 그는 노예들의 집으로부터, 이집트의 왕 바로의 손으로부터 너
를 구해 냈다.

본문 비교

1) 70인경은 "높은 팔로"(ἐν βραχίονι ὑψηλῷ)를 덧붙인다(참고. 신 4:34; 6:21).

7절과 8절은 반대 상황으로 서로 연결된다. 7절은 부정적으로 '~때문이 아니다'not because…로 시작하며 8절은 '그러나 ~때문이다'but because…로 시작한다.

하나님이 이스라엘을 선택하신 이유는 이스라엘이 숫자가 많기 때문이 아니다. 하나님이 이스라엘을 사랑했기 때문에 그리고 조상들에게 했던 맹세를 지키는 것 때문에 이스라엘을 출애굽시켜 주었다.

하나님이 이스라엘을 구속하신 이유를 두 개의 전치사 '~때문에', 문자적으로는 '~으로부터'가 설명한다. 이는 하나님이 이스라엘을 출애굽 시키신 원인과 동기를 설명한다.

"아도나이는 너희를 사랑하기 때문에"는 히브리어에 동사가 없다. "사랑하기"(מאהבת)는 히브리어로 명사이다. 문자적으로는 "아도나이는 너희를 사랑으로부터"이다.

"그가…그 맹세를 지키는 것 때문에"는 부정사 연계형으로 "그가…맹세를 지키는 것으로부터"(משמרו)이다.

이러한 두 가지 원인 때문에 "아도나이는 너희를 강한 손으로 데리고 나왔다." 여기서 이 문장은 7절의 "그가 너희를 선택하셨다"와 병행

을 이룬다. 즉 하나님이 이스라엘을 선택하신 것은 출애굽 사건으로 나타난 것이다. 이스라엘의 출애굽은 "노예들의 집으로부터, 이집트의 왕 바로의 손으로부터 너를 구해냈다"로 설명된다. '데리고 나왔다'와 '구해 냈다'가 서로 병행을 이루어 하나님의 구속 사역을 설명한다.

"이집트의 왕 바로의 손"과 아도나이의 "강한 손"이 대조를 이룬다. 여기서 '손'은 '권세'와 '능력'을 상징적으로 표현한다. 바로는 정치적, 군사적 능력으로 이스라엘을 계속 지배하기를 원했다. 그러나 이집트의 왕의 권세와 능력 보다 아도나이의 권세와 능력이 더 강했다.

"구해냈다"(פדה)는 '포로를 몸 값을 주고 되찾다'이다. 여기서 '구출하다', '해방하다'의 의미가 나왔다. 이 동사는 신명기에서 6회 나오는데 1회를 제외하고(21:8) 5회가 이스라엘이 이집트의 노예에서 구출되었다는 사실과 관련되어 사용되었다(7:8; 9:26; 13:6; 15:15; 24:18). 속박되어 있는 노예의 신분에서 자유인으로 해방된 것이다.

9 그리고 너는 아도나이 너의 하나님 그가 하나님이다는 것을 알아야 한다, 언약과 인애를 지키시는 신실하신 하나님, 그를 사랑하는 자들에게, 그의 계명들[1]을 지키는 자들에게, 천대까지.

본문 비교

1) 마소라 사본의 본문에는 단수 "계명"이지만 케레는 복수 "계명들"이다. 그리고 일부 히브리어 사본들, 카이로 게니자 단편, 사마리아 오경, 70인경, 아람어 성서들, 시리아 역, 벌게이트에는 복수 "계명들"이다.

"그리고 너는 아도나이 너의 하나님 그가 하나님이다는 것을 알아야 한다"는 '그러므로 너는 아도나이 너의 하나님 그가 하나님이다는 것을 알라'로도 번역될 수 있다.

“알아야 한다”(וְיָדַעְתָּ)는 문법 형태상 칼 와우 연속 완료형이지만 명령형 ‘알라’로 번역될 수 있다(ASV, KJV, NAS, NIB, NIV, NJPS, NKJ, NRS, RSV). ‘알라’는 ‘깨달아야 한다’, ‘인식해야 한다’의 의미도 갖는다. 이것은 지적인 것만을 의미하지 않는다. 이 지식은 역사적인 경험을 통해서 나온 것이다. “언약과 인애를 지키시는 신실하신 하나님”은 “아도나이 너의 하나님 그가 하나님이다”와 동격으로 보충 설명을 해준다. “신실하신 하나님”(האל הנאמן)은 ‘아만’(אמן)의 니팔 분사형으로 ‘신뢰할 수 있는 하나님’, ‘믿을 수 있는 하나님’이란 뜻이다. 하나님이 신실하다는 것은 ‘언약과 인애를 지키시는 것’에서 나온다. 여기서 언약은 하나님의 언약이다. ‘인애’는 하나님의 확고한, 움직이지 않는 사랑을 의미한다(참고. 5:10). 이러한 하나님의 성품은 “그를 사랑하는 자들에게, 그의 계명들을 지키는 자들에게, 천대까지” 나타난다. 이는 십계명에서도 선포되었었다(신 5:10). 하나님의 약속과 변함없는 사랑은 하나님을 사랑하며 그의 계명을 지키는 자들에게 실현된다.

여기서 한 가지 중요한 사실은 하나님의 약속이 천대까지 유효하다는 사실이다. 우리는 이러한 사실을 이스라엘의 역사에서 볼 수 있다. 하나님은 아브라함에게 그의 후손들에게 가나안 땅을 주시기로 약속하시며 언약하셨다. 이 약속은 이스라엘의 출애굽 사건을 통해 이루어진다. 이스라엘 자손들이 이집트에서 무거운 고역과 노동으로 신음하며 부르짖을 때 하나님은 그의 약속을 기억하셨다(출 2:23-25). 그리고 하나님은 자신의 약속을 지키시기 위하여 이스라엘을 바로의 손에서 구원해 내셨다.

하나님의 약속은 파기될 수 없다. 사람은 약속을 잊어버리지만 하나님은 그의 약속과 언약을 기억하신다. 하나님이 이스라엘을 선택하신 것은 아브라함, 야곱, 이삭과 하셨던 약속 때문이었다. 이 약속을 기억하심으로 이스라엘을 출애굽시켰던 것이다. 약속을 기억하시는 하나님! 그가 바로 신실하신 하나님이요 믿을 수 있는 하나님이다.

10 그러나 그를 미워하는 자들에게[1], 그의 얼굴들에[2] 보수하시며[3], 그를 멸망시키기 위해, 그는 늦추지 않으신다 그를 미워하는 자에게[1], 그의 얼굴들에[2], 그가 그에게 보수하실 것이다.

본문 비교

1) 마소라 사본에는 첫 번째는 복수형 "그를 미워하는 자들에게"(לשׂנאיו)이지만 두 번째는 단수형 "그를 미워하는 자에게"(לשׂנאו)이다. 한 히브리어 사본(Kenn 157)과 사마리아 오경에는 둘 다 복수형(לשׂנאיו)이다. 다른 히브리어 사본(Kenn 168)은 모두 단수형(לשׂנאו)으로 읽는다. 70인경은 모두 3인칭 남성 단수 접미사 "그를"을 생략한 복수형 "미워하는 자들에게"(τοις μισουσιν)로 읽는다. 시리아 역과 아람어 성서들에도 복수형이다.
2) 마소라 사본은 전치사 "~에"(אל)이지만 사마리아 오경은 "~위에"(על)이다. 대마소라(Mm)에 따르면 "그의 얼굴들에"(אלפניו)는 6번 나온다(신 7:10 2X; 수 5:14; 삼하 14:22; 대하 19:2; 욥 13:15)
3) 탈굼 네오피티와 탈굼 프쉬도 요나단은 보상에 대해 흥미로운 해석을 한다. 이 세상에서 그를 미워하는 자들에게 선한 행위의 보상이 있고 오는 세상에서 그들에게 복수하신다고 해석한다.

10절은 9절의 연속이다. 9절의 "신실하신 하나님"(האל הנאמן)은 '신실하신'이 니팔 분사형으로 '하나님'을 수식한다. 10절 서두에 나오는 "그리고 보수하시는"(ומשׁלם)은 피엘 분사형으로 9절의 '신실하신'과 병행을 이루어 "하나님"을 수식한다.

이 구절에서는 같은 표현이 반복되고 있다. "보수하시며"는 '사렘'(שׁלם)의 피엘 분사형으로 '갚다', '보상하다', '보복하다'의 뜻을 갖는다. 하나님은 자신을 미워하는 자들에게 보응하시는데 "그의 얼굴들에"게 하신다. 70인경은 이것을 "얼굴을 따라"(κατὰ πρόσωπον)로 해석한다. 이는 하나님을 미워하는 자들의 얼굴 위에 보응하신다는 것이다. 하지만 이 보응이 구체적으로 무엇인지는 밝히지 않는다. 하나님의 보응은 하나님을 미워하는 자들을 "멸망시키"는 것이다. 이 '멸망'은 파괴시키며 부수는 것이다. 하나님의 보응이 구체적이지 않지만 인간 삶의 근본적인 파괴를 말한다.

"그는 늦추지 않으신다"는 하나님이 보응하시는 데 주저하지 않으시며 연기하지 않으신다는 것이다. 하지만 하나님의 이러한 빠른 보응은 하나님을 "미워하는 자에게"이다. 이 표현이 두 번이나 사용된 것에 주의해야 한다. 하나님을 미워하는 자에게 보응하신다는 사상은 십계명의 제2계명과 유사하다(신 5:9).

하나님의 은혜와 심판은 이 땅 위에서도 있다. 9절에서 그를 사랑하고 그의 계명을 지키는 자에게 하나님의 사랑과 인애가 베풀어지는데 천대까지이다. 그러나 10절에서 하나님의 보응은 하나님을 미워하는 자들에게 있다. 하나님의 계명에 대한 인간의 반응은 하나님의 심판과 은혜를 선택하게 한다.

개역 성경은 "그의 얼굴들에"를 두 번이나 생략했고 "당장에"를 두 번이나 덧붙였다: "그를 미워하는 자에게는 당장에 보응하여 멸하시나니 여호와는 자기를 미워하는 자에게 지체하지 아니하시고 당장에 그에게 보응하시느니라."

11 그리고 너는 지켜야 한다 그 명령을 그리고[1)] 내가 오늘 그것들을 행하라고 명령한 법규들과 법령들을[2)].

본문 비교

1) 일부 히브리어 사본들과 사마리아 오경에는 "그리고"가 없다.

2) 70인경은 지시 대명사 "이것들"(ταῦτα)을 덧붙인다.

여기서 접속사 "그리고"는 '그러므로'의 의미를 가지며 "너는 지켜야 한다"는 명령형 '그러므로 지켜라'로 번역할 수 있다. 이스라엘의 하나님 아도나이는 그의 명령을 지키는 자에게 그의 언약을 지키시며 그를 미워하는 자에게 보응하시는 분이시다. 그래서 이스라엘에게 아도나이의 명령을 지키라는 권면이 주어진다.

3. 법령과 복(7:12-15)

하나님의 법령들을 잘 지키며 순종하는 사람들에게 하나님은 그의 인애를 베푸신다. 이 인애는 복으로 나타난다. 복은 실제적 삶에 나타나며 경제적인 측면을 포함한다.

이스라엘의 인구 증가와 더불어 이스라엘 사람들에게 건강이 주어진다. 땅의 소산물이 풍성해지며 가축들의 수가 증가한다.

번역

12 그리고 이것이 있을 것이다,
너희가 이 법령들을 듣고 그것들을 지키고 행하기 때문에,
아도나이 너의 하나님이 너에게 언약과
그가 너의 조상들에게 맹세하셨던 인애를 지킬 것이다.
13 그리고 그가 너를 사랑할 것이며,
그가 너를 복 주실 것이며, 그가 너를 많게 할 것이다,
그리고 그가 복 주실 것이다 너의 자궁의 열매와 너의 토지의 열매를,
너의 곡물과 너의 포도주와 너의 기름을,
너의 소들의 새끼와 너의 양 떼의 어린 것들을,
그가 너의 조상들에게 너에게 주기로 맹세하셨던 토지 위에서.

14 너는 모든 백성들보다 복을 받을 것이다,

너의 중에 애를 못 낳는 남자나 여자, 그리고 너의 가축 중에도 없을 것이다.

15 그리고 아도나이는 너에게서 모든 질병을 치우실 것이다,

그리고 그가 네가 알았던 이집트의 모든 악한 병들을 너에게 두지 않을 것이다,

그러나 그가 너를 미워하는 모든 자에게 그것들을 주실 것이다.

주해

12 그리고 이것이 있을 것이다, 너희가 이[1] 법령들을 듣고 그것들을 지키고 행하기 때문에[2], 아도나이 너의 하나님이 너에게 언약과 그가 너의 조상들에게 맹세하셨던 인애를 지킬 것이다.

본문 비교

1) 70인경은 여기에 "모든"을 덧붙인다.
2) 70인경은 히브리어 "~결과로," "~때문에"(עקב)를 "~때"(ἡνίκα)로 번역한다.

"그리고 이것이 있을 것이다, 너희가 이 법령들을 듣고 그것들을 지키고 행하기 때문에"는 번역하기가 쉽지 않다. "때문에"(עקב)는 '~라는 사실 때문에'(עקב 또는 עקב אשר)라는 의미로 '너희가 이 법령들을 듣고 그것들을 지키고 행하는 사실 때문에'라는 의미를 담고 있다(참고. Joüon § 170g). 즉 이스라엘이 법령을 듣고 지키는 것의 '결과로서' 또는 '보상으로서'라는 의미이다. 다른 역본들은 이것을 조건 "~한다면"(KJV, NIB, NIV, NJPS, 개역 성경) 또는 "~때"(70인경, LUT, LUO)로 번역하기도 한다.

여기서는 "법령들"이라는 단어가 단독으로 사용되었지만 11절의 다른 단어들이 의미하는 하나님의 법들을 가리킨다.

동사 "지키다"(שמר)가 두 번 사용되어 대조를 이룬다. 상반절의 "지

키다"는 이스라엘의 행위를, 그리고 하반절의 "지키다"는 하나님의 행위를 말한다. 이스라엘이 하나님의 법을 지킬 때 그 결과로서 또는 보상으로서 하나님이 그의 인애와 언약을 지키는 것이다(9절 참고).

[13] 그리고 그가 너를 사랑할 것이며, 그가 너를 복 주실 것이며, 그가 너를 많게 할 것이다, 그리고 그가 복 주실 것이다 너의 자궁의 열매와 너의 토지의 열매를, 너의 곡물[1)]과[2)] 너의 포도주와 너의 기름을, 너의 소들의 새끼와 너의 양떼의 어린 것들을, 그가[3)] 너의 조상들에게 너에게 주기로 맹세하셨던 토지 위에서.

본문 비교

1) 사본들 사이에 철자가 다르다. 마소라 사본은 דגנך인 데 반해 일부 히브리어 사본들과 사마리아 오경은 דגניך이다.
2) 일부 히브리어 사본들과 사마리아 오경은 "그리고"를 생략한다.
3) 일부 히브리어 사본들, 사마리아 오경, 70인경은 "아도나이"를 덧붙인다.

12절 하반절의 하나님이 지키실 언약과 인애에 대한 보충 설명들이다. 먼저 하나님은 이스라엘을 '사랑하시며', '복 주시며', '많게 해 주실 것'이다. 하나님이 이스라엘을 '복 주실 것'이라는 표현이 두 번 사용되었다. 그 복에 대한 자세한 설명은 먼저 '자궁의 열매'로 많은 후손 즉, 이스라엘의 후손이 생육하고 번성할 것을 의미한다. 이는 하나님이 이스라엘의 족장들에게 했던 약속, '너의 후손이 하늘의 별과 같이, 바닷가의 모래와 같이 많아질 것이다를 반영한다(창 15:5; 22:17). 둘째는 땅의 소산으로 '곡물', '포도주', '기름'이다. 하나님이 약속의 땅의 농산물에 풍년을 허락하실 것을 의미한다. 셋째는 가축의 새끼들을 번식시켜 주는 것이다. 하나님의 복은 아주 실제적이며 구체적이다.

이러한 하나님의 복은 철저하게 하나님이 이스라엘의 조상들에게 약속하셨던 맹세의 땅 위에서 이루어질 것이다. 가나안 땅에서의 경제적인 삶이 풍성해지는 것이다.

14 너는 모든 백성들보다 복을 받을 것이다, 너의 중에 애를 못 낳는 남자나 여자, 그리고 너의 가축 중에도 없을 것이다.

이스라엘이 복을 받을 것이 강조되었다. 이스라엘의 받는 복이 다른 이방 백성들과 비교된다. "너의 중에 애를 못 낳는 남자나 여자"는 아이를 갖지 못하는 가정이 없을 것을 말하며 13절의 "그가 너를 많게 할 것이다"와 "너의 자궁의 열매"를 구체적으로 말한다. 이것은 이스라엘의 가축에게도 적용되어서 새끼를 갖지 못하는 짐승이 없을 것을 말하고 있다.

15 그리고 아도나이는 너에게서 모든 질병을 치우실 것이다, 그리고 그가 네가 알았던[1] 이집트의 모든 악한 병들[2]을 너에게 두지 않을 것이다, 그러나 그가 너를 미워하는 모든 자에게 그것들을 주실 것이다.

본문 비교

1) 쿰란 사본(5QDeut[t])과 70인경은 "네가 보았던"(ἅς ἑώρακας)을 덧붙인다.
2) 일부 히브리어 사본들과 카이로 게니자 단편은 단수 '병'으로 읽는다.

하나님이 이스라엘에게 내리시는 복이 계속된다. 하나님은 이스라엘 사람들에게 건강의 복을 주시기 위해 모든 질병을 옮기신다. 이 질병 가운데는 이스라엘 사람들이 이집트에서 경험했던 병들도 포함된다.

하나님은 이스라엘 사람들에게 건강의 복을 내리시지만 반대로 이스라엘을 미워하는 자들에게 모든 병들을 주신다.

4. 가나안 정복을 도우시는 하나님(7:16-26)

가나안 백성들이 이스라엘보다 강하고 숫자가 많아도 이스라엘은 그들을 두려워할 필요가 없다. 하나님께서 그들의 전쟁을 도와주시기 때문이다. 출애굽할 때 이스라엘을 도와서 바로와 이집트와 싸우신 하나님께서 이번에는 가나안 정복 전쟁을 도우실 것이다. 가나안 백성들을 몰아낼 때 이스라엘이 주의해야 할 것은 그들의 은과 금으로 만든 우상을 탐내서는 안 되며 철저하게 파괴시켜야 한다는 것이다.

번역

16 그리고 너는 아도나이 너의 하나님이 너에게 주시는 모든 백성들을 삼켜버릴 것이다,
너의 눈은 그들을 불쌍히 여겨서는 안 된다,
그리고 너는 그들의 신들을 섬겨서는 안 된다,
왜냐하면 그것이 너에게 덫이기 때문이다.
17 네가 네 마음에 말한다면 이 민족들은 나보다 더 많다,
어떻게 내가 그들을 점령할 수 있을까?
18 너는 그들을 두려워해서는 안 된다,
너는 확실히 기억해야 한다
아도나이 너의 하나님이 바로와 모든 이집트에게 행하셨던 것을.
19 너의 눈들이 보았던 큰 시도들
그리고 징조들과 기적들과 강한 손과 뻗은 팔,

그것들로 아도나이 너의 하나님이 너를 데리고 나왔다.
아도나이 너의 하나님이 네가 두려워하는 모든 백성들에게 그들 앞에서 그렇게 행하실 것이다.
20 그리고 또한 아도나이 너의 하나님이 말벌을 그들에게 보내실 것이다.
너 앞에서 남은 자들과 숨은 자들이 멸망될 때까지.
21 너는 그들 앞에서 무서워해서는 안 된다.
왜냐하면 너희 가운데 계신 아도나이 너의 하나님은 크고 두려운 하나님이기 때문이다.
22 그리고 아도나이 너의 하나님이 이 민족들을 조금씩 너 앞에서 쫓아 내실 것이다.
너는 그들을 급히 제거해서는 안 된다.
들 짐승이 너에게 많아지지 않도록.
23 그리고 아도나이 너의 하나님이 그들을 너의 앞에 주실 것이다.
그리고 그가 큰 혼란으로 그들을 당황케 할 것이다. 그들이 멸망하기 까지.
24 그리고 그가 그들의 왕들을 너의 손 안에 주실 것이며,
네가 그들의 이름을 하늘 아래에서 없애 버릴 것이다.
어떤 사람도 너를 대항하여 설 수 없을 것이다.
네가 그들을 멸망시키기 까지.
25 너희는 그들의 신들의 새긴 우상들을 불로 태워야 한다.
너는 그들 위에 있는 은과 금을 탐내서는 안 되며,
너는 너를 위해 취해서도 안 된다.
네가 그것으로 인해 올가미에 걸리지 않도록.
왜냐하면 그것은 아도나이 너의 하나님께 혐오스러운 것이기 때문이다.
26 그리고 너는 혐오스러운 것을 너의 집으로 가져오지 말아야 한다.
그리고 너는 그것과 같이 헌신될 것이다.
너는 완전히 그것을 싫어해야 하며, 너는 완전히 그것을 혐오해야 한다.
왜냐하면 이것은 금지된 것이기 때문이다.

주해

16 그리고 너는 아도나이 너의 하나님이 너에게 주시는 모든 백성들을[1] 삼켜버릴 것이다, 너의 눈은 그들을 불쌍히 여겨서는 안 된다, 그리고 너는 그들의 신들을 섬겨서는 안 된다, 왜냐하면 그것이 너에게 덫이기 때문이다.

본문 비교

1) 70인경은 "백성들의 모든 전리품들을"(πάντα τὰ σκῦλα τῶν ἐθνῶν)로 해석한다.

"삼켜버릴 것이다"는 문자적으로 '먹을 것이다'로 가나안 백성들을 '전멸시켜야 한다'는 의미를 담고 있다.

"하나님이 너에게 주시는 모든 백성들"은 하나님이 이스라엘의 능력으로 그 백성들을 처리할 수 있게 하시는 것이다. 이스라엘은 하나님이 주시는 가나안 민족들을 전멸시켜야 한다. 그러기 위해서는 "그들을 불쌍히 여겨서는 안 된다." 그들을 동정하는 마음이 생기면 그들을 전멸시킬 수 없다.

가나안 민족들을 전멸시키는 것과 더불어 이스라엘은 그들의 신들을 섬겨서는 안 된다. 이방 신들을 예배하는 것은 이스라엘에게 덫이 되기 때문이다. 여기서 "덫"은 올가미이며 '유혹물'로 이스라엘을 유혹하는 대상이다. 이스라엘이 가나안 민족들을 그 땅에 남겨 놓으면 그들이 이스라엘을 유혹해서 이스라엘로 우상 숭배를 하게 만들어 덫에 걸리게 할 수 있기 때문이다. 이스라엘은 가나안 민족들의 우상 숭배의 유혹으로 인해 잘못된 길로 들어설 수 있다. 그래서 이방 민족들과의 언약을 맺지 말라고 하며 그들의 우상 숭배를 따라가지 말라고 경고하고 있다(참고. 출 23:33; 34:12; 수 23:13; 삿 2:3).

17 네가 네 마음에 말한다면 이 민족들은 나보다 더 많다, 어떻게[1] 내가 그들을

점령할 수 있을까?

본문 비교

1) 마소라 사본은 "어떻게"(איכה)인 데 반해 쿰란 사본(5QDeut)과 사마리아 오경은 다른 형태인 איך를 갖고 있다.

17절은 뒤따르는 절들에서 언급하는 가나안 정복의 확신을 위한 조건절이다. 이스라엘 백성이 가나안을 정복할 때에 적군의 많은 숫자를 보고 마음속에 가질 수 있는 생각을 말하고 있다.

"네가 네 마음에 말한다면"(כי תאמר בלבבך)에서 '키'(כי)를 강조의 의미로 해석하여(참고. J. Muilenberg) '확실히 네가 네 마음에 말할 수 있다' 즉, '네가 네 마음에 생각할 수 있다'라는 의미로도 해석할 수 있다.

"네가 네 마음에 말한다면"은 이스라엘 백성의 마음속에 들 수 있는 생각이다. 이스라엘이 혹시 마음속에 품을 수 있는 생각은 가나안 민족들을 점령할 수 있을까 하는 것이다. 이러한 의심과 불안이 군사적인 숫자에서 나타난다: "이 민족들은 나보다 더 많다, 어떻게 내가 그들을 점령할 수 있을까?"

가나안 땅을 점령하는 데 있어서 군사적인 우위는 필수적이다. 군사 전략적인 측면에서 공격하는 군대는 방어하는 군대보다 군사력이 강해야 한다. 그런데 공격하는 이스라엘보다 수비하는 가나안 민족들이 군사적인 숫자가 더 많았다. 이러한 점이 이스라엘에게 부담으로 와 닿을 수 있다. 군사력의 열세에 대한 걱정과 염려는 군대의 사기를 저하시키는 결과를 낳을 것이다.

18 너는 그들을 두려워 해서는 안 된다, 너는 확실히 기억해야 한다 아도나이 너의 하나님이 바로와 모든 이집트에게 행하셨던 것을.

가나안 정복 시에 이스라엘이 혹시 가질 수 있는 적군에 대한 불안과 염려를 해소하기 위해서는 과거에 행하셨던 아도나이의 구원 행위를 기억해야 한다.

"너는 그들을 두려워해서는 안 된다"는 이스라엘 백성을 심리적으로 안정시키기 위한 말이다. 고대 전투에서 심리전이 중요하다는 것은 두말할 필요가 없다. 이스라엘은 가나안 민족들을 두려워해서는 안 된다. 싸우기도 전에 두려움에 사로잡혀 심리적으로 위축된다면 패배할 가능성이 아주 높다. 출애굽 세대의 첫 가나안 정복 실패의 원인도 아모리 족속에 대한 두려움과 공포 때문이었다(신 1:19-46). 출애굽 후세대는 이러한 실패를 반복하지 않기 위해서 적군의 숫자를 보고 상대를 두려워하는 감정을 가져서는 안 된다.

가나안 정복에 대한 염려와 공포를 이기는 방법은 하나님이 바로와 이집트에게 출애굽 때에 행하신 행동을 기억하는 것이다: "너는 확실히 기억해야 한다 아도나이 너의 하나님이 바로와 모든 이집트에게 행하셨던 것을." '확실히'는 부정사 절대형 용법으로 이스라엘의 과거에 대한 기억을 강조하고 있다. 가나안 정복에 대한 확신으로 과거에 하나님께서 행하신 행위들을 기억하는 것이다. 사람의 기억력은 한계가 있다. 사람은 과거의 일들을 곧잘 잊어버리곤 한다. 출애굽 세대도 과거에 그들을 도우셨던 하나님의 행위를 잊어버렸기 때문에 첫 가나안 정복을 실패한 것이다. 출애굽 후세대는 아버지 세대의 실패를 본받아서는 안 된다. 과거를 잘 기억하는 것은 현재의 심리적인 안정에 큰 도움이 된다. 과거에 도우셨던 하나님은 현재에도 도우시며 미래에도 도우실 것이다!

19 너의 눈들이 보았던[1)] 큰 시도들 그리고[2)] 징조들과 기적들과 강한 손과 뻗은[3)] 팔, 그것들로 아도나이 너의[4)] 하나님이 너를 데리고 나왔다, 아도나이 너의 하

나님이 네가 두려워하는 모든 백성들에게 그들 앞에서 그렇게 행하실 것이다.

본문 비교

1) 쿰란 사본(5QDeut)은 여기에 '오늘'(היום)을 덧붙인다.
2) 일부 히브리어 사본들(4QpaleoDeut[r]), 사마리아 오경, 70인경, 시리아 역, 탈굼 프쉬도 요나단은 '그리고'를 생략한다.
3) 70인경은 '높은'(τὸν ὑψηλόν)으로 번역하며 탈굼 옹켈로스와 네오피티는 '들어올린 팔'로 해석한다.
4) 70인경은 '우리의'(ἡμῶν)이다.

18절에 이어서 이스라엘이 가나안 정복을 두려워할 필요가 없다는 것을 설명한다. 그 이유로 과거에 하나님께서 이집트에게 행하신 일을 기억하라는 것이다.

"너의 눈들이 보았던 큰 시도들"은 이스라엘의 체험적인 사건을 말한다. 하나님께서 이스라엘을 이집트에서 구원하실 때 행하셨던 구속 행위들, 10재앙과 홍해의 기적을 의미한다.

하나님이 이집트에서 이스라엘을 위해 행하셨던 구속 행위들을 '징조들', '기적들', '강한 손과 뻗은 팔'로 표현하고 있다(참고. 신 4:34).

"그렇게 행하실 것이다"에서 '그렇게'(כן)는 '그와 같이', '그대로'의 뜻을 갖는다. 하나님께서 과거에 바로와 이집트에게 행하신 것같이 그대로 가나안 정복 전쟁에 행하실 것을 뜻한다. 그렇기 때문에 이스라엘은 가나안 백성들을 두려워할 필요가 없는 것이다.

20 그리고 또한 아도나이 너의 하나님이 말벌[1]을 그들에게 보내실 것이다, 너 앞에서 남은 자들과 숨은 자들이 멸망될 때까지.

본문 비교

1) 탈굼 네오피티와 탈굼 프쉬도 요나단은 "말벌들의 재앙"이라고

해석한다.

하나님은 가나안 정복 전쟁의 확실한 승리를 약속하신다. 확실한 승리를 위해 살아 남아서 피난처에 숨어 있는 사람들에게 하나님의 심판의 도구인 말벌을 보내실 것이다.

"말벌"(צרעה)은 곤충을 의미한다(개역 성경은 "왕벌"로 번역). 가나안의 벌들 가운데 2종류는 땅 속이나 바위의 굴에 집들을 짓고 서식하는데 이들의 공격은 치명적이라고 보도된다(Driver; 참고. E. Neufeld). 여기서 말벌은 하나님의 심판의 도구로 나타난다. 이미 하나님은 가나안 정복 전쟁에서 '말벌'을 보내주실 것을 모세에게 약속했었다(출 23:28). 아모리 왕들과의 전투에서도 하나님은 '말벌'을 보내셨다고 말씀하신다(수 24:12).

"말벌"에 대한 다른 해석들도 있다. 이 말벌을 '낙담', '절망', '사기저하'로 번역하는 학자들도 있고(Buber; Nielsen; von Rad), 유대인 번역 성경(NJPS)은 '재앙' 또는 '역병'plague으로 그리고 에스라(Ibn Ezra)는 '나병'leprosy으로 번역하기도 한다.

21 너는 그들 앞에서 무서워해서는 안 된다, 왜냐하면 너희 가운데 계신 아도나이 너의 하나님은 크고 두려운 하나님[1]이기 때문이다.

본문 비교

1) 70인경은 "크고 강한 하나님"(θεὸς μέγας καὶ κραταιός)으로 번역한다. 아퀼라와 테오도치온은 "강하고 두려운 하나님"(θεὸς ἰσχυρὸς καὶ φοβερός)으로 번역한다.

"너는 그들 앞에서 무서워해서는 안 된다"는 18절의 "너는 그들을 두려워해서는 안 된다"와 유사하다. '무서워하다'는 적군의 군사력과 숫자를 보고(17절) 심리적으로 위축되는 것이다. 탈굼 네오피티와 프쉬도 요나단은 마음이 깨어지지 말라고 즉 낙담하지 말라고 해석하고 있다.

가나안 백성들을 두려워할 필요가 없는 이유를 접속사 “왜냐하면”이 잘 설명하고 있다. 이스라엘의 “크고 두려우신 하나님”이 이스라엘 가운데 함께 하시기 때문이다. 이스라엘이 두려워하고 무서워해야 할 대상은 군사력이 월등한 가나안 민족들이 아니라 이스라엘과 함께 하시는 하나님이다. 하나님은 이스라엘의 보호자요 후견인으로 나타난다.

22 그리고 아도나이 너의 하나님이 이[1] 민족들을 조금씩 너 앞에서[2] 쫓아내실 것이다. 너는 그들을 급히 제거해서는 안 된다. 들 짐승이 너에게 많아지지 않도록[3].

본문 비교

1) 마소라 사본은 “이것들”(הָאֵל)인 데 반해 한 히브리어 사본과 사마리아 오경은 “이것들”(הָאֵלֶּה)이다.
2) 마소라 사본은 “너 앞에서”(מִפָּנֶיךָ)인 데 반해 사마리아 오경은 מלפניך로 읽는다.
3) 70인경은 히브리어 본문보다 긴 본문을 갖고 있다: “그 땅이 광야가 되어 들 짐승들이 너에게 많아지지 않도록”(ἵνα μὴ γένηται ἡ γῆ ἔρημος καὶ πληθυνθῇ ἐπὶ σὲ τὰ θηρία τὰ ἄγρια).

이스라엘의 마음속에 가나안 백성들의 숫자가 많아서 그 땅을 점령할 수 있을까 하는 의혹이 들 수 있다(17절). 그러한 의심에 대하여 모세는 아도나이께서 이 백성들을 점차적으로 몰아내실 것이라고 확실하게 말한다.

“조금씩”은 점진적인 가나안 땅 정복을 의미하며 정확한 가나안 정복 시간표를 표현하지 않는다.

“제거해서는”은 ‘끝내다’, ‘없애 버리다’의 뜻이다. 이스라엘이 가나안 땅을 정복할 때 서둘러서 그 민족들을 없애지 말 것을 권면한다. 그 땅에 갑자기 사람들이 사라지면 야생 동물들의 숫자가 불어날 것을 염려한 것이다. 야생 동물들이 늘어나면 사람들을 해칠 우려가 있기 때문이다. 그래서 개역 성경은 "두렵건대 들 짐승이 번성하여 너를 해할까 하노라"고 번역한다(개역개정은 "두렵건대"를 생략했다). 이것은 문자적인 번역이 아니라 의역이다.

23 그리고 아도나이 너의 하나님이 그들을 너의 앞에[1] 주실 것이다, 그리고 그가 큰 혼란으로 그들을 당황케 할 것이다, 그들이 멸망하기까지.

본문 비교

1) 70인경은 "너의 손들 안에"로 읽는다. 쿰란 사본(4QDeut^e)은 단수 "너의 손 안에"이다.

계속해서 하나님께서 이스라엘의 정복 전쟁을 위해 가나안 백성에게 하실 행위를 설명한다. "주실 것이다"는 '넘겨줄 것이다'로 이스라엘의 세력하에 가나안 백성들을 인도해 줄 것을 의미한다.

"큰 혼란으로"(מְהוּמָה גְדֹלָה)에서 "으로"는 원문에 없다. 문맥상 넣어준 표현이다. '혼란'은 '당황', '좌절'을 의미한다. "당황케 할 것이다"(הָמַם)는 '당황케 하다', '쳐부수다'의 뜻을 가진 '훔'(הוּם) 또는 '힘'(הִים)의 칼 와우 연속 완료형이다. 다른 학자들은 이 동사를 '어리둥절케 하다', '혼란시키다', '당황케 하다'의 뜻을 가진 '하맘'(הָמַם)으로 간주하기도 한다(참고. BHS 각주; BDB. 243).

하나님은 이스라엘의 가나안 정복 전쟁을 도우시기 위해 가나안 백성들을 큰 혼란과 공포로 던져 넣으신다. 심리전에 능하신 하나님의 모습을 볼 수 있다.

24 그리고 그가 그들의 왕들을 너의 손[1] 안에 주실 것이며, 네가 그들의 이름을 하늘 아래에서[2] 없애 버릴 것이다[3], 어떤 사람도 너를 대항하여[4] 설 수 없을 것이다, 네가 그들을 멸망시키기까지.

본문 비교

1) 쿰란 사본(4QpaleoDeut^{r})과 사마리아 오경은 "너의 손"이며 일부 히브리어 사본들, 카이로 게니자 단편, 시리아 역, 벌게이트는 "너의 손들"로, 그리고 70인경은 "너희의 손들"로 읽는다.
2) 70인경은 "하늘 아래에서"를 "그 장소로부터"(ἐκ τοῦ τόπου ἐκείνου)로 읽는다. 하지만 아퀼라와 테오도치온은 히브리어와 같이 "하늘 아래에서"(ὑποκάνω τοῦ οὐρανοῦ)로 번역한다.
3) 마소라 사본의 "없애 버릴 것이다"(האבדת)는 '전멸시키다'(אבד)의 히필형인 데 반해 사마리아 오경은 피엘형(אבדת)이다.
4) 마소라 사본은 "너를 대항하여"(בפניך)에서 전차시 '베'(ב)를 사용하는 데 반해 쿰란 사본(4QDeut^{f}, 4QpaleoDeut^{r})과 사마리아 오경은 전치사 '베'가 없고 '레'(לפניך)를 사용한다. 이것은 "너 앞에서"로 번역된다.

"왕"이라는 표현에서 가나안 땅의 나라들은 왕정체제를 갖고 있다는 것을 알 수 있다. 요단 동편의 아모리 인들 역시 왕정체제를 갖고 있었다. 이스라엘은 이미 아모리 인들의 두 왕들, 헤스본의 왕 시혼(2:24, 26, 30)과 바산 왕 옥(1:4, 3:1, 3, 11)을 전멸시켰다. 가나안 땅 안의 백성들이 군주제를 갖고 있었다는 것은 역사서에서도 나타난다(수 2:2, 3, 5:1, 8:1,9, 삿 4:2, 5:19). 가나안 땅 이웃 국가들, 아말렉(삼상 15:8), 에돔(민 20:14), 모압(민 21:26), 암몬(삿 11:12) 역시 왕정 제도를 갖고 있었다. 엘 아마르나 서신(el-'Amarna letters)과 우가릿 문헌에서 초기 청동기 시대에는 도시 국가나 작은 왕국이 있었음을 알 수 있다. 그래서 가나안 땅 안에는 작은 도시 국가들, 하솔, 므깃도, 세겜, 예루살렘 등이 있었다(M. Grant, 11-21, N. P. Lemche, 75-85, J. A. Soggin, 16-20).

왕들은 그 백성의 대표자이며 지도자이기 때문에 왕들이 제거되면 그 나라를 쉽게 무너뜨릴 수 있을 것이다. 그래서 하나님은 가나안 백성들의 지도자인 왕들을 이스라엘 수하에 넘겨주실 것을 말한다.

"없애 버릴 것이다"는 '전멸할 것이다', '말살할 것이다'라는 뜻이다. 이스라엘이 가나안 백성의 왕의 이름을 지워 버릴 것으로 완전한 승리를 의미한다.

"어떤 사람도 너를 대항하여 설 수 없을 것이다"는 하나님이 가나안 정복 전쟁을 도와 주심으로 이스라엘을 대항할 상대자가 없을 것을 말한다(가나안 정복 전쟁에 관하여는 여호수아서를 읽어 보라).

25 너희는 그들의 신들의 새긴 우상들을 불로 태워야 한다, 너는 그들 위에 있는
은과 금을 탐내서는 안 되며, 너는 너를 위해 취해서도 안 된다, 네가 그것으
로 인해 올가미에 걸리지 않도록, 왜냐하면 그것은 아도나이 너의 하나님께[1]
혐오스러운 것[2]이기 때문이다.

본문 비교

1) 히브리어는 전치사가 없는 데 반해 아람어 성서들(옹켈로스, 네오피티, 프쉬도 요나단)은 전치사 "~앞에"(קדם)를 덧 붙인다.
2) 탈굼 네오피티는 "몹시 싫고 혐오스러운 것"(סני ומרחק)으로 해석한다.

이스라엘이 가나안을 정복할 때에 그 백성들을 철저하게 멸망시켜야 하며(24절) 또한 그들의 종교 역시 완전히 파괴해야 한다(5절).

이 구절에서는 이스라엘이 가나안 땅을 점령했을 때 해야 할 종교적 일을 설명한다. 우선 가나안 백성들의 우상을 불로 태워야 한다. 이때

주의해야 할 것은 우상에게 입혀 있는 은과 금을 탐내서는 안 된다.

"은"은 현금으로도 유통되었다(출 21:32). '은과 금'은 귀금속으로 우상을 만들 때 자주 사용되었다. 이러한 사실을 아론의 금 송아지(출 32:2-4)와 미가의 신상(삿 17:1-5)에서 볼 수 있다. 그래서 하나님은 '은과 금'으로 신상을 만드는 것을 금지하고 있다(출 20:23).

이스라엘은 가나안의 우상을 파괴할 때 그 우상에게 입힌 은과 금을 탐내서는 안 되며 취해서도 안 된다. 우상이 비싼 귀금속으로 만들어졌기 때문에 이스라엘 백성이 우상을 탐낼 수도 있었다. 마음의 탐욕은 이스라엘에게 "올가미" 즉, 함정이 될 수 있기 때문에 금지하고 있다.

우상을 만드는 데 사용되었던 은과 금은 하나님께 "혐오스러운 것"이다. "혐오스러운 것"(תועבת)은 '혐오', '지겨운 것', '몹시 싫은 것'을 의미한다.

"아도나이께 혐오스러운 것"(תועבת יהוה)이란 표현은 신명기(8회)와 잠언(11회)에만 나타난다.

신명기에서 "아도나이께 혐오스러운 것"으로 규정되는 것들은 우상과 우상 숭배의 행위들이고(7:25, 12:31, 18:12, 27:15), 아도나이 예배에 흠 있는 제물을 가져오는 것과 매춘 행위로 번 돈을 아도나이께 가져오는 것이며[17:1, 23:18(히 23:19)], 남자 옷과 여자 옷을 바꿔입는 행위이며(22:5), 상거래에서 무게가 일정하지 않은 추를 사용하는 행위이다(25:15). 신명기에서는 주로 종교적인 면에 이 표현이 자주 사용되었다.

반면에 잠언에서 "아도나이께 혐오스러운 것"은 완고하며 고집이 센 사람(3:32, 11:20)과 교만한 사람이며(16:5), 거짓 입술(12:22)이며, 악인의 제사(15:8)와 길(15:9)과 생각(15:26)이며, 악인을 의롭다 하며 의인을 정죄하는 사람(17:15)이며, 상거래에서 사용하는 무게가 잘못된 저울(11:1, 20:10, 23)이다. 잠언에서는 주로 윤리적인 면에 이 단어가 사용되었다.

26 그리고 너는 혐오스러운 것을 너의 집으로 가져오지 말아야 한다, 그리고 너는 그것과 같이 헌신[1]될 것이다[2], 너는 완전히 그것을 싫어 해야 하며, 너는 완전히 그것을 혐오해야 한다, 왜냐하면 이것은 금지[1] 된 것이기 때문이다.

본문 비교

1) "헌신"과 "금지"는 히브리어 명사 '헤렘'(חרם)으로 같은 단어이다. 70인경은 이것을 "저주"(ἀνάθεμα)로 번역한다(Wevers 편집). 70인경의 한 사본(B)은 뜻은 같지만 철자가 ἀνάθημα로 다르다(Rahlfs 편집). ἀνάθεμα는 주로 이집트 파피루스에서 발견되는 형태이다(THGD, 135).

2) 탈굼 네오피티에는 "그리고 너는 그것과 같이 혐오스러운 것이 되지 않을 것이다"(ולא תהוון מרחקין כוותהון)로 부정어가 있다(탈굼 프쉬도 요나단 역시 부정어를 갖고 있다).

은과 금으로 된 우상은 하나님께 혐오스러운 것이다. 그래서 이 물건을 집 안으로 들여오는 것이 금지된다.

"그리고 너는 그것과 같이 헌신될 것이다"는 해석하기 어려운 문장이다. 아마도 이 단어의 이중 의미를 사용한 것 같다. "헌신"(חרם)은 명사로 동사 '하람'(חרם) '금지하다', '바치다', '근절하다', '전멸하다'에서 왔으며 '금지'의 뜻도 갖고 있다. 특히 헤렘 전쟁에서도 보았듯이 하나님의 명령에 따라 가나안 백성을 완전히 파괴함으로 인해서 하나님께 헌신이 되기 때문이다(신 2:26-37, 20:10-18). 은과 금으로 된 우상을 집에 들여놓지 않고 우상의 은과 금을 탐내지도 않으며 취하지도 않고 그것을 불로 태워서 완전히 파괴시킨 사람은 하나님께 헌신한다는 의미일 수 있다.

이 명사 "헌신"(חרם 본문 비교 1 참고)을 '금지'로 해석할 경우 여기서 "그리고 너는 그것과 같이 금지될 것이다"로도 번역될 수 있다. 이것은 '너는 혐오스러운 것을 너의 집 안으로 들여와서는 안 된다, 그렇지 않으면 너는 그것과 같이 금지될 것이다'(NJPS) 또는 '그렇지 않으면 너는 그것과 같이 금지 아래에 있게 될 것이다'(Weinfeld)라는 의미이다. 즉 하나님의 말씀에 순종하지 않으면 우상과 같이 멸망할 것이며 그 자신을 금지 아래에 두어 파멸에 이르게 될 것이다(참고. 아간의 경우 수 6:18, 7:11, 24).

"너는 완전히 그것을 싫어해야 하며, 너는 완전히 그것을 혐오해야 한다"는 부정사 절대형 용법으로 우상에 대해 이스라엘이 취해야 할 태도를 강조하고 있다. '싫어하다'와 '혐오하다'라는 유사 단어들을 사용하여 그 의미를 한층 강화하고 있다.

이스라엘이 왜 우상에 대해 이러한 적대적인 태도를 가져야 하는지를 접속사 '왜냐하면'이 설명한다: "왜냐하면 이것은 금지된 것이기 때문이다."

참고 문헌

Baechli, O., "Die Erwählung des Geringen," *ThZ* 22 (1966), 385-395.

Canby, J. V., "The Stelenreihen at Assur, Tell Halaf, and Massebot," *Iraq* 38 (1976), 113-128.

Cody, A., "When is the Chosen People Called GOY?," *VT* 14 (1964), 1-6.

Day, J., "Asherah in the Hebrew Bible and Northwest Semitic Literature," *JBL* 105 (1986), 385-408.

Grant, M., *The History of Ancient Israel*, New York, 1984, 11-21.

Gröndahl, F.,., *Die Personennamen der Texte aus Ugarit*, Rome, 1967.

Humbert, P., "Le substantif to'eba et le verbe t'b dans l'Ancien Testament," *ZAW* 72 (1960), 217-237.

Ishida, T., "The Structure and Historical Implications of the Lists of Pre-Israelite Nations," *Bib* 60 (1979), 461-490.

Kselman, J. S., "The ABCB Pattern: Further Examples," *VT* 32 (1982), 224-229.

Lemche, N. P., *Ancient Israel. A New History of Israelite Society*, trans. F. Cryer, Sheffield, 1995, 75-85.

Lohfink, N., "Die Schichten des Pentateuch und der Krieg," in *Studien zum Pentateuch*, SBAS 4, Stuttgart, 1988, 255-315.

Lopez, F. G., "Election-Vocation D'Israel et de Jeremie: Deuteronome vii et Jeremie I," *VT* 35 (1985), 1-12.

——, "'Un Peuple Consacre Analyse Critique de Deuteronome vii," *VT* 32 (1982), 438-463.

McCarter, P. K., "Aspects of the Religion of the Israelite Monarchy: Biblical and Epigraphic Data," in *Ancient Israelite Religion*, FS. F. M. Cross, Philadelphia, 1987, 137-155.

Muilenberg, J., "Linguistic and Rhetorical Usages of the Particle yk in the Old Testament," *HUCA* 32 (1961), 135-60.

Neufeld, E., "Insects as Warfare Agents in the Ancient Near East," *Orientalia* 49 (1980), 30-57.

O onnell, R. H., "Deuteronomy VII 1-26: Asymmetrical Concentricity and the Rhetoric of Conquest," *VT* 42 (1992), 248-265.

Roux, J. H. le, "A Holy Nation was Elected (The Election Theology of Exodus 19.5-6)," *OTWSA* 25 (19820, 59-78.

Schaefer-Lichtenberger, C., "JHWH, Israel und die Völker aus der Perspektive von Dt^{n} 7," *BZ* 40 (1996), 194-218.

Scott, R. B. Y., "A Kingdom of Priests (Exodus xix 6)," *OTS* 8, Leiden, 1950, 213-219.

Soggin, J. A., *An Introduction to the History of Israel and Judah*, trans. J. Bowden, London, 1993, 16-20.

Wiseman, D. J., "Is It Peace? - Covenant and Diplomacy," *VT* 32 (1982), 311-326.

Wilms, F. E., "Das jahwistische Bundesbuch in Ex 34," *BZ* (1972), 24-53.

Weinfeld, M., "The Origin of the Humanism in Deuteronomy," *JBL* 80 (1961), 241-247.

신명기 8장

A New Translation with
Introduction
and Commentary

D E U T E R O N O M Y

D E U T E R O N O M Y

신명기 8장

내용/구조

8장의 내용과 구조는 아주 단순하다. 이스라엘의 광야 생활을 뒤돌아 보며 동시에 점령하게 될 가나안 땅의 삶을 예고한다. 이스라엘이 광야 생활에서 얻은 교훈을 말하며(1-6), 하나님이 주시는 선물인 가나안 땅의 풍부를 설명한다(7-10). 더 나아가 이스라엘이 가나안 땅에서 누릴 풍요로운 삶을 말한다(12-13). 모세는 이스라엘이 가나안 땅에서 이러한 부를 누리게 될 때, 그들을 광야에서 인도하시고 풍요로운 땅을 주신 아도나이를 잊지 말라고 권면한다(14-20).

8장은 하나의 단락으로 이해될 수 있지만 편의상 이 장을 두 부분으로 나누어 보면 다음과 같다.

1. 광야와 가나안 땅(8:1-10).
2. 아도나이를 잊어 버리지 말라(8:11-20).

8장의 문학적 구조

8장은 광야와 가나안 땅을 대비시키며 광야 생활에서 얻은 교훈과 가나안 땅 안에서 누릴 부를 대조하여 말한다. 8장에서 같은 내용과 단어, 어구들이 반복되어 나오기 때문에 학자들은 8장이 갖고 있는 내용의 문학적인 구조를 드러내려고 노력한다. 하지만 학자들 사이에 구조 분석에 대한 의견이 통일된 것은 아니다. 학자들은 각기 자신의 방법에 따라서 8장의 내용을 분석하는데 이것을 소개하고자 한다. 필자는 여기서 소개되는 문학적 구조 분석들 가운데 어느 한 견해를 좇아가기 위한 것이 아니라 학자들의 다양한 문학적 구조 분석을 살펴봄으로 독자들로 하여금 8장의 내용을 이해하는 데 도움을 주기 위해서이다.

크레이기Craigie는 8장의 내용이 '이중 주제' - 1) "기억하다"와 "잊어버리다" 2) "광야"와 "약속의 땅" - 으로 구성되었음을 지적한다(이탤릭은 크레이기의 것).

2-6절　광야와 광야에서의 하나님의 임재를 *기억하라*.
7-10절　하나님은 그의 백성을 *약속의 땅*으로 인도할 것이다.
11-16절　*약속의 땅* 안에서 하나님을 *잊어 버리는 것*을 주의하라.
　광야 안에서 현존하셨던 하나님을 잊어 버리는 것을 주의하라.
17-20절　추측을 주의하라: 능력의 근원자인 하나님을 기억하라.
　하나님을 *잊지 말라* 그리고 다른 신들을 좇지말라: *잊음은* 재앙으로 인도한다.

유대인 학자 티가이Tigay의 교차 구조는 다음과 같다.

A 명령들을 지켜라(1절).
　B 광야와 만나(2-4절).
　　C 번영 가운데 명령들을 지켜라(6-10절).
　　C′ 번영 가운데 주님을 잊지 말라(11-14절).
　B′ 광야와 만나(15-16절).

A′ 기억하라 그리고 주님을 잊지말라 그렇지 않으면 너는 망할 것이다 (18-20절).

크리스텐센Christensen은 운율적 분해에 근거해서 다음과 같은 '일곱 가지 촛대 구조'를 말한다.

A 하나님의 명령들을 지키는 데 주의하라(8:1).

B 하나님이 광야에서 너를 시험하기 위하여 어떻게 너를 낮추셨는가를 기억하라(8:2-4).

C 그를 두려워함으로 하나님의 명령들을 지켜라(8:5-6).

X 좋은 땅의 찬양(8:7-10)

C′ 하나님의 명령들을 잊지 않도록 조심하라(8:11).

B′ 네가 너의 하나님 아도나이를 잊어버릴 때, 그가 너를 낮추실 것이다 (8:12-16).

A′ 그 땅 안에서 너를 부양하시는 분이 하나님이라는 것을 기억하라 (8:17-18).

결론: 만일 네가 아도나이께 신실하지 않으면, 너는 망할 것이다(8:19-20).

라부샤흐네Labuschagne는 8:1부터 9:6까지를 한 단락으로 보며 다음과 같은 '일곱 가지 촛대 구조'를 말한다.

I	8:1-6	광야 여행의 의미
II	8:7-10	좋은 땅에 대한 찬양
III	8:11-16	풍요로움 속에서 아도나이를 잊지 말라
IV	8:17-18	자신의 능력을 자랑하지 말라
V	8:19-20	아도나이를 잊어버리는 것은 파멸을 의미한다
VI	9:1-4	땅 점령이 아니라 땅을 선물로 주심
VII	9:5-6	땅을 주신 참된 이유

로핑크는 8:1, 11을 교훈적인 권고로 보며 19-20절이 이 교훈적인 권고와 가깝다고 생각한다. 그리고 11절을 구조 분석의 중심에 둔다. 그의 구조 분석은 다음과 같다(N. Lohfink, 195).

A	1	권고
B	2-4	광야
C	7b-9	경작할 수 있는 땅
D	11	권고
C′	12-13	경작할 수 있는 땅
B′	14b-16	광야
A′	19-20	저주

로핑크의 구조 분석을 자세히 살펴보면 들어가지 않은 구절들이 발견된다. 후에 로핑크는 다른 책에서 위의 구조의 절들을 A 1절, B 2-6절, C 7-10절, D 11절, C′12-13절, B′ 14-17절, A′ 18-20절로 수정한다(N. Lohfink, *Höre Israel: Auslegung von Texten aus dem Buch Deuteronomium*, Düsseldorf, 1965).

로핑크는 자신의 구조 분석을 반복 사용된 중요한 단어들과 구절들로 다시 소개한다. 히브리어로 보면 같은 단어들의 사용이 눈에 띈다(N. Lohfink, Hauptgebot, 195). 중심 단어는 '오늘'(היום)로 1절, 11절, 19절에 나타난다.

1 כל המצוה אשר אנכי מצוך היום תשמרון

1 אשר נשבע...לאבתיכם

2 וזכרת את

2d-3 הליכך...במדבר...ויאכלך את המן אשר לא...ידעון אבתיך

10 הטבה / שבע / אכל

11 פן תשכח את יהוה אלהיך...שמר

מצותיו...אשר אנכי מצוך היום

12 טוב / שבע / אכל

15-16 המוליכך במדבר...המאכלך מן...אשר לא ידעון אבתיך

18 וזכרת את

18 אשר נשבע לאבתיך

19 אם שכח תשכח את יהוה אלהיך...היום

위에 소개된 학자들의 구조 분석들을 세심하게 살펴보면 학자들의 분석이 서로 많은 차이를 보이고 있는 것을 알 수 있다. 크레이기는 1절을 서론으로 간주하여 구조 분석에서 열외로 놓은 데 반하여 다른 학자들은 1절을 구조 분석에 포함시킨다. 크리스텐센은 19-20절을 결론으로 여기며 구조 분석에서 열외로 놓은데 반하여 다른 학자들은 19-20절을 구조 분석에 포함시켰다. 라부샤흐네는 특이하게 9:1-6도 8장의 내용과 연결시켜서 같이 분석했다. 로핑그는 5-6절과 17-18절을 분석에서 제외시키는 모습을 볼 수 있다. 이러한 사실들은 8장이 어느 정도의 내용과 표현들이 반복적으로 나타나지만 어떤 정형적인 구조를 갖고 있지 않다는 것을 보여준다.

위의 구조 분석에서 지적되듯이 8장은 반복되는 내용과 단어, 어구들을 갖고 있다. 이러한 사실에 기초하여 학자들은 8장의 내용을 문학적으로 구조 분석하고 있다. 하지만 문학적인 구조를 만들기 위해 인위적으로 구조 분석에서 열외로 놓거나 아니면 9장의 내용까지 포함시키는 것을 볼 수 있다. 그럼에도 불구하고 학자들의 구조 분석은 독자들이 8장의 내용을 더 잘 이해하는 데 도움을 주는 것은 사실이다.

1. 광야와 가나안 땅(8:1-10)

이 단락은 광야 생활이 주는 교훈(1-6절)과 가나안 땅에 대한 서술(7-10절)로 구분된다. 광야 사십 년의 생활이 이스라엘에게 어떠한 의미를 주었는가를 설명한다. 출애굽 세대에게 광야 생활은 분명히 심판의 세월이었다(신 1:35, 40; 2:14-15). 하지만 광야에서 새로운 세대가 자라났다. 그들에게 이 광야 생활은 훈련의 시기였다. 엄격한 훈련을 통해서 그들은 하나님의 법에 순종하는 것을 배워야 했다.

광야와 대조적인 가나안 땅이 소개된다(7-10절). 가나안 땅은 하나님이 이스라엘에게 주기로 약속하신 땅이며 이스라엘이 이제 점령하려고 하는 땅이다. 그 땅의 상태를 자세히 설명한다.

번역

1 너희는 내가 오늘 너에게 명령하는 모든 명령을 행하는 데 주의해야 한다,
너희가 살고 많아지며 들어가서 아도나이께서 너희 조상들에게 맹세했던 그 땅을 점령하기 위하여.

2 그리고 너는 아도나이 너의 하나님이 이 사십 년간 광야에서 너를 걷게 하셨던 모든 길을 기억해야 한다,
너를 겸손하게 하기 위하여, 너를 시험하기 위하여, 너의 마음 안에 있는 것을 알기 위하여, 네가 그의 명령들을 지키는지 또는 아닌지를.

3 그리고 그는 너를 겸손하게 하셨고 그는 너를 굶주리게 하셨다,
그리고 그는 네가 알지 못하고 네 조상들도 알지 못하는 만나를 너에게 먹이셨다,
그는 사람이 빵으로만 사는 것이 아니라 사람이 아도나이 입에서 나오는 모든 것으로 사는 것을 너에게 알게 하기 위해서.

4 너의 옷은 너 위에서 헤어지지 않았다,
그리고 너의 발은 부풀지 않았다, 이 사십 년에.

5 그리고 너는 네 마음으로 안다 사람이 그의 아들을 훈련시키는 것과 같이 아도

나이 너의 하나님이 너를 훈련시킨다는 것을.
6 그리고 너는 아도나이 너의 하나님의 명령들을 지켜야 한다,
그의 길들 안에서 걷기 위하여 그리고 그를 경외하기 위하여.
7 왜냐하면 아도나이 너의 하나님이 너를 좋은 땅으로 들어가게 하기 때문이다,
물의 시내들, 샘들과 골짜기 안과 산 안에서 나오는 깊은 곳들이 있는 땅.
8 밀과 보리와 포도와 무화과와 석류의 땅, 올리브 기름과 꿀의 땅.
9 땅 그 안에서 네가 부족함 없이 빵을 먹을 것이다,
네가 그 안에서 모든 것이 결핍함이 없을 것이다,
땅 그것의 돌들은 철이 있고 너는 그것의 산들로부터 구리를 캘 것이다.
10 그리고 너는 먹을 것이며 너는 만족할 것이다,
그리고 너는 아도나이 너의 하나님을 찬양할 것이다, 그가 너에게 주었던 그 좋은 땅 위에서.

주해

1 너희는 내가 오늘 너에게[1)] 명령하는 모든 명령을 행하는 데 주의해야 한다, 너희가 살고 많아지며 들어가서 아도나이께서 너희 조상들에게 맹세했던 그 땅을 점령하기 위하여.

본문 비교

1) 70인경, 시리아 역, 탈굼 네오피티, 탈굼 프쉬도 요나단은 2인칭 복수 "너희에게"이다.

다시 하나님의 명령을 지키는데 주의할 것을 당부하고 있다. "너희는 내가 오늘 너에게 명령하는 모든 명령을"은 모세가 출애굽 후세대에게 모압 광야에서 설교하는 말씀이다.

상반절 "너희는…주의해야 한다"는 하반절의 "너희가…점령하기 위하여"라는 목적을 갖고 있다.

하반절의 4개의 동사들 '살다,' '많아지다,' '들어가다,' '점령하다'는 목적을 표현하는 접속사 "~하기 위하여"(למען)에 지배를 받는다. 따라서 이 하반절의 의미는 '너희가 살기 위하여 그리고 많아지기 위하여 그리고 들어가기 위하여 그리고 아도나이께서 너희 조상들에게 맹세했던 그 땅을 점령하기 위하여'이다.

하나님의 말씀을 지키는 것은 목적이 있다. 첫째, 사람이 살기 위해서이다. 하나님의 말씀을 준행하는 것은 인간에게 생명을 가져다준다. 하나님의 말씀은 인간을 살리는 생명력과 능력이 있다. 둘째, 숫자가 많아지기 위해서이다. 하나님의 말씀을 잘 지킬 때 이스라엘은 자녀의 복을 받아 번성하게 된다. 셋째, 약속의 땅에 들어가기 위해서이다. 가나안 땅에 들어가지 못한 출애굽 세대의 실패 원인은 하나님의 말씀에 불순종했기 때문이다. 하나님의 말씀을 지키는 것은 하나님이 약속하신 땅에 들어가게 해준다. 넷째, 약속의 땅을 점령하기 위해서이다. 하나님의 말씀을 지킬 때 약속의 땅에 들어가서 그 땅을 점령한다. 그 땅에서 잘 정착하고 살게 되는 복을 누린다.

하나님의 말씀을 따라 살아가는 것이 이스라엘 백성의 삶의 질을 결정한다. 이스라엘이 삶을 유지하고 후손이 번창하며 삶의 터전인 가나안 땅을 차지하는 것은 모두 하나님의 말씀을 지키는 것과 관련이 있다.

개역 성경은 상반절을 명령형 "너희는 지켜 행하라"로, 그리고 하반절을 "그리하면 너희가 살고 번성하고…들어가서 그것을 얻으리라"로 번역한다. 접속사 "~하기 위하여"(למען)를 생략한 번역이다.

2 그리고 너는 아도나이 너의 하나님이 이 사십 년간[1] 광야에서 너를 걷게 하셨던 모든 길을 기억해야 한다, 너를 겸손하게 하기 위하여, 너를 시험하기 위하여[2], 너의 마음 안에 있는 것을[3] 알기 위하여, 네가 그의 명령들[4]을 지키는지 또는 아닌지를.

본문 비교

1) 70인경은 "이 사십년"을 생략한다(탈굼 프쉬도 요나단 역시). 오리겐의 헥사플라는 이것을 지적한다.
2) 마소라는 לְנַסֹּתְךָ로 부정사인데 반하여 쿰란 사본(4QDeut[c])은 נסותך이다. 70인경은 가정법 과거 능동형으로 ἐκπειράσῃσε이다.
3) 마소라 사본은 "너의 마음 안에 있는 것을"(את אשר בלבבך)에 직접 목적어 '에트'(את)를 갖고 있다. 그러나 한 히브리어 사본과 사마리아 오경에는 이 직접 목적어가 없다.
4) 마소라 사본의 본문에 쓰여 있는 것(케티브, 4QDeut[e] 역시)은 "그의 명령"(מצותו)으로 단수이다. 하지만 마소라 사본의 케레, 많은 히브리어 사본들, 카이로 게니자 단편, 사마리아 오경, 70인경, 시리아 역, 벌게이트와 아람어 성서들(옹켈로스와 프쉬도 요나단)에는 복수형 "그의 명령들"(מצותיו)이다.

하나님의 말씀을 지키기 위해서는 겸손한 마음이 필요하다. 모세는 광야 사십 년의 생활이 이스라엘 백성의 마음을 낮추기 위한 훈련이었다고 선언한다.

과거가 없이 현재가 존재할 수 없기 때문에 과거를 기억하는 것은 중요하다. 모세는 이스라엘의 광야 사십 년의 과거를 기억하라고 권면한다. 이 광야 생활은 목적이 있었었다. 이 목적들을 세 개의 부정사 구들이 표현하고 있다: "겸손하게 하기 위하여," "시험하기 위하여," "알기 위하여."

이 광야 생활은 이스라엘을 "겸손하게 하기" 위한 기간이었다. 동사 "겸손하다"(ענה)는 '괴롭히다'라는 뜻도 있다. '괴롭히다'는 훈련으로 괴로움을 당하게 하는 것을 뜻한다. 하나님께서 이스라엘을 광야 사십 년 동안 괴롭히셨는데 이는 이스라엘을 훈련시키기 위한 것이다. 출애굽 후세대에게 광야 사십 년의 기간은 훈련의 기간이다. 이러한 훈련과 연단을 통해서 이스라엘의 마음이 낮아져 겸손하게 된 것이다.

하나님은 이스라엘을 "시험하기 위하여" 광야 생활을 하게 하셨다. 사실 광야 생활은 출애굽 세대의 불순종으로 시작되었다. 광야 생활 동안에 출애굽 세대는 하나님의 심판으로 광야에서 삶을 마감했다. 그리고 출애굽 후세대가 광야에서 성장했다. 따라서 광야 생활은 심판과 시험이라는 두 가지 측면이 있다. 출애굽 세대에게는 심판의 기간이며 출애굽 후세대에게는 하나님의 시험과 연단의 기간이다. 하나님의 시험은 인간을 파멸에 몰아넣기 위한 것이 아니다. 하나님의 시험과 연단은 인간에게 복을 주기 위한 것이다(8:16).

출애굽 세대와 출애굽 후세대 사이의 차이점이 발견된다. 출애굽 후세대는 약속의 땅을 정복하기 위하여 광야에서 사십 년 동안 훈련을 받았던 것이다. 출애굽 세대는 하나님의 많은 이적과 기적을 체험했지만 이러한 훈련 기간은 없었다. 하나님의 말씀에 순종하는 훈련을 받은 출애굽 후세대는 가나안 땅을 정복할 수 있었다.

하나님의 시험이 구체적으로 무엇을 위한 것인지를 부정사 "알기 위하여"가 설명한다. 하나님은 이스라엘 백성의 마음속에 있는 것을 알기 원하셨다. 즉 마음속의 생각을 뜻한다. 이 마음속의 생각은 구체적으로 하나님의 명령들을 지키는지 안 지키는지로 알 수 있다.

3 그리고 그는 너를 겸손하게 하셨고 그는 너를 굶주리게 하셨다, 그리고 그는 네가 알지 못하고[1] 네 조상들도 알지 못하는 만나를 너에게 먹이셨다, 그는 사람이 빵으로만 사는 것이 아니라 사람이 아도나이 입에서 나오는 모든 것[2]으로 사는 것을 너에게 알게 하기 위해서.

본문 비교

1) 70인경은 "네가 알지 못하고"를 생략한다.

2) 70인경은 "아도나이 입에서 나오는 모든 것"을 구체적으로 "하나

님의 입에서 나오는 모든 말씀"으로 해석한다(참고. 마 4:4).

2절에 이어 "겸손"이라는 주제가 계속되고 있다. 이스라엘은 광야 사십 년의 훈련을 통해서 마음이 낮아졌다. 그들은 광야에서 먹을 것이 없어서 굶주리게 되었다. 하지만 하나님은 초자연적인 방법으로 이스라엘의 굶주림을 해결해 주셨다. "만나"(מן)를 주신 것이다. 만나에 대한 설명은 출애굽기 16장에 기록되었다. 만나는 하늘에서 비같이 내렸으며(16:4) 그 모양은 작은데 흰 서리 같으며 희고 미나리과에 속하는 고수풀의 씨같이 생겼다(16:14, 31). 그 맛은 불에 구운 꿀과자 같았다(16:31). 이스라엘 백성들은 이것을 보고 이것이 무엇인지 알지 못했다. 그래서 서로에게 "이것이 무엇이냐"(מן הוא)고 물었다. 여기서 '만'(מן)은 의문 대명사로 "무엇이냐"는 뜻이다. '만나'라는 이름은 히브리어 의문 대명사 '만'에서 온 것이다. 이 만나는 이스라엘 사람들도 몰랐고 그들의 조상들도 알지 못했던 것이다.

하나님이 광야에서 이스라엘에게 만나를 주신 목적은 "사람이 빵으로만 사는 것이 아니라 사람이 아도나이 입에서 나오는 모든 것으로 사는 것을 너에게 알게 하기 위해서"였다. "사는 것"이 두 번이나 사용되었고 "빵"과 "아도나이 입에서 나오는 모든 것"이 대조를 이루고 있다.

빵은 인간이 살아가는 데 필수적이다. 이스라엘은 광야에서 이 빵을 얻지 못했다. 생존의 위협을 느낀 것이다. 생존을 위해 필수적인 양식을 하나님은 초자연적인 능력으로 공급하셨다. 곡식을 심지도 거두지도 못하는 광야에서 하나님은 하늘의 양식을 이스라엘에게 주셨다. 이것은 이스라엘이 빵보다는 하나님을 더 의지해야 한다는 것을 가르치고 있는 것이다.

"아도나이 입에서 나오는 모든 것"은 '말씀'을 의미한다. 개역 성경의 번역 "여호와의 입에서 나오는 모든 말씀"은 문자적인 번역은 아니지만 그 의미를 잘 드러내고 있다. 이스라엘이 사막에서 살 수 있는 방법은 빵을 의지하는 것이 아니라 하나님의 말씀을 의지하는 것이다. 하나님의 말씀을 지키는 것은 이스라엘이 '살기 위한' 방편이었다(8:1).

마귀가 예수님을 시험할 때 그 시험 가운데 하나가 먹는 문제였다. 예수님께서 광야에서 사십 일 동안 금식하시고 몹시 주리셨다. 그 때 마귀는 예수님께 돌들로 빵을 만들라고 시험했다. 이때 예수님은 사람이 빵으로만 사는 것이 아니라 하나님의 모든 말씀으로 산다고 신명기의 말씀을 인용하여 이 시험을 단호하게 물리치셨다(마 4:1-4).

4 너의 옷은 너 위에서 헤어지지 않았다, 그리고 너의 발[1]은 부풀지 않았다, 이 사십 년에.

본문 비교

1) 사마리아 오경과 시리아 역은 "너의 발들"로 복수형이다.

계속 광야 사십 년의 경험을 말한다. 의복이 낡아서 헤어지지 않았고 오랜 여행에도 불구하고 발이 부르트거나 물집이 생겨서 고통스럽지 않았다. 하나님의 관심과 보호가 아주 세심하게 이루어졌음을 볼 수 있다.

5 그리고 너는 네 마음으로 안다 사람이 그의 아들을 훈련시키는 것과 같이 아도나이 너의 하나님이[1] 너를 훈련시킨다는 것을.

본문 비교

1) 쿰란 사본(4QDeut[j])은 "이와 같이"(כֵּן)를 덧붙인다. 70인경 역시 οὕτως를 갖고 있다.

이스라엘은 광야 생활의 의미를 마음으로 알고 있었다. 하나님은 이스라엘을 훈련시키는 방법으로 광야 생활을 하게 하셨다. 하나님과 이스라엘의 관계는 인간의 부자 관계로 비유된다.

"훈련시키다"(יסר)는 '징계하다,' '징벌하다,' '훈계하다'의 뜻도 포함한다. 이는 아버지의 교육 방법이다. 아버지는 엄한 훈련을 통해서 자식을 가르친다. 아버지는 아들에게 올바른 삶의 태도와 습관을 가르치기 위해 엄한 훈련과 교훈으로 교육시키는 것이다. 여기에는 아버지의 사랑이 전제되어 있다. 그런데 하나님이 이스라엘을 훈련시키는 데 이와같은 방법을 사용했다는 것이다. 아버지가 아들을 엄하게 훈련시키며 교훈하는 것같이 하나님이 이스라엘을 광야에서 훈련시켰던 것이다. 하나님은 이스라엘을 자식처럼 간주하셔서 이러한 교육 방법을 사용하신 것이다.

6 그리고 너는 아도나이 너의 하나님의 명령들을 지켜야 한다, 그의 길들 안에서 1) 걷기 위하여 그리고 그를 경외 하기 위하여.

본문 비교

1) 쿰란 사본(4QDeut^j^)은 "그의 모든 길들 안에서"이다.

"그리고"는 결론을 의미하는 '그러므로'의 의미를 갖는다. 아버지가 아들을 훈련시키는 것과 같이 하나님이 광야에서 이스라엘을 훈련시키셨다. 그러므로 이스라엘은 하나님의 명령들을 지켜야 한다.

"지켜야 한다"(שׁמר)는 '지키다,' '준수하다,' '주의하다,' '조심하다'는 뜻도 가지고 있다. 이 단어는 1절에서 "주의해야 한다"라는 의미로 사용되었다. 하나님의 명령을 지키는 목적을 두 개의 부정사 구들이 표현해 주고 있다. "그의 길들 안에서 걷기 위하여"에서 '길 안에서 걸어가는 것'은 비유적인 표현으로 하나님의 명령을 지키는 것을 의미한다(참고. 5:33; 8:6; 10:12; 11:22; 26:17; 28:9; 30:16). 삶 속에서 하나님의 말씀대로 살아가는 것이다.

"그를 경외하기 위하여"는 '하나님을 두려워하기 위하여'이다. 하나님을 두려워하는 사람들은 하나님의 명령을 그대로 지키며 살아간다.

7 왜냐하면 아도나이 너의 하나님이 너를 좋은 땅[1]으로 들어가게 하기 때문이다, 물의 시내들, 샘들과 골짜기 안과 산 안에서 나오는 깊은 곳들이 있는 땅[2].

본문 비교

1) 사마리아 오경, 쿰란 사본(4QDeut^{fjn}), 70인경은 "좋고 넓은 땅"으로 읽는다.
2) 70인경은 '땅'이 나오지 않는다. 히브리어는 '땅'이 두 번 사용된 반면 70인경은 한 번 사용한다.

6절에 연이어 이스라엘이 왜 하나님의 명령을 지켜야 하는지를 설명한다. 하나님께서 이스라엘을 가나안 땅으로 인도하시며 들어가게 하기 때문이다. 가나안 땅은 "좋은 땅"으로 소개된다(가나안 땅에 대한 고대 이집트인의 설명은 시누헤의 이야기The Story of Si-Nuhe를 참고하라 *ANET* 19). 7절 하반절부터 9절은 "좋은 땅"에 대한 설명이다. 실제 중동의 지도를 펴 놓고 살펴보면 이스라엘은 비옥한 초생달 지역에 속한다. 이 지역은 나일강의 삼각주(현대의 이집트 지역), 티그리스-유프라테스 강 사이의 땅(현대의 이라크와 시리아 지역) 그리고 지중해 연안 팔레스타인 지역(현대의 레바논과 이스라엘)을 말한다. 이곳에는 강들이 흐르고 있었기 때문에 고대로부터 사람이 정착해서 살았고 문명을 꽃피웠던 문명의 발상지이다(요하난 아하로니와 미카엘 아비요나의 『아가페 성서지도』 13페이지를 참고하라). 하반절에서 소개하는 좋은 땅은 우선 물이 있는 땅이다. 뜨거운 태양이 작열하는 곳에서 물은 인간에게 쉼과 생기를 준다. 물이 있는 곳은 인간이 살기에 적합하다. 이스라엘은 지중해 연안에 위치하는데 사막에 둘러싸여 있다.

"시내들"은 우기에만 물이 있는 강 또는 시내를 뜻한다. 이스라엘에는 요단 강을 제외하고 세렛 시내, 아르논 강, 얍복 강, 야르묵 강들이 있었다.

"깊은 곳들이 있는 땅"에서 '~이 있는'은 원문에 없다. 문맥에 맞추어 뜻을 더 분명히 하기 위해 넣어준 표현이다.

8 밀과 보리와[1)] 포도와[2)] 무화과와 석류의 땅, 올리브 기름과 꿀의 땅.

본문 비교

1) 사마리아 오경과 70인경은 "그리고"를 생략한다.
2) 쿰란 사본(4QDeut^{n}), 사마리아 오경, 70인경은 "그리고"를 생략한다.

물이 있는 지역에서 곡식과 과일을 재배할 수 있다. 곡식 "밀과 보리"는 주식인 빵을 만들 수 있는 재료이다. "포도와 무화과"는 신선하게 그냥 먹거나 말려서 먹을 수 있는 과일이다. 특히 포도는 즙이나 포도주를 만들어 마신다. "석류"는 신선하게 그냥 먹거나 말려서 먹을 수 있다. "올리브 기름"의 용도는 다양하다. 식용으로 요리하는 데, 불을 켜는 데, 병자를 고치는 데, 의식을 행하는 기름 부음으로 사용되기도 하였다.

곡식과 각종 열매들을 거론함으로 그 땅의 비옥함과 기름짐을 설명한다. 물이 있기 때문에 곡식과 과일 재배가 가능하다.

9 땅, 그 안에서 네가 부족함 없이 빵을[1)] 먹을 것이다, [2)]네가 그 안에서 모든 것이 결핍함이 없을 것이다, 땅 그것의 돌들은 철이 있고 너는 그것의 산들로부터 구리를 캘 것이다.

본문 비교

1) 70인경은 "너의 빵을"(τὸν ἄρτον σου)로 읽는다(벌게이트 역시).

2) 한 히브리어 사본, 쿰란 사본(4QDeut[tn]), 70인경, 시리아 역은 여기에 "그리고"를 첨가한다.

땅의 풍요로움을 강조한다. 그 땅 안에서 이스라엘 사람들은 부족함이 없이 빵을 먹을 수 있다. 물이 있는 지역에서 밀과 보리를 재배할 수 있고 빵을 만들 수 있는 재료를 충분히 얻을 수 있다. 가나안 땅에서 빵을 부족함 없이 먹을 수 있다는 것은 광야 생활의 굶주림과 만나를 먹은 것과 대조된다(3절).

가나안 땅의 풍요로움은 "모든 것이 결핍함이 없을 것이다"에서 잘 드러난다. "부족함 없이"와 "결핍함이 없을 것이다"는 비슷한 표현들로 가나안 땅의 삶의 질을 보여준다.

철과 구리 매장지로 알려진 곳들로 갈릴리와 베카 골짜기(Bekaa Valley), 트랜스 요르단 지역, 아라바가 거론되고 있다(참고. Driver; *IDB* 3, 384-385; Josephus, *Wars* IV. 454; M. Noth, 44-45; Tigay; Weinfeld).

철은 각종 도구들, 철 침대(신 3:11), 화덕 또는 용광로(신 4:20), 도끼(신 19:5), 멍에(신 28:48), 철연장(수 8:31), 철병거(수 17:16) 등을 만드는 재료가 되었다.

구리 역시 각종 도구들을 만드는 데 쓰였지만 구약 성경에서는 특별히 성막의 기구들과 각종 부속물, 갈고리(출 26:11), 기둥 받침(출 26:37), 단(출 27:2), 그릇(출 27:3), 그물(출 27:4), 채(출 27:6) 등을 만드는 데 재료로 사용되었다(출 27:19, 30:18, 31:4, 35:5, 16,24, 38:2).

10 그리고 너는 먹을 것이며 너는 만족할 것이다. 그리고 너는 아도나이 너의 하나님을 찬양할 것이다. 그가 너에게 주었던 그 좋은 땅 위에서[1].

본문 비교

1) 일부 히브리어 사본들과 사마리아 오경은 전치사 '알'(עַל)을
'엘'(אֶל)로 읽는다.

이스라엘은 가나안 땅에서 부족함이 없이 먹을 수 있다. 그래서 그들은 배부르며 만족한다. 이렇게 좋은 땅을 주신 하나님을 찬양한다. "찬양할 것이다"로 번역된 히브리어 '바락'(ברך)은 '~에게 은총을 내리다,' '복주다,' '축복하다,' '찬미하다'의 뜻도 있지만 여기서는 하나님을 '찬양(찬미)하다'가 문맥에 어울린다.

2. 아도나이를 잊어버리지 말라(8:11-20)

하나님이 주신 기업의 땅은 이스라엘에게 풍요로움을 제공한다. 하지만 이스라엘은 가나안 땅의 부를 누릴 때 조심해야 한다. 자칫 잘못하면 그들이 하나님을 잊어버릴 수 있기 때문이다. 이스라엘이 부를 얻어 마음이 교만해질 때 그들이 하나님을 잊어버리고 다른 신들을 섬길 수 있다. 이스라엘이 이러한 배교의 길을 걸을 때 하나님은 그들을 심판하실 것이다.

번역

11 너 자신을 주의하라, 네가 아도나이 너의 하나님을 잊어버리지 않도록,
내가 너에게 오늘날 명령하는 그의 명령들과 법규들과 법령들을 지키지 않음으로.

12 너는 먹고 만족한다 그리고 너는 좋은 집들을 짓고 살아간다,

13 그리고 너의 소 떼와 양 떼가 많아지고 은과 금이 너에게 많아진다,

그리고 너에게 있는 모든 것이 많아진다,
14 그 때 너의 마음이 높아지며 네가 아도나이 너의 하나님을 잊어버리지 않도록,
이집트의 땅으로부터, 노예의 집으로부터 너를 데리고 나온 자,
15 크고 두려운 광야 안으로 너를 걷게 한 자, 불뱀들과 전갈들과 물이 없는 건조한 곳,
단단한 바위로부터 너에게 물을 가져온 자,
16 광야에서 너의 조상들이 알지 못했던 만나를 너에게 먹이신 자,
너를 겸손하게 하기 위하여 그리고 너를 시험하기 위하여,
너의 마지막에 너를 좋아지게 하기 위해.
17 그리고 너는 너의 마음속에 말할 수 있다,
나의 힘과 나의 손의 능력이 나에게 이 부를 얻게 했다.
18 그러나 너는 아도나이 너의 하나님을 기억해야 한다,
왜냐하면 그가 너에게 부를 얻게 하는 힘을 주시기 때문이다,
그가 너의 조상들에게 맹세한 그의 언약을 세우기 위하여, 이 날과 같이.
19 그리고 이것이 있을 것이다,
만일 네가 정말 아도나이 너의 하나님을 잊어버리고,
네가 다른 신들을 따라가고 그들을 섬기고 그들에게 예배한다면,
내가 너희에게 오늘날 너희가 완전히 멸망할 것이다라고 증언한다.
20 아도나이께서 너희 앞에서 멸망시키는 민족들같이,
그렇게 너희도 멸망할 것이다,
왜냐하면 너희가 너희 하나님 아도나이의 음성을 듣지 않았기 때문이다.

주해

11 너 자신을 주의하라, 네가 아도나이 너의 하나님을 잊어버리지 않도록, 내가 너에게 오늘날 명령하는 그의 명령들과 법규들과 법령들을 지키지 않음으로.

"너 자신을 주의하라"의 히브리어 어순은 "주의하라 너 자신을"이

다. 명령형 "주의하라"(השמר)는 동사 '사마르'(שמר)의 니팔 명령형이다. 니팔형이 수동과 재귀형의 의미를 갖고 있지만 여기서는 재귀형의 의미로 '너 자신을 조심하라,' '너 자신을 지켜라'라는 의미이다.

구체적으로 무엇을 조심해야 하는지가 다음 문장 "네가 아도나이 너의 하나님을 잊어버리지 않도록"에 나타난다. '잊어버리는 것'은 생각이 나지 않는 것이다. 사람이 자기 기억에서 잊어버리는 것은 중요하지 않은 것으로 소홀히 여기며 무시해도 될 것이다. 반대로 사람은 자기에게 꼭 필요한 것은 중요하게 생각하며 기억한다. 하나님을 잊어버린다는 것은 하나님을 소홀히 여기며 무시하는 행위이다. 하나님을 무시하는 행위를 하지 않도록 주의하라는 권면이 주어진다.

사람은 "그의 명령들과 법규들과 법령들을 지키지 않음으로" 하나님을 잊어버린다. 하나님을 잊어버리는 것은 하나님을 무시하는 행위이다. 이것은 아주 구체적으로 하나님의 명령과 법들을 실제 생활에서 지키지 않음으로 나타난다. 하나님을 잊어버리는 것은 하나님의 말씀을 무시하며 실천하지 않는 것이지만 반대로 하나님을 사랑하는 것은 하나님의 말씀을 기억하고 지키는 것이다(신 6:4-9, 7:9).

12 너는 먹고 만족한다 그리고 너는 좋은 집들을 짓고 살아간다[1],

13 그리고 너의 소 떼와 양 떼가 많아지고[2] 은과 금이 너에게 많아진다, 그리고 너에게 있는 모든 것이 많아진다,

본문 비교

1) 70인경과 벌게이트는 "그것들 안에서 살아간다"(ἐν αὐταῖς)로 읽는다. 쿰란 사본(5QDeut[t])은 "그리고 그것들 안에서 살아간다"이다.
2) 마소라 사본과 사마리아 오경의 히브리어 철자가 다르다. 마소라 사본은 "그것들이 많아진다"(ירבין)이며 사마리아 오경은 규칙적인 형태를 갖고 있다(ירבון).

12-17절. 히브리어에는 불변화 접속사 "~하지 않도록"(פֶּן)이 12절 처음에 나온다. 12절부터 16절이 같은 전제절에 속하기 때문에 12절의 접속사는 우리말로는 14절의 "너의 마음이 높아지며 네가 아도나이 너의 하나님을 잊어 버리지 않도록"에서 번역해 주어야 한다.

12절과 13절의 "너는 먹고…모든 것이 많아진다"는 14절의 "너의 마음이 높아지며 네가 아도나이 너의 하나님을 잊어버리"는 상황을 설명한다. 즉 "너는 먹고 만족하며 좋은 집에 살고 소와 양이 많아지고 은과 금이 풍부해질 때, 너의 마음이 높아져서 아도나이를 잊지 않도록 주의하라"는 의미이다. 14절 하반절부터 16절까지는 아도나이에 대한 부연 설명이며 17절이 귀결절이다.

12절과 13절은 이스라엘이 가나안 땅에서 누리는 풍요로운 상황을 설명한다. 가나안 땅에서는 곡식과 과일 나무를 재배할 수 있기 때문에 먹을 것이 풍족하다. 양식에 대한 걱정이 없다. 가축들 역시 좋은 목초지에서 그 숫자가 늘어난다. 좋은 집들을 건축하며 살아간다. 값진 보물들도 넘쳐나며 모든 것이 풍족하며 부족함이 없다.

14 그 때 너의 마음이 높아지며 네가 아도나이 너의 하나님을 잊어버리지 않도록, 이집트의 땅으로부터, 노예의 집으로부터 너를 데리고 나온 자,

"그 때"는 문자적으로 "그리고"이다. 모든 것이 풍족할 때, 그들의 마음이 높아지기 쉽다. "마음이 높아지며"는 마음이 일어나는 즉, 들어 올려지는 상태를 말한다. 높은 마음은 교만을 뜻한다. 마음이 교만해질 때 하나님을 잊어버리기 쉽다. 그래서 "네가 아도나이 너의 하나님을 잊어버리지 않도록"이라는 경고가 주어진다('잊어버리다'는 11절 참고).

개역 성경 "두렵건대 네 마음이 교만하여 네 하나님 여호와를 잊어버릴까 하노라"에서 "두렵건대"는 첨가된 표현이며 "잊어버릴까 하노라"는 모호한 번역이다. 개역개정은 "네 마음이 교만하여 네 하나님 여

호와를 잊어버릴까 염려하노라"로 번역한다.

"이집트의 땅으로부터, 노예의 집으로부터 너를 데리고 나온 자"는 "아도나이 너의 하나님"에 대한 부연 설명이다. 이스라엘의 하나님은 노예의 신분으로 있었던 이스라엘을 이집트에서 구원해 주신 자이다.

"아도나이 너의 하나님"에 대한 설명이 16절까지 이어진다. 이스라엘의 하나님에 대한 설명은 4개의 히필 분사형으로 되어 있다: "너를 데리고 나온 자," "너를 걷게 한 자," "너에게 물을 가져온 자," "만나를 너에게 먹이신 자." 모두 하나님이 이스라엘에게 행하신 사역들을 표현하고 있다.

15 크고 두려운 광야 안으로 너를 걷게 한 자, 불뱀들과 전갈들과 물이 없는 건조한 곳, 단단한 바위로부터 너에게 물을 가져온 자,

이스라엘의 하나님 아도나이에 대한 설명이 이어진다. 이스라엘을 광야 안에서 여행하게 하신 분이다. 광야를 "크고 두려운" 장소로 소개한다(신 1:19). 이는 광야에 대한 체험이 있는 사람이다. 광야에는 치명적인 독을 가진 "불뱀들과 전갈들"이 있다(참고. 사 30:6).

무엇보다도 사막은 "물이 없는 건조한 곳"이다. 뜨거운 태양 아래서 물이 없다는 것은 사람이 살 수 없다는 것이다. 이스라엘이 사막에서 마실 물이 없어 고통당할 때 이스라엘에게 바위에서 물을 주셨던 하나님이다(출 17:7, 민 20:11).

16 광야에서 너의 조상들이 알지 못했던 만나를 너에게 먹이신 자, 너를 겸손하게 하기 위하여 그리고 너를 시험하기 위하여, 너의 마지막에 너를 좋아지게 하기 위해.

먹을 양식이 없는 광야에서 하나님이 이스라엘에게 행하신 일을 설

명한다. 물을 주셨을 뿐만 아니라 먹을 양식도 이스라엘에게 주셨다. 광야에서 만나를 먹이신 목적을 두 가지로 설명한다. 이스라엘을 "겸손하게 하기 위해서" 그리고 "시험하기 위해서"이다(참고. 2-3절). 하지만 이러한 하나님의 훈련은 이스라엘의 마지막을 좋게 만들기 위해서였다. 하나님의 시험과 연단은 파멸로 몰아가기 위한 것이 아니라 선을 위해서이다.

17 그리고 너는 너의 마음[1]속에 말할 수 있다[2], 나의 힘과 나의 손의 능력이 나에게 이 부를[3] 얻게 했다.

본문 비교

1) 쿰란 사본(5QDeut)은 "너희의 마음"으로 복수형이다. 하지만 בלבבךם으로 잘못 표기되어 있다. 카프는 ך가 아니라 כ로 표기해야 한다.
2) 70인경은 "너는 너의 마음 안에 말하지 말라"(μὴ εἴπης ἐν τῇ καρδίᾳ σου)로 번역한다.
3) 70인경은 "이 큰 능력을"(τὴν δύναμιν τὴν μεγάλην ταύτην)로 해석한다.

이스라엘 백성이 혹시 마음속에 생각할 수 있는 지나친 자부심을 경계하고 있다. 하나님이 주신 복으로 인해 이스라엘이 풍족히 먹고 좋은 집에서 살며 부자가 될 때(12-13절), 그들의 마음속에 슬며시 올라오는 자부심과 교만한 생각이 있을 수 있다. 이스라엘이 잘 살게 된 것이 자신들의 능력과 재능으로 된 것으로 착각하는 것이다.

"나의 힘과 나의 손의 능력"이 유사어로 짝을 이루어 이스라엘이 자신의 능력을 과대 평가하는 것을 표현한다.

"이 부를 얻게 했다"는 문자적으로 '이 부를 만들었다'는 의미이다.

여기서 "부"(חיל)는 '힘,' '능력'의 뜻도 있다. 70인경의 번역 '두나미스'는 '힘,' '능력'을 의미한다(참고. 본문 비교 3). 부와 재물은 그 사람의 능력이며 힘이 된다. 흔히 사람들은 '돈은 힘이다'라고 말한다. 맞는 말이다. 돈과 부는 그 사람의 능력과 부를 상징한다. 하나님이 주신 부와 재물로 인해 이스라엘이 그 마음이 높아져서 자신들의 능력으로 이 부를 얻은 것으로 착각할 수 있다.

18 그러나 너는 아도나이 너의 하나님을 기억해야 한다, 왜냐하면 그가 너에게 부를 얻게 하는 힘을 주시기 때문이다, [1]그가 너의 조상들에게[2] 맹세한 그의 언약을 세우기 위하여, 이 날과 같이.

본문 비교

1) 쿰란 사본, 사마리아 오경과 70인경은 "그리고"를 첨가한다.
2) 사마리아 오경과 한 70인경 사본(L)은 "아브라함에게, 이삭에게 그리고 야곱에게"를 덧붙인다.

이스라엘에게 재물과 부를 주신 분이 하나님이라고 명백하게 밝힘으로 이스라엘이 혹시 가질지 모르는 높아진 마음에 제동을 건다.

모세는 이스라엘에게 하나님을 "기억해야 한다"고 못 박고 있다. 이 교훈은 하나님을 잊지 말라는 권면(11, 14절)과 잘 어울린다. 그리고 하나님을 기억해야 하는 이유를 말한다. "왜냐하면 그가 너에게 부를 얻게 하는 힘을 주시기 때문이다." 이스라엘이 부와 재물을 형성할 수 있도록 재능을 주신 분이 하나님이다. 하나님께서 이스라엘에게 복을 주시는 것은 이스라엘의 조상들에게 하신 약속을 이행하기 위해서이다. 여기서 신실하신 하나님의 모습이 드러나는데 하나님은 사람처럼 빈말을 하지 않으신다.

19 그리고 이것이 있을 것이다, 만일 네가 정말 아도나이 너의 하나님을 잊어버리고, 네가 다른 신들을 따라가고 그들을 섬기고 그들에게 예배한다면, 내가 너희에게 오늘날 너희가 완전히 멸망할 것이다라고 증언한다[1].

본문 비교

1) 일부 70인경 사본들(참고. B O, Rahlfs 편집)은 "하늘과 땅을" 덧붙인다(참고. 신 4:26).

"이것이 있을 것이다"는 '이것이 발생할 것이다,' '이것이 일어날 것이다'라는 의미로 이스라엘의 마음이 높아져서 하나님을 잊어버리게 될 때 일어날 상황을 예고한다.

'하나님을 기억해야 한다'는 18절의 권면과는 반대 상황을 "만일~면"(אם)이 인도한다. 부정사 절대형 "정말 잊어버린다면"이 사용되어 그 상황을 강조한다. 이것은 '실제로' 또는 '정말로 네가 아도나이를 잊어버린다면'이란 의미이다. 하나님을 잊어버리는 것이 8장에서 3번 반복 사용되고 있다(11, 14, 19절). 이스라엘이 그들의 하나님 아도나이를 잊어버릴 때 그들은 더 나쁜 상황으로 인도될 수 있다. 하나님을 잊어버리게 되니 다른 신들을 따라가서 섬기게 되는 것이다.

"너희가 완전히 멸망할 것이다"는 부정사 절대형으로 '확실히 멸망할 것이다'라는 의미도 갖는다. 하나님을 잊어버리고 다른 신을 섬기는 상황에 대한 결과를 말하고 있다. 조건절의 "정말 잊어버린다면"과 귀결절의 "완전히 멸망할 것이다"는 문법적으로 같은 부정사 절대형으로 좋은 대조를 보이고 있다.

20 아도나이께서 너희 앞에서 멸망시키는[1] 민족들[2]같이, 그렇게 너희도 멸망할 것이다, 왜냐하면 너희가 너희 하나님 아도나이의 음성을 듣지 않았기 때문이다.

본문 비교

1) 마소라 사본의 "멸망시키는"(מאביד)은 '아바드'(אבד)의 히필 분사형인 데 반해 사마리아 오경은 피엘 분사형(מאבד)이다.

2) 70인경은 "다른 민족들"(τὰ λοιπὰ ἔθνη)로 읽는다.

이스라엘이 하나님을 잊어버리고 다른 신들을 섬길 때 이스라엘이 어떠한 결과를 맞이할 것인가를 말한다. 이스라엘이 하나님의 음성에 귀를 기울이지 않을 때 이스라엘의 운명도 가나안의 다른 민족들의 운명과 같이 될 것이다. 신명기는 반복해서 우상 숭배가 이스라엘의 미래에 미칠 영향을 예고하고 있다(4:25-30, 6:14-15, 7:25-26). 이스라엘이 우상을 만들어 섬길 때 이스라엘의 미래는 어둡고 희망이 없다.

참고 문헌

Bellefontaine, E., "Deuteronomy 21:18-21: Reviewing the Case of the Rebellious Son," *JSOT* 13 (1979) 13-31.

Blau, J., "Zum Heraeisch der Uebersetzer des AT," *VT* 6 (1956), 97-99.

Blenkinsopp, J., "Are There Traces of the Gibeonite Covenant in Deuteronomy?" *CBQ* 28 (1966), 207-219.

Brunner, H., "Was aus dem Munde Gottes Geht," *VT* 8 (1958), 428-429.

Buis, P., "Les Conflits Entre Moise et Israel dans Exode et Nombres," *VT* 28 (1978), 257-270.

Cazelles, H., "La rupture de la Berit selon les Prophetes," *JJS* 33 (1982), 133-144.

Childs, B. S., "The Etiological Tale Re-Examined," *VT* 24 (1974), 387-

397.

Fensham, F. C., "An Ancient Tradition of the Fertility of Palestine," *PEQ* 98 (1966), 166-167.

Leeuwen, R. C. van, "What Comes out of God's Mouth: Theological Wordplay in Deuteronomy 8," *CBQ* 47 (1985), 55-57.

Levenson, J. D. "Some Unnoticed Connotations in Jeremiah 20:9," *CBQ* 46 (1984), 223-225.

Lohfink, N., *Das Hauptgebot*, AnBib 20, Rome, 1963.

Lopez, F. G., "Yahve, fuente ultima de vida: analisis de Dt 8," *Bib* 62 (1981), 21-54.

Noth, M., *The Old Testament World*, Philadelphia, 1966.

O'connell, R. H., "Deuteronomy VIII 1-20: Asymmetrical Concentricity and the Rhetoric of Providence," *VT* 40 (1990), 437-452.

Perlitt, L., "Wovon der Mensch lebt (Dtn 8,3b)," in *Deuteronomium Studien*, 74-96.

Seebass. H., "Landverheissungen an die Vaeter," *EvT* 37 (1977), 210-229.

Veijola, T., " "Der Mensch lebt nicht vom Brot allein" Zur literarischen Schichtung und theologischen Aussage von Deuteronomium 8," in *Budesdokument und Gesetz*, 143-158.

A New Translation with
Introduction
and Commentary

DEUTERONOMY